# 형이상학

Metaphysics

김진 지음

UUP

# 형이상학


- 2020년 8월 19일 **초판 발행**
- 2020년 8월 25일 **초판 인쇄**
- **지은이** 김진
- **펴낸이** 오연천
- **펴낸곳 UUP.**(울산대학교출판부) 680-749 울산광역시 남구 대학로 93(무거동) 울산대학교 출판부
- **전화** (052)259-2488 **팩스** (052)277-3011 ▪ **홈페이지** http://uup.ulsan.ac.kr
- **출판등록** 제370-1996-000001호(1996.3.13)
- 25,000원





- 이 도서의 국립중앙도서관 출판도서목록(CIP)은, e-CIP 홈페이지(http://www.nl.go.kr/ecip)에서 이용하실 수 있습니다.

ISBN 978.89.7868.972.4 (93160)

# 형이상학

# 서문

이 책은 2010년 1학기 형이상학 강의록과 2012년 1학기 형이상학 강의안을 기반으로 하여 정리한 것이다. 이 두 자료는 울산대학교 홈페이지의 강의 공개를 통하여 대중들이 쉽게 활용할 수 있었으나, 언제나 그렇듯이 늘 부족하다는 생각에서 강의 원자료를 공개하지는 않았던 탓에 심층적인 학습과 연구 의욕을 가진 분들로부터 여러 차례 자료 요청을 받아왔다. 2020년 1학기 강의를 마지막으로 필자가 교단을 떠나기 전에 적어도 형이상학 강의만큼은 잘 정리해서 전문연구자들, 인문학 애호가들, 그리고 학생들과 대중들까지 읽을 수 있도록 해야겠다는 생각이 들었고, 이런 일을 할 수 있는 여건도 조성되었다. 이에 필자는 용기를 내어 퇴임 직전까지 이 일에 매달렸으며, 이제 작지만 하나의 가시적인 성과를 만들어 낼 수 있었다.

형이상학은 철학의 영역에서 언제나 먼저 부딪치게 되는 매우 전문적인 학술주제이지만, 그 문제 영역의 광대함과 철학사적 논의의 다양성과 세계관적 상충 가능성, 그리고 그 철학적 언어의 난해성 등으로, 쉽게 다가설 수도 없고, 도전할 마음조차 선불리 가질 수 없는 그런 영역이다. 하지만 용기를 내어 있는 그대로, 평소에 생각하고 있는 그대로 필자의 철학적 관심이 닿는 대로 정리해 보기로 하였다. 물론 필자가 선불리 다룰 수 없는 여러 문제들이 있다는 것을 미리 털어놓지 않을 수 없다.

이 형이상학 강의록은 그야말로 강의를 진행하는 데 필요한 정도의 자료들을 바탕으로 작업한 것이기에, 때로는 전거가 빠져있는 경우도 있겠지만, 이 경우에도 이 형이상학적 논의에 초대한 사상가들의 견해와 필자 자신의 입장을 충분히 구분할 수 있도록 유의하였다. 또한 여기에서 소개하는 많은 철학자들의 출생연도와 학력, 저술 등의 기초정보들은 대체적으로 '위키백과' 독일어판과 영어판을 활용하였음을 밝힌다.

우여곡절 끝에 울산대학교 출판부가 시간이 촉박했음에도 이렇게 지난한 일을 피하지 않고 기꺼이 맡아주어서 이 일을 성사시킬 수 있었기에, 이 자리를 빌어 출판부장이신 김두현 교수님과 김혜지 선생님께 감사드린다.

여전히 미진하기만 한 이 책이 형이상학을 배우고 연구하려는 여러 학인들에게 조금이라도 유용하게 활용될 수 있다면 큰 기쁨이 아닐 수 없겠다.

2020년 7월 31일,

고헌산과 백운산 자락에 있는 신필재(神弼齋)에서

김 진 배상

# 차례

# 1부 물음과 문제로서의 형이상학

# 1. 형이상학이라는 물음을 묻다

형이상학이란 무엇인가? 우리는 지금 아리스토텔레스에서 하이데거에 이르기까지 줄기차게 물어왔던 형이상학에 대한 이 물음을 다시 묻고 있다.

2010년 9월 7일, 미국 ABC 뉴스에서 스티븐 호킹[1] 박사는 "신이 존재하지 않는다는 것을 인간이 입증할 수는 없다." "하지만 과학은 신을 불필요한 것으로 만들 것이다."라고 말했다. 인간이 신의 존재를 입증할 수 없다는 것은 형이상학적 실재의 인식론적 한계에 대한 언급이다. 이를 가장 극명하게 밝힌 철학자는 칸트였다. 그렇기에 우리는 호킹의 주장을 충분히 납득할 수 있다. 그러나 과학이 신을 불필요한 것으로 만들 수 있다는 것은 실용주의적 관점에서, 종교의 의미 기능을 부정할 수도 있고, 또한 그렇게 되어도 좋다는 다소 도발적이고 또한 앞의 언급과도 맞지 않는 역설적인 소리로 들린다. 그와는 반대로 수많

1) Stephen William Hawking (1942~2018). 영국의 이론물리학자로서 블랙홀의 존재를 주장했고, 『시간의 역사』(A Brief History of Time, 1992)와 『위대한 설계』(Grand Design, 2010) 등의 저서를 통해 천체물리학의 영역을 넓혔다.

은 현대 과학자들은 과학연구를 통해 신의 존재를 입증하려는 노력을 포기하지 않고 있다. 신에 대한 존재 증명이 불가능하다는 호킹의 주장을 선취하였던 철학자 칸트는 호킹의 두 번째 언급과는 전혀 다른 의견을 제시하였다. 과학은 신을 불필요한 것으로 만들 수 있는 위치에 있지 않다는 것이다. 칸트는 과학과 같은 모든 가능한 이론적 인식은 신에 대한 어떤 주장도 할 수 없다는 것이다. 그럼에도 불구하고 우리의 양심과 도덕성은 언제나 이미 신의 존재를 전제하고 있으며, 그 존재를 이론적으로 증명하거나 부정할 수 없음에도 우리의 실천적 이성은 신의 존재를 객관적 실재성을 가진 존재로서 요청한다는 사실이다. 그러니까 실용성의 주장은 이론이성과 과학의 몫이 아니라 실천이성과 도덕성의 몫인 것이다.

스티븐 호킹은 3일 후인 2010년 9월 10일, 미국 CNN과의 인터뷰를 통해, 그가 레오나르드 믈로디노프[2])와 함께 펴낸 『위대한 설계』[3])에서 언급하였던 "신이 우주를 창조하지 않았다."라는 주장을 다시 확인해주었다. 이는 우주가 자체발생에 의한 것이라는 그의 강력한 과학적 추정에 따른 것이다. 그러나 호킹의 재주, 즉 인간적 인식능력의 한계로는 그렇게 자체 발생한 것으로 보이는 우주 생성의 배후에 신의 존재가 있는지의 여부를 가늠할 수조차 없다.

2010년 9월 17일, 교황 베네딕토 16세[4])는 "과학이 인간의 존

---

2) Leonard Mlodinow (1954~). 미국의 이론물리학자.

3) Stephen Hawking, Leonard Mlodinow, The Grand Design, Bentam 2010; 스티븐 윌리엄 호킹, 레너드 믈로디노프, 『위대한 설계』, 전대호 역, 까치 2010.

4) Pope Benedict XVI (Latin: Benedictus XVI; Italian: Benedetto XVI; German: Benedikt XVI; 1927~). 2005년부터 2013년까지 로마가톨릭교회의 교황으로 봉직하였다.

재를 설명할 수 없다."고 발표하였다. 베네딕토 16세는 영국 런던의 세인트 메리 대학교에서 열린 종교회의에서 "과학은 인간의 가슴 속 가장 근원적인 열망을 충족시킬 수 없고, 인간의 기원과 운명을 설명할 수 없으며 인간이 왜, 무엇 때문에 존재하는지에 대해서도 설명할 수 없다."고 밝혔다.[5]

1988년에 출간한 『시간의 역사』에서 호킹박사는 '완전한 이론'[6]에 대해서 이렇게 언급하였다.

> 만약 우리가 그것[sc. 왜 우리와 우주가 존재하는가에 대한 물음]에 대한 답을 찾아낸다면, 그것은 인간 이성의 궁극적 승리가 될 것이다. 왜냐하면 그때 비로소 우리는 신의 마음을 헤아릴 수 있기 때문이다.[7]

이 책의 서문에서 호킹은 "'우리가 어디에서 왔는가? 그리고 왜 우주는 이와 같은 방식으로 존재하는가?'라는 큰 물음을 다룬 것이 이 책의 성공비결이었다." 라고 말한다. 그는 『시간의 역사』에서는, 형이상학적 물음에 대한 이론이성적이고 과학적인 답을 구할 수 있다면, '신의 마음'을 알 수 있을 것이라고 말해, 신의 존재 사실에 대한 여지를 남겨두었지만, 『위대한 설

---

5) 2010년 9월 23일자 동아일보 인터넷판(donga.com) 참조.

6) A complete theory.

7) "If we find the answer to that [sc. the question of why it is that we and the universe exist], it would be the ultimate triumph of human reason - for then we would know *the mind of God*." (A Brief History of Time, p. 94.)

계』에서는 그런 자신의 생각을 일축했던 것이다.

우리는 사실 눈부신 첨단과학의 성과를 이루었음에도 형이상학의 물음에 대해서는 한걸음도 내딛지 못하고 있다. 우리는 여전히 묻고 있다. 나는 누구인가? 나는 어디에서 와서 어디로 가는가? 영혼은 존재하는가? 죽음 이후에도 다른 세상이 존재하는가? 세계는 무한한가, 유한한가? 세계는 하나인가, 여럿인가? 이 세상은 최선의 세계인가? 실재란 무엇인가? 신은 존재하는가? 이런 물음들에 아직도 매달려 있는 것이다. 아무리 궁구해도 풀리지 않는 이런 형이상학적 물음들은 우리의 근본적인 사유 지평에 항상 도사리고 있다.

형이상학[8]은 '철학의 꽃'이다. 철학의 문제 영역에는 존재론[9], 인식론[10], 가치론[11]이 있다. 존재론은 일반적인 형이상학으로 불리어 왔으며, 세 가지 유형의 특별한 존재에 대한 철학적 논의들, 즉 영혼론[12], 우주론[13], 신론[14]은 특수한 형이상학의 영역에 속한다.

아리스토텔레스는 형이상학을 '제1철학'으로 불렀다. 그는 철학을 논리학, 제1철학(형이상학), 이론철학(자연학, 우주론, 영혼론, 동물학)과 실천철학(윤리학, 정치학, 수사학, 시학)으로 구분하였다.[15]

요한네스 스코투스 에리우게나[16]는 철학을 학문[17]과 지혜[18]

---

8) Metaphysik

9) Ontologie, Seinslehre.

10) Epistemologie, Erkenntnislehre.

11) Axiologie, Wertlehre.

12) Psychologie

13) Kosmologie

14) Theologie

15) Peter Kunzmann u.a., dtv-Atlas Philosophie, Deutscher Taschenbuch Verlag 1999, S. 12.

로 나누었다. 그는 학문의 기초학으로서 중세 대학의 4과학[19], 즉 산수 · 기하 · 천문 · 음악에 아우구스티누스가 추천한 3과학[20], 즉 문법 · 수사학 · 논리학(변증법)을 추가한 '일곱 개의 자유교양'[21] 교과목을 편성하고서, 철학의 위에다가 이성의 한계를 넘어서는 계시의 영역을 다루는 교부학을 두었다. 그 이외의 영역들은 자연학[22]이 다루었다. 그러니까 에리우게나는 자연과학, 철학[23], 신학(교부학)으로 나눈 것이다. 중세의 형이상학은 철학과 신학을 포함한다.

현대학문에서는 가장 중심에 형이상학이 있고, 그 바깥을 존재론, 우주론, 철학적 신학, 철학적 심리학이 둘러싸고 있고, 다시 그 바깥에는 자연철학, 학문이론, 인식론, 언어철학, 신학, 종교철학, 인간학, 윤리학, 법철학, 법학이 포진하고 있다. 다시 그 바깥에 자연과학, 수학, 논리학, 언어학, 예술, 미학, 사회철학, 정치철학, 역사철학, 경제학이 에워싸고 있고, 교육학과 심리학을 연계로 하여 역사학과 사회학으로까지 펼쳐진다.[24] 그러니까 형이상학이란 인간의 학문 행위 자체의 가능성 조건에 대한 근본적인 성찰을 그 내용으로 하는 학문이라고 할 수 있다. 형이상학은 근본과 시작에 대한 물음을 궁구하는 학문인 것이다.

---

16) Johannes Scotus Eriugena (815~877)
17) Wissenschaft, scientia.
18) Weisheit, sapientia.
19) quadrivium
20) trivium
21) 7 freie Künste, liberal arts.
22) Physiologia, studium naturae.
23) scientia+sapientia
24) Peter Kunzmann u.a., S. 12.

## 2. 형이상학이란 무엇인가

### 형이상학의 유래와 의미

'형이상학'[1]의 유래와 의미에 대하여 살펴본다. 기원전 1세기 경 로데스의 안드로니코스[2]가 아리스토텔레스의 원고를 정리하는 과정에서 '자연학의 다음에' 배열된 일단의 원고들을 지칭한 데서 출발했다. '자연학적 대상'의 '다음'이나 그것을 '넘어선' 것에 해당하는 문제 영역은 곧 자연학적 대상들을 초월한 문제이기도 하다. '~의 다음'을 뜻하는 '메타'라는 말이 '~을 넘어서'라는 초월적 지향의 의미를 동시에 갖고 있어서, 자연적

---

1) '형이상학'(metaphysic, Metaphysik)은 그리스어로 'ta meta ta physika', 즉 '자연학 다음의', 그리고 '자연학을 넘어서'라는 의미를 갖는다. 그러니까 자연학과 형이상학의 결정적인 구분은 '메타'(meta)라는 말의 개념에 근거한다고 볼 수 있다.

2) Andronikos von Rhodes. 기원전 1세기 경 아테네에서 페리파토스학파의 대표로 활동했거나 혹은 로마에서 가르쳤던 것으로 추정되며, 아리스토텔레스 철학을 혁신적으로 정비한 인물이다.

현상을 넘어선 초월적 현상들에 대한 학문을 뜻하게 되었다. 5세기경의 신플라톤주의자이자 아리스토텔레스 주석가로 이름난 심플리키오스[3]는 "그들[페리파토스학파 사람들]은 그것이 자연적인 것들을 넘어서 있는 것이라고 생각하기 때문에 '신학', '제1철학', '메타 타 퓌지카'라고 부른다."라고 주장했다.[4] 그러니까 신플라톤주의자들은 신학, 제1철학, 형이상학을 같은 의미로 받아들였다.

아베로에스[5]와 토마스 아퀴나스[6]는 형이상학[7]을 초자연학[8]으로 이해하였고, 페레리우스,[9] 미크라엘리우스,[10] 클라우베르크,[11] 아멜,[12] 라이프니츠,[13] 크리스티안 볼프[14]에 이르는 동

---

3) 그리스어로 Simplikios이고, 라틴어로는 Simplicius이다. 480/490년경에 출생하여 550년에 사망하였으며, 아리스토텔레스 저술에 대한 주석가로 유명하다.

4) H. Diels, Die Fragmente der Vorsokratiker, Bonn 1882-1895.

5) Averroes (1126~1198). 본명은 이븐 루쉬드(Ibn Rushd)이다. 현재 스페인의 코르도바 출신으로 아리스토텔레스주의에 속하는 이슬람 철학의 대가이다. 블로흐는 그를 아리스토텔레스주의 좌파로 분류한다.

6) Thomas Aquinas (1225~1274). 아우구스티누스와 함께 중세 기독교를 대표하는 최고의 신학자이자 철학자이다.

7) metaphysica

8) transphysica

9) Benet Pererius (1536~1610). 베네딕트 페레이라(Benedict Pereira) 또는 베네트 페레라(Benet Perera)로 불리기도 한다. 스페인 발렌시아 근교의 루자파(Ruzafa) 출신의 예수회 신부이자 철학자이다.

10) Johannes Micraelius (1597~1658). 본명은 요한네스 뤽테슈바거(Johannes Lütkeschwager)로서 독일의 시인이자 철학자다. 쾨니히스베르크대학에서 공부하고, 그라입스발트(Greifswald) 대학에서 수사학을 가르쳤으며, 이 대학에서 1649년에 신학 공부를 마쳤고, 1653년에 '존재론'(Ontologie) 개념이 수록된 『철학사전』(Lexicon philosophicum)을 편찬했다. 그는 여기에서 '존재론' 개념을 그리스어적 측면에서만 다루었다.

11) Johannes Clauberg (1622~1665). 독일 솔링겐(Sollingen) 출신의 신학자이자 철학자로서 데카르트주의적 스콜라학자이다.

12) J. B. Du Hamel (1624~1706)

안에 일반 형이상학[15]은 존재론을 뜻하고, 특수 형이상학[16]에서 심리학, 우주론, 신학을 다루는 것으로 정형화되었다.

칸트의 스승이었던 마르틴 크누첸[17], 알렉산더 바움가르텐[18]은 형이상학을 '원리들의 학문'으로 이해하였다. 칸트는 형이상학을 순수철학의 체계인 '선험철학'[19]으로 이해했으며, 그 안에

---

13) Leibniz (1646~1716). 서양근대철학에서 이성론의 대표적인 학자이다.

14) Christian Wolff (1679~1754). 시대적으로 라이프니츠와 칸트 사이에 위치하는 독일의 대표적인 철학자다. 블레스라우(Breslau, 현 폴랜드의 브로츠와프[Wroclaw]) 출신이다.

15) metaphysica generalis

16) metaphysica specialis

17) Martin Knutzen (1713~1751). 칸트와 하만의 스승이며, 프란츠 알베르트 슐츠(Franz Albert Schultz)의 경건주의 신학에 영향을 미쳤다. 크누첸은 루터교적 경건주의와 크리스티안 볼프의 독단주의 철학의 균형을 맞추려고 노력하면서, 철학을 단순히 신학의 안내자로만 여기지 않고, 그 고유한 공준을 확립하는 독립적인 학문으로 보았다. 이러한 입장은 칸트가 쾨니히스베르크대학교에 입학한 1740년에 저술한 그의 저서 『기독교의 진리에 대한 철학적 증명』(Knutzen, Philosophischer Beweis von der Wahrheit der christlichen Religion, 1740)의 핵심 주장이다. 이 원고는 1747년에 자신의 주장에 대한 반론을 담은 다른 책과 동시에 출판되었다.(Philosophischer Beweiß von der Wahrheit der Christlichen Religion, Darinnen die Nothwendigkeit der Christlichen Insbesondere aus Ungezweifelten Gründen der Vernunft nach Mathematischer Lehrart dargethan und behauptet wird, Königsberg: Härtung, 1747; Vertheidigte Wahrheit der Christlichen Religion gegen den Einwurf: Daß die Christliche Offenbahrung nich allgemein sey: Wobey besonders die Scheingründe des bekannten Englischen Deisten Mattüi Tindal, Welche in deßen Beweise, Daß das Christentum so alt wie die Welt sey, enthalten, erwogen und winderlegt werden. Königsberg: Härtung, 1747. reprint: Verlag Traugott Bautz GmbH, 2005.) 크누첸은 이 책들에서 철학은 종교 그 자체를 합리적으로 증거하는 기능을 하고 있다고 주장한다.

18) Alexander Gottlieb Baumgarten (1714~1762). 독일 베를린 출생의 철학자로서 신학자 시기문트 야콥 바움가르텐(Siegmund Jakob Baumgarten, 1706~1757)의 형이다. 기념비적인 명저 『미학』(Aesthetica, 1750)을 저술하였다.

19) Transzendentalphilosophie

서 '모든 사물에 대한 선천적 인식의 순수한 기초론'으로서 존재론과 함께, 합리적 생리학[20]과 합리적 심리학[21]을 다루는 우주론[22]과, 합리적 신학[23]을 포괄한다.

'존재론'이라는 말은 고클레니우스[24]가 처음 사용하였고, 16세기와 17세기를 거치면서 일반적으로 사용되었다. 고클레니우스는 물질, 즉 자연 존재로부터의 추상[25]을 전제하는 인간의 사유 활동에 따르는 학문[26]을 세 가지로 구분하였다.

1단계 추상인 '자연적 추상'[27]은 단일하고 감각적인 질료나 구체적인 물체에 관계하며, 이는 일반적 질료가 단일한 질료에 관계하는 것을 다룬다. 2단계 추상인 '수학적 추상'[28]과 '존재론적 추상'[29]은 존재자나 초월자에 관한 철학 속에서 발견되는 추상을 다룬다. 그리고 3단계 추상인 '초자연적 추상'[30]은 신이나 지성과 같은 존재를 다룬다.

칸트[31]는 자신의 존재론에서 "선천적인[32] 인식이 어떻게 가

---

20) Rational-Physiologie

21) Rational-Psychologie

22) Kosmologie

23) Rational-Theologie

24) Rudolph Goclenius (1547~1628). 독일 코르바하(Korbach) 출신의 스콜라철학자로서 카셀에서 공부한 후 마르부르크대학의 철학교수로 가르쳤으며, 『철학사전』(Lexicon philosophicum quo tanquam clave philosophiae fores aperiuntur, 1613. reprint: Hildesheim: Georg Olms, 1980)과 『그리스철학사전』(Lexicon philosophicum Graecum, Marburg 1615. reprint: Hildesheim: Georg Olms, 1980)을 편찬하였다.

25) Abstraktion

26) kontemplative Wissenschaften

27) abstractio physica

28) abstrctio mathematica

29) abstractio ontologike

30) abstrctio transnaturalis

31) Immanuel Kant(1724~1804). 독일 역사상 최고의 철학자이며, 『순수이성비판』, 『실천이성비판』, 『판단력비판』, 『이성의 오롯한 한계 안의 종교』

능한가?"라는 물음을 필두로 하여, 가능과 불가능, 종합판단과 분석판단, 근거와 본질, '완전성과 필연성', 우연성과 불변성, 실재성과 부정성, 단일성과 보편성, 전체와 부분, 동일성과 차이성, 필연성과 우유성, 질료와 형식, 선험철학, 이념과 이상 등의 문제들을 다루었다.

칸트는 『순수이성비판』(초판 1781, 재판 1724)에서 경험의 가능성 조건에 대한 탐구를 시도하는데, 여기에서 그는 "나는 무엇을 알 수 있는가?"라는 물음에 대한 비답을 제시하고자 하였다. 그는 우리들 인간의 인식능력 자체를 비판적으로 검토하면서 그에 앞선 경험론 철학자들과 이성론 철학자들의 한계를 지적하였다. 그는 우리의 모든 인식은 직관(공간과 시간)과 더불어 시작하고, 그로부터 개념(범주작용, 선험적 연역)으로 나아가서 선험적 이념과 더불어 종결된다고 보았다. 칸트는 감각적 대상의 경험적 현실성을 이론적 지식의 전제조건으로 인정함으로써 경험론적 측면을 수용한다. 이와 함께 그는 지성의 개념화 작용에 의한 종합의 측면을 인정함으로써 이성론적 측면도 제한적으로 수용한다. 그런 연후에 칸트는 이론적 이성사용의 변증론에서 불가피하게 선험적 이념이 출현하는 현상들 앞에서 새롭게 제기되는 영혼(오류추론), 세계(이율배반), 신(순수이상) 존재의 문제들을 모순 없이 해결하기 위해서 이른바 이론적 이성의 '규제적 사용'을 제안하였다.

---

등의 대작을 저술하였다.

32) a priori

## 형이상학은 '제1철학'이다

아리스토텔레스[33]에서 '제1철학' 또는 '신학'은 존재자로서 제1원인이나 '존재 자체를 탐색하는 학문'[34]이다. 우리는 아리스토텔레스의 다음 진술들을 통하여 그가 추구하는 학문의 성격을 쉽게 파악할 수 있다.

> 존재자로서 존재자를 탐구하는, 그리고 그것에 자연적으로 속하는 것들을 탐구하는 학문이 있다. 그러나 이 학문은 이른바 개별 과학들 가운데 그 어떤 것하고도 같지 않다. 여타의 과학들 가운데서 존재자로서 존재자를 보편적으로 논구해가는 것은 하나도 없기 때문이다. 다른 과학들은 존재자의 어느 한 부분만 잘라내 그 부분과 얽혀 있는 점들만 구명한다. 예컨대 수학적 지식이 그러하다. 그러나 우리가 탐구하고 있는 것은 원리와 궁극적 원인들이며, … 우리가 파악해내야 할 제1원인은 존재자로서 존재자의 제1원인이다.[35]

> 그러나 영원하고 불변적이며 따로 떨어져 존재할 수 있는 어떤 것인가가 있다고 할 것 같으면, 그것에 대한 인식은 분명히 이론학에 속한다. … 자연학의 대상은 따로 떨어져 존재하긴 하지만 불변적이지는 않는 것들이요, 수학 가운데에는 불변적이긴 하지만 따로 떨어져 존재하는 것들이 아니라 질료에 터잡고서만 존립할

---

33) Aristoteles (기원전 384~322년). 고대 그리스의 고전기에 살았던 철학자이다. 북그리스의 스타기라(Stagira) 출생으로 플라톤의 아카데미에서 17~18년을 수학했으며, 37세 되던 기원전 347년까지 플라톤 곁에 머물렀다. 플라톤이 죽은 후에 아테네를 떠나서 마케도니아의 필립2세의 요청으로 기원전 343년 초에 알렉산더의 스승이 되었다. 리케움(Lyceum)에 도서관을 설립하고 백여 권의 파피루스 두루마리 책들을 썼다.

34) the sciences of being itself

35) Aristoteles, Metaphysik. IV(Gamma)-1, 1003a21-32.

수 있을 뿐인 것들을 다루는 부분도 있기 때문이다. 그러나 제1과학의 대상은 따로 떨어져 존재함과 동시에 불변적인 것들이기 때문이다.[36]

아리스토텔레스에 의하면 세 가지 유형의 이론적 철학이 있다. 수학, 자연학, 신학이 바로 그것이다. 아리스토텔레스는 불변적이며 영원한 것에 대한 논구를 '신학'이라고 부른다. 그것은 신적인 존재자를 포섭하고 있는 범주이다. 지고(至高)의 학문의 대상은 지고의 유(類)이다.

제1철학은 보편학인가, 아니면 어떤 한 종(種)만을 다루는 과학인가 하는 물음이 제기될 수도 있을 것이다. … 자연적으로 존립하는 실체들 말고는 다른 유의 실체들이 하나도 없다고 할 것 같으면, 제1학문은 자연학일 것이다. 그러나 불변적인 실체가 있다면, 이것이 상위의 것이요, 이것을 다루는 철학이 제1철학일 것이다 — 그것은 또 제1의 것인 까닭에 보편적이기도 할 것이다. 그것의 과제는 존재자를 존재자로서 고찰하는 일, 즉 존재자의 본질과 존재자로서 존재자에 귀속되는 것들을 고찰하는 일이다.[37]

동양권, 특히 중국에서 '형이상학'의 개념은 『주역』의 계사상전[38]에 나오는 '형이상자'(形而上者)와 '형이하자'(形而下者)라는 표현에서 비롯되었다.

건곤(乾坤)은 역(易)의 핵심이다! 건곤이 열을 이루니 역이 그 가운데 있다. 건곤이 훼멸되면 역을 볼 수 없다. 역을 볼 수 없다면 건곤이 거의 종식된 것인지도 모른다. 형이상자(形而上者)를 도

36) 『형이상학』 제4권, 1003a21; 조대호 편, 『형이상학』, 67-68 참조.
37) 『형이상학』 제6권, 1026a10.
38) 周易 繫辭上傳 右第十二章.

(道)라 하고 형이하자(形而下者)를 기(器)라 하며, 변화시키고 잘라 버리는 것을 변(變)이라 하고, 밀어붙여 실행하는 것을 통(通)이라 하며, 그것으로 천하를 안정시키는 것을 사업(事業)이라 한다[39]

다시 말하면 남회근은 '형이상자', 즉 '도'(道)는 '본체'이고, '형이하자', 즉 '기'(器)는 '물리의 세계'를 뜻한다고 해석하였다.[40] 또한 그는 노자 도덕경에서 '도가도'(道可道)의 '도'는 모두 '형이상자의 도'라고 보았다. 혹자는 '도'를 '말하다'의 뜻으로 풀이하기도 하지만, '어떤 사람이 말했다'(某某道)라는 표현은 당대(唐代) 이후에 통용되었다고 주장한다.[41]

노자『도덕경』에서 도의 개념을 맛깔을 음미하기 위해서 두 단락을 살펴보기로 한다.

도덕경 제1장

道可道非常道(도가도비상도) 名可名非常名(명가명비상명) 無名天地之始(무명천지지시) 有名萬物之母(유명만물지모) 故常無欲以觀其妙(고상무욕이관기묘) 常有欲以觀其徼(상유욕이관기요) 此兩者同出而異名(차양자동출이이명) 同謂之玄(동위지현) 玄之又玄(현지우현) 衆妙之門(중묘지문)

도라고 할 수 있는 도는 영원한 도가 아니고, 부를 수 있는 이름

---

39) 남회근,『주역계사강의』, 신원봉 역, 부키 2011, 356쪽. 乾坤 其易之縕耶!(건곤 기역지온야) 乾坤成列(건곤성렬), 而易立乎其中矣(이역립호기중의). 乾坤毀則无以見易(건곤훼칙무이견역). 易不可見(역불가견), 則乾坤或幾乎息矣!(칙건곤혹기호식의) 是故形而上者 謂之道(시고형이상자위지도), 形而下者謂之器(형이하지위지기), 化而裁之謂之變(화이재지위지변), 推而行之謂之通(추이행지위지통), 擧而措之天下之民謂之事業(거이조지천하지민위지사업).

40) 남회근, 앞의 책, 371, 372쪽.

41) 남회근, 앞의 책, 372쪽.

은 영원한 이름이 아니다. 무명은 천지의 시작이요, 유명은 만물의 어머니이다. 그러므로 언제나 무욕으로써 그 오묘함을 보고, 언제나 유욕으로써 현상 사물을 본다. 이 양자는 같은데서 나왔으나 그 이름을 달리한다. 똑 같이 일러서 오묘함이라 한다. 오묘하고 또 오묘하니, 모든 오묘한 것의 문이다.

도덕경 제4장

道沖而用之或不盈(도충이용지혹불영) 淵兮似萬物之宗(연혜사만물지종) 挫其銳(좌기예) 解其紛(해기분) 和其光(화기광) 同其塵(동기진) 湛兮似或存(담혜사혹존) 吾不知誰之子(오부지수지자) 象帝之先(상제지선)

도는 비어서, 써도 혹 차지 않은 듯하고, 깊고 깊어서 만물의 근원이다. 날카로움을 꺾고, 얽힘을 풀고, 번쩍거리는 것을 부드럽게 하고, 먼지와 같이 하니, 깊고 고요해서 혹 무언가 존재하는 것 같다. 나는 도가 누구의 아들인지 알지 못하나, 상제보다 앞서는 것 같다.

## 우리말의 '온'과 '한'은 존재론적 개념이다

'온'은 '모두'인 것, 일(一)과 다(多)를 총괄하는 '전체'를 뜻하는 순수 우리말이다. 이는 '존재'를 뜻하는 그리스어 '온'(on)에 대응한다.

百曰醞 (孫穆, 鷄林類事)
五ᄂᆞᆫ 다ᄉᆞ시오 百ᄋᆞᆫ 오니라. (月印釋譜)
百神ᄋᆞᆫ 온神靈이라. (月印釋譜)
'백제', '온조', '온달(백=온=100)'[42]
'온생명' (장회익)

42) 최동환, 『한철학』 1권, 지혜의 나무 2004, 46-48쪽 참조.

'한'은 '하나', '크다', '모두'를 뜻하는 순수한 우리말이며, '하나이면서 모두인 것'을 뜻하는 고대 그리스어 '헨'[43]에 대응한다. 우리말에서 '한'은 매우 다양한 의미를 함축하고 있다. '크다'[大], '동'(東), '밝다'[明, 鮮], '하나다'[單一, 唯一], '통일'(統一), '꾼·뭇'[大衆], '오램'[久], '잦음', '일체'(一切), '전체', '처음'[始初], '한나라 한겨레'[韓民族], '희다'[白], '바르다'[正], '높다'[高], '같다'[同一], '많다'[多], '하늘'[天], '길다'[長], '으뜸'[元], '위다'[上], '임금'[王], '온전하다'[全], '포용'(包容) 등의 개념들을 모두 포용한다. '한' 개념이 '왕'이나 '신'(神)을 뜻하는 경우는 다음과 같다. 『구당서열전』(舊唐書列傳) 고구려조에 나오는 '가한신'(可汗神)은 "여러 신들 중의 우두머리 신"을 뜻한다. '가한'(可汗)은 몽고어로 '왕'을 뜻하는 '칸'[44]을 한자어로 적은 것이다. 신라 유리왕 9년에 만든 17개의 관직 가운데서 가장 높은 직위를 '서불한'이라고 불렀다.

## 존재론과 형이상학의 개념

'존재론'(Ontologie)이라는 낱말은 고클레니우스[45]의 『철학사전』[46]에 최초로 나타난다. 이 말은 16세기와 17세기에 일반적

43) hen

44) khan

45) Rudolph Goclenius(1547~1628)는 독일 출신의 스콜라철학자이다. '존재론'이란 용어뿐만 아니라, '심리학'(Psychology)라는 말은 그보다 66년 전에 마르코 마루릭(Marko Marulić 1450~1524)이 먼저 사용하였음에도, 1590년에 최초로 사용한 것으로 알려졌다. Kruno Krstić, Marko Marulić. The Author of the Term 'Psychology'. First published in Acta Instituti Psychologici Universitatis Zagrabiensis, no. 36, 1964, pp.7-13.

46) Goclenius, Lexicon philosophicum quo tanquam clave philosophiae fores aperiuntur, 1613. (reprint, Hildesheim: Georg Olms, 1980)

으로 사용되었다. 고클레니우스는 인간의 사유 활동에 의한 '명상적 학문'47)을 세 가지로 구분하였는데, 그것은 물질, 즉 자연 존재로부터의 추상을 전제하고 있다. 제1단계의 추상은 단일하고 감각적인 질료나 구체적인 물체에 관계하는 '자연적 추상'이며, 일반적 질료가 단일한 질료에 관계하는 것을 다룬다. 제2단계는 '수학적 추상'과 '존재론적 추상'이며, 존재자나 초월자에 관한 철학 속에서 발견되는 추상을 그 내용으로 한다. 제3단계는 신이나 지성과 같은 존재에 관계하는 '초자연적 추상'이다. 그런데 고클레니우스는 신과 천사들에 관한 초자연적 학문을 존재자나 초월적인 것에 관한 존재론과 구분하였으며, 존재론의 영역 속에서 자연적인 물질과 특정한 관계를 가진 것을 다루고자 하였다.48)

『가톨릭 백과사전』49)은 형이상학을 (1) '존재로서 존재의 학문', '비물질적 존재의 학문', '가장 추상적인 개념의 학문', '가장 보편적인 개념의 학문', '제1원리의 학문'으로 규정하고 있다.

---

47) kontemplative Wissenschaften

48) 김진, 『퓌지스와 존재사유』, 머리말에서 페레리우스(Pererius), 미크라엘리우스(Micraelius, 1597~1658), 클라우베르크(J. Clauberg, 1622~1665), 아멜(J. B. Du Hamel, 1624~1706), 라이프니츠(Leibniz, 1646~1716), 크리스티안 볼프(Christian Wolff, 1679~1754) 등에 의한 개념 전개사를 참조하라.

49) Catholic Encyclopedia

# 3. 형이상학은 매트릭스인가

## 매트릭스란 무엇인가?

영화 "매트릭스"[1]는 인공지능[2]이 인류를 지배하고 있는 서기 2199년의 현재 세계(매트릭스)에서 한 평범한 회사원이 실존적 자각을 통해 '네오'라는 인물로 변신하고 숱한 고초 끝에 그 왜곡된 현실을 타파하고 인류를 구원한다는 어쩌면 매우 단순할 수도 있는 이야기를 풀어내고 있다. 하지만 이 영화는 철학적으로 많은 시사점을 남겼다. 인공지능 시대의 도래와 함께 살아있는 인간이 디지털 존재로 변형되어 가상공간을 활주하고 다시 현실세계로 복귀할 수 있는 철학적, 현실적 가능성 조건에 대한 물음뿐만 아니라, 인간 자신의 존재와 정체성에 대한 실존적 자각의 문제, 그리고 인간이 걸어야 할 참된 구도의 길이 무엇인지에 대해서도 새로운 관심을 불러일으켰다. 그러니까 실

1) The Matrix, 1999.
2) AI. Artificial Intelligence.

존철학과 선불교의 만남이 영화의 시작부터 끝까지 주종을 이루었던 것이다. 그러나 영화의 마지막 장면에서 선글라스를 끼고 있는 네오의 모습에서 우리는 또다시 그가 발견하고 이룩한 세계에서 그 역시 새로운 감시자, 유지자의 단계로 추락하는 것은 아닌가라는 의문을 갖게 된다.

아리조나 대학교의 철학교수 데이비드 차머스[3]는 '매트릭스'를 "인공적으로 설계한 세계의 컴퓨터 시뮬레이션"이라고 정의한다.[4] 첫째, 창조 가설이 있다. 물리적 시공간과 그 내용물들은 물리적 시공간의 밖에 있는 존재에 의해 창조된 것이다. 둘째, 공간과 시간을 통한 미시물리학적 과정들은 이진법적으로 규정되는 계산적 과정들에 의해 구성된다.[5] 셋째, 몸과 마음의 가설이 있다. 마음은 물리적인 공간과 시간 밖에 있는 과정들에 의해 구성되지만, 그것은 항상 물질적 시간과 공간으로부터 오는 지각적인 수용이나 혹은 그곳으로 내보내는 과정들을 통해서 상호작용한다. 넷째, 형이상학적 가설이 있다. 이것은 창조

3) David John Chalmers (1966~). 오스트레일리아 시드니 출신의 심리철학자, 언어철학자, 인지과학자로 유명하다. 국제수학올림피아드의 동상 수상 경력이 있으며, 호주 애더레이드대학(University of Adelaide)과 옥스퍼드대학에서 공부하고 인디애나대학(Indiana University)에서 철학박사 학위를 받았다. 2002-2004년에 애리조나대학의 의식연구센터 소장 직을 수행한 후, 2004년 호주국립대학의 철학교수가 되었고, 2009년에 뉴욕대학교에서 강의를 시작하여 2014년에 전임교수가 되었다. 213년 미국인문·과학학술원 회원으로 선정되었다.

4) "The Matrix as Metaphysics." David J. Chalmers. Department of Philosophy, University of Arizona. Tucson, AZ 85721. chalmers@arizona.edu http://consc.net/papers/matrix.html 2012.03.03.14.12.

5) 차머스가 웹사이트(http://consc.net/papers/matrix.html, 2003)에 공개한 논문 "The Matrix as Metaphysics"에는 첫째와 둘째의 순서가 바뀌어 있다. Christopher Grau(ed.), Philosophers Explore the Matrix, Oxford University Press, 2005.

가설과 계산적 가설, 그리고 몸과 마음의 가설을 결합하여 상호작용을 하게 한다. 차머스가 말하는 형이상학적 가설은 실재의 기저에 있는 본성에 대한 것, 즉 자연 자체의 기저에 있는 실재에 관한 것이다.

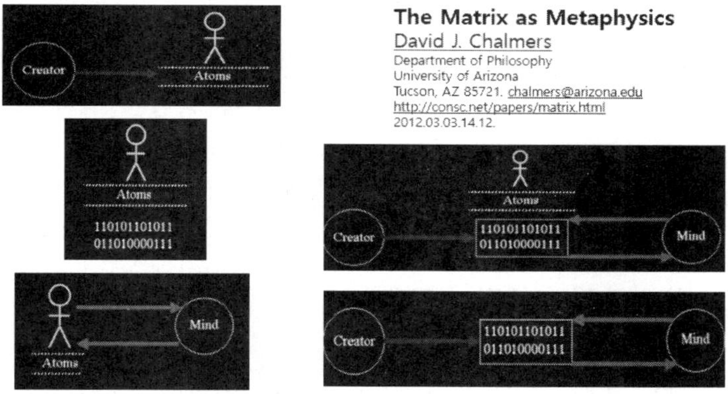


(1) The Creation Hypothesis
(2) The Computational Hypothesis
(3) The Mind-Body Hypothesis
(4) The Metaphysical Hypothesis
(5) The Matrix Hypothesis as a Metaphysical Hypothesis
Matrix means an artificially-designed computer simulation of a world.

다섯째, 형이상학적 가설로서 매트릭스 가설이 있다. 창조주가 계산적 가설과 마음의 상호작용, 즉 나는 세계를 인공적으로 구상한 컴퓨터 시뮬레이션이라는 인지체계를 가지고 있다. 매트릭스 가설은 앞에서 말한 세 가지의 것들, 즉 물리적(계산적) 과정들, 물리적 과정과 분리되어 있지만 상호작용할 수 있는 인지체계, 그리고 물리적 실재는 물리적 공간-시간 밖에 있는 존재에 의해 창조되었다는 사실이다. 중요한 것은 이 형이상학적 가설에 대해서는 어떤 것도 회의적이지 않다는 점이다. 여기에서 형이상학적 가설은 일상적인 실재의 기저에 있는 과정들에 대해서 말하지만, 그러나 이 실재가 존재하지 않는다는 사실을 포함하는 것은 아니다. 그리하여 차머스의 형이상학적 가설은 계산적 가설, 창조 가설, 몸과 마음의 가설을 포괄한다.

그리하여 매트릭스 안에서 사는 사람들은 외부세계가 존재하지 않는다거나 나의 몸이 없다고 추론해서는 안 된다. 오히려 물리적 세계는 미시물리학적 수준의 기저에 있는 계산에 의해 구성된다고 추론할 수 있다. 그러나 매트릭스 안에서 실재라고 느끼는 모든 존재가 실제로는 인공지능에 의한 가상물이라고 했을 때 그 존재현상의 존재론적, 인식론적 지위는 어떻게 확보될 수 있는 것일까?

## 스티븐 호킹의 주장이 옳은가?

스티븐 호킹은 칸트를 따라서 신의 비존재를 과학적으로 입증할 수 없다고 했다. 그는 우리의 우주가 유일한 우주는 아니며, 태초의 빅뱅을 통하여 $10^{500}$개의 서로 다른 법칙을 가진 우주들이 생겨났다고 주장한다. 이 세계는 다중우주[6]라는 것이다. 그는 우주들이 창조되기 위해서 어떤 초자연적인 존재나 신의 개입은 필요하지 않으며, 그 모든 우주들이 물리법칙을 통하여 자연적으로 발생한다고 주장한다.[7]

호킹은 만물을 통합적으로 설명할 수 있는 하나의 법칙, '모든 것의 이론'[8]이 있어서, 우주가 특이점(크기가 0이고 에너지 밀도와 온도가 무한대인 빅뱅 이전의 태초 상태)을 완전히 기술하

6) Multiverse

7) Hans Küng, Der Anfang aller Dinge. Naturwissenschaft und Religion. (2. Auflage, 2005). 『한스 큉, 과학을 말하다』, 분도출판사 2011.

8) TOE: Theory of Everything, GUT: Grand Unified Theory.

면, 물리학은 신을 불필요한 존재로 만들 것이라고 확신하고 이론 구축에 심혈을 기울였다. 그러나 호킹은 2004년 케임브리지 강연 "괴델과 물리학의 종언"[9]에서 쿠르트 괴델[10]의 제1불완전성 정리(1931)에 근거하여 "증명할 수 없는 수학적 결과가 있다면, 예측할 수 없는 물리적 문제도 있다."고 하면서 대통일이론[11]의 구축을 포기했다.

1976년, 호킹은 외부경계와 '사건의 지평선'[12]을 넘어서는 모든 것은 빛조차도 빠져나올 수 없는 블랙홀로 빨려 들어가서, 어떤 정보도 절대 방출되지 않을 것이라고 주장한다. 그리고 이 주장을 가지고 1997년에 캘리포니아 공과대학 존 프레스킬과 공개적으로 내기를 걸었다.

그러나 2004년 7월에 호킹은 일반 상대성과 중력에 관한 제17차 더블린 회의에서, 블랙홀 가장자리에서 지속적인 동요가 일어나면서 정보가 방출될 수도 있다고 수정하였다. 또한 물질과 에너지가 블랙홀로 사라지면서 평행우주(아기우주)로 방출할 것이라는 견해도 수정하였다. 그가 내기에서 진 것이다.

2011년 8월 24일, 반지름이 3천만 킬로미터에 달하는 '거대 블랙홀'이 태양 크기의 별을 빨아들이면서 강한 광선 다발을 발출하는 장면이 목격되었다. 인류가 39억 년 전에 발생한 사건을 본 것이다.

---

9) Gödel and the End of Physics.

10) Kurt Gödel (1906~1978). 오스트리아-헝가리 제국의 모라바 출신의 수학자이자 논리학자로서 완전성 정리와 불완전성의 정리를 증명하고, 연속체 가설의 상대적 무모순성을 입증하였다.

11) GUT. Grand Unified Theory.

12) Ereignishorizont

## 스티븐 호킹의 한계는?

스티븐 호킹은 우주의 자연발생 과정만을 설명했을 뿐이고, 그것이 신에 의하여 이루어진 것이 아니라는 것을 입증하지는 못했다. 과학은 현상만을 설명할 수 있을 뿐이고, 그 현상을 유발한 원초적 의지의 존재 여부를 규명할 수 없다. 따라서 라플라스의 과학적 결정론에 대한 호킹의 지적은 창조에 대한 신의 개입을 인정했던 이신론적 태도에 대한 성공적인 비판이라고 볼 수 없다. '인간의 자유'를 과학적 결정론으로 입증할 수 있으나, 단지 시간이 20억년에서 30억년 정도 걸릴 뿐이라고 주장한 그의 유효가설은 그야말로 잠정적 가설에 불과하다. 자유의 인과적 구조가 분석되지 않을 수도 있기 때문이다.

'급팽창'[13]은 $10^{-35}$초 동안 $10^{30}$배가 팽창하는 현상을 말한다. 그것은 마치 지름 1cm의 동전이 갑자기 우리 은하의 넓이의 천만배로 커지는 효과와 같은 것이다.

1992년 COBE[14] 위성과, 2001년 WMAP[15] 위성에서 측정한 사실에 근거해 볼 때 인과성의 법칙을 적용하는데 한계가 있다는 사실을 알게 되었다. 한스 큉[16]의 자료에 의하면, 빅뱅 후 2

---

13) inflation

14) Cosmic Background Explorer. 1989년 11월 18일, 반덴버그 공군기지(Vandenberg Air Force Base)에서 발사한 우주배경복사 탐사선(COsmic Background Explorer, COBE)으로 1993년까지 운영되었다.

15) Wilkinson Microwave Anisotropy Probe. 1993년에 폐기된 코비 위성의 임무를 계속 수행할 목적으로 2001년에서 2010년까지 운영된 우주배경복사의 관측을 위한 발사체(위성)이다.

16) Hans Küng (1928~). 스위스 출신의 가톨릭 사제이자 신학자로서 1995년 세계윤리재단(Stiftung Weltethos)을 설립하여 총재로 활동하고 있다. 텍스트에서 말한 자료는 Die Anfang aller Dinge. Naturwissenschaft und Religion. Piper, 2008; The Beginning of All Things: Science and Religion

천만년이 경과한 시점에서, 100억개 이상의 별들로 구성된 1천억개의 은하가 형성된다. 90억년 후에는 직경 10만 광년에 이르는 나선 은하의 한 외부 지류에서 태양이 탄생한다. 그리고 137억년 후에는 인간이 등장한다.

호킹은 우주의 숫자가 $10^{500}$개에 이르며, 그 각각의 우주들은 서로 다른 법칙을 가지고 있다고 가정하였다. 하지만 이와 같은 주장은 그의 신앙일 뿐이다. 1밀리 초에 우주 하나를 검사할 수 있는 존재가 137억년 동안 검사를 해도 $10^{20}$개에 불과하다면, 100년도 살지 못할 그가 어떻게 신과 $10^{500}$개 우주 사이의 관계를 말할 수 있겠는가?

칸트는 물리신학적 논증의 한계를 지적하면서, 인간의 이론적 지식으로는 신의 존재와 비존재를 증명할 수 없다고 하면서, 오직 도덕의 영역을 위해서만 신의 존재를 필연적인 사실로 요청할 수 있다고 말한다. 그러나 스티븐 호킹의 주장을 뒤집어 보면 신은 도덕의 영역에서 뿐만 아니라 이론의 영역에서도 논의될 여지가 있다. 어떤 우주에서는 신의 현존이 이론적 지식의 대상이 될 수 있을지도 모르기 때문이다. 가능한 세계 이론17)을 염두에 두어야 한다.

데릭 플루드18)는 『춤추는 형이상학』19)에서 '형이상학적 사유 유형'의 여러 수준을 소개하면서, 그것은 지식을 추구하는 개인들에게 일종의 지침이나 교사로서 의식을 제고하거나, 또는 문자로 기록되지 않은 보편적인 지적, 영적 현상들을 포함하

---

(2007); 『한스 큉, 과학을 말하다』(서영옥 역, 분도출판사 2011)이다.

17) possible world theory.

18) Derrick Fludd (1963~). 미국 플로리다 출신의 순수예술가.

19) Derrick Fludd: Dancing Metaphysics, http://dfludd.com/dancingmetaphysics.php 2012.03.04.13.39.

는 그런 경험들에 가교역할을 한다고 보았다. 이런 형이상학적 사유 존재는 조화로운 지혜를 통해 자연을 이해하는 방식으로 관찰적인 상관관계에 기초하고 있다. 조셉 캠벨[20]은 서양 신화에서 형이상학적 이상을 네 부분, 즉 형이상학적, 신비적, 우주론적, 사회학적으로 언급하고 있다. 그는 형이상학이 통합을 다루는 사실을 강조하면서, 쇼펜하우어[21]의 논문 『도덕의 기초』[22]를 인용하고 있다. "우리가 경험하는 개성은 마음의 부차적인 결과이며, 이런 상태 아래서 인류의 진정한 관계성이고, 이 관계성은 마음과 정신을 겸비한 우리의 개인적인 통합을 초월한다. 형이상학은 신 존재의 문제만이 아니라 표상과 의지의 관계 문제이기도 하다. 칸트는 현상의 너머에 있는 것을 '사물 그 자체'라고 했지만, 쇼펜하우어는 그런 물자체는 바로 '의지'라고 규정하였다. 의지의 형이상학은 과학적 인식의 대상조차도 스티븐 호킹이 기술하는 언어로는 결코 포착할 수 없다는 사실을 말해준다.

20) Joseph Campbell (1904~1987). 미국 뉴욕 출신의 비교 신화학 및 비교종교학자이다.

21) Arthur Schopenhauer (1788~1860). 독일철학자로서 서프로이센 단치히(현: 폴란드 그단스크) 출생이다. 칸트철학을 의지형이상학의 국면으로 확장 전개하여 인도베다 및 불교사상과 유사한 고유한 사유체계를 확립하였다. 1840년(52세) 덴마크 왕립 학술원에 현상논문 『도덕의 기초』를 제출했지만, 학술원은 당대의 대표적인 철학자들이었던 헤겔, 피히테 등을 비난했다는 이유로 선정하지 않았다. 그는 1839년(51세) 노르웨이 왕립 학술원에 제출하여 수상한 현상논문 『인간의지의 자유』와 함께 묶어서 1841년(53세)에 『윤리학의 두 가지 근본문제』(Die beiden Grundprobleme der Ethik: Ueber die Freiheit des menschlichen Willens, Ueber das Fundament der Moral. 1841. Zweite, verbesserte und vermehrte Auflage. 1860)라는 제목으로 출판하였다.

22) 쇼펜하우어, 『도덕의 기초에 관하여』, 김미영 역, 책세상 2019.

# 2부 서양 고대 · 중세의 형이상학

# 4. 최초철학자들

## 최초철학자들의 시대

최초철학자들의 주된 활동 시기는 기원전 600년경에서 기원전 400년대가 된다. 소크라테스 이전에 활동한 고대 그리스 철학자들이 이들에 속한다.

기원전 3300년에 수메르문명이 탄생하고, 기원전 3100년에는 이집트 통일국가가 수립된다. 기원전 1792년, 바벨론에서는 함무라비법전이 제정되고, 기원전 1100년에는 고대그리스의 도시국가가 형성된다. 기원전 538년의 바벨론의 포로 유대인들이 귀환하는 그 사이에 트로이 전쟁이 발발한다. 기원전 509년에 로마 공화국이 탄생하고, 기원전 447~438년에 아테네의 파르테논 신전이 건립되고, 기원전 431~404년 사이에 펠로폰네소스전쟁이 발발한다. 기원전 425년, 헤로도투스의 『역사』가 완성되고, 기원전 334~324년에 그리스제국이 인도의 서북부 지역까지 진출하는 알렉산더의 동방원정이 이루어졌다. 기원전 44년에는 줄리어스 시저가 암살되고, 서기 325년에는 니케아 종교회의가 열렸으며, 392년에는 로마는 기독교를 국교로 선언하였다.

이 시기의 철학적 사건들은 다음과 같다. 기원전 700년에 헤시오도스의 『신통기』가 나왔다. 그리고 최초철학자로서 '철학의 아버지'로 불리게 된 탈레스(기원전 624~546년)를 이어서, 피타고라스(기원전 580~497), 헤라클레이토스(기원전 544~484), 파르메니데스(기원전 540~470) 등과 같이 소크라테스(기원전 470~399) 이전에 활동하였던 철학자들을 우리는 최초철학자들이라고 부를 수 있다. 소크라테스를 이어서 플라톤(기원전 430~347), 플라톤 아카데미 설립(기원전 387), 아리스토텔레스(기원전 384~322)에 이르러서 철학은 이미 그 체계를 완성하게 된다. 플라톤의 관념론과 아리스토텔레스의 실재론이 바로 그것들이다. 아리스토텔레스 사후에 헬레니즘 철학이 발흥하여 에피쿠로스(기원전 341-271), 세네카(서기 4~65), 마르쿠스 아우렐리우스(121~180), 오리게네스(185~254), 플로티노스(204~269), 아타나시우스(296~373) 등의 철학자들이 출현하였다. 여기에서 우리는 소크라테스 이전의 자연철학자들을 '최초철학자들'로서 다룰 것이다.[1)]

---

1) 최초의 철학자들에 대한 기초 자료로는 다음의 문헌들을 참고하였다. Hermann Diels, Die Fragmente der Vorsokratiker. Griechisch und Deutsch, Zweite Auflage, Erster Band. Berlin: Weidmannsche Buchhandlung, 1906. Vierte Auflage, Zweiter Band 1922, Vierte Auflage, Dritter Band 1922; Jaap Mansfeld, Die Vorsokratiker. Auswahl der Fragmente. Ditzingen: Reclam, 1986; W. Capelle, Die Vorsokratiker. Alfred Kroner, 1935; G.S. Kirk & J.E. Raven, The Presocratic Philosophers. Cambridge University Press, 1984; 탈레스 외 저, 헤르만 딜스 외 편, 『소크라테스 이전 철학자들의 단편 선집』, 김인곤 외 역, 서울 : 아카넷, 2005; 디오게네스 라에르티오스, 『그리스철학자 열전』, 전양범 역, 동서문화사 2008.

## '철학의 아버지' 탈레스

'철학의 아버지'로 잘 알려진 탈레스[2)]는 물을 만물의 근원이라고 여겼다. 이는 오늘날의 자연과학적 관점에서 보면 터무니없는 주장으로 보일 수 있지만, 철학사가 버트런드 러셀은 그의 저서 『서양철학사』[3)]에서 탈레스의 식견은 적어도 19세기까지 타당하다고 평가하였다. 물의 분자식에 수소 두개와 산소 하나가 들어 있는데, 러셀 당시 20년 전만 하더라도 수소가 모든 것들의 구조에 거의 필수적인 요소들이었기 때문에, 그리고 탈레스는 이러한 그의 주장을 사변적인 방식으로 추론한 것이 아니고, 자연 현상에 대한 주도면밀한 경험적인 관찰과 분석, 그리고 철학적인 성찰을 통해서, 그야말로 자연과 세계를 논리적인 관점에서 이해할 수 있는 어떤 것으로 설명하려고 했다는 사실에서 학문적 탁월성을 보였다고 평가하였다.

그는 기원전 585년에 개기일식을 예측하였는데, 그것은 실제로 5월 28일에 발생하였다.[4)] 아리스토텔레스는 이 사건을 그리스철학의 기점이라고 보았다. 또한 탈레스는 "반원에서 모든 각은 직각이다"라는 공리를 세웠으며, 피라미드의 높이와 멀리 있는 배의 거리를 측정하는 방법을 고안하기도 하였다.[5)]

그는 나일 강이 범람하게 되는 원인이 주기적으로 불어오는

2) Thales (기원전 624~546). 소아시아 밀레토스 출신의 철학자로서 이오니아학파 또는 밀레토스학파의 선구자이다.

3) Bertrand Russell, A History of Western Philosophy, 1945, p. 44; 러셀, 『서양철학사』, 서상복 역, 을유문화사 2009, 제2장 밀레토스학파 참조.

4) 헤로도토스(DK11 A5), 탈레스 외, 『소크라테스 이전 철학자들의 단편 선집』, 김인곤 외 역, 서울: 아카넷 2005. 118쪽.

5) Diogenes Laertios (DK11 A1), 『단편 선집』 122; 프로클로스(DK11 A 20), 『단편 선집』 123.

세찬 북풍의 영향에 의한 것이라는 사실을 밝혀내기도 하였다.[6)]

그는 자연적인 현상의 원인들에 대한 궁구뿐만 아니라 초인간적 존재인 다이몬 신을 믿기도 했으며, 만물 속에는 '신적인 것'이 깃들어 있다는 '물활론'[7)] 사상을 제안하였다. 이는 사물들 속에 살아있는 기운이 있다는 것으로서 동양의 '기'(氣)의 개념적 성향이 강하지만, 그런 차원을 넘어서 혼과 신의 개념을 인정하는 것이어서 신비롭기만 하다. 그는 자석의 자기 현상을 보고서 신비한 영혼 존재가 생명을 불어넣었다고 생각하기도 했다.[8)] 탈레스가 남긴 단편 가운데서 가장 유명한 것은 "만물은 신들로 가득 차 있다."라는 명제이다.[9)]

## 아낙시만드로스

아낙시만드로스[10)]는 무궁한 것[11)], 무한한 것[12)], 무규정적인 것[13)]이라는 뜻을 가진 '토 아페이론'[14)]이 '동일성'[15)]의 원리로서 만물의 근원이라고 생각하였다.

---

6) Aetius 4,1,1(DK11 A16), 『단편 선집』 125; Diels, Doxographi Graeci 226-227.

7) Hylozoismus

8) Aristoteles, De anima. A2, 405a19.

9) Aristoteles(DK11 A22), De anima. I, 2. 405a 19, 『단편 선집』 130.

10) Anaximandros (기원전 611~546). 소아시아 밀레토스 출신의 자연철학자이다.

11) das Unendliche. peras는 '경계', apeiron은 '경계, 한계가 없는 것'이란 뜻이다.

12) das Unbegrenzte

13) das Unbestimmte

14) to apeiron. 심플리키우스(DK12 A9, B1), 『단편 선집』 135.

15) homeiomere, '동질소'라고도 한다.

아낙시만드로스는 유럽 최초의 철학 책, 『자연에 관하여』를 저술하였다. 또한 항해술을 위한 지도, 지구 모형도, 천체의를 최초로 고안하기도 했으며, 태양 시계를 발명하였다. 그는 지구를 직경이 높이의 3배인 원기둥으로 가정했으며, 지구를 중심으로 달과 해, 그리고 항성들이 운동하는 이른바 천체의 원 운동을 주장하였다. 지진을 예측하여 재해를 방지하기도 했다. 이와 같은 자연과학적 지식을 바탕으로 합리적인 판단을 함으로써 그는 식민지 건설의 지도자로 추앙 받았다.

그의 철학적 주장 가운데서 가장 돋보이는 것은 "사물의 근원은 무한정자[16]이고, 사물은 스스로 생겨난 그곳으로 필연성을 좇아 소멸한다."[17]라는 대목이다. '페라스'[18]는 '한계'나 '규정'을 의미한다. 따라서 '아페이론'은 '한계나 규정이 없는 것'을 뜻한다. 아리스토텔레스는 이 원리들이 무한하게 많이 존재하며, 물이나 불같은 것이 모두 동질소에 의해 생성되고, 사물적인 것들이 소멸되더라도 동질소는 영원히 존재한다고 보았다.[19]

아낙시만드로스는 최초의 진화론자라고 볼 수 있다. 그의 주장에 의하면, 원래 액체 상태였던 지구가 차츰 분리되어, 습한 곳에서 생물이 살기 시작하였다. 그 생물들은 처음에는 가시 돋친 피부를 가졌으나, 이 피부들이 찢겨지면서 새로운 피부가 생겨났다고 한다. 최초의 인간은 갓난아이보다 더 강한 다른 동물로부터 진화했으며, 상어처럼 물에서 살다가 육지로 올라온 물고기에서 인간이 생겨났다고 한다.[20]

---

16) to apeiron

17) Diels & Kranz 1, 81 (Anaximandros A1); Diogenes Laertius 1, 73.

18) peras

19) Met. 984a12-16; Phys. 203a16.

20) Aetius 4, 19, 4(DK12 A30); Ps.-Plutarch Strom. 2; Censorinus de die nat. 4, 7; Hippolytus Ref. I, 6, 6, in Kirk 140-141. 『단편 선집』 147.

## 아낙시메네스

밀레토스학파의 아낙시메네스[21]는 공기[22]를 만물의 근원이라고 생각하였다. 그리고 공기와 유사한 단어로서 '생명의 숨'을 뜻하는 '혼'[23]이라는 개념을 처음으로 사용하였다. "우리의 영혼처럼 공기는 우리를 함께 지탱하게 하고, 혼과 공기는 전 세계를 에워싸고 지켜낸다."[24] 그에 의하면 지구는 식탁과 같은 평평한 원판이고, 그 밑에 지주가 받치고 있는 모습을 하고 있다.

아낙시메네스는 공기가 아페이론, 즉 경계가 없는 것으로서 만물의 근원이라고 이해하였다. 공기는 그 희박화와 농축 현상으로 인해 불, 바람, 구름, 흙, 돌 등의 물체가 된다.[25] 또한 그는 공기라는 질료인 이외에 작용인을 상정하였는데, 이를 두고 러셀은 아낙시메네스가 최초로 질적 차이를 양적 차이로 환원했다고 해석하였다. 공기는 살아 있다. 살아 숨 쉬는 심장과, 그 기능으로서 숨 쉬는 것이 가능하다. 공기는 생명 있는 영혼이자, 신적인 것이다. 공기는 존재 요소들이나 신체를 침투할 수 있는 힘을 가지고 있다. 세계와 공기, 신체[26]와 영혼[27]은 유비적 관계를 갖는다. 신체와 유사한 이 세계는 영혼 또는 정신으로 가득 차 있고, 우리의 몸 안에서는 영혼, 우리의 몸 밖에서

---

21) Anaximenes (기원전 585~525). 소아시아 밀레토스 출신으로 아낙시만드로스와는 친구 사이였다.

22) Luft. 디오게네스 라에르티오스(DK13 A1), 『단편 선집』 149.

23) psyche, pneuma. 아에티오스(DK13 B2), 『단편 선집』 151.

24) Vamvacas, Constantine J. (2009), "Anaximenes of Miletus (ca. 585~525 B.C.)", The Founders of Western Thought. The Presocratics, Springer Netherlands, pp. 45–51. 『단편 선집』 151.

25) 심플리키오스(DK13 A5), 『단편 선집』 153.

26) somata

27) pneuma

는 바람으로 존재한다. 아낙시만드로스의 물질론적 아르케인 아페이론은 아낙시메네스에 이르러서 생물학적 또는 심리학적인 유비에 의하여 보다 구체화된다.

아낙시메네스는 땅은 평평하며 공기로 떠받쳐지고 있고, 달과 다른 별들도 모두 불로 된 것이어서 평평함으로 인해 공기 위에 떠 있다고 보았다. 별들은 땅에서 습기가 올라가서 생긴 것이다. 그 습기가 희박해지면 불이 되고, 그 불에서 별들이 생겨난 것이다. 별들은 지구 아래로 움직이는 것이 아니라, 지구의 주위를 돈다. 그는 또 해가 감추어지는 것은 지구의 더 높은 부분에 의해서, 그리고 해와 우리 사이의 더 늘어난 거리로 인해 가려지기 때문이라고 보았다.[28)]

## 피타고라스

피타고라스[29)]는 소아시아의 사모스[30)] 섬 출신의 철학자, 수학자로서, 수와 정신, 질서와 조화 개념에 바탕을 둔 영원한 진리의 세계를 수립하여 정신주의[31)]를 표방하였다. 그는 '수의 철학자'로 불릴 정도로 우주를 수의 조화 체계로 이해하였다. 세계의 조화는 세계 속에 있는 모든 것의 수적인 관계의 조화에서 파악할 수 있다는 '수의 원자론'[32)]이 특징적이다. 또한 그는 수의 대립적 관계를 통하여 만물이 생성될 뿐만 아니라, 세계 현상을 기수와 서수, 한정수와 무한수, 하나와 여럿, 좌우, 남녀,

---

28) 히폴뤼토스(DK13 A7), 『단편 선집』 158.
29) Phythagoras (기원전 570~500)
30) Samos
31) Spiritualismus
32) Zahlen-Atomismus. 아리스토텔레스, 『형이상학』 986a1 참조.

운동과 정지, 직선과 곡선, 밝음과 어둠, 선악 등의 대립적인 관계 속에서 파악하려고 했다.

기본수인 1, 2, 3, 4는 각기 점, 선, 면, 입체를 나타내고, 1부터 4까지의 수를 합한 10은 완전성을 뜻하는 신성수로 보았다. 이어서 그는 5(성질), 6(생기), 7(건강과 이해), 8(인애와 우의 및 지혜), 9(정의)처럼 수마다 고유한 상징적 의미를 부여하였다. 이를 통해 피타고라스는 세계 현상을 수학적 관계 속에서 파악하여 질적 차이를 양적 형식으로 환원하고자 하였다.

그가 추구하는 질서 또는 조화를 바라보는 삶의 방식은 바로 '테오리아'[33], 즉 '이론적 관조'와 '정화'의 삶이다. '질서'는 악기에서 우러나오는 화음(음악적 질서)에서 그 고유한 수학적, 우주적, 윤리적, 사회적 질서를 추구하고자 한다. 리라의 현을 ¾, ⅔, ½로 자르면 4도, 5도, 8도의 음이 나온다. 피타고라스는 최초로 지구가 공 모양이라고 주장했는데, 이는 월식에서 추정한 것으로 보인다. 인간에게 가장 강력한 것은 '지식'이고, 가장 좋은 것은 '행복'이다. 또한 신적 질서를 파악하는 자는 신적인 것과 유사하다고 보았다.

피타고라스는 영혼윤회설[34]을 신봉했던 것으로 유명하다. 그는 인간을 '영혼'을 가진 존재라고 이해하는데, 영혼은 인간의 '참된' 본질이지만, 육체와 결합하면서 그 순수성이 변질할 수 있다고 보았다. 육체와 물질은 정신의 자유를 제약하는 부정적인 것으로서 미혹과 악의 근거가 된다. 또한 영혼은 죽지 않으며, 다음 생에서 다른 종류의 생명으로 다시 태어난다. 그는 새로운 것은 없으며, 모든 생물은 거의 다 비슷한 존재라고 여겼

33) theoria

34) Seelenwanderungslehre. Porphyrius, Life of Pythagoras 19, in G. S. Kirk, The Presocratic Philosophers, Cambridge University Press, 1983, p. 238.

다. 이집트에서 광범위하게 알려진 영혼윤회설을 피타고라스는 처음으로 그리스에 도입하였다. 인간 영혼의 구원은 영혼의 정화[35]에 의하여 가능하다. 이에 따라서 그는 금욕생활과 학문적 정진을 중요하게 생각하였다.

천체론의 영역에서 피타고라스는 대우주년설을 지지하였다. 세계 과정은 직선적인 것이 아니라 거대한 순환이며, 우주의 항성들은 언제나 같은 장소에 다시 돌아오고, 이 과정은 영원히 반복된다는 것이다. 우주는 영원한 반복 속에서 조화를 유지하며, 이는 인간 생활에서도 그대로 적용될 수 있다고 보았다.

### 헤라클레이토스

헤라클레스[36]는 로고스의 철학자이다. 로고스는 언어, 법칙, 이법(理法), 말씀 등의 의미를 가지고 있다.

> "나에게 귀를 기울이지 말고 로고스에 귀를 기울여, '만물은 하나이다'라는데 동의하는 것이 지혜롭다."[37]
>
> "이 로고스[38]는 언제나 그러한 것으로 있지만, 사람들은 듣기 전에도, 일단 듣고 나서도 언제나 이해하지 못한다."[39]
>
> "로고스는 공통의 것이다."[40]

---

35) Reinigung der Seele

36) Herakleitos (550~480 BC). Hermann Diels, Die Fragmente der Vorsokratiker. Hrsg. von Walther Kranz, Verlag Weidmann, Berlin 1974, 6. Auflage, Bd. 1, S. 139-190. 소아시아 에페소스 출신의 철학자이다. 블로손 또는 헤라콘의 아들로서, 오만하고 방자했으며, 사람들을 싫어하여 산 속에 은둔했고 풀과 나뭇잎을 먹으며 살았다고 한다. (DK22, Heraklit, A1)

37) 히폴뤼토스(DK22 B50), 『단편 선집』, 아카넷 2005. 236쪽.

38) logos

39) 섹스투스 엠피리쿠스(DK22 B1), 『단편 선집』, 221.

40) 섹스투스 엠피리쿠스(DK22 B2), 『단편 선집』, 222.

그렇지만 헤라클레이토스가 강조하려는 것은 세계의 불변성이 아니라 변화무쌍한 세계현상이다. 그는 생성과 변화 속에 있는 현상 존재의 측면에 관심을 가졌다.[41] 그것은 마치 화가 프란시스 베이컨[42]의 작품세계를 들여다보는 것과 같다.

"모든 것은 흐른다."[43] (변화한다)
"사람은 똑같은 물에 두 번 들어갈 수 없다."[44]

이처럼 모든 것은 흐르고, 같은 강물에 두 번 들어갈 수 없다는 사실을 유지하기 위한 가능성 조건으로서 헤라클레이토스는 로고스, 즉 '신의 법칙' 또는 '이법'을 요청했던 것이다. 그는 "모든 것은 일자"[45]라고 파악한 사실에서 파르메니데스와 통하지만, 그 하나의 동일한 존재 사태에 머무르지 않고, 그것이 자신의 모습을 숨기고 변용하는 다양성의 측면을 중시한 점에서 파르메니데스의 사상과 대척점을 이루고 있다.

---

41) G.S. Kirk, The Presocratic Philosophers, Cambridge University Press, 1983, pp. 181-212.

42) Francis Bacon (1909~1992). 아일랜드 더블린 출생의 영국 화가이고, 강렬하고 원초적인 감정을 직설적으로 드러낸 표현주의, 초현실주의, 입체파적 화풍을 지향하였다. 스페인 마드리드에서 사망하였다.

43) Aristoteles, de caelo, 298b30.

44) DK22(Herakleitos) B161; "같은 강에 발을 담근 사람들에게 다른 강물이, 그리고 또 다른 강물이 계속해서 흘러간다."(『단편 선집』 243); "우리는 같은 강에 들어가면서 들어가지 않는다. 우리는 있으면서 있지 않다."(『단편 선집』 243); "같은 강에 두 번 발을 담글 수 없고, 가사적인 것을 고정된 상태에 두 번 접촉할 수도 없다. 그것은 급격함과 빠름에 의해서 흩어졌다 또다시 모이고 합쳐졌다 떨어지며, 다가왔다 멀어진다."(『단편 선집』 218-265)

45) 히폴뤼토스(DK22 B50), 『단편 선집』, 236; "원의 둘레에서 시작과 끝은 공통이다."(『단편 선집』 242) "모든 인간적인 법칙은 신적인 것에 의해 양육된다." (『단편 선집』 232) "올라가는 길과 내려가는 길은 하나이며 동일하다."(『단편 선집』 242)

"살아있는 것과 죽은 것, 깨어있는 것과 잠든 것, 젊은 것과 늙은 것은 동일한 것이다. 왜냐하면 이것들이 변화하면 저것들이고, 저것들이 다시 변화하면 이것들이기 때문이다."[46)]

마치 불교의 연기(緣起) 사상을 듣는 것 같다. 헤라클레이토스는 대립, 모순, 투쟁을 거쳐서 조화와 통일에 이르는 철학적 사유를 제시하였다. 이런 사실에서 그의 사상은 가히 변증법과 생성철학, 그리고 과정철학의 효시라고 할 수 있다.

"대립하는 것은 한곳에 모이고, 불화하는 것들로부터 가장 아름다운 조화가 이루어진다. 그리고 모든 것은 투쟁에 의해 생겨난다."[47)] "전쟁은 공통된 것이고 투쟁[48)]이 정의이며, 모든 것은 투쟁과 필연[49)]에 따라서 생겨난다는 것을 알아야만 한다."[50)] "전쟁은 모든 것의 아버지이고, 모든 것의 왕이다. 그것이 어떤 이들은 신으로 또 어떤 이들은 인간으로 드러내며, 어떤 이들은 노예로 또 어떤 이들은 자유인으로 만든다."[51)]
"그것이 어떻게 자신과 불화하면서도 그 자신과 일치하는지를 사람들은 이해하지 못한다. 그것은 마치 활과 뤼라의 경우처럼, 반대로 당기는 조화[52)]이다."[53)] "전체이며 또한 전체가 아닌 것, 한곳에 모이며 또한 따로 떨어지는 것, 함께 부르며 또한 제각기 부르는 것, 그리고 모든 것으로부터의 하나, 그리고 하나로부터의 모든 것."[54)]

---

46) 플루타르코스 (DK22 B88), 『단편 선집』 238-239.
47) 아리스토텔레스(DK22 B8), 『단편 선집』 238.
48) eris
49) chreon
50) 오리게네스(DK22 B80), 『단편 선집』 249쪽.
51) 히폴뤼토스(DK22 B53), 『단편 선집』 249.
52) palintropos harmonie
53) 히폴뤼토스(DK22 B51), 『단편 선집』 237.
54) DK22 B10, 『단편 선집』, 236쪽.

"자연[55]은 스스로를 감추곤 한다."[56] "델포이에 있는 신탁의 주재자[57]는 말하지도 감추지도 않고, 다만 징표를 보일 뿐이다."[58]

헤라클레이토스는 우주에 관하여 이렇게 말한다.

"(태양의 크기에 대해서 말하기를) 사람 발의 너비만 하다."[59]
"태양은 날마다 새롭다. 뿐만 아니라 언제나 계속해서 새롭다."[60]
"이 세계[61]는 모두에게 동일한데, 어떤 신이나 인간이 만든 것이 아니라 언제나 있어왔고 있을 것이며, 영원히 살아있는 불로서 적절한 만큼 타고 적절한 만큼 꺼진다."[62]
"신은 낮과 밤이고, 겨울과 여름, 전쟁과 평화, 배부름과 굶주림이다."[63]

헤라클레이토스는 왕국과 세계에 대해서 이렇게 말한다.

"인생은 장기를 두면서 노는 아이. 왕국은 아이의 것이다."[64]
"가장 아름다운 세계질서는 아무렇게나 쌓인 쓰레기 더미이다."[65]

헤라클레이토스가 왕국을 '어린 아이'의 것이라고 말한 것은 고대인들의 지혜와 공통되는 부분이다. 노자와 예수 그리스도(마태 18, 2-5) 역시 같은 생각을 펼치고 있기 때문이다. 권력의지를 그토록 강조했던 니체도 결국 그것을 아이들의 삶의 태도로 돌

---

55) physis
56) 테미스티오스 (DK22 B123), 『단편 선집』 235쪽.
57) anax
58) 플루타르코스 (DK22 B93), 『단편 선집』 235-236쪽.
59) 아에티오스 (DK22 B3), 252쪽.
60) 아리스토텔레스 (DK22 B6), 『단편 선집』 252.
61) kosmos
62) 알렉산드리아의 클레멘스 (DK22 B30), 『단편 선집』 245쪽.
63) 히폴뤼토스(DK22 B67), 『단편 선집』, 247쪽.
64) 히폴뤼토스 (DK22 B52), 『단편 선집』, 249쪽.
65) 테오프라스토스 (DK22 B124), 『단편 선집』 240-241쪽.

렸다. 히틀러는 그런 사실을 몰랐던 것일까? 아이들의 순진무구함과 해맑은 미소는 하늘의 얼굴이고 우주의 마음이다.

## 파르메니데스

파르메니스[66]는 존재의 철학자이다. 그는 존재하는 것은 존재하고, 존재하지 않는 것은 존재하지 않는다고 말한다.

> "존재는 있다. 그리고 있지 않을 수 없다."[67]
>
> "존재는 생성되지 않고 소멸하지 않으며, 온전한 한 종류의 것이고 흔들림 없고 완결된 것이다."[68]

빌헬름 바이셰델[69]은 파르메니데스에게 존재는 "철학적 신학의 형이상학적 근본문제"라고 말했다.[70] 카알 라인하르트[71]는 파르메니데스가 신을 무관심하게 방치한" 사상가[72]라고 판단한다. 존재는 하나이며 연속적이고, 불변적이며, 완전하다. 오직 생각할 수 있는 것만이 존재할 수 있다.[73] 비존재는 생각될 수

---

66) Parmenides (540~470 BC). 남부 이탈리아 엘레아(Elea) 출신의 철학자이다.

67) 프로클로스(DK28 B2), 『단편 선집』 275쪽.

68) 심플리키오스(DK28 B8), 『단편 선집』 280쪽.

69) Wilhelm Weischedel (1905~1975). 독일 프랑크푸르트에서 출생한 철학자로서, 1933년에 프라이부르크대학의 하이데거에게서 "책임의 본질"이라는 주제로 박사논문을 제출하고, 1953년에 베를린자유대학의 철학교수로 초빙 받았다.

70) Wilhelm Weischedel, Der Gott der Philosophen. Darmstadt 1983, S. 44.

71) Karl Ludwig Reinhardt (1886~1958). 독일 프랑크푸르트 출생의 고전문헌학자, 교육개혁가이다. 에른스트 카시러와 마르틴 하이데거에게 사상적으로 큰 영향을 끼쳤다.

72) Karl Reinhardt, Parmenides und die Geschichte der griechischen Philosophie. Bonn 1916, S. 256.

73) 클레멘스(DK28 B3), 『단편 선집』 276쪽.

없다. 따라서 비존재는 존재할 수 없다. 존재는 하나의 동질적인 전체이다.[74]

우주는 빛과 어둠의 두 원소로 형성되었고[75], 우주 전체를 가득 채움으로써 존재의 구(球)와 같은 충만한 전체가 되었다.[76] 이처럼 파르메니데스가 관찰하고 사유한 것은 존재가 하나이고 전체라는 것이다. 따라서 하나의 전체로서 존재는 생성과 운동과 변화와는 무관한 것이다.

## 제논의 역설

엘레아의 제논[77]이 제기한 역설은 역사적으로 많은 논란의 대상이 되었다. 아리스토텔레스는 제논의, 이른바 '아킬레우스의 역설'을 통해 운동을 부정한다. "즉 달리기 할 때에 가장 느린 자는 가장 빠른 자에 이해서 결코 따라잡히지 않을 것이다. 왜냐하면 그 전에 쫓는 자는 달아나는 자가 출발했던 곳에 도착해야 하고, 그래서 더 느린 자가 항상 약간이라도 앞서 있을 수밖에 없기 때문이다."[78] 그 당시에 달리기가 가장 빠른 선수는 아킬레스였다. 그러나 제논은 아킬레스가 아무리 재빠르고, 심지어 거북이 보다 열배나 더 빠르다고 하더라도, 만일 거북이가 그보다 100m 앞서서 출발한다고 가정하면, 아킬레스는 거북이를 영원히 앞설 수 없다고 주장한다. 이 주장은 터무니 없어 보인다. 시간과 장소의 이동 개념을 논리적 절차로 제한하였다.

---

74) 심플리키오스(DK28 B8), 『단편 선집』 280쪽.
75) 심플리키오스(DK28 B8), 『단편 선집』 287쪽.
76) 심플리키오스(DK28 B9), 『단편 선집』 288쪽.
77) Zenon von Elea (기원전 490~430). 고대 그리스 철학자로서 엘레아학파의 파르메니데스의 친구이자 제자이다.
78) 아리스토텔레스(DK29 A26), 『단편 선집』 321.

그래서 아리스토텔레스는 제논이 말한 아킬레우스의 역설에 대해서 다음과 같이 비판한다. "만일 모든 것이, [자신과] 똑 같은 공간을 차지하고 있을 때 언제나 정지해 있는 것이라면, 그리고 움직이는 것은 언제나 '지금 안에' 있다면, 움직이는 화살은 운동하지 않는다." 이는 거짓이다. "왜냐하면 다른 어떤 크기도 나뉠 수 없는 것으로 이루어져 있지 않듯이, 시간도 나뉠 수 없는 '지금'들로 이루어진 것이 아니기 때문이다."79)

아리스토텔레스의 논점은 간단하다. 모든 종류의 연속체는 그 연장에 있어서 무한하든지, 그 분할에 있어서 무한하든지 하다. '연장에 있어서 무한한 거리'는 유한한 시간 내에 통과될 수 없다. 반대로 '연장에 있어서는 유한하지만 분할에 있어서는 무한한 거리'는 유한한 시간 내에 달릴 수 있으므로, 얼마든지 따라잡을 수 있다.

## 아낙사고라스

아낙사고라스80)는 스페르마타, 즉 '무한소'81)와, 호모이오메레, 곧 같은 종류의 '씨앗들'82)이 만물의 근원이라고 여겼다.83) 아무리 미세한 것이라고 하더라도 그 속에 있는 것들은 이 세상의 모든 것들을 총체적으로 함유하고 있다고 여겼다. 어떤 것들이라도 무한하게 많은 근본요소들84)을 함유하고 있다는 상이

79) Aristoteles, Phys.(DK29 A27), 239b5-9, 30-33, 『단편 선집』 323.

80) Anaxagoras (기원전 500~425). 소아시아의 클라조메나이(Klazomenai) 출신이다. 페리클레스의 친구이자 철학적 스승으로서 기원전 462년에 아테네로 가서 체류하였다.

81) spermata, 無限小.

82) homoiomere, 동성소 또는 동일성이다. DK59 A52, 『단편 선집』 497.

83) 아에티오스(DK59 A46), 『단편 선집』 518쪽. '같은 부분으로 된 것들'

성의 원리를 설파한 것이다.

그러나 그는 어떤 것도 질적인 변화는 불가능하다고 보았다. 어떤 물질도 그 성질을 바꾸지 못한다. 물, 불, 털, 빵, 살 등, 질적으로 서로 다르고, 무한히 많으며, 다양한 모든 물질들은 생성 소멸하지 않는다. 하지만 물질은 크기에 있어서(양적으로) 무한 분할이 가능하다. 분할된 가장 작은 부분에 대해서도 그보다 더 작은 부분을 생각할 수 있다. 아무리 작은 물질도 그 안에 성질이 다른 여러 물질들을 무한히 그리고 총체적으로 내포하고 있다. 결국 모든 물질의 단위들은 동일하며, 모든 것 속에 모든 것이 들어있다.[85]

아낙사고라스는 현대 천체물리학에서 주장하는 빅뱅이론의 선구적인 주창자이도 하다. 그는 태초의 혼돈에서 만물이 나온다고 보았다. 개인 인격적 차원을 넘어선 '세계정신'인 누스[86], 즉 어떤 다른 것도 들어있지 않고 그 자체만을 위해 존재하는 무한하고 자존적인 것으로서 우주론적 원운동의 원인이자 모든 것을 계획하고 조정하는, '세계혼' 또는 '스스로 다스리는 자'라는 존재 개념을 제시하였다.[87]

아낙사고라스는 운석의 추락을 예견하였으며, 하늘에 묶여있는 물체들이 이탈하여 그 중 하나가 부서질 때 에테르의 저항과 굴절로 인해 빛을 발하면서 떨어질 것이라고 설명하였다.[88] 실제로 기원전 468~467년에 갈리폴리 반도의 아이고스 포타모이에 운석이 떨어졌는데,[89] 75일 동안이나 하늘에서 불붙은 구

84) unendlich viele Grundstoffe
85) 『단편 선집』 514쪽.
86) Nous, Weltseele. DK59 A55-56, 『단편 선집』 509-510쪽.
87) Christof Rapp, Vorsokratiker. München 1997, S. 206.
88) 플루타르코스(DK59 A12), 『단편 선집』 490쪽.
89) 파로스의 대리석 비문(DK59 A11), 『단편 선집』 489쪽.

름처럼 불타는 물체가 떨어졌다고 한다.[90] 태양을 펠레폰네소스 반도보다 큰 빛나는 돌덩이, 혹은 '붉게 달아오른 돌덩어리'라고 주장하여 불경죄로 고발되기도 하였다.[91] 당시에는 태양신 신앙이 일반적이었기 때문이다.

## 엠페도클레스

엠페도클레스[92]는 4원소설, 즉 네 가지 뿌리들, 곧 '리조마타'가 만물의 근원이라고 여겼다. 네 가지 원소들[93]은 '뿌리들'[94]이다. 그것들은 생성 소멸하지 않으며, 결합하여 다양한 여러 사물들을 형성한다. 이 말은 들뢰즈가 즐겨 사용하는 '리좀'의 근원어라고 볼 수 있다.

그는 감각경험의 가능성에 대해서도 설명하였다. 감각기관과 감각대상에는 동일한 종류의 원소들이 들어 있어서, 같은 성질을 가진 것들이 같은 성질의 것들을 지각한다고 보았다.[95] 그와 같은 존재구성의 원리 이외에도 엠페도클레스는 '사랑'과 '미움'(또는 '싸움')이라는 운동 변화의 원리를 상정하여 네 가지 단계들을 설명하였다.

시간의 순환에 따라서 어느 때에는 사랑에 의해 하나의 질서로 합쳐지고, 다른 때에는 다시 불화의 미움에 의해 제각각 따

---

90) 플루타르코스(DK59 A12), 『단편 선집』 490쪽.

91) 디오게네스 라에르티오스(DK59 A1), 『단편 선집』 493쪽.

92) Empedokles (기원전 495~435). 고대 그리스의 아크라가스(Akragas, 현재 시칠리아섬 남부 아그리겐트) 출신의 자연철학자이다.

93) vier Elemente

94) rhizomata

95) "우리는 흙으로써 흙을 보며, 물로써 물을, 에테르로써 신적인 에테르를, 불로써 파괴적인 불을, 또한 사랑으로써 사랑을, 참담한 불화로써 불화를 보기 때문이다." 아리스토텔레스(DK31 B109), 『단편 선집』 415쪽.

로 분리되었다가, 마침내 결합하여 하나인 전체가 될 때까지, 네 뿌리들은 여럿에서 하나로 자라고, 또다시 하나가 여럿으로 분리되면서 생성이 이루어지므로, 그것들에는 고정된 생애가 없다.96)

A. 구의 시기 – 사랑의 구: 사랑이 지배하면 뿌리들은 하나의 동질적인 구를 형성하여, 사랑 안에서 완전히 하나가 된다. 이는 사지들 속에 어떤 반목도 꼴사나운 다툼도 없다. 오히려 모든 방면에서 '자신과' 동등하며 전적인 무한자로서 구체는 주변을 감싸는 고독을 즐기고, 아직 두 손이 등에서 튀어나오지도 않고, 발들과 민첩한 무릎들과 생식 기관들도 전혀 없는 상태를 말한다.97)

B. 불화가 상승하는 시기 – 현 세계의 형성: 구체의 사지들에서 불화가 자라나 커다랗게 되고, 강한 맹세에 따라, 그들에게 정해진 교체의 시간이 다 되어, 불화가 권좌에 뛰어오르게 된다. 싸움이 우세하면 구를 해체하고, 사랑과 미움은 두 개의 세계로서 현재 상태를 유지한다.

C. 불화가 승리하는 시기: 이 상태에서는 태양의 지체들, 대지의 무성한 힘, 바다가 조화의 두터운 비호 아래 숨겨져 있어 분변할 수가 없다.98)

D. 사랑이 승리하는 시기: 불화가 소용돌이의 가장 낮은 밑바닥에 가 있었고, 사랑이 그 뿌리들의 소용돌이 중심에까지 도달하여 미움에 대항하여 자신을 분리시키면서 점점 더 자신의 힘을 확장해 나간다. 그 곳에서 이 모든 것들은 단 하나로 되기 위해 합쳐지게 된다.99)

이처럼 불, 물, 흙, 공기의 네 가지 존재요소들은 사랑과 미움의 작용인의 영향을 받아 새로운 존재를 창출하고 변화한다.

---

96) 심플리키오스(DK31 B26), 『단편 선집』 364-366쪽.
97) DK31 A41, B27-29.
98) 심플리키오스(DK31 B27, B35.3-4), 『단편 선집』 367, 374.
99) 심플리키오스(DK31 B35), 『단편 선집』 374-375.

# 5. 플라톤의 형이상학

## 플라톤 시대의 그리스 정국

기원전 490년, 아테네는 마라톤 전투에서 다리우스의 페르시아군 축출한다. 기원전 479년, 재침공한 페르시아군을 맞은 스파르타왕 레오니다스왕이 테르모필라이 전투에서 전사하는 동안, 스파르타 30개 도시연합군은 살라미스해전에서 크세르크세스의 페르시아군을 축출하고, 400개 도시가 참여한 델로스 동맹을 결성한다. 기원전 454년, 아테네가 델로스 동맹을 장악한다. 페리클레스가 죽은 지 1년 후인 기원전 427년에 플라톤이 출생한다. 나중의 그의 스승이 될 소크라테스는 당시 42세였다. 30년 동안 이어진 펠로폰네소스 전쟁(기원전 431~404년)이 끝나면서, 아테네에서 스파르타 과두체제가 무너지고, 플라톤 모친의 사촌인 크리티아스, 플라톤의 삼촌 카르미데스, 소크라테스가 차례로 처형되는 것을 지켜 본 플라톤은 민주정치에 대해 불신하게 된다.

## 플라톤의 삶과 저서

플라톤[1]은 아테네의 명문가 출신인 아버지 아리스톤과 어머니 페리크티오네 사이에서 출생하였으며, 그의 처음 이름은 아리스토클레스(Aristokles)였다. 외가는 솔론 가(家)에 속하며, 카르미데스와 크리티아스[2]는 이 가문 출신이다. 플라톤은 헤라클레이토스[3]학파의 크라틸로스[4]에게 공부하다가, 20세에 소크라테스를 만난다. 그는 소크라테스가 죽은 후에 메가라의 유클리데스로 갔다가 394년경에 아테네에 귀국하였다. 기원전 390년부터 약 2년 동안, 그는 다시 이집트와 퀴레네, 타렌트 등을 여행하면서 아르키타스,[5] 테오도로스[6] 등과 친교를 맺으면서 피타고라스주의를 접하게 되었다. 그 이후부터 소크라테스주의와

---

1) Platon(427~347 BC)

2) Kritias(c. 460~403 BC). 아테네 출신으로 칼라에크루스(Callaeschrus)의 아들이자 플라톤의 어머니 페리크티오네(Perictione)의 첫째 조카이다. 크리티아스는 30인 참주정체의 일원이었다.

3) 에페소스 출신의 헤라클레이토스(Herakleitos of Ephesus, 535년경~475년경 BC)의 주요 활동 시기는 기원전 504년에서 500년 사이이다. 데모크리토스가 '웃는 철학자'로 불리는 데 반하여 헤라클레이토스는 '우는 철학자'로 일컬어진다. 헤라클레이토스는 세계를 변화와 생성의 관점에서 보아 "모든 것은 흐른다."고 말했고, 파르메니데스는 존재의 관점에서 보아 운동과 변화를 부정하고 세계를 하나의 존재 자체라고 보았다.

4) Cratylus. Kratylos. 기원전 5세기 중후반에 아테네에서 활동한 철학자이자 플라톤의 대화편의 이름이기도 하다. 헤라클레이토스 철학의 적극적 지지자로서 젊은 플라톤에게 영향을 미쳤다. 하지만 그의 정황에 대해서는 거의 알려져 있지 않다.

5) Archytas(428~347 BC). 고대 그리스의 철학자, 수학자, 천문학자, 정치인, 전략가였으며, 피타고라스의 사상을 지지하였다.

6) Theodorus of Cyrene. 기원전 5세기 경, 고대 그리스의 리비아지역에 살았던 무신론자로서, 플라톤의 세 대화편, 『테아이테투스』(Theaetetus), 『소피스트』(Sophist), 『정치인』(Statesman)에 나온다.

피타고라스주의는 플라톤의 주류 사상을 형성하게 되었다. 디오니시우스 1세[7]의 초청으로 시라쿠스에 갔다가 음모에 빠져서 아테네로 돌아오는 도중에 노예로 팔리는 비운을 당했으나, 퀴레네학파의 아니케리스의 도움으로 간신히 풀려났다. 플라톤은 기원전 387년(40세)에 영웅 아카데모스[8]의 성역 근처에 정원을 구입하여 세계 최초의 대학인 아카데미아를 열었다.[9] 기원전 367년경에 디오니시우스 2세[10]의 초청으로 시실리를 두 번째로 방문하였고, 기원전 361년에는 친구 디온[11]의 요청으로 세 번째 방문을 하였다. 그는 자신의 이러한 경험을 저서 『법률』에 반영하였으며, 80세까지 활동한 후에 아카데미아에 묻혔다. 이로부터 플라톤은 '아폴로의 아들'이라는 전설이 생겨났다.

청년기의 플라톤은 소크라테스의 영향력 가운데서 '가치'와 '지식'의 문제들과 관련된 개념적 정의를 주로 다루었다. 『라케스』편에서는 '용기', 『에우티프론』은 '신앙'(信仰, [敬神]), 『카르미데스』는 '사려'[12](思慮), 『트라시마코스』는 '정의', 『프로타고

---

7) Dionysius I(c.432~367 BC). 시실리의 시라쿠스 참주.

8) Akademos (Hekademos), Academus (Hecademus). 아카데모스는 아테네의 왕 테세우스가 어린 헬레네를 납치하여 어머니 아이트라에게 맡겨두었는데, 그녀의 오빠 쌍둥이 형제 디오스쿠로이(카스토르Castor와 폴리데우케스)가 아테네를 공격하자, 아카데모스는 그녀가 있는 곳을 디오스쿠로이에게 알려서 아테네 공격을 멈추게 하였다. 그는 디오쿠로스로부터 존경을 받았고, 아테네 사람들도 아테네 교외의 올리브나무 숲에 그의 이름을 붙여 기념하였다. 나중에 플라톤은 그곳에 그의 이름을 따서 아카데미아를 설립하였다. 이곳은 스파르타의 아테네 침공에도 안전하였는데, 그들이 바로 디오스쿠로이의 후손들이었기에 아카데모스의 땅을 범하지 않았던 것이다.

9) 서기 529년에 로마 황제 유스티아누스는 아카데미아의 폐교 명령을 내릴 때까지 약 916년 동안 유지되었다.

10) Dionysius II(c. 397~342 BC). 디오니시우스 1세의 아들로서, 기원전 367년부터 357년까지, 346년부터 344년까지 통치하였다.

11) Dion of Syracuse (408~354 BC). 고대 그리스의 정치가.

12) Besonnenheit (Sophrosyne)

라스』는 ‘덕’(德), 『히피아스』는 ‘미’(美)의 문제를 다루고 있다. 그밖에 『이온』, 『변명』, 『크리톤』 등이 있다.

과도기의 플라톤은 『리시스』에서 ‘우정’, 『크라틸로스』는 ‘언어’, 『에우티데모스』와 『메넥세노스』에서는 주로 소피스트 비판을 시도하였고, 『메논』은 ‘덕’, 그리고 『고르기아스』에서는 ‘소피스트 수사학’을 비판하였다.

성숙기의 저작들에서 플라톤은 독창적인 이데아설을 전개하였다. 『파이돈』은 ‘죽음’, 『향연』은 ‘에로스’, 『국가』는 ‘정의’, 그리고 플라톤 철학의 개설서라고 할 수 있는 『파이드로스』에서는 ‘이데아’의 문제를 다루었다. 또한 『프로타고라스』는 ‘덕’, 『파르메니데스』는 ‘존재’와 이데아론 비판, 『테아이테토스』는 ‘인식’을 주제로 하였다.

기원전 367년 이후의 노년기 플라톤은 『소피스테스』에서 ‘존재’, 『폴리티코스』에서 ‘정치’, 『필레보스』에서는 ‘선’과 ‘가치’, 『노모이』의 ‘법률’, 『티마이오스』 편에서는 우주론을, 또한 『크리티아스』는 아틀란티스 전설을 주제로 다루었다.[13]

## 플라톤의 영혼불멸성 논증

프리도 리켄은 플라톤의 영혼불멸성 논증을 다음과 같이 설명하고 있다.[14]

**첫 번째 증명**[15]: 죽음은 생명에서 나오고, 생명은 죽음에서

13) 1세기, 트라실로스(Thrasyllos)의 편집 순서 참조. Platonis opera (ed. I. Burnet), 5 vols. Oxford 1900~1907; Sämtliche Werke (übers. von F. Schleiermacher), 6 Bde., Reinbeck 1957; Werke. Griechisch-Deutsch, Darmstadt 1970; Complete Works. Ed. John M. Cooper. Cambridge 1997.

14) 리켄, 『고대 그리스 철학』, 김성진 역, 서광사 2000, 165-166쪽.

나온다. 인간의 삶이 잠드는 것과 깨어남의 반복인 것처럼, 영혼도 삶과 죽음의 교체를 통해 지속된다. 이 논증은 모든 것은 반대적인 것에서 나온다는 자연철학의 이론에 근거한다.

그러나 다음에 제시된 두 번째에서 네 번째의 증명들은 이데아의 존재를 전제하고 있다.

**두 번째 증명**[16]: 출생하기 전의 직관에 대한 기억을 통하여 선험적 지식이 존재한다는 사실로부터 영혼의 선재적 실존[17]과 불멸성을 도출한다. 이 논증은 경험적 인식의 선험적 가능근거가 되는 이데아를 전제한 것이다.

**세 번째 증명**[18]: 존재를 분할할 수 없는 단순체와 복합체로 나누는 이분법에서 출발해서, 이데아와 영혼은 단순체에 속한다는 사실을 확인한다. 인간과 지식, 감각지각과 이성적 인식에 대한 이원론적 관점에서, 인간의 몸은 다수성, 변화, 일시성의 존재영역에 속하고, 영혼은 단일하고 불변적이며 영구적인 존재와 동질적이라는 사실을 추론한다.

신학적으로 서술하자면, 이데아의 인식은 윤리적 정화를 동반하는 완전한 존재와의 만남이지만, 죽음 이후에 이루어지는 이데아와의 직접적인 직관은 윤리적 삶의 대가로서 주어지는 신적 존재들과의 만남이다.

**네 번째 증명**[19]: 이데아들이 서로 여러 관계들에서 맺어진다는 사실을 논증한다. 어떤 이데아들은 본질적으로 서로 배타적이고, 어떤 이데아들은 필연적으로 서로를 포함한다. 영혼에게

---

15) 플라톤, 『파이돈』 69e-72e.
16) 플라톤, 『파이돈』 72e-77d.
17) Präexistenz
18) 플라톤, 『파이돈』 78b-84b.
19) 플라톤, 『파이돈』 102a-107b.

생명은 필연적으로 포함된다. 영혼은 생명의 담지자인 반면에 죽음은 생명을 배척하는 것이다. 본질적으로 생명과 결부된 영혼은 죽음을 받아들일 수 없다.

## 플라톤의 이데아설과 변증법

『파이돈』에서 플라톤은 모든 것을 눈에 보이는 것과 보이지 않는 것, 비슷한 것들과 이와 다른 것들, 그리고 그 자체로서 원래부터 비슷한 것으로 구분한다.[20) ]『국가』 제7권 '동굴의 비유'에서도 그는 동굴 속의 어두운 가상의 세계와 동굴 밖의 태양이 빛나는 빛의 세계로 구분하였다.[21)] 그에 앞서 『국가』 6권에서는 '태양의 비유'[22)]와 '선(線)의 비유'[23)]를 통해 인식의 단계와 그 대상들을 이원적으로 설명하였다.

첫째, '태양의 비유'는 '선의 이데아'를 설명한다. 태양은 "모든 존재와 지식의 궁극적인 원천"[24)]이자 "세계의 궁극적인 목표"[25)]이고, 그것에 대한 인식은 "가장 위대한 학문"이다.[26)] 이 최고의 이데아와 그에 대한 지식은 수학적인 특징을 갖는다. 그것은 일자, 모나드이고, 모든 존재의 궁극적인 근거이다. 수학은 '가장 위대한 기초 학문', 즉 "존재의 자연적 생성과 관련된 직선과 곡선의 전체적인 힘과 산출에 대한" 지식이다.[27)] 또한

---

20) 플라톤, 『파이돈』 74a-75d.

21) 플라톤, 『국가』 514aff. Peter Kunzmann u.a.: dtv-Atlas Philosophie, Deutscher Taschenbuch Verlag, 7. überarbeitete und erweiterte Auflage 1998, S. 40.

22) 플라톤, 『국가』 507d-509b.

23) 플라톤, 『국가』 509d-511e.

24) 플라톤, 『국가』 6, 509b.

25) 플라톤, 『파이드로스』 99dff.

26) 플라톤, 『국가』 6, 505a.

정신(1), 학문(2), 의견(3), 지각(4)이라는 인식의 원리에 점, 선, 면, 입체 등의 세계가 대응되며, 여기에 정신적인 것과 물체적인 것의 결합 사상이 부가되어 질서를 갖춘 세계를 표상하게 된다. '선의 이데아'는 모든 '이데아 중의 이데아'로서, 모든 것을 존재하게 하고 인식할 수 있게 하며, 볼 수 있고 지각할 수 있게 하는, 존재와 인식의 최종 근거이다. '선의 이데아'는 초기나 후기 모두 신과 동일시되고 있는 플라톤의 최고 개념이자 궁극적인 이상이다.

둘째, '선분의 비유'는 인식의 단계와 그 대상들을 설명한다.[28] 여기서는 '통찰'[29]에는 '이데아', 사고작용[30]에는 '수학적 대상', '믿음'[31]에는 '사물', '상상'[32]에는 '허상'이 각각 대응하여 단계적으로 서술된다.[33]

셋째, '동굴의 비유'는 플라톤의 두 세계론을 바탕으로 동굴 속의 어두운 가상의 세계(현상세계)와 동굴 밖의 태양이 빛나는 빛의 세계(이데아의 세계)로 이분하여 설명한다.[34]

플라톤의 이데아설과 그에 대한 설명 방식들은 여러 가지 형태로 전개되었다. 『티마이오스』에서는 이데아가 '데미우르고스의 원형'[35]으로 기술되고 있으며, 『소피스테스』에서는 이데아(개념)의 '공동체와 변증법'[36]에 대하여, 또한 『파르메니데스』

---

27) 플라톤, 『에피노미스』 990c.
28) 플라톤, 『국가』 6, 507d-509b.
29) noesis
30) dianoia
31) pistis
32) eikasia
33) 플라톤, 『국가』 6, 509d-511e.
34) 플라톤, 『국가』 7, 514a.
35) 플라톤, 『티마이오스』 27b-29b.
36) 플라톤, 『소피스테스』 251a-259d.

에서는 이데아설에 대한 '자체 비판'[37]을 소개하고 있다.

## 이데아설의 의미

이데아는 존재론적으로 참된 존재이다. 이데아는 사물 그 자체를 뜻한다. 이데아는 그 자체로서 어떤 것이며, 영원불변의 것이고, 신적인 것, 비공간적, 무시간적인 것, 사유만을 통하여 파악할 수 있는 것이다. 각각의 사물은 그 자신 속에서 이데아의 현존을 통하여 있거나, 이데아에 참여함으로써 존재한다. 존재자의 존재인 이데아만이 참된 실재이다. 이와 같은 이데아는 가변적이고 현상적인 다자들과 대립적인 관계에 있다.

이데아는 목적론적으로 모든 것의 원형적인 목표(전범)이다. 이데아는 이 세계의 사물들을 현재 상태 그대로 만드는 원인이자 원동력이다. 인간의 실천적 행위와 자연적 생성 모두 특정한 목적과 목표를 가지고 있다. 그것은 마치 예술가들의 머릿속에 있는 영감이 작품 속에 현실화되는 것과 같다. 현상 세계의 자연 존재자들은 이데아를 지향하고 있으며, 모든 이데아들은 이데아의 이데아인 '절대자', '스스로 만족하는 자'인 '선의 이데아'를 지향한다. 플라톤의 이데아설은 모든 우연적 존재들이 의존하고 있는 절대 필연적인 존재의 도출을 시도하는 자연신학적 신 존재 증명이나 최고선의 개념, 그리고 세계 유출이나 '하나가 만물'이라는 전일 사상의 선구를 이루고 있다.

이데아는 논리적으로 개별적인 모든 것들에 질서를 부여하는 역할을 한다. 이데아는 유사성과 비유사성을 인지하게 하고, 여럿[多] 속에서 하나[一]를 파악하게 한다. 플라톤은 후기 저서에

---

37) 플라톤, 『파르메니데스』 130e-135b.

서 이데아의 논리적 측면은 강화하지만, 반면에 목적론적 측면과 존재론적 측면은 포기하고 있다. 이는 시간의 경과와 연관된 운동의 문제에서 비롯되며, 이데아는 점점 개념으로 이행하게 된다. 후기 사상에서는 변증법적 방법에 의한 지식 탐구가 우세하게 나타난다. 이는 '대화하는 기술', '질문과 답에 의하여 학문적 인식을 발전시키는 기술', '존재하는 것을 개념적으로 파악하는 기술'을 뜻하며, 사물의 진정한 실재를 아는 수단으로 활용된다.

플라톤에서 분리와 결합은 하나의 이데아에 여러 개의 술어들을 매개하거나 분리시키는 변증법적 방법이다. 그는 이 방법을 감각-지각의 문제에 적용하여 인식론적, 논리적 성격을 강화하고, 초감각적 이데아와 감각적인 세계 사이의 간극을 해소하고자 했다. 변증법은 이데아에 도달하는 지식 기술인 동시에 "신을 향하여 가는 영혼의 여행"이다. 영혼의 사유 활동은 사물의 개별적 특성이 아닌 모든 것에 공통적인 것, 보편적인 것을 추구하는 것에 다름 아니다.

플라톤의 이데아론에서 가장 큰 문제는 이데아와 현실 존재의 매개가 어떻게 가능한가라는 물음 속에 있다. 모든 사물들에 이데아가 있다고 할 경우, 그것은 이 세계와 똑같은 세계가 중복된 상태로 존재해야 한다는 것을 의미한다. 아리스토텔레스는 플라톤의 이데아론을 비판하면서 '제3인간'의 난문을 제기한다.[38)]

두 사물에서 보이는 유사성이 이데아에 의한 것이라면, 이데아와 이 두 사물 사이의 유사성은 또 무엇에 근거하고 있는 것

---

38) 아리스토텔레스, 『형이상학』 990 b17. 플라톤, 『파르메니데스』 132-134e; 『국가』 10권 597-599a.

인가? 이 이데아들이 사물로부터 떨어져 있다면 어떻게 동시에 사물들이 이데아에 참여할 수 있는가?

사물과 이데아의 유사성을 입증해주기 위하여 새롭게 요구되는 제3의 크기는 '무한 소급'[39]되어야 한다. 또한 동시에 윤리적 이상으로 알려진 이데아가 모든 사물로 확장되어 결국 보편적인 것의 의미만을 갖게 될 경우에, 어떻게 한 이데아는 자신에 참여하는 많은 것들 속에 존재할 수 있는가의 문제가 제기된다.[40]

『파르메니데스』에서 플라톤은 이데아론과 참여 개념을 유지할 목적으로 수용자 개념을 도입하고 있으며, 이는 나중에 『티마이오스』에서 본격적으로 제시되고 있다. 이와 같은 참여는 일(一)이 다(多)일 수 있고, 다자가 일자가 될 수 있는 경우에만 가능하다.[41]

## 아리스토텔레스의 비판

프랭크 틸리는 그의 『서양철학사』에서 아리스토텔레스가 플라톤의 이데아설을 크게 두 가지 관점에서 비판한 것을 소개하고 있다. 그 하나는 이데아가 사물의 본질을 설명하기 위한 것이지만 다음 네 가지 이유에서 충분하지 않다는 것이다. 첫째, 이데아는 단순한 추상이므로 구체적 사물의 현존을 설명할 수 없다. 둘째, 이데아는 영원하지만 정적이어서 구체적인 사물의 운동과 변화를 설명할 수 없다. 셋째, 이데아는 개별 사물들보다 앞서 존재하는 것이 아니므로 개별 사물을 설명하는 데 사

39) regressus in infinitum
40) 플라톤, 『파르메니데스』 132a.
41) 플라톤, 『파르메니데스』 129b.

용할 수 없다. 이데아는 사물들의 모사이지 원인이 아니다. 넷째, 이데아는 사물들의 불필요한 중복일 뿐이고, 그에 대한 설명이 아니다.

또 다른 이유는 이데아와 사물의 관계에서 다음과 같은 세 가지 사실들을 설명할 수 없다는 점이다. 첫째, 사물들이 이데아의 모사이거나 이데아에 관여한다는 것만으로는 아무것도 설명할 수 없다는 점이다. 개별적 인간들이 이상적 인간에 관여한다고 말하는 것만으로는 개별자에 대한 이해에 아무런 도움을 주지 못한다. 둘째, 이데아와 그것에 상응하는 사물들의 추정된 관계는 무한퇴행에 이른다. 제3의 인간논변은 개별 인간(최초의 인간)과 모형적 인간(제2의 인간) 사이에는 제3의 인간(개별 인간과 모형적 인간 사이의 관계)을 요구하며, 이는 계속해서 제4, 제5의 인간을 무한퇴행적으로 요구하기 때문이다. 셋째, 이데아론은 한 사물의 본질이나 형상을 그 사물 자체와 완전히 분리시키지만, 그런 분리는 지성이 본 개별자의 통일성과 상충된다.[42) 이데아 논쟁만을 놓고 보면 플라톤과 아리스토텔레스는 대립적인 관계에 있는 것처럼 보인다. 하지만 플라톤의 후기 사상은 아리스토텔레스의 견해들과 거의 어긋나지 않는, 전적으로 달라진 모습을 보여준다. 그것은 플로티노스의 신플라톤주의를 예견하면서 성육신의 교의체계를 수립하는 데까지 결정적인 영향을 미치게 된다. 이데아와 사물들, 신과 인간을 주관과 객관의 구도에서 보지 않고, 이데아적인 것이 사물적인 것이 되고, 인간적인 것이 신적인 것이 될 수 있다는 사고방식의 혁명으로 사람의 아들 그리스도 하느님의 사상을 배태한 것이다.

42) 프랭크 틸리, 『서양철학사』, 김기찬 역, 현대지성사 1998, 148쪽; 아리스토텔레스, 『형이상학』 제1권 9장에 개진된 23개 조항에 대하여.

## 플라톤의 우주창조설

플라톤이 『티마이오스』에서 기술하고 있는 세계 창조는 '무로부터의 창조'가 아니라 이미 존재하고 있는 이데아와 질료를 바탕으로 한 '제작으로서 창조'이다. 이를 '세계제작 이론' 또는 '데미우르고스론'이라고도 부른다. 이 우주의 제작자를 플라톤은 데미우르고스[43]라고 불렀기 때문이다.[44] 그것은 본래 물건을 만들거나 가치를 구현하는 자를 뜻하며, 이데아를 질료와 잘 버무려서 가능한 한 최선의 사물과 세계를 창조하는 자를 지칭한다.

제작자는 혼돈의 상태로부터 사물과 세계를 빚어내는 과업을 수행한다. 데미우르고스는 우주를 창조하기 전에 먼저 세계영혼을 만든다. 물론 이 세계영혼이 존재하기 전에 이데아와 질료가 주어져 있다. 여기에서 질료는 비존재 또는 질서 이전의 혼돈을 뜻한다. 데미우르고스는 정신과 필연의 결합을 통하여 세계를 형성하였고, 영원을 원형으로 시간과 공간 속에서 모방된 세계를 제작함. 여기에서 시간은 생성 과정의 조건이 되고, 공간은 세계가 창조되는 터전, 즉 '코라'[45]이다. 공간은 그릇과 유모로서 비유되고 있으며, 무한정자 혹은 무규정적인 것이다. 그러므로 플라톤의 '공간' 개념은 질료적이고 필연적인 성격을 지닌다. 이미 주어져 있는 것을 바탕으로 데미우르고스는 최선을 다하여 이 세상을 아름답고 좋은 것으로 만들었다.

---

43) demiourgos. 보다 상세한 논의는 졸저, 『퓌지스와 존재사유』(문예출판사 2003) 제3장 "플라톤: 이데아와 데미우르고스"에서 "플라톤의 후기 자연철학" 부분(108-119쪽)을 참조할 수 있다.

44) 플라톤, 『국가』 500d. 『티마이오스』, 28-30a.

45) chora. 『티마이오스』 49a-b.

플라톤의 세계제작이론은 이데아설의 문제점을 보완하는 동시에 이원론에서 일원론으로의 변신을 뜻한다. 따라서 아리스토텔레스의 이데아설 비판은 더 이상 구속성을 갖지 못한다. 그럼에도 불구하고 철학사에서는 플라톤 철학의 변화과정은 무시하고 아리스토텔레스와 플라톤의 차이만을 부각시키는데 주력하였다.[46]

러셀은 '이데아'[47] 개념 대신에 '보편자'[48]라는 개념을 사용할 것을 제안한다. 보편자는 명사, 형용사뿐만 아니라 동사, 전치사 등에서 확장 적용될 수 있다. '좌', '우', '상', '하' 그 자체는 보편자이고, 그것은 각각의 처지와 환경에 따라서 천차만별로 나타난다. 모든 사전적 정의는 보편자이고, 그 구체적인 실재 사물들에 대한 일반적인 설명을 제공할 수 있다.[49]

화이트헤드는 플라톤의 사상이야말로 모든 서구 사상의 기틀이라고 평가하였다. 화이트헤드는 "유럽의 철학적 전통에 대한 전반적인 특징을 가장 안전하게 규정한다면 그것은 일련의 플라톤에 대한 각주로 이루어져 있다"라고 단언하였다.[50] 플라톤은 우선 영혼이 물질에 우선한다고 봄으로써, 그 이전의 모든 자연철학적 전통을 뒤집었다. 자연에 대한 그의 철학적 성찰은 후대의 사람들이 신 존재 증명, 또는 자연신학으로 불렀던 존재론적 '최후정초'(마지막 근거설정)의 문제로 전개되었다.

---

46) 김진, 『퓌지스와 존재사유』 107쪽 이하 참조.

47) idea

48) the universal

49) Bertrand Russell (1872-1970), The Problems of Philosophy. Oxford, New York : Oxford University Press, 2001 (1967), 제9장, '보편자의 세계'(the World of Universals) pp. 52-53, 그 밖에 10장의 '보편자' 문제(pp. 58-63)를 참조하라.

50) A.N. Whitehead, Process and Reality. New York 1978, p. 39.

# 6. 아리스토텔레스의 형이상학

## 아리스토텔레스의 삶과 저술

아리스토텔레스[1]는 그리스 북부 마케도니아 트라키아 지방, 칼키디케[2] 반도의 동쪽 해안도시 스타기라 출신이다. 의사 가문에서 태어난 아버지 니코마코스는 마케도니아 왕 아뮌타스[3] 3세(알렉산더의 조부)의 궁정의사였고, 아리스토텔레스를 아테네에 보내 철학을 공부하도록 지원하였다.

기원전 367년, 플라톤의 제2차 시칠리아 여행 시기에 아카데미아 입교(17세)하여 플라톤이 죽은 기원전 347년까지 20년 동안 체류하면서 철학을 공부했지만, 아카데미아의 후계자가 되지는 못하였다.

---

1) Aristoteles (384~322 BC). 북 그리스의 스타기라(Stagira) 출신으로, 플라톤의 제자이고, 알렉산더의 스승으로서 사실상 그리스제국의 국가철학자였다. 서양철학은 플라톤의 관념론과 아리스토텔레스의 실재론으로 나뉜다.

2) Chalkidike

3) Amyntas

기원전 348년, 반마케도니아파 데모스테네스의 세력이 확장되고 이듬해에 플라톤이 죽자, 위기에 몰린 아리스토텔레스는 아테네를 떠난다. 소아시아 아소스[4]와 아타르네우스[5]의 헤르미아스왕의 초빙으로 2년간 체류한 후에, 다시 레스보스섬에서 테오프라스토스[6]와 공동연구를 수행하였다.

기원전 342년에 그는 마케도니아 필리포스왕의 초빙으로 당시 열세 살이었던 알렉산드로스의 스승으로 초빙되어 마케도니아를 향해 떠났다. 기원전 341년, 헤르미아스왕이 페르시아인들에게 처형당한 후에, 아리스토텔레스는 왕의 여동생(또는 조카딸) 피티아스[7]과 혼인하여, 딸 피티아스와 아들 니코마코스를 낳았다. 티모테모스의 『철학자전』은 내연의 처 헤르필리스에게서 니코마코스를 얻었다고 전한다.[8] 아리스티포스는 『옛사람의 사치에 대하여』에서 아리스토텔레스가 헤르미아스의 소실과 사랑에 빠져서 그녀를 얻었다고 전하였다. 또한 아리스토텔레스는 158개 그리스 도시국가의 정치제도를 수집했으나, 그 중에서 "아테네의 국가"의 사례만이 남아있을 뿐이다.

기원전 335~334년, 테베의 멸망으로 그는 아테네로 귀환환다. 아리스토텔레스는 안티파트로스 장군[9]의 후원을 받아서 리케이

---

4) Assos

5) Atarneus

6) Theophrastos von Eresos (371~287? BC). 고대 그리스의 철학자, 자연학 연구가로서 아리스토텔레스를 만나기 전에는 플라톤의 아카데미 소속이었으며, 아리스토텔레스의 가장 중요한 제자로서 200여권의 책을 펴냈으나, 그 자신의 사상을 구축하는 데는 비중을 두지 않았다.

7) Pythias. 헤르미아스의 딸 또는 누이라는 설이 있다. 피티아스와 결혼생활은 아리스토텔레스의 아소스 체류시기(347-345/344 BC)가 절정이었을 것으로 보인다.

8) 디오게네스 라에르티오스, 『철학자 열전』, 아리스토텔레스 편 참조.

9) Antipatros (397~319 BC).

온[10]을 설립했는데, 그의 독특한 수업방식으로 인해 '소요학파'[11]라 불리게 되었으며, 역사상 최초로 대형 도서관을 운영하였다. 기원전 323년, 알렉산더가 사망한 후, 아테네가 제2의 범죄를 저지르지 않도록 하기 위해, 아리스토텔레스는 스스로 아테네를 피해 칼키스에 있는 모친의 집으로 갔으나(63세), 질병으로 말미암아 그 이듬해 사망하였다.

## 아리스토텔레스의 서고

아리스토텔레스의 원고는, 그의 제자 테오프라스토스가 사망하면서(기원전 288년), 넬레우스[12]가 소아시아 트로아스[13] 지방의 스켑시스[14]로 운반하여, 200년 동안 보관되었다. 그리고 아펠리콘[15]이 아테네로 다시 옮겨왔다. 기원전 86년, 술라[16]가 원고를 로마로 옮겨서, 문법학자 튀라니온[17]에게 정리하게 하였다. 튀라니온의 제자 안드로니코스[18] 11대 원장은 주제별로

10) Lykeion

11) peripatos

12) Neleus of Scepsis. 코리스쿠스(Coriscus of Scepsis)의 아들로서 아리스토텔레스와 테오프라스트의 제자이다.

13) Troas

14) Skepsis

15) Apellikon aus Teos. 고대 아테네의 정치가이자 서책수집가이다. 테오프라스트의 조카이자 제자였던 네레우스로부터 아리스토텔레스의 원고를 확보하였다.

16) Lucius Cornelius Sulla Felix (138년경~78 BC). 술라(Sulla), 실라(Sylla 또는 Silla)라고 부른다. 로마의 정치가이자 최고지휘관이었다.

17) Tyrannion of Amisus (1세기 BC). 그리스 문법학자로서 로마에 포로로 잡혀와 노예생활을 했다. 술라가 로마로 가져온 아펠리콘의 도서를 정리하였다.

18) Andronikos von Rhodos(서기 1세기경). 아리스토텔레스 철학의 쇄신가로서 아리스토텔레스 전집을 편찬하였다. 그가 분류한 쪽수는 임마누엘

분류하고, 대외문서들은 편집에서 제외하였다,

서기 200년 이후, 알렉산드로스 아프로디지아스[19]와 포르퓌리오스[20] 등에 의해 주석 작업이 이루어졌다. 특히 후자의 『범주론』 주석이 유명하다. 5, 6세기에 암모니오스 헤르메이우[21]와 그의 학파, 그리고 심플리키오스[22] 등이 주석 작업을 계속하였다.

중세 기독교에서 아리스토텔레스 연구는 초대 교부철학자 오리게네스, 신플라톤주의자 보에티우스[23], 그리고 아랍학파에 속하는 아비체나[24], 아베로에스[25], 마이모니데스[26]에 의해 스콜

---

베커(Immanuel Bekker, 1785~1871)의 근대적인 첫 번째 전집에서 수용되어 지금까지 널리 인용되고 있다.

19) Alexander von Aphrodisias (서기 200년경). 소요학파 철학자이자 아리스토텔레스의 저술에 대한 그리스의 주석가로서 유명하다.

20) Porphyrios of Tyre (c. 234~c. 305). 로마 통치시기의 신플라톤주의 철학자로서 그의 스승 플로티누스의 『엔네아데스』를 편집하고 출판하였다.

21) Ammonius Hermiae (Ammōnios ho Hermeiou, c. 440~c. 520). 신플라톤주의 철학자 헤르미아스와 아에데시아의 아들이다. 아테네에서 프로클루스(Proclus)의 제자가 되었고, 그의 대부분의 생애를 보낸 알렉산드리아에서 플라톤과 아리스토텔레스 및 다른 철학자들에 대한 주석서를 저술하면서 가르쳤다.

22) Simplikios, Simplicius of Cilicia (c.490~c.560). 암모니오스 헤르메이우의 제자로서 신플라톤주의의 마지막 철학자다. 6세기 초, 유스티누스에 의해 이교도 철학자로 박해를 받았기에 페르시아 왕실의 보호를 받기도 하였다. 아리스토텔레스 철학에 대한 많은 주석서들을 남겼으며, 이교도 철학자로서 큰 명성을 얻었다.

23) Boethius (480/485~524/526). 고대후기 로마의 학자, 정치인, 신플라톤주의 철학자, 신학자로서 동고트족 왕 테오데리히(Theoderich) 통치기에 활동하였다. 그 유명한 『철학의 위안』(Consolatio philosophiae, Der Trost der Philosophie)을 저술했다.

24) Avicenna (980~1037). 이븐 시나(Ibn Sina)의 라틴어 표기가 바로 아비체나이다. 페르시아의 의사, 자연과학자, 아리스토텔레스-신플라톤주의 철학자, 시인, 법학자, 천문학자, 연금술사, 음악이론가, 정치인 등 다양한 능력을 가진 천재이다.

25) Averroes von Cordoba (1126~1198). 아랍식 이름은 이븐 루쉬드(Ibn Ruschd)이며, 안달루시스 출신의 철학자, 법학자, 의사, 아랍어권 저술가로

라철학의 세계에 소개되었다. 1204년, 콘스탄티노플의 정복과 더불어 아리스토텔레스의 『형이상학』이 유럽에 입수되어 널리 소개되었다. 그리스어로 집필된 책이 아랍어에서 라틴어로 번역된 것이다.

이를 통해 13세기의 기독교권에서는 로저 베이컨과 알베르투스 마그누스를 통해 아리스토텔레스 르네상스가 일어났다. 그 최고의 절정은 토마스 아퀴나스[27]가 이름을 장식하였다. 그리하여 프라하, 빈, 쾰른, 하이델베르크에 설립된 14세기의 대학들은 아리스토텔레스주의를 표방하게 되었다.

아리스토텔레스는 많은 분야에서 탁월한 저서들을 남겼으며, 논리학 관련 저서로는 『범주론』, 『명제론』, 『분석론 전·후서』, 『토피카』, 『소피스트적 논박』 등이 있다.

형이상학 분야로는 『자연학』과 『형이상학』이 있다.

자연과학에서는 『우주론』, 『생성소멸론』, 『기상론』, 『동물지』, 『동물부분론』, 『동물발전론』, 『동물운동론』, 『동물생성론』, 『영혼론』, 『감각과 감각 대상』, 『기억과 회상』, 『잠과 깸』, 『꿈』, 『수면 중의 예지』, 『오래 사는 것과 짧게 사는 것』, 『삶과 죽음』, 『호흡』 등 많은 저술을 남겼다.

---

활동했으며, 의학백과와 함께 아리스토텔레스 모든 저술에 대해 주석서를 펴냈다. 화가 라파엘로는 그의 대작 <아테네 학당>에 아베로에스의 얼굴을 그려 넣었다.

26) Moses Maimonides (1135~1204). 안달루시스-북아프리카 지역의 유대 철학자, 법학자, 의사이며, 중세의 가장 중요한 학자로 평가되고 있으며, 특히 동방 유대인의 정신적 지주로서 명성이 있다.

27) Thomas von Aquin, Thomas Aquinas (1225~1274). 이탈리아 도미니크회 소속 학자사제, 철학자, 로마가톨릭 교회의 대표적인 스승으로서 『신학대전』(Summa theologica)과 『대이교도대전 (철학대전)』(Summa contra gentiles) 등 탁월한 저서를 남기고, 스콜라철학(Scholastik), 토미즘(Thomismus), 네오토미즘(Neuthomismus)의 거두가 되어 오늘날까지도 영향력을 끼치고 있다.

윤리학과 정치학 분야에서는 『니코마코스 윤리학』, 『정치학』, 『아테네인의 정치 제도』, 『에우데모스 윤리학』, 『대윤리학』을, 그리고 언어학과 미학과 관련해서는 『수사학』과 『시학』을 저술하였다. 그는 실로 학문의 모든 영역에서 탁월한 저서들을 남긴 당대 최고의 석학이었다.

## 아리스토텔레스와 필리스(캄파스페)

아리스토텔레스의 여자 필리스(캄파스페)에 대한 풍문과 더불어 "형이상학 위에 헤타이라가 군림하는가?"라는 조소어린 이야기들이 돌아다닌다. 아폴로니오 디 지오반니는 "사랑의 승리"라는 작품에서 이 소재를 다루고 있다.[28] 아리스토텔레스의 스캔들에 대한 이 수많은 작품들은 13세기 노르망디 출신의 시인 앙리 당델리[29]가 쓴 중세 우화에 근거한다. 철저한 남성우월주

28) Apollonio di Giovanni; Firenze, 1415/1417~1465)의 15세기 중반 작품, "사랑의 승리"에 대한 이야기는 사라 캄 곰, 『세계명화비밀 2』, 생각의 나무 2009, 226쪽에 있다. 이 우화에 대한 미술작품들은 매우 다양한 형태로 발견된다. Hans Leonhard Schäufelein, Aristotle and Phyllis. 1515, pen and black ink, round, flattened at the bottom, 16.5×17.5cm. Berlin, Kupferstichkabinett; Hans Baldung Grien, Aristotle and Phyllis 1513. Woodcut, 330×236 ㎜. Germanisches Nationalmuseum, Nürnberg; Aristotle Ridden by Phyllis. Aquamanile. ca.1400. Southern Netherlands or Eastern France (Lorraine) Bronze H.13¼ in (33.5㎝). Robert Lehman Collection, 1975(1975.1.1416); Masyer of the Housebook (active 1475~90 in Mainz), Aristotle and Phyllis c.1485. Dry point, diameter 155㎜, Rijksmuseum, Amsterdam; Aristotle's Fall, Malterer Tapestry Detail (14th c.); Lucas Cranach the Elder, Phyllis and Aristotle (1530); Aristotle's Fall, Stained Glass, German National Museum, Nürnberg, Germany; John William Godward (1861-1922), Study of Campaspe.

29) Henry d'Andeli. was a 13th-century Norman poet notable for his work "La Bataille des Vins" (English "Battle of the Wines")

의를 표방했던 아리스토텔레스의 시(詩)를 바탕으로 작가가 꾸며 낸 이야기라는 설이 있다. 성적으로 문란한 중세사회에 '여자의 유혹'에 빠지지 말라는 도덕적 메시지를 보내려는 의도였을 것이다. 그러나 고대인들은 여자의 유혹을 피하지 않았고, 중세인처럼 금욕적이지도 않았기 때문에, 메시지의 효과보다는 시니컬한 측면을 다 강하게 드러내고 있다.

알렉산더 대왕이 헤타이라 출신의 애첩 필리스(또는 캄파스페)에 빠져서 정무를 소홀히 하자, 아리스토텔레스는 하찮은 여자 때문에 소중한 시간과 정력을 낭비한다고 준엄하게 질책했다. 왕은 필리스와의 관계를 끊겠다고 맹세하고 관계를 청산하자고 통보했다. 아리스토텔레스는 여성을 폄하했다.

"모든 동물의 세계를 관찰해보라. 수컷이 암컷보다 덩치도 크고, 아름답고, 민첩하다. 인간의 경우도 이와 다를 바가 없다. 남성과 여성을 비유하면 태양과 대지, 힘과 재료와 같은 관계이다. 남성이 목수라면 여성은 목재이다.

남성의 씨는 생명을 주고 신체를 만든다. 여성은 비록 자식을 만드는데 필요한 월경 덕분에 아이를 낳기는 하지만 결코 남자와 동등한 가치를 지닌 존재가 아니다."

이에 복수를 결심한 필리스(또는 캄파스페)는 아리스토텔레스를 유혹했다. 사랑을 고백한 그에게 필리스는 자신의 말이 되어 정원을 돌도록 요구함으로써 이 광경을 알렉산더가 지켜보도록 했다. 알렉산더가 스승에게 어떻게 이런 일이 생길 수 있는가를 묻자, "정욕이 지혜를 압도하면 나도 이처럼 꼴사나운 모습이 되는데 대왕처럼 젊은 청년은 더욱 정욕을 경계해야 합니다." 라고 말하자, 왕이 크게 깨달았다고 한다.

이 이야기는 실화가 아니라 중세시대에 만들어진 이야기다. 여기서는 아리스토텔레스가 헤타이라 필리스와 관계하여 아들 니코마코스를 얻었고 죽을 때까지 사랑했다고 한다. 이성조차도 정욕

의 노예가 될 수 있다는 경고하는 교훈적 의미가 담겨 있다.[30)]

또 다른 이야기에 의하면, 알렉산더 대왕의 전속화가 아펠레스[31)]는 왕의 애첩 캄파스페의 나체를 그리다가 두 사람이 서로 눈을 맞추게 되었다고 한다. 이를 알게 된 알렉산더는 그녀를 아펠레스에게 하사하였다. 티모테모스의 『철학자전』에서는 아리스토텔레스가 내연의 처 헤르필리스에게서 니코마코스를 얻었다고 전한다.[32)]

플라톤의 『티마이오스』와 아리스토텔레스의 『니코마코스 윤리학』은 이성을 강조하고, 기독교 신학은 정욕을 다스리는 것을 중시하였다. 아리스토텔레스의 캄파스페 스캔들은 중세의 금욕적 사회에서 교훈적 의미를 위해 활용된 측면이 강하다.

라파엘로 작 <아테네학당>[33)]의 한 가운데에 플라톤과 아리스토텔레스가 서 있다. 오른 손을 하늘로 치켜들고 있는 사람이 플라톤이고, 아래쪽을 가리키고 있는 사람은 아리스토텔레스이다. 플라톤의 이데아설에 기초한 이상주의(관념론)와 아리스토텔레스의 형상-질료론에 근거한 실재론을 형상화한 것이다.

30) 이명옥, 『팜므파탈 - 치명적 여인들의 거부할 수 없는 유혹』, 시공아트 2008, 372-383쪽.

31) Apelles (기원전 352~308)

32) 디오게네스 라에르티오스, 『그리스철학자 열전』, 전양범 역, 동서출판사 2008.

33) Sanzio Raffaello (1483~1520), Die Schule von Athen (1509~1510, 579.5 × 823.5cm). Stanza della Segnatura im Vatikan für Papst Julius II., Wandfresko.

## 아리스토텔레스의 기본 철학용어[34)]

### '헨'(하나)과 '폴라'(여럿)[35)]

'헨'(hen)은 '하나', 일(一), 통일이고, '폴라'(polla) 는 '여럿'과 '다'(多)를 뜻한다.

(1) '하나'는 속성 또는 자체적인 것과 관련하여 사용할 수 있다. 첫째, "코리스코스는 교양이 있다."에서는 한 사람의 속성을 보여준다. 즉, '교양 있는 특성'과 '코리스코스'의 교양 있는 특성이 그 사람(실체)에 따른다는 점에서 하나이다. 둘째, 코리스코스가 '공정한'과 '교양 있는'이라는 두 속성을 갖고 있다면, 그 둘은 하나의 동일한 실체(코리스코스)의 속성이라는 점에서 동일한 하나로 간주된다. 셋째, '교양 있는 코리스코스'와 '공정한 코리스코스'가 하나인 것은 각 부분의 속성들(교양과 공정성)이 하나의 실체(코리스코스)에 따르는 속성이기 때문이다.

(2) 하나는 어떤 특정한 실체를 나타낼 때 사용할 수 있다.

첫째, 다발이 끈으로 묶여 있거나, 나무 조각이 아교에 의해 연결되거나, 신체와 각 지체들처럼, '사물의 연속성'이라는 차원에서 '하나'(통일성)를 생각할 수 있다. 사물이 연속적이라는 것은 '단순한 접촉에 의한 연속성'이 아니라 '자체 내에서 연속적인 것', '전체로서 하나'를 뜻한다. 사물의 운동은 그 자체로 하나이므로 분할할 수 없다. 둘째, 사물들의 '기체'(基體)가 무차별적으로 동일한 종(種)인 경우에 하나로 규정할 수 있다. '무차별'이란 그 사물들의 종을 감각적으로 구별할 수 없다는 것

---

34) 이 부분은 아리스토텔레스의 『형이상학』(조대호 역, 길 2017; 이종훈 역, 동서 2019 참조), 제5권(철학용어사전)을 발췌, 정리하였다.

35) 아리스토텔레스, 『형이상학』, 조대호 역, 길 2017, 187-193.

을 뜻한다. 또한 대립적인 종차에 의해 구별되는 경우에도, '여러 종(種)들의 유(類)'라는 점에서 하나로 지칭할 수 있다. 말, 인간, 개는 유에서는 같은 하나의 동물이다. 셋째, 어떤 사물의 본질(무엇)을 설명하는 방식이 다른 사물의 본질을 밝히는 설명 방식과 구별할 수 없을 때, 그것들은 하나이다. 사물은 늘거나 줄어도 그 설명 방식이 같으면 하나이다. 평면도형에서 사각형과 그 속에 있는 두 개의 삼각형은 동일하다. 이처럼 실체에서 하나라는 것은 연속성, 종, 설명방식에서 같은 경우이다.

(3) '일의 본질'에서 하나는 어떤 수적인 의미에서 '시작(원리)'이다. '제1의 척도'는 시작의 일종이다. 유(類)를 인식하는 기준으로서 구성 요소는, 유에서 제1의 척도이며, 일(一)은 각각의 유에 관한 인식의 시작이다. 그러나 단위로서 하나(일)는 유의 차이에 따라 다르다. 어떤 경우든 각각의 단위인 하나(一)는 양이나 종에서 불가분적이다.

첫째, 양에서 불가분할적인 어떤 물질 중에서 어느 방향에서나 불가분적이고, 아무 위치도 갖지 않는 물질은 '모나스'[수의 단위로서 일(一)]이다. 또한 어느 방향에서나 불가분적이지만 위치를 갖는 물질은 점으로서 하나이다. 단 하나의 방향에서만 가분적인 물질은 선이다. 두 개의 방향에서 가분적인 물질은 면이다. 모든 방향, 즉 삼차원에서 양적으로 가분적인 물질은 물체(입체)로서 하나이다. 다시 말하면, 두 방향에서 가분적인 물질은 면이고, 한 방향에서만 가분적이면 선이고, 어느 방향에서나 양적으로 불가분적인 물질은 점과 단위이고, 그 중에서 위치를 갖지 않는 것은 단위 물질이고, 위치를 갖는 것은 점이다.

둘째, 어떤 물질들은 수가 하나이고, 어떤 물질들은 종, 유, 유비(類比)에서 하나이다. 수에서 하나는 이 물질의 질료가, 종에서 하나는 그 물질들의 설명 방식, 유에서 하나는 동일한 술어 형태(범주), 그리고 유비에서 하나는 이들의 관계적 유비에서 하나라는 것을 뜻한다.

또한 분명한 일(一)인 경우에, 그 일(一)이라는 유 속에는 '다(多)'라는 뜻이 들어있다. 어떤 사물들은 연속적이 아니므로 다(多)로 일컬어지고, 어떤 사물들은 그 질료들이 종에서 가분적이므로, 또한 어떤 사물들은 그 본질을 나타내는 설명 방식이 많이 있다는 이유에서 각각 '많다'고 할 수 있다.

### 온('이다'와 '있다')

'온'(on)은 '이다', '있다', '존재', '존재하는 것'을 뜻한다.[36) 존재'('온')라는 것은 사물의 속성에서나 사물 그 자체에서 언표될 수 있다.

첫째, '존재'는 속성에서 계사 '이다'의 의미를 갖는다. 계사 '이다'는 어떤 사람이 '공정하다'거나 '교양이 있다'고 할 경우에 실체, 즉 그 사람과 속성을 연결시켜준다. '그 사람은 교양적이다'에서 보는 것처럼, '~은 ~이다'라는 것은 '~은 ~성질을 가지고 있다'는 뜻이다. 이처럼 부대적인 여러 존재들은 주어와 술어가 모두 어떤 같은 것(기체)에 속하고, 그런 실체가 존재하기 때문에 있다고 하거나, 술어의 성질을 가진 주어(기체)가 존재하기 때문에 있다고 하거나, 그리고 스스로 속성적 술어가 되는 그 자체가 존재하기 때문에 '있다'라고 할 수 있다.

둘째, 그것들 자체에서 '있다'(존재한다)고 하는 사물들은, 바로 술어의 여러 형태(여러 범주)대로 존재하는 사물들이다. 어떤

36) 아리스토텔레스, 『형이상학』, 제5권 제7장. 조대호 역, 194-197 참조.

사물의 존재 방식은 술어의 속성에 따라서 여러 형태로 서술된다. 술어가 속하는 속성들은 바로 범주들이다. 속성들의 유형에 따라서 그 주어가 무엇인지(실체, 본질), 어떻게 있는가(성질), 어느 정도 있는가(분량), 다른 것들과 어떻게 있는가(관계), 어디에 있는가(장소), 언제 있는가(시간)를 의미한다. '이다'(존재하다)라는 말은 이런 여러 의미들을 함축하고 있다. 매우 다양한 속성들은 언제나 '이것'을 뜻하는 개체의 속성으로서 표현되며, 따라서 언제나 어떤 제1의 기체에 근거한다.

셋째, 사물이 '있다'거나 '~이다'라고 할 경우에, '이다'는 참이고 '아니다'는 거짓이라는 뜻을 가진다. 이것은 긍정과 부정의 경우 모두 해당된다.

넷째, '이다' 또는 '있다'라고 할 경우에, 그것은 각 존재가 그 가능성이나 완전한 현실성을 가진 존재임을 의미하는 경우가 있다. 우리는 '가능적으로 보는'(볼 수 있는) 사람이나, '현실적으로 보고 있는'(실제로 보고 있는) 사람을 모두 '보는 사람이다'라고 말한다.

### '우시아'(실체)

'우시아'(ousia)는 자체적으로 있을 수 있는 것, 즉 실체를 뜻한다.[37] 실체, 즉 '우시아'는 다른 어떤 기체(주어)의 술어도 될 수 없는 '궁극적 기체(개체)로서 실체'이거나, '그것이라고 지시할 수 있는 존재'이기도 하고, '떨어져서 존재하기도 하는 기체로서 실체'로서 각 '사물의 형식이나 형상인 실체'가 있다.

첫째, 개체는 '단순 물체로서 실체'이다. 이것은 흙, 불, 물,

---

37) 아리스토텔레스, 『형이상학』, 제5권 제8장. 조대호 역, 197-199.

등과 같은 물체나, 일반적 물체, 그리고 그런 여러 물체들로 구성된 존재들로서 생물 존재, 신적(神的) 존재들과 그것들의 여러 부분들을 뜻한다. 이런 생물들과 신적 존재들 모두가 고유한 실체들이다. 이것들은 다른 어떤 기체(주어)의 술어(속성)가 아니다. 그 반대로 다른 것들이 이 실체들의 술어이다. 아리스토텔레스는 이를 '기체적 실체'라고 부른다.

둘째, 다른 기체의 술어가 되지 않고서 여러 실체들 중에 내재하여, 그 실체들의 존재 원인이 되는 사물, '제1의 사물' 또는 '사물 중의 사물'을 실체라고 한다. 생물에서 거기에 내재하는 영혼(생명 원리)을 실체라고 한다.

셋째, 여러 실체들의 부분으로서 이들 안에 내재하여, 그 각각을 바로 그것으로 한정하여 나타내는 것을 실체라고 한다. 이 지시적 실체가 없어지면 전체도 없어진다. 면이 없어지면 물체가 없어지고, 선이 없어지면 면도 없어진다. 이 경우에는 수도 실체라고 할 수 있다. 수가 없어지면 아무 본질도 존재하지 않게 되고, 수가 모두를 한정하고 있기 때문이다.

넷째, 사물의 본질을 나타내는 설명 방식은 곧, 그 사물의 정의이다. 이처럼 그 본질을 나타내는 설명 방식 자체를 각 사물의 실체라고 한다.

## 아리스토텔레스의 실체 형이상학

뤼케이온의 제11대 원장 안드로니코스[38]는 『자연학』 다음에 다음과 같은 14개의 원고들을 배열하였다. 이는 후대에 그 유명한 『형이상학』이라는 이름으로 널리 회자되고, 거의 모든 학문에 결정적인 영향력을 미치게 되는 가장 중요한 책이 되었다.

제1권[39]은 "지혜의 학"으로서 형이상학을 펼친다. 최고의 보편성을 가진 원인과 원리들에 관한 학문이, 탈레스에서 플라톤까지의 여러 이론들을 비판적으로 소개한다. 이 원고는 세계 최초의 철학사적 저술로 자리매김을 하고 있다.

제2권[40]은 형이상학 입문서로서 "진리의 탐구"가 무엇인지를 소개한다.

제3권[41]은 14개의 아포리아들을 소개한다.

제4권[42]은 존재로서 존재를 탐구하는 학문에서 공리들, 즉 모순률과 배중률을 다룬다.

제5권[43]은 30개에 달하는 철학 개념들을 설명한다. 세계 최초의 철학 사전이라고 할 수 있다.

제6권[44]은 존재로서 존재를 탐구하는 학문이 바로 신적 존재를 탐구하는 학문, 즉 신학과 어떤 관계에 있는가를 다룬다.

제7, 8, 9권[45]은 실체(질료-형상, 가능성-현실성)에 대한 논의를

---

38) Andronikos von Rhodos (기원전 1세기 경에 활동). 아리스토텔레스 철학의 혁신자로서, 그가 페리파토스의 대표로서 아테네에서 활동했는지, 아니면 로마에서 가르쳤는지는 분명하지 않다.

39) I, Alpha.

40) II, Alpha elatton.

41) III, Beta.

42) IV, Gamma.

43) V, Delta.

44) VI, Epsilon.

다룬다. 아테네 시기의 집필로 추정된다.

제10권[46]은 '하나'와 동일성, 상이성, 유사성, 반대 등에 대한 논의를 다룬다.

제11권[47]은 아리스토텔레스 사후에 『형이상학』 3, 4, 6권과 『자연학』 3, 5권에서 편집한 것이다.

제12권[48]은 가변적 실체(1-5)와 불변적 신적 실체(7-10)를 다룬다. 초기에 구상한 원고로 추정된다.

제13권[49]은 불변적이고 영원한 실체를 다루면서, 피타고라스와 플라톤의 입장을 검토한다.

제14권[50]은 플라톤의 이데아론과 이상적 수론을 비판한다.

아리스토텔레스는 자신의 형이상학은 근본적으로 하나의 목적론[51]으로서 기술한다. 그것은 가장 기저에 놓여 있는 실체, 우시아의 문제로부터 시작하여, 형상과 질료의 문제와 그리고 형상인[52], 질료인[53], 작용인[54], 목적인[55]이라는 네 가지 원인들에 대한 숙고를 거쳐서, 형상과 질료의 물음을 다시 가능태[56]와 현실태[57], 그리고 아직 목적을 이루지 못한 현실활동[58]과 완전태[59], 그리고 마지막으로 '제1의 부동의 원동자'로서 '신'[60]으

45) VII, Zeta; VIII, Eta; IX, Theta.
46) X, Iota.
47) XI, Kappa.
48) XII, Lambda.
49) XIII, My.
50) XIV, Ny.
51) Teleologie
52) causa formalis
53) causa materilais
54) causa efficiens
55) causa finalis
56) dynamis, potentiality.
57) energeia, actuality.
58) energeia ateles.

로까지 나아간다.

아리스토텔레스는 『형이상학』 12권에서 '실체'의 문제를 다룬다.[61] 실체란 무엇인가? 실체의 다양한 의미는 그의 기본 철학 개념을 통해 이미 살펴보았다. 실체는 다른 모든 사물에 우선하는 것으로서, 소멸적인 감각적 실체, 영원한 감각적 실체, 영원적 부동의 실체가 있다. 모든 것은 실체이거나 실체에 속하여 있다. 혹자에 따라서 보편적인 사물이 실체라고 주장하거나 개별적인 사물이 실체라고 주장하기도 한다. '감각적 실체'에는 '소멸적 실체'(식물, 동물 등)와 '영원적 실체'(항성 등)가 있으며, 이것들은 운동과 변화를 전제하는 사실에서 자연학의 대상이다. '부동의 실체'는 형상적 대상과 수학적 대상을 동시에 인정하거나, 그 중 하나만 인정하거나, 동일한 것으로 인정하는 세 가지의 이해 방식이 가능하다.

아리스토텔레스는 '영원한 부동의 비감각적 실체'의 존재에 대해서 논의한다. 운동이 영원적인 한에서 영원한 운동자가 존재해야 하는데, 이것은 "그 본질에 가능태를 포함하지 않는 전적인 현실태"이어야 하고, 세계에 제1의 운동이 존재하기 위하여 영원히 가장 먼저 작용하는 어떤 영원한 원리이어야 한다.[62]

그리스어에서 '실체'[63]라는 말은 이중적인 의미를 가진다. '우시아', 즉 실체는 독일어 '베젠'[64]과 마찬가지로 '이것'[65]과 '무엇'[66]이라는 의미를 함께 가지고 있다.[67]

---

59) entelechie

60) the first unmoved mover, God

61) 『형이상학』, 12권 1장, 조대호 역, 461-463 참조.

62) 『형이상학』 제12권 6장, 조대호 역, 472-477 참조.

63) ousia

64) Wesen

65) Dies

실체는 '여기 이것'[68]이라는 개체[69]와 함께, '그것은 무엇인가'[70]라는 본질을 동시에 뜻하고 있는, 그래서 본질과 개체가 결합되어 있는 말이다. 따라서 '수브스탄츠'[71]보다는 '베젠'이 더 그리스적인 실체관에 적합한 말이 된다. '베젠'은 '개체'[72], '생물'[73], '정신존재'[74]와 같은 '사물적 개체'를 뜻하기도 하고, '본성'[75]이나 '무엇임'[76]과 같이 '본질'을 뜻하기도 하는 개념이기 때문이다.

아리스토텔레스는 존재자의 범주를 실체와 속성 등 10개의 범주로 분석한다.[77] 범주는 본래적인 의미에서 움직일 수 있는 것, 존재자 자체인 실체와 그에 의존하고 있는 속성이나 부대적인 것으로 크게 분류된다. 실체는 개별적인 인간이나 말과 같은 존재자로서 술어의 주어가 된다. 그러나 부대적인 것은 본래적인 존재자인 실체가 존재하는 한에서만 존재한다. 실체로서 개체는 일차적인 것으로서 전적인 존재자이다.

실체(1)에 따르는 속성에는 다른 9가지의 범주, 즉 성질(2), 분량(3), 관계(4), 장소(5), 시간(6), 능동(7), 수동(8), 소유(9), 상태(10)가 있다. 실체와 속성의 분류가 바로 범주 형식에 의한 존재 분류인 것이다.

---

66) Was
67) Walter Bröcker, Aristoteles, Frankfurt 1964, S. 113.
68) tode ti, dies da. Aristoteles, Metaphysica 1028a12.
69) Einzelnes
70) ti esti
71) Substanz
72) Einzelwesen
73) Lebewesen
74) geistiges Wesen
75) Wesenheit
76) Wassein
77) Aristoteles, Cat, 1b25; Topica 103b21.

소크라테스는 사람이다. (1)
소크라테스는 동물이다. (1)
소크라테스는 차분하고 진지하다. (2)
소크라테스는 청년들과 자주 만난다. (3)
소크라테스는 크산티페의 남편이다. (4)
소크라테스는 아고라에 있다. (5)
소크라테스는 아침 일찍부터 집을 나선다. (6)
소크라테스는 논쟁하고 있다. (7)
소크라테스는 사형 당했다. (8)
소크라테스는 대머리이다. (9)
소크라테스는 창백하다. (10)

그러나 아리스토텔레스의 범주 형식에 의한 존재 분류는 실체가 무엇인가를 아직 설명해주고 있지 않다. 다만 실체는 속성이 아닌 것으로서 첫째의 것이라고 하지만 현실적으로 움직여진 존재자에게서 속성을 모두 제거하고 남아 있는 그것이란 결국 무(無)일 수밖에 없으므로, 그의 노력은 수포로 돌아간 셈이 된다.

아리스토텔레스는 『형이상학』 제7권 제3장에서 실체의 네 가지 의미를 분석하고 있다. 실체는 본질, 보편적인 것, 유(類), 기체일 수 있는데, 여기서 기체에는 질료 및 형상과 그 산물로서 구체적인 존재자가 속해 있다.[78)]

## 질료가 실체인가

아리스토텔레스는 실체를 '기체', 즉 '근저에 놓여 있는 것'이라고 하였다. 그러니까 전형적인 의미에서 기체는 바로 질료인

78) Aristoteles, Metaphysica 1042a32-34.

것이다. 아리스토텔레스는 질료는 모든 반대적인 변화에서도 그 모든 변화를 밑받침하는 것이기 때문에[79], 진정한 의미에서 기체인 질료가 실체라고 주장한 것이다. 이런 의미에서 실체는 어떤 것으로부터 존립하는 원천으로서 질료라는 부가적인 의미를 갖게 된다. 하지만 질료로서 실체 개념은 그가 본래적으로 그 자체 독립적으로 존재하는 사태를 지칭하려고 한 자신의 의도와 배치될 수 있다. 예를 들면, 침대의 질료인 목재는 불에 타서 다른 물질로 되어버릴 수 있으며, 그렇다면 목재는 기체도 아니고 따라서 실체일 수도 없다. 실체는 모든 변화에서 그 자신은 변하지 않고 근저에 남아 있는 최종적인 원소이기 때문이다. 그러나 이런 질료는 사물적으로 규정된 현실성으로서는 존재하지 않고 가능적으로만 존재한다.[80] 그러므로 제1질료는 완전히 무규정적인 원천인 동시에, 그 본질 자체가 무이므로 실체가 되지 못한다. 형상이 없는 상태로서 기체, 즉 질료는 단지 가능적인 실체일 뿐이다. 따라서 아리스토텔레스는 질료적인 실체를 '가능적인 실체'[81]라 규정하여 '현실태로서 실체'[82]와 대비시키고 있다.[83] 만일 제1질료가 현실적으로 실체라면, 그것은 "모든 것을 존재 가능하게 하는 무"[84]이므로 아리스토텔레스는 이것을 가능적인 실체라고 한정한 것이다.[85] 질료를 실체라고 했을 때, 그것은 오직 '가능적' 실체라는 조건적, 제한적인 의미로만 받아들여야 할 것이다.

---

79) Aristoteles, Metaphysica 1042a32-34..
80) Aristoteles, Metaphysica 1042a27-28.
81) dynamis ousia
82) ousia hos energeia
83) Aristoteles, Metaphysica 1042b10-11; Walter Bröcker, Aristoteles, 115.
84) das alles sein könnende Nichts
85) Walter Bröcker, 117.

## 개별적이고 구체적인 사물은 실체인가

아리스토텔레스는 『범주론』에서 가장 엄밀한 의미에서 실체란 '소크라테스'나 '플라톤'처럼 '이 특정한 사람' 혹은 '저기에서 있는 말'이라고 보았다. 이것은 감각에 의해 지각되는 개별적이고 분리된 존재이다. 그러나 하나의 존재자, 즉 실체가 범주 분석에 의하여 다시 실체와 속성으로 분류될 수 있다. 이로써 실체가 다시 실체와 속성으로 분리되는 문제가 발생하며, 아리스토텔레스 자신도 어떤 것이 개체인가를 분명하게 정의하고 있지 않다. 따라서 문제가 해결된 것은 아니다.

> 개체들에 대한 정의는 없다. 그것들은 직관적으로 또는 감각에 의하여 인식되며 현실적인 경험을 떠나서는 그것들이 있는지 없는지도 불분명하다. 그러나 개체들은 항상 보편적인 로고스에 의하여 진술되고 또한 인식된다.[86)]

어떤 것이 개체인지 아닌지를 알 수 없으므로 이 사람 또는 저 얼룩말이 실체라고 할 수 있는 근거가 없어진 셈이다. 그러나 아리스토텔레스는 형상이나 형상 질료의 합성체는 분리성과 개체성을 가지고 있으므로 질료보다 더 실체적이라고 주장한다.[87)] 분리성과 개체성은 형상에 의한 것이므로 논리적으로는 개체보다 오히려 형상이 일차적인 실체가 된다고 생각할 수 있다. 개체는 특정한 형상을 지니고 있으므로 실체라는 것이다. 따라서 그는 "실체는 내재적인 형상[88)]이며, 그로부터 이른바 질료와 구체적인 실체가 파생된다."[89)]고 정리한다.

---

86) Aristoteles, Metaphysica 1036a5-8, 1040a2-4; De an, 417b22-23.
87) Aristoteles, Metaphysica 1029a27-30.
88) to eidos to enon

## 보편적인 것은 실체인가

아리스토텔레스는 보편적인 것은 실체가 될 수 없다고 말한다.[90] 플라톤의 형상론에 반대하여 이 같은 주장을 제기한 것이다. 그러나 아리스토텔레스는 『범주론』에서 개별적인 사람을 일차적인 실체라 하고, 그 종개념인 인간과 유개념인 동물을 이차적인 실체라고 규정한 바 있다.[91] 그런데 개체뿐만 아니라 종과 유는 모두 형상을 전제로 하고 있다. 그러므로 아리스토텔레스가 말하는 내재적 형상이 플라톤의 형상과 어떻게 다른가에 의해 보편적인 것이 실체인가라는 문제는 해명될 수 있을 것이다.

## 사물의 형상이나 본질은 실체인가

실체를 규정하는 본질은 "그것은 무엇인가?"라고 물을 경우의 '무엇이라는 것'[92]과 "그것은 무엇이었으며 또한 무엇인가?"에서처럼 '본질적인 무엇'[93]이다. 브뢰커에 의하면 본질은 다양한 존재 안에서 존재하고 있는 존재자를 존재자로서 규정하는 존재의 통일성이다.[94] 본질은 어떤 것의 수많은 국면들 속에서도 그것을 어떤 것으로 규정하는 특정한 형상인 동시에, 움직이는 것의 운동 국면이며, 존재자의 존재 내용이다. 본질은 '현실태로서 실체'이자 '질료가 없는 실체'이다. 본질은 개체적인

---

89) Aristoteles, Metaphysica 1037a29-30.
90) Aristoteles, Metaphysica 1038b34-1039a5, 1042a23.
91) Aristoteles, Cat, 2a11-18.
92) ti esti, Wassein
93) tien einai, wesentliches Wassein
94) Einheit des Seins. Walter Bröcker, 119.

국면이 아니고 국면 다양성의 조화된 통일성이므로, 실체는 결코 그것과 대립된 것이 아니다. 또한 본질은 수많은 존재의 조화된 통일성인 동시에 부분과 단편, 계기와 요소의 통일성이므로 이 때문에 존재자는 존재의 다양성에 의하여 다시 분열될 수 있다. 본질은 이 요소들이 결합된 것으로서 '그때마다의 실체'이며 '존재의 첫째 원인'이다.[95] 따라서 실체는 결합된 존재자의 원인에서 본질이며 또한 존재의 다양성이다.[96] 이제 실체가 본질 또는 형상과 같은 것으로 되고, 아리스토텔레스가 말한 것처럼 "실체가 일종의 근원이며 원인"[97]이라면, 다시 원점으로 되돌아가 또다시 실체의 생성이 문제되고, 실체는 인과성과 운동 전체성 속에 자리하게 된다.

### 형상과 질료이론,[98] 그리고 현실태와 가능태[99]

아리스토텔레스는 변화의 원리로서 형상과 결성태 이외에도 질료를 들고 있다. 변화의 유형으로는 실체(생성과 소멸), 성질(변화), 양(증대와 감소), 장소(이동) 등이 있다. 그러나 최후질료와 형상에는 생성 과정이 존재하지 않는다.

실체는 경우에 따라서 질료, 자연(형상), 지료 형상의 혼합물을 의미한다. 사물의 운동인은 그 사물보다 먼저 존재할 수 있으나 그 형상은 동시적으로 존재한다. 사물의 구성요소는 그 사물의 변화에 따라서 수적(개별적)으로 다르지만 그 종에서는 동

95) Aristoteles, Metaphysica 1041b27.
96) Walter Bröcker, 120-122.
97) Aristoteles, Metaphysica 1041a9-10.
98) Aristoteles, Metaphysica 12권 2, 3, 4장.
99) Aristoteles, Metaphysica 12권 5장.

일하다. 이 사물들은 형상, 결성태, 질료를 가지며, 가장 가까운 곳이나 가장 먼 곳에서 외적인 운동인을 갖는다.

아리스토텔레스는 운동을 상이성, 부동성, 비존재성으로 분석한 전승 이론이 운동 현상을 설명하기는 하지만, 운동에 대한 필연적인 설명은 해주지 못한다고 비판하였다.[100] 따라서 운동과 생성의 논리가 적용된 네 가지의 원인이론이 구체적으로 작동되는 것은 바로 현실태와 가능태 이론이다.

가능태와 현실태도 운동, 변화, 생성 중에 있는 모든 사물에 공통된 원리이다. 운동은 가능태에서 현실태로의 변화이다. 모든 자연 존재자는 운동과 변화 중에 있는 존재이다. 모든 운동은 이루어지지 않은 상태이다.[101] 운동은 궁극목적을 지향하며, 운동 중에 있는 모든 현실활동은 아직 목적에 도달하지 못한 가능적 측면을 가지고 있다. 현실성(현실태) 또는 현실 활동은 운동과 동일한 의미를 갖고 있다.[102]

현실성 개념이 운동과 관련되어 사용될 때는 현실활동 또는 실현[103]을 의미하며, 완성이라는 의미에서 현실태는 완전태[104] 이다. 현실태와 가능태 이론은 넓은 의미에서 현실태 및 완성태를 목적으로 운동하는 가능적 존재자에 관한 것이다. 모든 존재자는 가능적인 상태에서 그 부정성을 극복하고 현실적인 상태로 이행한다. 가능태는 운동과 변화의 원천이다.[105] 완전 현실태에서 제1의 원인은 모든 사물의 원인이다. 이로부터 운동의 원인과 계열[106]이 드러난다.

---

100) Aristoteles, Physica 201b20-24.
101) Aristoteles, Metaphysica 1048b30.
102) Aristoteles, Metaphysica 1047a30.
103) Wirksamkeit
104) entelecheia
105) Aristoteles, Metaphysica 1019a15.

운동의 국면 속에 그때마다 나타난 현실 활동은 아직도 목적을 향하고 있으며, 정지를 포함하여 아직 목적에 도달하지 못한 현실성을 아리스토텔레스는 '목적에 도달하지 못한, 아직 다 이루지 못한 현실 활동'이라고 했다.[107)]

영원한 운동을 일으키는 영원한 동자(動者)는 완전한 현실태이므로, 그 자체 전적으로 불변부동의 실체이며, 마치 사유의 대상이나 욕구의 대상이 사유자나 욕구자를(또는 애인이 사랑하는 사람을) 움직이듯이, 자신은 움직이지 않고 다른 모든 사물들을 움직인다. 세계의 모든 존재들은 이 제1의 부동의 동자에게 의존한다. 이것은 선이며, 생명이며, 끊임없이 자신을 사유·관조(觀照)하고 있는 순수 이성이며 신이다. 그 관조의 생활은 전적으로 완전하다.

영원한 운동의 원인은 바로 신이다. 그렇지 않을 경우 세계의 모든 존재는 '밤'으로부터 생겼다거나, '모든 존재는 함께 있었다'거나, 또는 '비존재'로부터 생겼다고 생각할 것이다.

항상(영원히) 움직여지면서 쉬지 않고 운동을 하고 있는 어떤 존재의 운동이 있는데, 그것이 바로 이 세계의 원운동이다. 이 제1의 천계는 영원하다. 그러나 이 제1의 천계를 움직이는 어떤 존재가 있다. 움직여지면서 움직이는 운동자는 중간 위치에 있는 것(시동인)이므로 움직여지지 않고서도 움직이는 어떤 것이 있고, 이것은 영원적이고, 실체이며 현실태이다.

제1의 사물의 실체는 항상 최선이고 유비적으로도 최선이다. 제1의 운동은 (천체의) 원운동이다. 그것을 다시 움직이게 하는 시동자는 필연에 의한 존재로서 원리 그 자체이다. 거기에 천계

---

106) Aristoteles, Metaphysica 12권 7장.
107) Aristoteles, Metaphysica 201b31-32.

(天界)와 자연이 의존하여 있다. 이때 필연 존재의 생활은 우리에게 가장 좋은, 그러나 우리가 아주 짧은 시간밖에 즐길 수 없는 최선의 생활이다. 그 현실태는 언제나 쾌락이기 때문이다.

그 필연 존재의 사유는 자체적인 사유이며, 스스로 가장 선한 자를 그 대상으로 하는 가장 탁월한 사유이다. 그의 이성(사유하는 것)은 그 이성 자체를 사유한다. 이성(사유하는 것)과 사유 대상(사유되는 것)이 동일하므로 사유의 사유라고 불린다. 따라서 그 이성이 유지하고 있는 신적(神的) 상태는 그 대상을 받아들일 수 있는 가능태가 아니라 실제로 소유하고 있는 현실태이다.

그 존재의 존재방식은 관조이며, 이는 가장 쾌적한 선(善) 그 자체이다. 신은 항상 영원히 존재한다는 것은 경탄(敬歎) 그 자체이다. 신적 이성의 현실태는 생명(경탄)이다. 신의 존재 자체로서 현실태는 최고선의 생명인 동시에 영원한 생명이다. 신은 영원하고 살아있는 최고선이다.

아리스토텔레스는 자연존재자를 형상과 질료, 현실태와 가능태의 개념 쌍을 통하여 이해하였다. 이는 일차적으로 『자연학』의 대상이지만, 그 존재자의 존재 근원과 관련하여 『형이상학』의 대상이 되기도 한다. 아리스토텔레스는 제1철학으로서 형이상학에 대하여 이렇게 말했다. "자연에 의하여 형성된(움직여진) 것 이외에 어떤 다른 실체가 존재하지 않는다면, 『자연학』은 일차적인 학문일 것이다. 그러나 어떤 부동의 실체가 존재한다면 이는 보다 우선적이며, 그것을 대상으로 하는 제1철학이 있게 되고, 이것은 일차적인 동시에 보편적인 것이다. 철학의 과제는 존재자로서 존재자, 그리고 그 본질 및 속성에 대한 고찰이다."[108]

형이상학, 즉 철학은 존재자의 어떤 특정한 부분만을 연구하는 학문과는 전적으로 다르며, 존재자 자체의 제1원인, 즉 존재자로서 존재자와 그에 수반되는 속성을 고찰하는 학이다.[109] 후대에 아리스토텔레스의 형이상학은 보편적이고 일반적인 형이상학인 존재론[110]과 특수 형이상학인 우주론[111], 영혼론[112], 신학[113]으로 분화 발전되었다.

아리스토텔레스의 형이상학에서 가장 핵심적인 부분은 형상 질료 이론, 그리고 현실태와 가능태 개념에 의한 존재 규정이다. 그는 플라톤의 이데아론에 반대하여 모든 존재자를 규정하는 근본 존재는 그 존재자의 밖에 있는 것이 아니라 그 자체 속에 있다고 보았다. 플라톤의 경우에 본질 존재는 초월적인 이데아의 세계에 속하여 있으나, 아리스토텔레스는 바로 이것을 규정하는 것은 형상과 질료라고 보았다. 엄밀한 의미에서 형상과 질료는 아리스토텔레스가 말하는 네 가지 원인들 가운데 두 가지에 불과하다. 형상인과 질료인은 운동인과 목적인 개념과 연결되는 경우에만 그 본래적인 기능을 하게 된다. 아리스토텔레스는 운동을 상이성, 부동성, 비존재성으로 분석한 전승 이론이 운동 현상을 설명하기는 하지만 그것은 다만 비규정성일 뿐, 운동에 대한 필연적인 설명은 해주지 못한다고 비판한다.[114] 따라서 운동과 생성의 논리가 적용된 네 가지의 원인이론이 구체적으로 작동되는 것은 바로 현실태와 가능태 이론이다.

---

108) Aristoteles, Metaphysica 1026a27-29.

109) Aristoteles, Metaphysica 1003a23ff, 1003a31.

110) Ontologie

111) Kosmologie

112) Psychologie

113) Theologie

114) Aristoteles, Physica 201b20-24.

아리스토텔레스에 의하면 모든 자연 존재자는 운동내존재이다. 그런데 이 모든 존재자들은 운동하는 것과 움직여진 것의 관계, 즉 능동과 수동의 관계를 지니고 있으며, 세계는 다양한 운동 안에서 존재자가 가지고 있는 힘들[115]로 가득 차 있다. 이러한 힘을 아리스토텔레스는 "다른 사물로 또는 그 사물 자체에서 다른 형태로 되는 옮아감의 근원"[116]이라고 정의한다. 움직여진 것은 수동적인 힘을 가지고 있다. 그러나 능동적인 힘과 수동적인 힘은 동일한 하나의 현상 속에서 일어난다. 그런데 이러한 힘들은 운동 가운데서 어떤 목적 또는 형상을 향하여 이루어져가고 있다. 가능적인 것들은 현실적인 것에로 운동하고 있으며, 이런 사실에서 아리스토텔레스는 존재자를 현실태와 가능태로 규정하고 있다. 변화와 운동의 실현은 가능성을 현실성으로 드러나게 하는 것이다. 현실성(현실태) 또는 '현실 활동'[117]은 운동과 동일한 의미를 갖고 있다.[118] 따라서 현실성 개념이 운동과 관련되어 사용될 때는 현실 활동 또는 실현을 의미하며, 완성이라는 의미에서 현실태는 완전태[119]이다. 우리가 지금 다루고 있는 현실태와 가능태 이론은 넓은 의미에서 현실태이거나 완성태를 목적으로 운동하는 가능적 존재자에 관한 것이다.

모든 존재자는 가능적인 상태에서 그 부정성을 극복하고 현실적인 상태로 이행한다. 가능태는 운동과 변화의 원천이다.[120] 그리하여 아리스토텔레스는 "존재 가능태 일반의 현실적 존재는

115) dynamis
116) Aristoteles, Metaphysica 1046a10-11.
117) energeia
118) Aristoteles, Metaphysica 1047a30.
119) entelekeia
120) Aristoteles, Metaphysica 1019a15.

운동"이라고 하였다.[121] 그러나 아리스토텔레스에서 모든 운동은 이루어지지 않은 상태이다.[122] 따라서 그때마다 운동의 국면 속에 나타난 현실 활동은 아직도 목적을 향하고 있으며, 운동 중에 있는 것은 아직 목적에 도달하지 못한 현실성이므로, 아리스토텔레스는 정지를 포함한 이러한 운동을, 목적에 도달하지 못한, '아직 다 이루지 못한 현실 활동'[123]이라고 보았다.[124] 그것은 완전태는 아니고 완성을 이루어가는 과정적인 국면 내용이다. 운동의 국면내존재로서 나타난 어떤 존재자는 그때마다 이미 현실적 존재자이면서 또한 그 목적에 대해서는 가능적 존재자로 남아 있다. 운동 중에 있는 존재는 현실태이면서 동시에 가능태로 규정될 수 있다.

운동은 운동할 수 있는 것, 즉 가능적인 것이 현실적인 것으로 진행하는 것이며, 또한 운동할 수 있는 것이 아직 그 목적에 다 이르지 못한 현실 활동이다.[125] 따라서 운동은 가능태와 현실태의 갈등에 대한 통일적인 원인이다. 아리스토텔레스에서 현실성은 현재 진행형과 현재 완료형이 동시에 성립되는 상태를 말한다.[126] 결국 이러한 상태는 어떤 것이 형상 자체이며 목적이기 때문에 아리스토텔레스는 현실태-가능태 이론과 형상-질료 이론을 동일한 선상에서 전개한다. 움직여진 것의 다양한 국면 속에서 항상 동일한 것으로 유지되고 있는 기체는 바로 질료이며, 아직 규정되지 않은 가능적 존재[127]이다. 또한 아리

121) Aristoteles, Physica 201a10f.
122) Aristoteles, Metaphysica 1048b30.
123) energeia ateles
124) Aristoteles, Physica 201b31-32.
125) Aristoteles, Physica 257b6.
126) Aristoteles, Metaphysica 1048b34-36.
127) dynamei on

스토텔레스에서 순수 형상은 순수 현실태이며, 모든 질료는 형상의 한정에 의해서만 현실화될 수 있다. 이처럼 현실태-가능태 이론은 형상-질료 이론이나 4원인설과 함께 움직이고 있는 존재자들의 세계 현상을 설명해주는 형이상학적 원리이다.

아리스토텔레스는 형상인과 목적인, 그리고 현실태를 가능적 존재자들보다 우위에 둠으로써 그 특유한 목적론적 세계관을 구축하고 있다. 그의 운동론에서 특기할 만한 사실은 완전태로서 현실태보다도 아직 목적에 도달하지 못한 상태에서 그때마다 드러나고 있는 '아직 다 이루지 못한 현실 활동'128), 또는 '운동에 의한 현실 활동'129)이라는 개념 속에 이미 헤겔적인 의미에서 운동 존재의 변증법적 특성이 함축되어 있다는 사실이다. 결국 아리스토텔레스의 형이상학에서 운동과 현실성 개념이 가지고 있는 관계는 가능성과 현실성 이론에서 드러나게 된다. 뒤나미스는 변화와 운동의 근원으로서 자연과 같은 힘을 가지고 있으며, 에네르게이아는 뒤나미스가 현실화하는 목적이다. 또한 가능적 존재자를 현실성으로 매개하는 과정은 운동이고, 이런 운동 국면 속에서 그때마다 드러나는 것은 아직 다 이루지 못한 현실 활동으로서 세계 운동의 과정을 드러내고 있으며, 이것은 다시 완전태로까지 고양되면서 형이상학적 순환을 완성한다.

---

128) energeia ateles
129) energeia kata kinesin

## 아리스토텔레스의 신학[130)]

### 형이상학이 신학인가

제1철학, 지혜의 학문이 존재자로서 존재의 근원[131)]에 대한 보편적인 학문이라면 특정한 존재자인 신의 문제를 다루는 신학과 불일치하는 것은 아닌가? 이에 대한 다양한 논의들이 있다.[132)] 실제로 아리스토텔레스는 형이상학에서 신 존재 논증, 특히 존재론적, 우주론적, 목적론적 논증을 시도하고 있다.

---

130) Aristoteles, Metaphysik 12(Λ)권.

131) Aristoteles, Metaphysik 1025b3.

132) 모저(S. Moser): 아리스토텔레스의 '제일철학'에서 보편적인 존재에 관한 것과 신적인 것에 대한 대립을 조절하거나 지양하는 것은 불가능하다. (Simon Moser, Metaphysik einst und jetzt. Kritische Untersuchungen zu Begriff und Ansatz der Ontologie. Berlin 1958.)

멜란(P. Merlan): 아리스토텔레스의 '존재로서 존재'에 관한 학은 일반 형이상학이 아니라 부동적인 신적 존재에 관한 학이다.(P. Merlan, Metaphysik : Name und Gegenstand, in: F.-P. Hager (Hrsg.), Metaphysik und Theologie des Aristoteles. Darmstadt 1969, S. 251-265.)

망시옹(A. Mansion): '존재로서 존재'와 '제일 실체'는 같은 것이 아니다. 전자는 보편적인 것이고 후자는 개별적인 것이다. 따라서 제일철학은 '제1의 부동의 원동자'를 다루는 신학이고 형이상학은 아니다. (A. Mansion, Erste Philosophie, zweite Philosophie und Metaphysik bei Aristoteles, in: Hager, S. 299-366.)

뒤링(I. Düring): '존재로서 존재'는 '제일실체'와 동의어이고, '신적인 실체'는 '제1의 부동의 원동자'를 가리킨다.(I. Düring, Aristoteles. Darstellung und Interpretation seines Denkens. Heidelberg 1966, S. 599.)

파트치히(G. Patzig): 보편적인 존재론과 신학의 통일성(G. Patzig, Theologie und Ontologie in der Metaphysik des Aristoteles, in: Kant-Studien, Bd. 52, 1960/1, S. 185-205.)

프레데(M. Frede): 보편적 존재론을 포섭하는 신학(M. Frede, Aristotle's Metaphysics. Lamda. Symposium Aristotelicum. Oxford 2000, p. 8-9.)

조대호, 『아리스토텔레스의 형이상학』, 문예출판사 2004, 38-43쪽 참조.

『철학에 대하여』[133]에서 그는 "일반적으로 더 좋은 것이 있는 곳에는 가장 좋은 것도 있다. 그런데 있는 것들 가운데 어떤 것은 다른 것보다 더 좋기 때문에, 결국 가장 좋은 것도 있어야 한다. 이것이 바로 신적인 것이 될 것이다."[134] 이는 '존재론적 논증'이다.

아리스토텔레스는 또한 세계질서로부터 질서를 부여하는 신을 향하는 목적론적 논증을 시도한다. 회전운동을 하는 하늘의 천체들, 즉 행성들과 지상의 생명체들이 만들어내는 질서로부터 그 제작자[135]를 도출하는 것이다.[136]

그리고 그는 다시 『형이상학』 제12권(6, 7장)에서 우주론적 논증을 시도한다. 실체들에는 자연적인 것, 부동적인 것, 그리고 영원하고 부동적인 것들이 있다. 자연세계에서 시간과 운동은 영원하다. 자연세계의 운동이 영원하려면, 영원한 운동 가운데 있는 첫째 하늘이 있어야 한다. 그 첫째 하늘의 운동은 운동하지 않으면서 운동을 낳는 어떤 것, 영원하고 실체이며 현실적인 것에 의하여 가능하다. 따라서 영원하고 부동적이며 감각물들과 분리된 어떤 실체가 있다는 것은 분명하다. 그것은 최초의 부동의 원동자, 즉 신이다.[137]

마지막으로 아리스토텔레스는 목적론적 논증으로 선의 원리와 자연세계의 질서를 추론한다.[138] 세계의 본성이 어떻게 좋음과 선을 갖고 있는가? 세계 안에도 선이 있지만, 최고의 선은 세계의 궁극적 원리인 신에 있다. 신은 최고선으로서 목적이고,

---

133) De philosophia
134) Fragment, 16.
135) demiourgos
136) Fragment, 13.
137) Aristoteles, Metaphysica 1073a27.
138) Aristoteles, Metaphysica 12권 10장.

신에 이르는 '자연의 사다리'[139]가 있다. 모든 세계 존재는 영원한 운동을 통하여 최고선, 영원한 생명에 이르고자 한다.

## 아리스토텔레스의 신: 제1의 부동의 원동자

여러 천체(천구)들의 운행을 다스리는 여러 운동들을 가능하게 하기 위해서는, 제1의 천구를 움직이는 제1의 부동의 원동자[140] 이외에도 그만큼 많은 원동자가 존재해야 한다. 에우독소스, 칼립포스, 아리스토텔레스는 그 수가 대개 55개 또는 47개라고 보았다. 물론 제1의 부동의 원동자는 단 하나이고 세계도 하나이다. 스티븐 호킹[141]은 디스커버리 채널의 다큐멘타리에서 "우주에는 1000억 개의 은하계가 존재하고, 은하계마다 수천만 개의 별들이 산재해 있다."[142]고 주장했다.

이 천계들은 무엇 때문에 존재하는가? 그것은 하나의 실체인가 수많은 실체인가?

아리스토텔레스는 플라톤의 이데아 설에는 양에 관한 이론이 없다고 지적했다. 이데아론자들은 여러 이데아를 수들이라고 말하기도 하고, 그것도 10까지만 한정되어 있다고도 하지만, 어떤 근거에서 수의 양이 그 정도로 제한되어야 하는가에 대해서는 논증적 설명이 없다는 것이다. 그는 "모든 존재의 제1의 궁극적 원리는, 그 자체에서나 부대적으로 부동하면서도, (천계의) 제1의 영원적이고 유일한 운동을 움직이게 하는 제1의 부동자

---

139) scala naturae

140) Aristoteles, Metaphysica 제12권 제8장.

141) Stephen William Hawking (1942~2018)

142) "외계인은 있다. 하지만 접촉하진 말자. 물리학자 스티븐 호킹"(조선일보 2010.04.25., 권승준 기자)

이다."라고 규정한다.

> 1) 움직여지는 존재는 반드시 그 어떤 존재에 의해 움직여져야 한다.
> 2) 움직이게 만드는 제1의 시동자는 그 자체가 부동자이어야 한다.
> 3) 영원한 운동은 어떤 영원한 존재에 의하여, 유일한 운동은 어떤 유일한 존재에 의하여 움직여진다.
> 4) 우리의 시계(視界)에서 제1의 부동 실체가 움직이게 하고 있다고 할 때 그 운동은, 전우주(全宇宙)의 단적인 운동[하늘 항성(恒星)들의 원운동] 이외의 다른 종류의 운동이다. 여러 행성들의 영원한 운동이다. 원환적 운동을 하는 물체는 영원히 정지상태에 있지 않기 때문에 영원하다고 말한다. 따라서 이들 천계의 각 운행은 필연적으로 그 자체로 부동적이면서 영원한 실체에 의하여 움직여지지 않으면 안 된다.

에우독소스[143]에 의하면, 태양과 달은 각각 세 개의 천구 안에서 운행된다. 그 세 개 중에서 제1의 천구는 항성의 천구이다. 제2의 천구는 황도대(黃道帶)의 중간선(平分線)에서 극을 향하여 세로로 달리는 원을 따라 움직인다. 제3의 천구는 황도대를 가로질러 비스듬히 달리는 원을 따라 움직인다. (달이 운행되는 천구 쪽이 태양의 천구보다도 큰 각도로 경사지고 있다.) 다음 여러 행성들은 각각 네 개의 천구 안에서 운행된다. 이들 네 개의 천구 중에서도 항성의 천구는 제1의 천구이고, 그것은 다른 모든 천구들을 운행시킨다. 제1의 천구 아래 황도대의 평분선

---

143) Eudoxus of Cnidus (기원전 390?~337?). 아르키타스(Archytas. 기원전 428~347)와 플라톤(Plato)의 제자로 알려진, 고대 그리스의 천문학자, 수학자이다. 스승 아르키타스는 플라톤의 친구였고, 피타고라스학파에 속하는 수학자였고 철학자였으며, 기술과 천문학에 능통한 장군이자 정치인이었다.

을 세로로 잘라서 달리는 원에 따라 운행하는 제2의 천구는 모든 행성(항성의 주위를 도는 별)에 공통된다. 모든 행성들의 제3 천구에서는 극(極)이 황도대를 자르는 원 안(원주의 선상)에 있다. 제4천구에서는 그 운행이 적도에 있는 천구의 평분선에 대해 비스듬히 교차하는 원에 따라 이루어진다. 또, 다른 행성에서는 그 제3천구의 극이 각기 다른 곳에 있다. 예를 들면 금성의 극과 수성의 극은 같다.

아리스토텔레스는 천계의 운동에 대한 원인을 무한계열 속에서 파악하지 않고, 그 운행에는 끝이 있다고 보았다. 운행의 끝('목적')은 어느 것이나 모두 바로 천계에서 운행되어지고 있는 신적 여러 물체(여러 행성)들 중 어느 것이다. 아리스토텔레스는 천계(天界)가 하나라고 가정했다. 천계가 수많이 존재한다면, 각 천계를 움직이는 원리가 그 종(형상)에서는 일(一)이면서도 그 수에 있어서는 다(多)가 될 것이다. 그런데 다수의 경우에는 질료를 지니고 있다. 인간의 본질은 수많은 인간을 통하여 하나이며 동일하다. 그런데 질료를 가지고 있는 소크라테스도 하나이다. 본질, 특히 제1의 본질은 완전 현실태이므로 질료를 가지고 있지 않다. 그래서 제1의 부동의 원동자(原動者)는 설명 방식에서나 수에서나 하나[유일]의 존재이다. 따라서 이 부동의 원동자에 의하여 항상(영원히) 연속적으로 움직여지는 것도 그러하다. 따라서 천계는 하나이며 하나밖에 없다. 신화에 의하면 부동의 실체는 신들이고, 신적(神的) 사물들이 자연 전체를 둘러싸고 있다.

## 사유의 사유로서 신

'사유의 사유'144)는 순수사유이다. 여기에서 아리스토텔레스는 신의 이성에 대한 문제를 다룬다. 그 사유 대상은 그 자신이어야 한다. 신의 사유는 곧 사유의 사유이다. 비질료적, 비물질적인 존재에 대한 사유와 사유대상은 동일하다. 그러나 신적인 이성은 어떻게 그와 같은 신적인 존귀함을 갖게 되었는가?

(1) 만일 이 이성이 아무 대상도 사유하지 않는다면 그 존귀함은 어디에 있는가? 그것은 마치 잠자고 있는 사람과 같은 처지가 아닌가?

(2) 만일 그 이성이 무엇인가에 대해 사유한다면, 그리고 그 어떤 다른 사물이 그 사유자에 대해서 지배적이라고 한다면, 바로 이 이성의 실체는 사유(현실태에서 사유)가 아니라, 그 가능태(사유 능력)에만 머물기 때문에, 그 이성은 최선의 실체가 아닐 것이다. 이성적 실체가 존귀한 이유는 '사유할 수 있기' 때문이 아니라, 실제로 사유하기 때문이다.

(3) 이 이성의 실체는 단순한 이성(사유 능력)인가, 아니면 사유(사유 현실태)인가? 그리고 무엇을 사유하는가? 이성의 실체는 그 자체를 사유하든가 또는 다른 무엇인가를 사유할 것이다. 그리고 만일 다른 그 무엇을 사유한다고 한다면 그 사유 대상은 항상 같은가, 그렇지 않으면 다른 것들 중의 하나인가? 그렇다면, 그 사유하는 대상은 선하고 아름다운 것인가, 또는 임의의 대상인가? 아니면 그 사이에 어떤 차이가 있는가, 또는 아무래도 좋은 일인가?

이 이성의 사유(현실태에서 사유)가 가능태일 경우 그 이성은

---

144) Aristoteles, Metaphysica 12권 9장. 조대호 역, 489-491 참조.

변화 속에 있으며, 그것은 이전 상태보다 더 열악한 처지에 빠질 수도 있으므로 존귀한 것이 될 수 없을 것이다. 그래서 (이 신적 이성은) 그 자체를 사유하는 (적어도 가장 우월적인 이성이라고 한다면), '사유의 사유'이어야 한다.

(4) 그러나 어떻게 해서 이처럼 스스로를 대상으로 하는 사유가 존재할 수 있는가? 현상적으로는 인식, 감각, 억견(臆見), 추리지(推理知) 등은 항상 다른 것을 대상으로 하고 있으며, 가끔씩 그 스스로를 대상으로 하는 경우가 있지만 단지 부수적으로만 일뿐이다.

(5) '사유한다'(사유의 능동형)와 '사유된다'(사유의 피동형)가 서로 다르다면, 그 중 어느 쪽이 이성에게 선함을 부여할 수 있는가? 사유하는 존재와 사유되는 존재는 각각 존재 양식(본질)이 같지 않다. 어떤 인식은 그 대상 그 자체이다. 제작적 인식(제작 기술)에서 그 인식은 제작되는 대상의 질료를 뺀 실체와 본질이다. 이론적 인식(이론적 여러 학문)에서는 그 설명 방식, 즉 그 사유가 그 인식의 대상 자체이다. 이처럼 질료를 갖지 않는 사물의 경우에는, 이성으로 사유되는 대상과 사유하는 이성은 서로 다르지 않다. 그 사유는 사유되는 대상과 동일한 하나인 것이다.

(6) 사유되는 신적 이성의 대상은 복합체인가 아닌가? 만일 복합체인 경우에 그것을 사유하는 이성은 이 전체(복합체)의 부분에서 부분으로의 변화를 경험하게 되는가? 아니면 그것은 질료를 갖지 않은 사물로서 불가분할적인 것인가? 인간 이성도 어느 정도까지는 불가분할의 상태에 있지만, 신적 이성 스스로를 사유하는 사유는 모든 영겁(永劫)에 걸쳐 그러하다.

아리스토텔레스의 실체는 형상인 또는 목적인과 결합하여 세계 과정의 운동이론을 통하여 전개된다. 이와 같은 세계 과정 속에서 각각의 실체는 최초의 운동 원인이면서 최후의 목적이 되는 제1의 부동의 원동자와 관계를 맺게 된다. 아리스토텔레스의 신학 편, 즉 『형이상학』 12권 1장에서는 세 가지 유형의 실체가 구분되고 있다.[145]

운동 중에 있는 실체, 즉 감각적 실체가 있으며, 여기에는 소멸하는 실체와 영원한 실체가 있다. 이것들은 『자연학』의 주제가 된다. 다른 하나인 부동의 실체는 형이상학적 사유의 대상이 된다. 『자연학』의 대상이 되는 운동 중에 있는 모든 실체는 항상 그것을 운동하게 하는 다른 실체를 전제로 하고 있다. 움직여져서 운동하는 것은 항상 운동의 국면 속에 있으며, 그것은 언제나 그 이전의 운동 원인에 의하여 영향을 받는다. 이러한 운동 연관성은 영원한 운동을 전제로 가능하고, 또한 운동의 영원성은 시간의 영원성을 요청하게 된다.

아리스토텔레스는 운동과 시간의 영원성을 천체의 원 운동에서 도출하였다.[146] 그의 천체는 모든 존재자 전체를 둘러싸고 있는 외부적인 표면, 즉 천공[147]에 의하여 둘러싸여 있으며, '제1의 원동자'는 이것을 회전하게 한다. 이와 같이 가장 밖에 있는 천구[148]의 안에는 계속해서 모든 천구들이 뒤섞여 있으며, 거기에서 극[149]을 가진 내부적인 천구는 외부의 천구에 매달려 있다. 그러므로 가장 밖에 있는 천구는 그 안에 있는 천구와 함께 변화하지만, 그럼에도 불구하고 이것은 신과 동일한

145) Aristoteles, Metaphysica 1069a 30-32.
146) Aristoteles, Metaphysica 1071b10-11.
147) Fixsternschale
148) Sphäre
149) Pol

본질을 지니고 있으며, 그 스스로 사유하는 이성인 천구 운동자로서 그의 고유한 축을 중심으로 회전한다.

제1의 천체는 최상의 존재자를 사유하고, 또한 그것은 할 수 있는 한 그러한 존재 방식으로서 존재하려고 욕구한다. 그러므로 '사랑의 대상인 원동자'는 천체를 움직이게 하고, 천체는 다른 모든 것을 움직이게 한다.[150] 그리하여 움직이고 있는 실체로부터 그 운동의 원인을 추구하는 아리스토텔레스의 존재론적 탐구는 '제1의 부동의 원동자'[151]로서 최고실체'[152]인 신[153]에 이르러서야 비로소 끝나게 된다.

제1의 부동의 원동자는 완전한 존재자이며 순수 현실성이다. 이러한 순수 현실성은 질료가 완전하게 배제된 순수 형상이며, 모든 부정성으로부터 자유로운 최상의 존재자로서 신이다. 그러나 신이 다른 어떤 것을 사유한다면, 그것은 최상의 실체가 되지는 못한다. 신적인 사유는 최상의 것이므로, 그것은 스스로 사유하는 '사유의 사유'이다.[154] 따라서 신의 본질은 순수이성의 사유 작용 자체이며, 신적인 이성은 순수 형상 또는 순수 현실성이다. 이성의 현실태는 생명이므로, 신은 항상 살아 있다. 그의 사유 작용은 수용성보다는 오히려 자족 상태이고, 그가 향유하는 관상 작용은 최고의 즐거움이며 최선의 것이다.[155]

---

150) Aristoteles, Metaphysica 1072b3.
151) Aristoteles, Metaphysica 1074a37.
152) ariste ousia. Aristoteles, Metaphysica 1074b20.
153) theos. Aristoteles, Metaphysica 1072b25.
154) Aristoteles, Metaphysica 1074 b35-36.
155) Aristoteles, Metaphysica 1072 b23-35.

## 플라톤 신학과의 비교

베르너 예거는 "플라톤의 철학은 그 최고의 단계에서……신학이다."라고 말했다.[156] 플라톤의 철학은 종교와 완전히 하나이고, 따라서 그 자체로 신학을 정립한다.[157]

플라톤에서 '신에 대한 언명'[158]은 '선한 것', "아름답고, 현명하고, 선하며, 이와 같은 모든 것"으로 지칭된다.[159] 신은 "모든 관점에서 최상이다."[160] 그러므로 신의 경우에 자기 스스로 변하기를 원하는 것은 불가능하며, 항상 단순하게 자신의 고유한 형태 안에 머무른다. 이와 같은 플라톤의 신관은 신플라톤주의를 거쳐서 장차 그리스 제국을 대체하게 될 로마제국이 국가종교로 채택한 기독교의 신관을 정립하는데 결정적인 영향을 미치게 된다. 그래서 중세철학의 천년은 플라톤 사상이 지배했다고 보아도 과언이 아닐 것이다.

플라톤은『법률』제10권에서 다음과 같이 신 존재 증명을 시도한다. "지구, 태양, 별들, 그리고 해와 달에 의해 구분된 이렇게 아름다운 시간들의 조화"는 신에 대한 증거(우주안의 질서)이다. "그리스인들과 이방인 모두 신들이 존재한다는 것을 인정한다."(종의 일치) 영혼은 "모든 운동의 근원"[161]이고, '제1운동자'이다. "영혼은 모든 것을 하늘에서, 땅에서, 그리고 바다에서 자

156) Werner Jaeger: Die Theologie der frühen griechischen Denker. Stuttgart 1953, S. 13.

157) Paul Natorp, Platons Ideenlehre. Eine Einführung in den Idealismus. Darmstadt 1961, S. 509; Michael Bordt, Platons Theologie. Freiburg/München 2006.

158) Platon, Politeia 379a.

159) Platon, Phaedros 246d-e.

160) Platon, Politeia 381b-c.

161) Platon, Nomoi 895a.

신의 고유한 운동을 통해 이끈다."[162] 영혼은 "필연적으로 하늘 또한 지배한다."[163] 그래서 영혼은 하늘과 땅과 모든 별들의 운행의 주인이고, 최상의 영혼은 이성적이고, 덕으로 충만한 그런 존재이다.[164] "하나의 영혼 혹은 (몇몇의) 영혼들이 (우리에게) 모든 것의 원인으로 나타난다면, 우리는 여러 관점에서 그것들을 신들,[165] 즉 실제로 하늘 전체를 지배하는 지배자"[166]라고 부를 것이다. 그래서 탈레스는 일찍이 "모든 것은 신들로 가득 차 있다."[167]고 말했던 것이다.

## 선의 이데아, 데미우르고스, 세계영혼

플라톤은 『파이돈』의 네 번째 불멸성 논증에서 생명의 담지자로서 영혼을 말한다. 영혼은 불사적인 운동의 근원[168]이고, 자기 운동의 존재인 영혼은 불멸 존재로서 다른 모든 운동의 제1원인이고, 전 우주의 생명원리인 세계영혼이다.[169]

『티마이오스』편에서는 데미우르고스가 법칙성과 합목적성을 가진 최선의 자연 창조를 위하여 세계영혼을 우선적으로 창조(생성)하는 모습이 강조된다. 그러나 『파이드로스』 편에서 그것은 '생성되지 않은' 항상적 존재로 나타난다.[170] 영혼은 이 두 모순적 설명 영역 모두에 참여할 수 있다. 데미우르고스를 통하

162) Platon, Nomoi 896e.
163) Platon, Nomoi 896d-e.
164) Platon, Nomoi 897b-c.
165) Platon, Nomoi 899b.
166) Platon, Nomoi 905e.
167) Platon, Nomoi 899b.
168) Platon, Phaedros 245c-246a.
169) Platon, Timaios 27c-37e; Nomoi 10, 28d-30e.
170) Platon, Phaedros 245d1.

여 이루어지는 영혼에 의한 제작(창조)은 불가분적이고 불변적인 존재와 생성하며 변화하는 존재 모두를 구성요소로 하는 혼합 과정을 통하여 서술한다.171)

플라톤의 신학사상을 범재신론과 구분하고자 했던 존 쿠퍼는 플라톤이 『티마이오스』에서 신을 '세계의 조물주', '아버지'로 규정하고, 이데아에 따라서 세계를 만드는 '형상들의 원천'으로서 선 그 자체와 같다는 주장을 하는 사실에 주목한다.172) 그러니까 플라톤은 창조신과 선 그 자체의 동일성을 강조하고 있다는 것이다. 다른 한편 쿠퍼는 플라톤이 『필레보스』에서 신을 "우주의 질서를 세우는 정신 혹은 신성한 이성"으로 규정하는 사실에 주목한다.173) 이러한 사실에 유념하면서 쿠퍼는 다시 『티마이오스』의 데미우르고스가 '우주의 질서를 세우는 일'을 하고, 그가 만든 것을 '정신/이성의 작품들'이라고 부르는 사실에 시선을 집중한다.174) 그리하여 『티마이오스』의 플라톤은 세계를 세계-영혼 안에 자리매김하였다. 다시 말하면 플라톤이 세계-영혼을 '하나의 신'175)으로 여기는 사실에서, 그것은 "데미우르고스에 의해서 계획되고 발생된 신"에 지나지 않는다는 사실을 확인 것이다. 데미우르고스가 '영원히 존재하는 신'이라면, 세계-영혼은 데미우르고스이 만든 하나의 신성에 지나지 않은 것이다. 따라서 쿠퍼는 데미우르고스가 '영원하며 창조되지 않은 신'인 반면에, 세계-영혼은 '시간 안에서 발생하고 시간 안에 참여하고 있는 다른 신들'이며, "세계-영혼 '안에' 있는 세계의

171) Platon, Timaios 35ab.

172) Platon, Politeia 597b

173) Platon, Philebus 30c.

174) Platon, Timaios 47e. 존 쿠퍼, 『철학자들의 신과 성서의 하나님: 신과 세계의 관계, 그 치열한 논쟁사』, 김재영 역, 새물결플러스 2011, 61쪽.

175) a god

존재는 세계를 그 세계를 만든 영원한 신 안에 자리매김하지 않는다."[176] 따라서 쿠퍼는 플라톤이 범재신론자가 아니라고 본다. 쿠퍼는 플라톤을 화이트헤드의 과정철학적 시각에서 영원한 하나님과 세계-영혼이 동일한 것이 아니더라도, 하나의 동일한 신적 존재자의 상관적 성질들로 간주하려는 하트숀과 리즈의 견해를 비판하고자 하였다.

『법률』 제10권에서 플라톤은 세계영혼과 고대 그리스의 종교적 신 개념의 연관성을 언급한다. 플라톤은 신들의 존재를 부정하거나, 신들이 인간을 돌보지 않는다는 이신론(理神論), 또한 신들이 매수될 수 있다는 주장들에 대하여 반대한다. 그는 또한 물질에 대한 정신의 우월적 지위를 강조한다. "스스로 자신을 움직일 수 있는 운동",[177] 즉 '제1의 변화자'로서 이성을 구비한 영혼은 "규칙적이고 완전한 운동(원운동)"으로 나타난다.[178] 『법률』에서 세계영혼은 의지, 염려, 비교, 배려하는 인간적 특성을 가진 윤리적 존재로 규정되며, 법칙을 따르는 우주의 운동 원리이고, 인간의 운명을 조종하는 섭리이다. 인간 안에서 "통찰할 수 있는 것"은 '신적인 것 자체'이다.[179] 철학자는 스스로 신적이다. 이는 아리스토텔레스의 '관조', 즉 '사유의 사유'와 일치한다. 플라톤의 세계영혼은 신적 존재와 같다.[180] 이와 같은 리켄의 견해는 쿠퍼의 의도와는 다르게 플라톤을 또 다시 범재신론자로 몰아갈 수 있는 여지가 있다.

176) 존 쿠퍼, 『철학자들의 신과 성서의 하나님』, 62-63쪽.
177) Platon, Nomoi 896a.
178) Platon, Nomoi 897b.
179) Platon, Politeia 590d.
180) Platon, Polit. 899b; 리켄, 『고대 그리스 철학』, 168-170.

# 7. 헬레니즘의 형이상학

## 헬레니즘 철학

헬레니즘 철학이란 아리스토텔레스 사후의 세 학파, 즉 에피쿠로스학파, 스토아학파, 회의학파의 철학적 사조를 말한다.

청년 마르크스[1)]가 에피쿠로스[2)] 철학을 박사논문 주제로 삼았던 사실을 아는 사람은 그리 많지 않다. 사실상 마르크스 당대의 철학자들 사이에서는 에피쿠로스를 데모크리토스의 아류 정도에 불과한 것이라고 과소평가하고 있었기 때문에, 마르크스의 박사논문이 성공할 것이라고 긍정적으로 보지 않았다. 그러나 마르크스는 에피쿠로스의 철학에서 데모크리토스와 다른 면모들을 발견하였다. 그것은 첫째, 에피쿠로스가 데모크리토스

---

1) Karl Heinrich Marx (1818~1883). 공산주의 사상의 주창자로서 『독일이데올로기』와 『자본론』의 저자이다.

2) Epikuros (기원전 342~271). 그리스 사모스 섬 출신으로 32세에 아테네에서 정원이라는 철학 학교를 열었다. 쾌락주의를 표방하는 에피쿠로스학파를 창시하였다.

의 물리학적 원자론과 소크라테스의 윤리학을 결합하려고 시도했다는 사실이었다. 그것은 에피쿠로스가 최초 원자의 편차 운동을 자의식으로 해석한 데서 가능하게 되었다는 것이다. 또한 마르크스는 에피쿠로스가 쾌락을 선이라고 보고, 궁극적 쾌락을 아타락시아, 곧 마음의 평정[3)]으로까지 높임으로써 물질론적 기반에서 정신의 안정이 가능하다는 이른바 마르크스주의적 유물론의 기초를 다질 수 있었다.

스토아철학은 로마제국의 국가철학으로도 볼 수 있는 사상이다. 제논[4)], 키케로[5)], 세네카[6)], 에픽테투스[7)], 마르쿠스 아우렐리우스[8)] 등이 이런 학풍을 견지하였다. 스토아철학자들은 그리스 신화와 자연신학에 기초하여 숙명과 섭리의 문제에 천착했으며, 범신론적 경향성을 가지고 '만물에 내재하는 신'이나, '씨앗의 로고스'[9)], 곧 '로고스 스페르마티코스'와 같은 독창적인 형이상학적 관심을 드러냈다. 특히 일상생활에서 금욕적 관점을 중시했으며, 감성적인 열정이나 격정으로부터 자유로운 '무관심'과 '아파테이아'[10)], 즉 '파토스가 없는 마음의 상태'를 지향했으며, 세계시민주의적 가치를 중시하였다.

이 시기에 회의주의 사상이 창궐한 것은 매우 흥미로운 현상이다. 그것은 아마도 소크라테스, 플라톤, 아리스토텔레스와 같

---

3) Ataraxia, Leidenschaftslosigkeit. 에피쿠로스는 이로써 더 이상 고뇌와 고통이 없는 마음의 평정이 바로 궁극적인 쾌락이라는 새로운 지향점을 모색하게 되었다.

4) Zenon (334~262 BC)

5) Cicero (106~43 BC)

6) Seneca (4 BC~65 AD)

7) Epiktetos (60~117)

8) Aurelius (121~180)

9) logos spermatikos

10) apatheia

은 대사상가들의 철학이 정립된 이후의 시대적 분위기를 상징적으로 나타낸다고 볼 수도 있다. 철학의 담론이 '존재', '전체', '통일', '합리성' 등의 문제들에서 실존, 삶의 가치, 주체적 진리, 무질서적 사유 등과 같이 각각의 개인들이 자신의 개성에 따라서 하고 싶은 생각들을 자유롭게 개진하고 있는 점에서, 마치 현대의 포스트모더니즘을 선취하고 있다는 생각이 든다. 이 시기의 대표적인 철학자들로는 퓌론[11], 아르케실라오스[12], 섹스투스 엠피리쿠스[13] 등이 있다. 이들의 일반적인 주장은 감관은 거짓이고 도덕은 상대적이라는 것이다.

## 에피쿠로스의 원자론과 신학

사모스 출신의 에피쿠로스[14]는 플라톤주의자인 팜필루스[15]

---

11) Pyrrhon (기원전 360?~270). 그리스 남부의 펠로폰네소스 반도의 엘리스 출신으로 데모크리토스와 같은 연배인 아낙사르코스에게 공부했다. 30세 때 아낙사르코스와 알렉산드로스 대왕을 따라서 인도에 가서, 육체적 쾌락을 피하고 자연의 관조를 수행하는 고대 인도의 수도승을 알게 되어, 비술(秘術) · 금욕 · 현자의 도를 배웠다. 엘리스로 돌아와서 학교를 세우고, 영혼의 안정을 얻어 신과 같이 되었다고 한다.

12) Arkesilaos (기원전 316~241). 소아시아의 이오리스 출신으로 아테네에서 테오프라스토스에게 배운 후에, 아카데미에서 포레몬으로부터 배웠다. 스토아주의를 비판하고, '판단중지'를 중시하는 회의주의 철학을 설파하였다.

13) Sextus Empiricus (160?~210?). 알렉산드리아의 의사이자 퓌론주의를 중점적으로 연구한 회의론자이다. 피론 연구서 3권과 여러 철학자들에 대한 비판적 저술을 남겼다.

14) Epikouros 또는 Epicurus (기원전 431~271). 에피쿠로스학파의 창시자로서 행복과 평정을 중시하는 철학을 가르쳤다.

15) Pamphilus of Caesarea 또는 Saint Pamphilus(3세기중반~309). 팔레스타인의 가이사리아 출신으로 신플라톤주의자 암모니우스 삭카스(Ammonius Saccas)의 제자이고, 기독교 역사가이자 주교였던 유세비우스(Eusebius of Caesarea)의 스승이다. 309년에 순교하였다.

에게서 배웠으며, 테오스에서는 데모크리토스학파 나우시파네스[16)]에게서 가르침을 받았다.

에피쿠로스는 18살 때부터 아테네에서 2년간 군복무를 했으며, 기원전 306년에 아테네로 돌아오기 전에 람프사쿠스[17)]에서 학교를 세우고 '정원'[18)]이라고 불렀다. 가까운 곳에는 스토아학당[19)]과 플라톤의 아카데미아가 자리하고 있었다.

에피쿠로스는 매우 고상하고 섬세한 성격의 소유자로 알려졌지만, 음란하고 방탕하다는 평과 금욕적이고 정신적인 쾌락 속에서 참된 행복을 찾으려고 노력한 인물이라는 상반된 평가가 있다. 스토아학파의 숙적이었기에 다소 악의적인 평가가 있었을 것으로 보인다. 디오게네스 라에르티오스에 의하면 그는 300여 권의 책을 저술했지만, 현재는 단편들만 전해질 뿐이다.

에피쿠로스는 쾌락이야말로 행복한 삶의 근원이고 목표라고 믿었다. 그가 말하는 쾌락이 육체적인 것을 배제한다고 볼 수는 없겠지만, 그가 추구했던 것은 오히려 정신의 황홀경이었음이 분명하다. 그가 수행의 목표로 삼고 있는 참된 쾌락과 참된 행복이 있는 곳, 즉 영혼의 고요한 평정, '아타락시아'는 격정을 잠재울 때에만 도달할 수 있는 경지이기 때문이다. 그가 말하는 쾌락은 자연스럽게 이성의 통찰로 이행하게 되고, 이성은 이제 그의 최고선으로 규정되기에 이른다. 인간이 추구하는 자유는 신처럼 존재하는 이성적인 영혼의 평정으로부터 비롯된다.

---

16) Nausiphanes (325~? BC). 이오니아 테오스 출신으로 퓌론의 제자이자 에피쿠로스의 스승이다. 에피쿠로스에게 그는 데모크리토스의 원자론을 소개해주었다. 원자들은 텅 빈 공간에서 균일하게 움직이다가, 순간적으로 결합하면서 물체나 생물을 창조한다고 주장하였다.

17) Lampsacus

18) The Garden, kepos.

19) The Stoa Poikile or the Porch of Peisianax.

에피쿠로스는 신의 존재를 부정하지 않았다. 그러나 신은 현실을 지배할 수 있는 힘을 가지고 있지 않다. 신은 세상의 사건에 관여할 수 없으며, 인간에게 어떤 해악도 끼칠 수 없다.(理神論) 신들은 자신만의 지복을 누리는 불사불멸하고 지순한 행복의 존재이다.(아리스토텔레스) 신들의 생활 형태는 더 이상 복되고 선한 것을 생각할 수 없는 지고한 삶이다. 바로 철학자가 추구해야 할 삶인 것이다. 인간이 이처럼 신과 같은 생활을 할 수 있으려면 죽음에 대한 불안을 해소해야 한다. 여기에서 에피쿠로스의 죽음에 대한 독특한 사유를 만나게 된다.

사람들은 죽음을 두려워한다. 그러나 에피쿠로스는 죽음은 우리가 결코 두려워해야 할 대상이 아니라고 말한다. 죽음은 무이다. 아무것도 아닌 것이다. 그러므로 우리는 그것을 느낄 수 없다. "우리가 살아있을 때는 죽음이 아직 찾아오지 않았으며, 우리에게 죽음이 찾아왔을 때 우리가 더 이상 존재하지 않기 때문이다." 이러한 생각은 우리의 삶을 평안하게 만들어준다. 죽음과 더불어 우리를 구성한 모든 원자들의 결합이 해체되므로 내세에 대하여 불안해야 할 주체가 없으며, 따라서 고통이나 불안도 있을 수 없는 것이다. 이는 불교의 무아설도 가르치는 교설이다.

에피쿠로스학파의 루크레티우스[20]는 『사물의 본성에 대하여』에서 에피쿠로스가 데모크리토스의 원자론을 혁신한 사실, 그리고 신과 죽음에 대한 공포로부터 인간을 해방시킴으로써 영혼을 평안하게 만든 사실을 기술하였다.

---

20) Titus Lucretius Carus (99년경~55년경 BC). 로마의 시인이자 철학자로서 『사물의 본성에 대하여』(De rerum natura)를 저술했다.

## 칼 마르크스의 박사학위 논문

그리스의 자연철학자들은 물질 운동을 가능하게 하는 최초의 운동 원인을 찾아내는데 전력을 기울였다. 그것이 자연의 신비와 신의 존재를 파악할 수 있는 지름길이라고 생각했기 때문이다. 아낙사고라스는 최초 물질의 선회 운동을 정신, 곧 '누스'가 일으킨다고 생각했는데, 여기서 그가 생각하는 정신은 물질론적 사고에 기초하고 있다. 굳이 아낙사고라스가 말하는 누스의 존재론적 성격을 규정하자면 유물론의 바탕에서 시작하지 않을 수 없다는 이야기다.

그와 반대로 피타고라스와 플라톤은 관념적 존재의 요청에 치중하였다. '수의 이데아'나 '이데아의 이데아'가 모든 존재를 설명할 수 있는 가능한 근거라고 생각한 것이다. 그런 초월적, 이념적, 관념론적 신 개념을 물리치고 아리스토텔레스는 자연 존재의 운동과 생성의 계열을 따라서 목적론적으로 소급하면서 '존재로서 존재', 즉 '제1의 부동의 원동자'인 신의 존재를 상정한 것이다. 어떻게 보면 아리스토텔레스의 이런 실재론적 주장 역시 칸트가 구상한 것처럼, 실재세계의 구조를 이해할 수 있도록 필연적으로 상정하지 않으면 안 되는 하나의 요청 명제와 같은 것이다.

데모크리토스는 모든 존재의 시원은 원자와 허공이고, 세계는 끝없이 생성소멸하는 것이라고 파악하였다. 그는 어떤 것도 무로부터 나오지 않고, 또한 무로 소멸하지도 않는다고 보았다. 원자는 크기와 수에 있어서 무한하고, 그것들의 결합으로 불과 물, 공기와 흙을 낳으며, 태양과 달, 영혼조차도 모두 원자의 합성에 불과하다고 주장했다. 그는 만물의 생성 원인을 원자의 소용돌이, 즉 '선회'에서 찾았다.[21] 에피쿠로스는 이런 사실들을 대체로 수용하면서, 우주 존재는 지금까지도 존재해왔고, 앞으로도 언제나 지금처럼 존재할 것이라고 보았다. 그는 만유의 외부에 만유의 변화를 유발하는 것은 아무것도 없다고 주장했다. 또한 만유는 무한하고, 원자와 공허 역시 무한하며, 원자는 부단하고 영원한 운동을 하고 있다고 보았다. 에피쿠로스는 원자가 형태와 크기 이외에도 무게를 가진다고 주장한 데서 데모크리토스와 차이를 드러낸다.[22]

데모크리토스와 에피쿠로스의 자연철학적 차이의 문제는 나중에 청년 마르크스의 지적 호기심을 자극함으로써 그의 박사학위 논문의 주제가 되었다. 에피쿠로스의 원자론은 그 원리에서 기계론적이지만, 원자가 무게를 가지고 있어서, 공간 속에서 수직하강 운동을 한다는 점이다. 그러나 이 사실을 전제한다 하더라도 원자의 최초 운동, 즉 원자들 사이의 최초 충돌이 어떻게 가능한가를 설명해준 사람은 아직 없었다. 그는 이제 원자의 운동을 통한 세계 과정의 출현을 설명하기 위해 새로운 시도를 한다. 그것은 '파레그크리시스', 즉 원자의 편차[23] 운동의 개념과 밀접한 연관을 가진다.

마르크스는 데모크리토스적인 원자적 결정론과 소크라테스적인 윤리적 자유의지를 결합하려는 에피쿠로스의 시도에서 비롯된 모순들을 가장 먼저 관찰하여 예나대학에서 그의 철학박사 학위논문을 작성했다.[24] 그는 원자 개념의 이중적인 정의, 즉 원

---

21) 디오게네스 라에르티오스, 『그리스철학자열전』, 제9권 데모크리토스, 605쪽.

22) 디오게네스 라에르티오스, 『그리스철학자열전』, 제10권 에피쿠로스, 676-678쪽.

23) declinatio

24) Karl Marx, Differenz der demokritischen und epikureischen Natur-

자가 원리적으로는 수직하강 운동을 하지만, 실존적으로는 편차 운동을 한다는 사실에 주목한다. 이 사실은 마르크스에게 '혁명'과도 같은 섬광적인 의미를 갖는다. 기계론적 원자론에서는 자기의식의 개념을 정초할 수 없다. 데모크리토스는 원자들과 공간(비존재)만을 전제하였으며, 최초 원자들의 운동을 설명하기 위해 아낙사고라스와 비슷한 '선회' 운동의 개념을 도입하였다. 그러나 이러한 운동의 가능성은 데모크리토스의 원자론적 세계틀에서는 도무지 모순 없이 상정할 수 없으며, 설명할 수 없는 것이다.

에피쿠로스는 데모크리토스가 원자의 특성으로 제시한 크기와 모양 이외에 '무게'에 의한 차이를 덧붙였다. 따라서 원자는 본질적으로 수직하강 운동을 하는 존재이지만, 실질적인 하강 운동에서 원자는 시종일관 수직선을 유지하는 것은 아니라는 생각을 하게 된 것이다. 원자들의 수직 하강운동은 원자들의 충돌과 그에 따른 선회 운동을 설명할 수 없다. 그래서 실제적으로는 수직선에서 이탈하여 비스듬하게 떨어질 수도 있으며, 그렇게 발생한 운동의 편차가 원자들의 최초 충돌을 가능하게 하고, 그 충돌이 원자들을 뒤엉키게 하여 거대한 선회 운동을 일으켜서 우주의 성층들을 생기게 했다는 설명이 가능하게 된다.

에피쿠로스는 자신의 자연학에서 최초 운동 및 윤리학적 정초의 가능 조건을 확보하기 위하여 원자 개념에 대한 새로운 접근을 시도했던 것이다. 그것은 고대철학의 획기적인 발전을 가능하게 했던 '원자의 실존적 원리'인 '편차 운동'의 발견이다.

---

philosophie. Geschrieben 1840 bis März 1841, in: MEW Eg. Bd. 1. 칼 마르크스, 『데모크리토스와 에피쿠로스 자연철학의 차이』, 고병권 역, 그린비 2001. 이 주제에 대해 관심이 있다면 졸저 『칼 마르크스와 희랍철학』(한국신학연구소 1990; 울산대학교출판부 1998)을 참조할 수 있다.

윤리학의 체계가 정초되려면, 먼저 '의지의 자유'를 요청하지 않으면 안 된다. 그러나 데모크리토스의 결정론적 원자론에서는 자기의식이나 의지의 자유가 들어설 여지가 전적으로 닫혀 있다. 그래서 에피쿠로스는 원자의 '본질적 성질'과 '실존적 성질'의 차이 규정을 통하여 기계론적 자연 사상인 원자론 철학에 자의식을 전제로 하는 윤리 사상을 조화시키려고 했던 것이다. 그리하여 데모크리토스의 원자론 철학에서는 완전하게 배제된 자유의 근거를 원자의 실존적 원리를 부가함으로써 실천철학적 자기의식, 즉 자유 개념의 존재론적 근거를 확보한 것이다.

에피쿠로스의 영혼론은 물질론적이다. 이 세계의 모든 것, 영혼까지도 원자로부터 만들어졌다. 영혼은 편상[25]에 의하여 움직이게 되는 아주 미세한 원자들의 집합이다. 편상들은 영혼에 깃든 미세한 원자들을 운동하게 하는 요인이고, 그 결과 관념이 생기게 된다. 그러므로 인간의 영혼으로부터 비롯되는 의지적 결단의 단초는 물질론에서 비롯된다.

도덕적 결단의 존재론적 근거는 원자가 수직하강 운동으로부터 이탈되는 사실에서, 그리고 의지 작용은 영혼을 구성하는 미세한 원자들의 자발적 이탈과 편차로서 설명된다. 원자의 편차는 수직하강 운동이라는 원자의 근본적 원리, 즉 '원리로서 원자'에서 도출되지 않는다. 그래서 생각한 것이 원자의 실존적 원리, 즉 '요소[26]로서 원자'의 개념이었다. 원자는 본질적으로는 수직하강 운동을 하지만 개체적, 실존적으로는 그와 같은 본질 규정으로부터 이탈할 수 있으며, 이로부터 기계적 원자론에서 상정할 수 없었던 자기의식의 문제가 제기되었다.

---

25) eidola
26) stoicheia

텅 빈 공간 속에서 우발적으로 일어나는 무규정적 운동은 정신의 의식 연관 속에서 사고하는 의지적 결단으로 이행한다. 에피쿠로스는 윤리학의 기초인 자유를 확보하기 위하여 데모크리토스의 자연학적 전제를 수정하여 원자의 편차 운동을 요청한 것이다. 에피쿠로스에서 '원자의 편차 요청'은 그의 철학적 사유의 단초에 전제된 세계관적 관심으로부터 비롯된다. 그의 세계관적 전제는 데모크리토스의 자연학과 소크라테스의 윤리학이다. 에피쿠로스의 철학 속에서 비롯되는 모순은 실제로 그가 반대되거나 모순되는 두 개의 상이한 철학적 세계관을 종합하려는 데서 발단되었던 것이다.

## 에피쿠로스의 최고선

에피쿠로스의 실천철학적 변증론에서 설정된 최고선은 추상적인 개체적 자기의식이 지속적으로 향유하려는 자족적인 '영혼의 평정', 즉 '프시케스 아타락시아'[27]이다. 이러한 최고선의 실현은 공포, 욕망, 고통이라는 세 가지 불쾌한 정서로 인하여 불가능하게 보이며, 따라서 도덕적 자율성마저 무기력하게 된다. 공포 중에서 가장 일차적이고 최고의 것은 죽음의 공포이다. 그러나 죽음은 결코 인간의 삶에 자리잡을 수 없다. 인간이 추구하는 욕망이란 육체적 또는 정신적 쾌락을 넘어서서 아타락시아를 지향한다. 그것은 바로 제사와 찬미의 대상이 되는 신의 존재가 예배하는 사람들의 신앙적 희열감 속에서 체현되는 것과 같은 순수한 개체적 기쁨이다. 신이 그를 예배하는 개인들 속에서 기쁨을 누리는 것처럼 현자는 아타락시아를 추구한다.

27) psyches ataraxia

참된 경건이란 얼굴을 가리고 제단에 절을 하고, 모든 신전을 두루 방문하며, 동물의 피를 바치거나, 여러 가지 형태의 맹세와 서약을 하는, 그런 것들이 아니다. 이는 신의 존재 앞에서 느끼게 되는 공포를 물리치기 위한 타율적 계시신앙의 표본에 지나지 않는다. 진정한 의미에서 경건은 평온한 정신으로 사물들을 관조하는 것이며, 이것이야말로 자율적인 이성신앙의 모습이다.

인간이 구체적인 삶 속에서 경험하는 모든 고통이 우리의 아타락시아를 방해할 수 없다. 오히려 그 같은 비존재가 우리의 건강과 존재를 확인시켜준다. 정치적 핍박과 경제적 착취로부터 오는 고통은 아타락시아를 방해하는 것이 아니라, 불의를 인내하고 극복할 수 있는 존재적 기반 위에서 아타락시아와 최고선을 성취하게 한다.

## 스토아학파의 범신론 사상

기원전 300년경 키프로스 섬 출신 제논[28]을 중심으로 스토아학파가 활동하기 시작하였다. 얼룩덜룩한 벽화로 장식된 건물 강당[29] 안에서 주로 모였으므로 '스토아학파'로 불리었다.

클레안테스,[30] 크리시포스[31], 파나이티오스,[32] 포세이도니오스[33], 세네카[34], 에픽테토스[35], 마르쿠스 아우렐리우스[36] 등

28) Zeno of Citium, Cypurus (334~262 BC). 스토아학파의 창시자
29) stoa poichile
30) Kleanthes (331?~230?)
31) Chrysippos (280~206)
32) Panaitios (185~110)
33) Poseidonios (BC135~51)
34) Seneca (기원전 4 또는 서기 1~65)

이 대표 사상가들이다. 철학은 '삶을 영위하는 기술'이고, 특히 '자연과의 일치'를 중시했다.

에피쿠로스학파가 종교적, 형이상학적, 우주론적으로 규정된 모든 속박으로부터 실존적 해방을 추구한 것과는 달리, 스토아학파에서는 전체로서 세계가 불변의 법칙과 이성적 구조에 따르고 있어서 인간 역시 이에 순응해야 한다고 보았다. 실존적 의무를 강조한 것이다. 인간은 자연의 본성과 일치하는 삶을 통하여 비로소 자신과의 일치에 도달할 수 있으며, 참된 자기 자신의 실현은 자연과의 일치를 통하여 가능하다.

스토아학파에서는 철학을 논리학, 자연학, 윤리학으로 구분하였다. 아리스토텔레스주의자들이 논리학을 예비학이나 도구과목으로 간주한 것과는 반대로, 플라톤의 변증법과 같은 보편적 로고스에 의하여 표출된 존재의 객관적 구조 계기를 파악하는 것으로 보았다. 자연학은 실재 자체에 주어진 로고스의 존재 방식을 다룬다. 스토아학파의 자연 사상은 범신론적 경향성을 띤 유물론, '살아있는 우주', 그리고 천인합일의 존재를 강조하고, 실재하는 것들의 본질은 물질과 물체성이라고 보았다.

아리스토텔레스적인 '우시아', 즉 '기체' 이외에 본질적인 것, 우연적인 것, 그리고 상대적으로 우연적인 것과 같은 질료적 특성을 강조한다. 존재의 본질을 동시에 힘으로 파악함으로써 탈레스의 물활론적 관점이나 질료 우위적인 관점을 강화하였다. 자연은 우연한 원자의 활동이 아니라, 내적 생명력을 가진 물질이다. 초월적인 이데아 존재(플라톤)나 그것의 개념적 형상으로의 변형(아리스토텔레스)과 같은 것을 요구하지 않는다. '하나의

35) Epiktetus (55~135)

36) Marcus Aurelius (121~180)

전체'[37] [유한자]와, 허공[38]을 포함한 '모두'[39][무한자], 관념론과 실재론적 세계 구상 대신에, 현실적으로 파악되는 존재[40]의 의미, 즉 능동[41](불과 공기)과 수동[42](땅과 물)에 의한 현실성 개념을 중시하였다.

스토아학파에서는 신 또는 로고스, 그리고 질료 존재를 인정했다. 불, 숨결, 정신, 이성, 운명은 자연 원리의 다른 이름들이다. 자연 원리는 신성, 최고의 신이다. 현대의 종교철학자 존 힉[43] "신은 많은 이름을 가지고 있다."라는 명언을 남겼다. 신은 질료와 서로 혼합되어 세계 전체를 구성한다. 그 중에서 능동적 원리인 로고스는 불 또는 프네우마[44], 공기와 불의 결합 등으로 서술되었다. 프네우마는 자신으로부터 나와서 자기 자신으로 들어감으로써 모든 실체의 운동을 산출하는 계기가 되며, 이로써 무한 분할이 가능한 물질들과 동일체가 된다. 윤리학은 인간에게 주어진 이성의 올바른 사용을 다룬다. 자연에 순응하는 삶이 곧 행복이다.

## 로고스 스페르마티코스

스토아학파의 자연 사상의 핵심은 물질의 생명력에 기초한

---

37) to holon
38) kenon
39) pan
40) ousia
41) Wirken
42) Leiden
43) John Harwood Hick (1922~2012). 영국 출신의 종교철학자로서 기독교 철학과 종교다원주의 분야에서 탁월한 저술활동을 통해 많은 영향을 끼쳤다.
44) pneuma

범신론이다. 세계의 근거는 세계 그 자체 안에 있으며, 그것을 움직이는 근본 원리는 로고스[45]이다. 로고스는 세계영혼이고 세계 이성인 동시에 세계를 움직이는 근원적인 불이고 프네우마이다. 로고스는 세계의 법칙이고 섭리이며 운명이다. 로고스는 그 자체 속에 앞으로 다가올 모든 것들에 대한 사상을 미리 가지고 있으며, 이러한 근본 원리에 의하여 물질에 형상이 주어지고 법칙과 운명에 따라서 세계 과정이 이루어진다.

'씨앗의 로고스', 즉 '로고스 스페르마티코스'[46]에서 만물이 형성된다. 일찍이 마르쿠스 아우렐리우스는 "만물로 이루어져 있는 하나의 우주와 만물 안에 내재해 있는 한 분 신이 있으며, 하나의 실체, 하나의 법, 모든 지성적 피조물에게 공통적인 하나의 이성이 있으므로", "만물은 상호적으로 얽혀 있으며 그 얽힘은 신성하다"고 말하였다.[47] 신적 이성의 씨앗이 모든 개별 존재자 안에 있으며, 식물에서는 생명력, 동물에서는 욕구, 인간에서는 이성으로 그 모습을 드러내고 있다. 생명력, 욕구, 이성을 모두 행사하고 있는 인간 존재는 신 안에서 더욱 충만하게 참여한다. 사도 바울로가 마르스 언덕에서 선포한 "여러분의 시인 가운데 몇 사람이 '우리도 그분의 자녀다.' 하고 말하였듯이, 우리는 그분 안에서 살고 움직이며 존재합니다."(사도행전 17, 28)에서 인용한 시구는 스토아 시인이었던 크레타의 에피메니데스가 읊은 것이다.[48] 또한 바울로 사도는 스토아의 한 예언자가 "크레타 사람들은 언제나 거짓말쟁이, 고약한 짐승, 게

45) logos

46) logos spermatikos, rationes seminales. 존 쿠퍼, 『철학자들의 신과 성서의 하나님』, 64쪽.

47) Marcus Aurelius, Meditations 7.9, Indianapolis: Hackett, 1983.

48) Epimenides of Cnossos(7-6세기 BC). 고대 그리스의 예언자이자 철학자 시인이다. 존 쿠퍼, 64쪽.

으른 먹보들이다.”(티토 1, 12)라고 말했다고 언급하였는데, 이 ‘거짓말쟁이의 역설’ 역시 에피메니데스가 한 말이었다.[49] 에픽테투스 역시 우리 인간들은 ‘신의 편린’이고 ‘신의 일부분’이라고 강조하였으며, 이 때문에 존 쿠퍼는 스토아주의자들이 원 기독교의 범재신론자들일 수 있다고 진단했다.[50]

이 세계에 존재하는 모든 것들은 이미 ‘씨앗의 로고스’로서 자연 질서와 법칙 안에 모두 있는 것들이다. 그리하여 신은 질료 안에 내재한다. 이는 화이트헤드에서 ‘과정적 존재로서 신’을 뜻한다. 미래사건 속에 출현하게 될 모든 존재 사태들을 가능적인 형태로서 함축하고 있는 개방적 물질 개념은 에른스트 블로흐[51]의 희망철학[52], 특히 ‘아직-아닌-존재의 존재론’[53]의 핵심 주제이다.

스토아학파에서 ‘세계영혼’ 및 ‘세계이성’으로서 ‘씨앗의 로고스’는 세계과정의 최초에 존재하면서 미래의 모든 가능적인 사태들을 포괄하고 있다. 이는 이념적인 존재가 아니라 물질적인 원리이자 자연의 원인이다. 로고스 신은 미래에 출현하게 될 모든 존재 사태들의 형상들을 자기 자신 속에 담고 있는 능동적 원리이고, 신의 내부에 있는 ‘씨앗의 종자들’은 이 세계 속에 출현하게 될 모든 사태들의 가능성 그 자체이다. 그것은 구

---

49) ‘Epimenides, Cretan seer’, in The Encyclopaedia Britannica.

50) Epictetus, The Discourses as Reported by Arrian 2.8.11-13, 2 vols. London: Heineman; New York: G. Putman’s Son, 1926-1928; 존 쿠퍼 64.

51) Ernst Bloch (1885~1977). 독일 루드빅스하펜에서 출생한 철학자로서 나치정권을 피하여 미국에서 10여 년 동안 망명생활을 하던 중에 그의 주저 『희망의 원리』를 저술하였다. 동독으로 귀환하여 국가철학자로서 위상에 올랐으나, 제자들이 정치적으로 숙청되면서 서독으로 망명하여 튀빙겐대학에서 학문활동을 계속하였다.

52) Hoffnungsphilosophie

53) Ontologie des Noch-Nicht-Seins.

체적인 세계 과정을 통하여 개별적인 사물들로 산출된다.

## 스토아학파의 신 개념

세계의 곳곳에 신이 깃들어 있으며, 세계 그 자체가 신이라는 범신론[54]은 '우주적 몸체'[55]가 곧 신이라고 본다. 그러나 '우주적 몸체'는 '유한'[56] 존재이고, 엄밀한 의미에서 신은 '전체'[57], '실체'[58], '하나'[59]에 해당할 것이다. 그것은 종종 '헤라클레이토스의 불', 특히 우주 속에 내재하여 있는 '능동적인 불', '제우스', 그리고 '전능하고 지속적인 불'로 은유적으로 표현되기도 한다. 신은 불멸불사이며, 이성과 정신을 갖춘 생명체이고, 완전한 행복을 누리는 존재이다. 신은 어떤 악도 접근할 수 없는 존재로서 세계와 세계 안에 있는 모든 존재를 배려한다. 스토아의 신은 에피쿠로스의 신처럼 세계에서 멀리 떨어져 사는 것이 아니고, 세계 속에 현존하고 영향력을 행사하고 있다.

세계는 신들의 섭리에 의하여 다스려진다. 신들은 인간사와 세계 전체, 그리고 개별적인 것에까지도 관계한다. 따라서 강력한 신적 원리는 살아 있는 모든 것 속에 현존한다. 그리하여 오물과 미물 속에도 신은 존재하고 나쁜 심성을 가진 사람 속에도 존재한다. 신은 세계 안에 포함되어 있는 동시에 세계영혼 그 자체이다. 신은 세계의 창조자이고 만물의 아버지이다. 온 대지와 하늘이 신의 존재이다. 살아 있는 것 전체로서 세계는

54) Pantheismus
55) corpus universum
56) determinatum
57) totum
58) ousia
59) unum

모든 것을 포괄하는 이성적 생명체 그 자신이며, 세계 그 자체가 바로 신적인 것이다. 신적인 원리는 하나이거나 유일한 세계가 아니라 수없이 전개되는 무한한 세계를 이루고 있다. 이 세계가 스스로 존재하는 자족적인 것이라고 할 경우에 그 세계는 바로 신 그 자체이다.

모든 존재 사태들은 주기적으로 근원적인 곳을 향하는 회귀 질서를 이루고 있으며, 만물은 재생을 통하여 여러 번 또는 무한하게 존재할 수도 있다. 아리스토텔레스의 자연적 소질은 이데아적인 목적 개념이지만 스토아학파에서는 물리적인 인과 관계 속에 있는 생물학적 특성을 가진다. 신적인 것이 사람 안에 머무르는 것, 그것은 바로 인간의 자연 본성이다. 우주의 자연에서 인간의 자연 본성도 나온다. 이성은 인간과 신을 하나로 연결한다. 인간은 보편적인 세계 이성에 참여함으로써 자연과 신성을 두루 관통하고 있으며, 바로 그 신적인 질서에 순응하는 것이 자유이다.

스토아학파의 자유 개념은 운명적인 것이다. 개개인의 선택 의지라기보다는 신의 섭리에 따르는 것을 뜻한다. 인간의 내면에 있는 도덕 세계 혼, 즉 다이몬이 해서는 안 될 것을 금지하고 있다. 개인의 의지가 다이몬과 일치하는 것, 즉 내면적인 신적 원리에 복종하는 것이 덕의 본질이다. 덕은 영혼이 지켜야 할 본분으로서 이성적 존재의 완전한 구현이며 행복이다. 덕은 덕 그 자체를 위해서만 실행하며 그 이외의 어떤 보상도 요구하지 않는다. 이것은 칸트가 말한 순수 도덕성 원리의 선구적인 형태이다. 격정, 파토스는 인간의 내면을 파괴하고 노예 상태로 전락시킨다.

스토아의 최고선은 격정, 열정 등의 '파토스'를 모두 부정한 상태, 즉 '아파테이아'[60]이다. 격정에 빠지지 않고 자신의 삶에 의연하게 대처하는 사람, 내부에서 들려오는 신의 소리에 순응하는 인간은 혼자서 고독하게 지내는 것이 아니라, 천성적으로 사교적인 공동체적 삶을 희구한다. 이성적 존재의 공동체를 실현하는 것, 자연스럽게 조화를 추구하는 인간적인 삶의 태도가 국가와 공직에 대한 건강한 애정을 갖게 한다. 이것이 바로 스토아적인 이상이다.

60) apatheia

# 8. 플로티노스와 신플라톤주의

"일자는 근원적인 힘으로서 자기가 자기를 사유하는 자기사유를 통하여 만물을 유출하는 능력을 갖고 있다. 이 일자에서 마치 태양으로부터 광선이 나오고 불에서 열이 나오는 것처럼 유한한 모든 존재가 흘러나온다." 플로티노스

## 플로티노스의 철학사적 위상[1)]

플로티노스[2)]는 고대철학을 체계적으로 집대성한 매우 중요한 철학자이며, 3세기에서 6,7세기에 이르면서 유행한 '신플라톤주의'의 실질적인 창시자다. 그리스문명은 유스티니아누스가 529년에 플라톤의 아카데미아를 폐쇄하고,[3)] 642년에 아랍인들

1) 이 '플로티노스 강의'에 주로 참고한 문헌들은 김진, 『퓌지스와 존재사유』, 제6장 '플로티노스'; 회페, 『철학의 거장들』 1, 제6장 '플로티노스'이다.

2) Plotinos(204?~269?). 신플라톤주의(Neuplatonismus)의 대표적인 사상가.

3) 플라톤이 기원전 387년에 아테네 교외에 세운 아카데미아(Academia)

이 알렉산드리아를 정복함으로써 일단락되지만, 플로티노스와 그가 창시한 신플라톤주의의 정신적 영향력은 고대 그리스 교부(教父)[4]들과 라틴 교부들을 통하여 중세의 기독교 철학, 아랍 철학, 유대교 철학에까지 광범위하게 영향을 주었다.

신플라톤주의의 활동 지역은 주로 로마, 아테네, 알렉산드리아이다. 그리고 로마에서는 포르피리오스, 이암블리코스[5]), 마크로비우스, 마르티아누스 카펠라, 칼키디우스(플라톤의 『티마이오스』 주해) 등이 활동하면서 주로 기독교와 결합하는 모양새를 취하였다. 아테네에서 신플라톤주의는 아카데미아를 중심으로 확산되었다. 프로클로스[6])는 『신학원리』와 플라톤 주해로 유명하다. 그밖에 시리아노스[7]), 심플리치우스[8]) 등이 활동하였다. 알렉산드리아에서는 여성철학자 히파티아[9])가 활약하였다.

플로티노스는 플라톤의 '이데아론', 아리스토텔레스의 운동과 생성(生成) 이론, 스토아의 생명유기체로서 우주론을 통합하여, 이데아와 현상을 매개하는 일자 형이상학으로서 자리매김하고

---

는 그의 조카 스페우시포스(Speusippos, 기원전 339년 사망)를 필두로 900년 이상 지속되다가, 529년에 동로마 황제 유스티아누스(Justianus, 482~565)에 의해서 이교(異教)의 가르침을 교육한다는 이유로 폐쇄되었다.

4) Kirchenvater

5) Iamblichus (4세기 중엽). 5세기에 트리어의 주교(Bischof von Trier)가 되었다.

6) Proklos, 라틴어 표기는 Proclus(412~485). 콘스탄티노플 출신의 고대 후기 그리스 철학자이자 신플라톤주의자였다.

7) Syrianos. 437년 경에 아테네에서 사망한 고대 그리스 철학자로서 신플라톤주의를 추종하였다.

8) Simplicius (480/490~550). 고대 후기 그리스의 철학자로서 신플라톤주의에 심취하였다.

9) Hypatia von Alexandria (355년경~ 415/416). 알렉산드리아 출신의 고대 후기 그리스의 여성 수학자, 천문학자, 철학자이다. 비기독교 철학, 특히 신플라톤주의 견유학파의 전통을 따르다가 정치적 권력투쟁의 희생양이 되어 처형되었다.

있다. 일자, 누스, 프시케의 세 가지 원리는 인간의 의식 내 사고의 반영 또는 산물이며, 초월적이면서 내재적인 특징을 가진다.

플로티노스와 신플라톤주의는 실재 세계의 전체 연관 안에서 인간 존재를 형이상학적으로 고찰하고자 했으며, 플라톤 철학과 아리스토텔레스 철학을 통일적으로 결합하여 고대철학의 사유지평을 변증법적으로 통합하는 효과를 거두었다. 그의 유출론적 사유는 신비주의와 범신론, 그리고 과정철학 등에 결정적인 영향을 주었다. 근세 이후에도 플로티노스의 신플라톤주의는 이탈리아 르네상스, 케임브리지 플라톤학파, 독일관념론에 영향을 끼쳤으며, 베르크손[10], 야스퍼스[11]와 같은 20세기 철학자들에도 파고들었다.

## 플로티노스의 삶과 저술

플로티노스의 제자 포르피리오스[12]가 쓴 일대기가 유일한 전거이다. 이것은 포르피리오스가 편집한 플로티노스 저서 앞쪽에 실려 있다. 플로티노스의 저술들 자체에는 그의 생애에 대한 어떤 정보도 없다. 그는 204/205년, 그리스 문화권이었던 이집

10) Henri-Louis Bergson(1859~1941). 유대계 프랑스의 철학자로서, 『물질과 기억』, 『창조적 진화』, 『정신적 에너지』, 『도덕과 종교의 두 원천』, 『사유와 운동』 등을 저술하였고, 1928년에 노벨문학상을 받았다.

11) Karl Jaspers(1883~1969). 현대 독일 철학자로서 하이데거와 함께 실존철학을 창시하였다. 『철학』(1932), 『이성과 실존』(1935), 『일반 정신병리학』, 『실존철학』을 저술했다.

12) Porphyrios(234~305). 페니키아의 무역도시 티로스 출신의 신플라톤주의 철학자로서, 스승 플로티노스의 사상을 집대성한 논문집 『엔네아데스』와 논리학과 철학에 대한 『입문서』(Eἰσαγωγή)를 출판하였다.

트 알렉산드리아에서 활동하였다. 알렉산드리아는 알렉산드로스 대왕이 세운 도시로서 이집트의 수도, 주요 교역도시, 문화 중심지였다. 문학, 문헌학, 역사학, 수학, 자연과학의 중심무대로서 프톨레마이오스 학파의 사람들은 박물관을 건설하였다. 이곳은 서기 3세기경에 학문적인 교육활동과 철학교육의 무대로 발전하였다.

플로티노스는 28세경에 철학에 입문했으며, 여러 스승들을 거쳐 암모니오스 사카스[13]에게서 11년간 지도를 받았다. 플로티노스와 암모니오스 사카스는 플라톤과 소크라테스의 관계와 비슷하다. 플로티노스는 243년경(39세) 페르시아 철학과 인도철학 등, 동방의 철학에 대한 호기심으로 로마 황제 고르디아누스 3세[14]의 페르시아 원정에 참가하고자 했으나, 244년에 고르디아누스 3세가 피살되자 안티오케이아로 피했다가 로마로 돌아왔다. 로마에서 그는 갈리에누스[15] 황제 내외와 많은 원로원 의원들을 대상을 철학을 강의했으며, 아멜리오스[16]와 포르피리오스 같은 제자들을 가르쳤다. 로마에서 26년간 강의한 후 플로티노스는 이탈리아 캄파니아 지방으로 옮겨서, 먼저 죽은 친구이자 제자인 제토스[17]의 장원에서 지내다가 269년 또는 270

---

13) Ammonius Saccas. 알렉산드리아 출신의 그리스 철학자로서 232년부터 243년까지 플로티노스를 가르친 스승인 동시에 플로티누스와 함께 신플라톤주의 창시자이다.

14) Marcus Antonius Gordianus Pius(225~244). 로마제국의 28대 황제.

15) Gallienus (Publius Licinius Egnatius Gallienus, c.218~268, 재위 253~268). 로마제국의 34대(부친 발레리아누스와 공동 황제), 35대 황제.

16) Amelios, Amelius. 본래는 누메니우스(Numenius of Apamea)의 제자였으나, 플로티노스의 강의를 들은 후로는 그가 죽을 때까지 떠나지 않았으며, 100여권의 어록과 주석서를 저술하였다.

17) Zethos. 플로티노스의 아랍인 제자로서, 암모니우스의 친구 테오도시우스의 딸과 결혼했으며, 플로티노스와 가장 친밀하게 지냈다.

년에, 66세의 나이로 사망했다.

플로티노스는 평생 동안 종교적·신비적 문제들에 관심을 기울였다. 40세 때 로마로 이주하여, 갈리에누스[18] 황제 내외와 원로원 의원들이 참석한 상태에서 강의를 하여 국가철학자로서 위상을 과시했다. 또한 '플라톤 도시'[19]를 구상하여, 아멜리오스[20]와 포르피리오스 등 제자들을 가르쳤다. 로마에서 26년간 강의한 후, 그는 이탈리아 캄파니아 지방으로 옮겨서, 먼저 죽은 친구, 제자 제토스[21]의 장원에서 지내다가 269년 또는 270년, 66세의 나이로 사망하였다. 플로티누스는 신과 네 번이나 접촉한 신비사상가로 잘 알려져 있다.

로마에서 40세의 나이로 교수 활동을 시작한 플로티노스는 강의를 시작한 10년 후인 253년부터 강의록을 작성하기 시작했다. 그 강의록들은 포르피리오스에 의해서 정리되어 출판되었다. 포르피리오스는 플로티노스가 어떤 주제를 가르치기 전에 세베루스[22], 크로니오스[23], 누메니오스[24], 가이오스[25], 아티코스[26] 등 플라톤주의자들과, 아스파이오스[27], 아프로디시아스의 알렉산드로스[28] 및 아드라스토스[29] 등 아리스토텔레스주의자

18) Publius Licinius Egnatius Gallienus (218년경~268). 갈리에누스는 253년부터 260년까지 그의 아버지와 함께 로마제국의 황제가 되었고, 260년부터 268년까지는 단독으로 통치하였다.

19) Platonopolis

20) Amelios Gentilianos (216-226~290-300). 신플라톤주의 창시자 플로티노스의 제자로서 로마에서 활동한 고대 철학자이다.

21) Zethos. 3세기 경, 플로티노스의 제자이고 신플라톤주의자이다.

22) Severus

23) Kronios

24) Numenios

25) Gaios

26) Attikos

27) Aspaios

들이 쓴 주석서들을 먼저 살펴본 후에 자신의 견해를 밝혔다고 술회하였다.

포르피리오스는 저술 순서로만 구분되어 있던 플로티노스의 글들을 주제에 따라 각각 아홉 편씩 여섯 그룹으로 체계적으로 분류했다.[30] 포르피리오스가 자신의 수신비주의[31]적 사변에 입각해서 플로티노스의 저술들을 작위적으로 체계화함으로써 플로티노스의 생동적 기술을 약화시킨 측면도 없지 않다.

첫 번째 아홉 개의 글은 '윤리학', 두 번째와 세 번째는 '자연철학 및 우주론', 네 번째는 '영혼론', 다섯 번째는 '이성', 여섯 번째는 '일자(一者)에 관한 이론'이다. 그러나 플로티노스의 가장 중요한 저술들에는 그의 철학이나 형이상학적 체계가 하나의 '전체'로 기술되고 있으며, 개별적인 '근본 존재원리'[32]들이나 관점들에 의하여 분석하지 않았다.

플로티노스는 '일자'[33]로서 신을 순수한 절대적인 동일체로 인식하였다. 그것은 존재의 총체가 아니며, 모든 현존재에 선행하고 세계를 초월하는 것이다. 그것은 빛과 태양의 관계처럼 존재도 그 근원에서 분리될 수 없다. 다만 유출[34]만이 가능하다. 그것은 '선'의 개념으로, 이데아를 초월한 어떤 절대적인 존재자를 지칭한다. 일자로부터 영혼이 유출된다. 이로부터 신적인 것과 질료적인 것의 관계가 어떻게 설정되는지가 관심사로 떠오른다. 자연을 선의 결핍으로 규정하게 되면, 존재의 하위 구

28) Alexandros
29) Adrastos
30) 『엔네아데스』(Enneades)는 '아홉'을 뜻한다.
31) 數神秘主義, Zahlenmystik.
32) hypostasis
33) the One, das Eine.
34) Emmanation

조에는 도덕적 악, 죄, 고통, 정욕의 갈등, 죽음과 슬픔이 존재할 것이다. 이로써 타락과 구원의 존재론적 지평이 확보되지만, 그것은 다시 일자로 돌아가야 한다는 만물복귀설로 이어진다. 유출설은 일자가 존재이고, 선이며, 통일성이라는 생각이다. 일자에서 정신이 유출되고, 세계영혼이 우주를 형성하고, 생기로써 세계의 조화를 부여한다. 그것은 '제2의 신'이다. 물질(비존재)과 영혼의 결합은 정신과 일자를 향한 영혼의 관조, 즉 신과의 합일이나 무아경지의 상태를 흐리게 한다. 아우구스티누스는 이런 플로티노스를 사실상 기독교 사상가로 인정하고 수용하였다.

## 플로티노스의 형이상학 체계

플로티노스는 플라톤의 이데아론(관념론)과 아리스토텔레스의 실재론을 종합한 사상가이다. 플라톤 철학은 퇴락한 폴리스와 문화를 복구하기 위하여 인식론, 윤리학, 자연철학의 근본 문제들을 '이데아들의 형이상학'에 의하여 구축하려는 철학적 시도를 감행했다. 순수 사유의 대상인 이데아들의 영역은 지성계 또는 이데아의 세계로서 모든 감각적 지각의 대상인 가시적 세계의 근본이자 본질이었으며, 이로부터 모든 정치적, 철학적 문제들의 해결책이 가능하게 되었다.

플라톤에서 이데아들은 '영원히 자기 자신과 동일한 것', '한결같은 상태로 있는 것', '초시간적인 것', '초공간적인 것'이며, 감각에 의해 지각될 수 있는 물질적 사물들은 '항상 변화를 겪는 것', '시각과 공간 안에서 생성되고 소멸하는 것'이다. 플라톤의 이데아론은 아리스토텔레스의 비판과 반박에 의하여 대폭 수정되었으며, 후기 플라톤의 세계제작론은 사실상 아리스토텔레스의 실재론 사상과 큰 차이를 가지고 있지 않다. 서로 상관이 없는 두 세계가 상호 연관을 가진 하나의 세계로 전개되기 때문이다.

플로티노스는 플라톤과 아리스토텔레스의 세계 이해의 간극을 완전하게 해소하고자 했다. 그는 존재 세계를 순수하게 사유의 대상인 영역과 감각적 지각의 대상인 영역으로 구분하지만, 그에게서 이데아들은 더 이상 형이상학적 탐구에서 모든 것을 지배하는 대상이 아니다. 오히려 이데아들의 궁극적인 원리와 근거에 대한 물음이 중심적 위치를 차지하게 되며, '혼(魂) 이론'이 정신적 세계를 문제 삼는 분과들의 체계 안으로 통합되었다.

플라톤에서는 모든 이데아들의 궁극적인 근거, 모든 존재자들의 최고원리는 존재, 본질, 진리의 절대적으로 초월적인 원인인 동시에, 다른 모든 이데아들 및 그 이데아들과 결합된 인식의 절대적으로 초월적인 원인으로서 최고의 이데아, 곧 '선의 이데아'였다. 그러나 선의 이데아가 모든 이데아들의 존재론적 인식론적 최고원리인가는 논란의 대상이다.

플라톤 역시 인간이나 우주의 지평에서 '영혼적인 것'[35]의 실재성을 상세하게 기술한 바 있다. 혼적인 것, 즉 '세계혼'[36]과 모든 종류의 '개체혼'[37]들은 참으로 존재하는 이데아들의 가지적 영역과 감각적으로 지각되는 구체적 사물들의 영역 사이의 중간 단계였다.

그러나 플로티노스는 본래적으로 혼적인 것, 혼의 정신적 근

35) das Seelische
36) Weltseele
37) Einzelseele

거를 전적으로 가지적인 영역으로 규정한다. 그에게 혼적인 것은 정신적 영역, 초감각적 세계를 구성하는 필수요소이며, 이를 바탕으로 그는 '혼적인 것'과 '사물들의 세계' 사이에 이 '사물들의 세계에 내재해 있는 혼적인 것'으로서 '자연'이라는 중간적인 존재 층을 상정할 수 있게 된다.

플로티노스 철학의 중심 어휘는 '일자'[38]와 이성[39]이다. 이것은 '근본 존재원리', '근원적인 정신적 본질'에 관한 것이다. 일자와 이성에게서 모든 것들이 비롯되는 한에서 다른 모든 철학의 분과들은 서열상 형이상학에 종속된다. 전체 존재와 모든 가시적 세계 존재자들(자연, 사물, 본질)은 일자로부터 나오기 때문이다.

## 플로티노스의 일자

플로티노스는 최고의 원리를 '선'[40]과 '일자'[41] 개념으로 규정한다. 신은 '가장 좋은 것'과 '하나이면서 모두인 것'이 된다. 우선 '선'의 개념은 분명히 플라톤의 '선의 이데아'에서 영향받은 것이다. 플라톤에서는 '선의 이데아'가 '모든 이데아들의 존재론적 근거'가 되는 동시에 '이데아들의 이데아'로 자리 잡고 있었으나, 그것은 여전히 이데아였다. 물론 이 두 개념은 비유적 의미로만 최고의 원리를 나타내며, 그는 이 최고원리로서 플라톤의 의도에 가장 근접했다고 생각한다. 플라톤은 전적으로 존재론적, 형이상학적 의미에서 '선의 이데아'가 다른 모든

38) to hen. das Eine, the Oneness.
39) nous. Intelligenz, Geist, Vernunft, Verstand.
40) 善, to agathon, das Gute.
41) 一者, to hen, das Eine.

이데아들에 대하여 초월적이고, 다른 모든 이데아들의 존재원인이라고 말했다. 그러나 이 '완전한 선' 역시 여전히 하나의 이데아일 뿐이다.

반대로 플로티노스는 이 '완전한 선'이 다른 모든 이데아적 존재보다도 전적으로 탁월하다고 보았다. 물론 플라톤이 말하는 '선의 이데아'가 형이상학적, 존재론적으로 무엇을 의미하는지의 문제, 특히 이 '좋음의 이데아'가 '신의 정신'인지, '데미우르고스'인지, 그것도 아니면 '일자'인지의 문제는 논쟁의 여지가 있다. 플로티노스는 '선'의 개념을 이데아를 초월하여 그것까지도 넘어서는 개념으로 이해한다.[42] 이와 함께 플로티노스는 최고의 원리를 '일자' 개념으로 규정하고 있다. 신은 세계나 존재로부터 완전히 떨어져 있는 초월적 존재자이다. 이 세상의 어떤 술어도 신에게 적용될 수 없다. 왜냐하면 일자는 모든 사고와 모든 존재를 넘어서는 존재이기 때문에 감각적인 것, 정신적인 것을 막론하고 그 어떤 것이든지 신에 관하여 진술하지 못한다.[43] 이처럼 다른 모든 것에 선행하는 최초의 존재를 플로티노스는 '일자'라고 하였다. 일자는 신이나 선 그 자체에 대한 상징적인 이름이다. 이것은 물론 부정신학적 개념이다. 신은 존재 저편에 있기 때문에 그것에 대해서는 어떤 개념으로도 진술할 수 없고, 그것에 대한 학문도 성립될 수 없다. "일자는 존재하는 어떤 사물일 수 없으며, 모든 존재자들에 앞서서 존재한다."[44] 그러므로 일자는 사물들의 존재를 구속하는 그 어떤 속성으로부터도 자유로운 존재이다.

---

42) Plotinus, Enneades in seven volumes, Harvard University Press, 1989 (1966). 6, 7.16-18.

43) Plotinus, Enneades, 5, 4.1.

44) Plotinus, Enneades, 3, 8.8.

플로티노스는 세계로부터 신을 규정할 수는 없으나 신으로부터 세계를 인식할 수는 있다고 주장한다. 모든 것은 하나의 근원적인 것에 참여하고 있으므로, 그는 아리스토텔레스의 능동인 대신에 '유출'이라는 개념으로 세계에 대한 새로운 설명을 시도한다. 일자는 언제나 충만한 것이므로 넘쳐흐를 것이다. 그러나 그것은 흘러넘치더라도 언제나 자기의 원래 모습을 유지하고 있다. 태양이 빛을 발하면서도 언제나 그 자체로서 머물러 있는 것처럼, 최초의 존재는 바로 그렇게 존재한다. 신은 제1의 기체이며 일자이다. 물론 신 역시 정신, 자유, 의지를 가지고 있지만 그것은 우리가 사용하는 것과는 전혀 다른 근원적인 맥락에서 이해되어야 한다.[45]

플로티노스는 최고원리를 '완전한 선'을 넘어서서 '완전한 일자', '절대적 단일성'으로 규정하였다. 이와 같은 플로티노스의 개념이 플라톤적이라고 보는 사람도 있지만, 많은 사람들은 그보다는 플라톤에서 아리스토텔레스를 거쳐 알렉산드리아의 필론[46], 신피타고라스주의, 알비노스[47]의 중기 플라톤주의와 아파메이아의 누메니오스에서 플로티노스에 이르는 형이상학적 신학의 전체 전통의 산물이라고 보고 있다. 이는 플라톤과 아리스토텔레스를 종합하는 (기독교 사상에 결정적으로 영향을 주는) 새로운 전통의 출현을 뜻한다.

플로티노스는 최고원리로서 '일자'의 근본적인 존재 및 인식 초월성을 강조하여 신적 근원에 대한 지성적 파악의 방식을 발전시켰는데, 이것은 플라톤과 알비노스 등에서 선구적으로 시도된 '부정신학'[48]이다. 플로티노스는 '최고원리'는 그 '절대적

45) Plotinus, Enneades, 6, 8.18.
46) Philon
47) Albinos

으로 완전한 최고의 신성'에서 구체적이고 본질적인 모든 특성들을 사상하고 부정함으로써 지성적으로 파악될 수 있다는 부정신학의 실질적인 입안자이다. '일자'는 정신도, 이데아도, 존재자도 아니고, 따라서 사유하지도 않는다. 어떤 본질적 특성도 일자에 직접적으로 적용되지 않으며, 오직 비유적 의미로만 적용될 수 있을 뿐이다.

프로클로스[49]는 신을 존재, 하나, 선 그 자체까지도 넘어선 개념으로 정립하였다. 최초의 스콜라 철학자로 우리에게 잘 알려져 있는 그는 『신학강요』에서 플로티노스의 사상을 모든 것들은 자기 자신 안에 있고, 많은 것으로 전개되는 과정에 있고, 처음으로 되돌아가는 것이라고 함으로써 '동일철학'[50] 또는 '범논리주의'[51] 사상으로 해석하였다. 최고의 존재 원리로서 일자와 선은 최고의 사유 대상이고, 최고의 힘이며 권능이다. 물론 중세를 거쳐 하이데거에 이르기까지 서구 사상의 거대한 물줄기를 형성하였던 '존재 자체'[52]라는 개념이 플로티노스에게서는 아직 발견되지 않는다.

## 플로티노스의 유출설

플로티노스에 의하면 넘쳐나는 창조적 힘이 절대적으로 완전한 '일자-좋음'으로부터 다른 덜 완전한 본질들과 존재자들이 생겨나는 근거이다. 최종적인 궁극 원인이자 최고의 힘의 원천

48) 否定神學, negative Theologie.
49) Proklos Diadochos (410~485).
50) Identitätsphilosophie
51) Panlogismus
52) ipsum esse

으로서 '일자-선'은 '신의 정신'에서 시작해서 '세계혼'을 거쳐 '자연', '사물'의 세계 그리고 사물의 세계 맨 아래의 잔여인 '물질'에 이르는 존재단계들과 존재자들의 전체 위계질서를 산출해낸다.

이 세계는 초감각적인 것과 감각적인 것으로 구성되었으며, 초감각적인 것으로부터 감각적인 것으로 이행하고 있다. 이러한 세계 설명을 통하여 플로티노스는 이원론과 일원론 사이의 변증법적 긴장관계를 해결하고자 한다. 다시 말하면 모든 것을 초월하여 있는 최고의 원리, 즉 선과 일자로부터 모든 것의 존재 근거를 도출하려고 한 것이다. 이것은 신의 정신, 세계혼, 자연, 사물, 물질의 전 위계질서를 산출하게 된다. 최초의 것으로부터 나온 것은 언제나 그것과는 다른 것이지만 동시에 그것을 근원으로 하고 있다.[53] 이것은 곧 "일자는 만물이다"라는 사실이 "모든 것은 일자로부터 생긴다"는 것을 의미한다.[54] 마치 샘에서 샘물이 넘쳐흐르지만 샘 그 자체는 마르지 않는 것과 같으며,[55] '존재자의 나무'로부터 존재자가 부단히 발출하는 것과 같다.[56]

그러나 이와 같은 유출의 논리는 최고 원리의 존재 방식에 대한 해석상의 문제를 야기하게 만든다. 참여 이론에서 본 이데아와 현상의 관계가 단순하게 설명될 수 없는 것처럼, 최고의 존재 원리와 모든 존재자들 사이의 관계 문제도 동일한 어려움에 직면하게 된다. 물론 일자나 정신 자체 속에는 나누어줄 모든 것이 들어 있다.[57] 그렇다면 일자나 그의 정신 속에 영혼,

53) Plotinus, Enneades, 5, 4.1.
54) Plotinus, Enneades, 5, 2.1.
55) Plotinus, Enneades, 3, 8.10.
56) Plotinus, Enneades, 3, 8.7.

자연, 사물, 물질 등의 요소가 모두 들어 있는가, 그렇지 않으면 그것 속에 존재하는 것은 그것으로부터 흘러나온 것들과 아무런 존재론적 유비 관계도 갖지 않는 것일까?

만일 '가장 완전한 존재'[58]의 사랑과 은총에 의하여 모든 존재자들이 생명을 유지하게 된다면, 그 완전한 존재는 유출의 원리일 것이다. 그런데 그와 같은 최고의 존재 원리인 일자는 "최초의 것은 단순한 것이고, 모든 것에 앞서 있는 것이어야 한다." 그리고 그것은 동시에 "자기 자신으로부터 나온 것과 섞여서는 안 되고, 동시에 다른 방법으로 다른 사물들 속에 내재하지 않으면 안 된다."[59] 그러나 한편으로 일자가 모든 것이라는 주장과, 다른 한편으로 일자는 모든 것이 그로부터 나오는 근원이므로 만물이 아니라는 주장[60]은 모순적이지 않은가?

그리하여 우리는 유출론적 아포리아에 대한 해석상의 문제에 봉착하게 되는데, 대체로 사람들은 이 문제를 해결하기 위하여 '범신론적 해석'과 '창조론적 해석'을 제안하였다.

일자와 다자의 관계를 범신론적으로 규명할 수 있다. 그것은 마치 속성이 실체에 속한 것처럼 존재자는 존재에 속하여 있다는 사실에서 착안되었다. 일자와 모든 사물들의 관계도 이와 같은 것이다. 그러나 플로티노스는 아리스토텔레스의 실체 개념보다 더 강하게 사물들의 자립성을 인정하였다. 아리스토텔레스의 경우에 다른 것에 의하여 움직여지는 것뿐만 아니라 자체 속에 운동 원인을 가진 실체들조차도 존재의 운동 원인을 탐색하다 보면 상대적이고 불완전하며 의속적인 존재로 전락하는

---

57) Plotinus, Enneades, 5, 9.3.

58) ens perfectissimum

59) Plotinus, Enneades, 5, 4.1.

60) Plotinus, Enneades, 5, 2.1.

것을 볼 수 있다. 이와 같은 근거에서 스피노자는 진정한 의미에서 실체는 신밖에 없다고 하였던 것이다. 그러나 플로티노스는 위계적 존재의 자립성을 아리스토텔레스보다 더 강하게 유지하였다.

일자와 다자의 관계를 창조론적으로 해석하는 경향도 있다. 이들의 설명에 의하면 일자는 그 실체를 손상시키지 않고 무에서 사물들이 생겨나게 하고, 그것들과 형식적으로 다른 관계를 형성하게 된다. 이 경우에 일자가 사물의 원인이라는 것은 형식적으로는 사물 속에 내재하지만, 현실적으로는 그것들을 초월하는 것을 뜻하며, 이것이야말로 '창조'의 개념에 부합된다는 것이다. 이 경우에는 일자의 임재를 생각할 수도 있다.[61]

일자의 자기인식은 '정신', 즉 '누스'[62]에 의하여 이루어진다. 이것은 최초이자 최고의 존재 원리인 일자의 자기 현현이며, '신의 정신' 그 자체이다. 그러나 누스는 일자 다음의 것으로서 관념, 규범, 법칙, 존재 구조의 총체 개념이며, 지혜의 세계인 동시에 플라톤적인 '데미우르고스' 개념이다. 누스는 근원적 일자의 모사이며, 일자가 스스로 바라보는 자기의 모습이자, 첫 번째 신에 의하여 태어난 신의 아들이다.[63] 그러므로 누스는 '신적인 정신-존재'이며, 아리스토텔레스가 말한 '사유의 사유'이다. 그러나 아리스토텔레스의 그것은 자족적인 반면에 플로티노스는 가지적인 세계의 모든 이데아들을 자신 안에 포괄하는 것으로 기술하고 있다. 기독교의 삼위일체설에서 보는 것과 같은 제2의 신이 바로 누스인 것이다. 정신은 신이 아니다. 그러나 그것은 신을 닮은 것이라는 의미에서 신적인 것이다. 정신은 완전

61) Plotinus, Enneades, 5, 4.1.7; 4, 3.11.23.
62) Nous
63) Plotinus, Enneades, 5, 1.7.

한 생산력을 구비하고 있으므로 생산하지 않을 수 없다.[64] 플라톤의 『티마이오스』와 스토아학파의 씨앗의 로고스 사상에서 자극을 받은 초대 교부들은 플라톤의 이데아들을 정신 속에 옮겨놓았던 것이다.

신의 정신으로부터 영혼이 흘러나온다. 세계가 조성되는 경우에 가장 먼저 전제되는 것은 영혼의 존재이다. "정신이 생산해내는 것은 어떤 사상이다. 그리고 사상은 성찰을 하는 영혼의 부분 안에 실재한다. 사상은 정신을 에워싸고 이리저리 움직이는 것이며, 정신에서 방출되는 빛이다."[65] 그리하여 세계영혼이 생겨난다. 이와 함께 개별 영혼들도 탄생한다. 세계혼은 신의 정신으로부터 직접 발출하지만, 개체혼들은 세계혼으로부터 산출된다. 따라서 개체혼들은 세계혼과 같은 본질로 구성되었지만 개체 존재 안에서만 활동할 수 있다.

영혼은 그 자체가 항상 전체적인 것으로서 일자를 닮아 있으며, 동시에 여러 개체들 속에서 분리되어 있음으로 다자를 닮아 있기 때문에, 이 둘 사이를 매개하는 역할을 하고 있다. "영혼은 물체처럼 처음부터 나눌 수 있는 것이 아니다. 그러나 물체들 안에서는 나누어질 수 있다."[66] 그리하여 우리는 그리스 철학에서 영혼이 생성과 같은 것으로 이해되는 근본 이유에 접근하게 되었다. 영혼의 특징은 자기 운동이며, 그것은 천사, 정령, 인간, 동물, 식물로 내려올수록 그 단일성은 약화되고 수다적인 개체들로의 분리와 생성은 강화된다.

영혼 자체는 본질적으로 자유롭고 자발적으로 움직이는 존재이다. 영혼은 자발적으로 인과 계열을 만든다. "영혼은 가장 먼

64) Plotinus, Enneades, 5, 7.1.
65) Plotinus, Enneades, 5, 1.7.
66) Plotinus, Enneades, 4, 2.1.

저 움직이는 원인이다."[67] 그러나 이 영혼은 스스로 존재하는 경우에는 자기 자신의 지배자가 되지만, 육체 속에 갇히게 되는 경우에는 독립적이지 못하고 내적인 세계의 인과 계열에 종속된다. 이는 피타고라스와 플라톤의 영혼론에서 배운 것과 같다. 칸트의 지성계에서는 자유의 법칙이 지배하지만 감성계에서는 인과성의 법칙이 지배하는 것과도 같다.

세계혼은 두 종류가 있다. 하나는 보다 고차적인 이성적 세계혼으로서 참된 존재자를 향하여 있다. 다른 하나는 현상과의 결합을 시도하는 세계혼으로서, 이것은 마치 인간의 영혼이 신체와 결합되어 있는 것처럼 현상 세계와 결합을 가능하게 하는 근본적인 동인을 가지고 있다. 플로티노스는 사물 세계에 내재하는 세계혼의 동인을 '자연'이라고 규정하였다.[68] 이성 세계가 다수성 안에서 통일성, 부분들의 조화로운 결합을 추구하는 반면에, 사물 세계는 그 반대를 추구하고 있다. 따라서 두 세계는 영원성과 시간성, 존재와 가상, 조화와 혼돈 등의 특징을 가지고 있다. 자연은 지성적인 세계의 모사이지만, 정신, 힘, 자유, 활동성이 떨어지고 수동성, 시간과 공간, 본능 등에 의하여 제약을 받게 되는 것이다.

유출의 마지막 단계는 물질이다. 플로티노스에서 물질은 부정성의 원리이며 악의 원리이다. 그것은 근원적인 일자의 반대극으로 설정된다. 따라서 그것은 모든 형상과 존재의 절대 결여인 동시에 절대 부재이며, 순수 결핍이다. 그러므로 물질은 사물 세계의 가장 낮은 단계에 속하는 근본악이자 어둠 그 자체이다. 이와 같은 물질 개념은 나중에 기독교적 악의 개념과 결

---

67) Plotinus, Enneades, 3, 1.8.
68) Plotinus, Enneades, 2, 3.9; 3, 8.1-4; 3, 5.2.

합되어, 물질 개념을 근본적으로 곡해하는 원인이 된다. 그러나 일자와 물질은 반대의 극이기는 하지만, 일자로부터 나온 것은 모두 일자에게로 복귀하기 때문에, 근본악 역시 선과 일자에게로 되돌아간다는 역설에 빠지게 된다. 최종적인 악의 원리가 결국 절대 선의 원리를 지향하게 된다면, 그 악은 선에게 영향을 줄 수 있는가? 이 문제는 기독교에서 만인구원설 문제로 비화되었다.

그렇다면 플로티노스의 사상에서 인간의 우주론적 위치는 어떻게 설명될 수 있는가? 인간은 이성적인 세계혼으로부터 각각의 개체혼을 부여받은 동시에 사물적인 세계의 유출 과정에서 육체를 부여받게 되었다. 따라서 플로티노스의 인간학은 이성세계에 속한 영혼이 사물 세계에 속하는 육체로 하강하여 결합하는 것과 그 두 요소들의 다양한 층위 구조(의식, 초의식, 무의식 등), 그리고 영혼불멸성에 대한 교설과 영혼의 윤회를 내용으로 하고 있다. 개별적인 영혼 존재는 죄를 지은 육체로부터 벗어나서 스스로를 정화함으로써, 누스와 결합하는 동시에 그 속에 있는 이데아들과 하나가 되고, 마침내는 근원적인 일자를 관조하고 사랑하면서 합일을 이루게 된다.

인간에게 의지 작용이 가능한 것처럼 일자도 역시 자신의 자유와 의지를 행사할 수 있다. 이와 같은 플로티노스의 견해는 서구의 사상사에서 '의지의 형이상학'에 대한 최초의 체계적인 구상으로 평가될 수 있다. 아우구스티누스가 신을 사랑으로 규정하고, 성령을 성부와 성자의 실체적인 연결고리로 보고, 이를 다시 의지와 사랑이라고 보았던 것은 플로티노스의 영향이다. "일자의 작용은 그 의지를 표명한 것이다. 일자는 의욕하지 않고서는 작용하지 않기 때문이다. 그러나 그의 활동은 어느 정도까지는 그의 실체이다. 그러므로 그의 의지와 실체는 동일한 것이다."[69] 플로티노스 이후부터 신의 정신 안에 있는 이데아들은 동시에 의지의 결단으로 이해되었다. 아우구스티누스에서 '신의 이성'[70]은 동시에 '신의 의지'[71]이기도 하였다. 누스는 스스로를 반성하고 일자를 바라보게 됨으로써 활동적이고 현실적이며, 실체적인 정신으로 된다. 각 단계에서 존재들은 전회를 통하여 일자에로의 귀환을 시도할 수 있는 것이다. 예를 들면 타락한 영혼은 신과 닮은 완전한 정신, 즉 가장 높고 단순하고 순수한 형태를 취하려고 노력함으로써 그만큼 더 자유롭고 행복해질 수 있다. 이 길은 윤리적인 상승의 길인 동시에 제1의 존재인 일자와의 합일을 추구할 수 있는 신의 중심에 이르는 길이다. 영혼의 불꽃[72], 영혼의 첨단[73], 영혼의 도성[74]에 도달함으로써 신비로운 일치[75]가 현실화되는 것이다. 이처럼 영혼과 일자의 신비로운 일치는 플로티노스적인 의미에서 최고선이라고 할 수 있다. 그것은 신과의 합일에서 오는 황홀경[76]이며 존재 운동의 원동력과의 교감이지만, 그럼에도 불구하고 인간은 신 그 자체가 되는 것은 아니며, 신과 닮은 것 또는 신적인 원형의 모사에 머무를 뿐이다.

유출이란 높은 단계의 존재 원리로부터 한 단계 낮은 존재 원리가 산출되는 경우에 높은 단계의 존재와 힘은 전혀 훼손되

69) Plotinus, Enneades, 6, 8.13.
70) ratio divina
71) voluntas Dei
72) scintilla animae
73) apex mentis
74) archa mentis
75) henosis, Unio mystica
76) ekstasis, Ekstase.

지 않지만, 그로부터 나온 존재 계층은 보다 낮은 완성도만을 갖게 된다.[77] 그러나 이러한 도식만으로 그 자신에 머물러 있는 것이 유출되어 나왔다가 다시 근원으로 돌아가는 것을 설명하기는 쉽지 않다.

## 플로티노스의 영향

플로티노스의 형이상학은 고대철학사의 마지막 단계에서 신플라톤주의라는 사조로 꽃을 피운다. 그것은 형이상학적 사변적 방향과 종교적 신비적 주술의 방향으로 전개되었다. 플로티노스는 그의 제자 포르피리오스와 시리아 학파의 수장 칼키스의 이암블리코스[78], 아테네 학파의 거장 프로클로스 디아도코스[79]에게 직접적인 영향을 주었다. 이암블리코스는 플로티노스의 '일자' 위에 '최초의 일자'를 설정하여 위계질서를 확장했다. 이 '최초의 일자'는 모든 대립을 넘어서 있는 '좋음' 등 어떤 속성도 지니지 않았으며 언어로도 표현할 수 없는 '근원적 존재'[80]로 규정되었다. 또한 그는 플로티노스가 참된 존재와 신의 정신의 영역을 '사유', '사유하는 자', '사유되는 것'이라는 삼중성[81]에서 통일(Einheit)로 파악한 사실로부터 '가지적 세계'[82], '지성적 세계'[83], 혼의 중개역할을 수행하는 '이성'으로 세분하

77) Plotinus, Enneades, 6, 9.9; 3, 4.3.

78) Iamblichos von Chalkis (240/245~320/325). 시리아 출신의 고대 그리스 철학자로서 신플라톤주의의 발전에 기여하였다.

79) Proklos Diadochos (410~485). 고대 후기의 그리스 철학자로서 신플라톤주의를 집대성하였다.

80) Urwesen

81) Dreiheit

82) intelligible Welt.

83) intellektuelle Welt.

였다.

플로티노스의 사유는 고대 말기 교부들에게 신플라톤주의에 관심을 갖게 하였다. 클레멘스[84]와 오리게네스[85]의 알렉산드리아 학파는 물론이고, 바실리우스, 니사의 그레고리우스, 나치안츠의 그레고리우스 같은 위대한 카파도키아 사상가들도 플로티노스 철학에 접한 경험이 있었다.

플로티노스와 포르피리오스의 영향은 기독교 신앙을 가진 수사술가 마리우스 빅토리누스[86]가 플로티노스의 『엔네아데스』를 라틴어로 번역하면서 두드러졌는데, 이 번역서가 암브로시우스에게 알려지면서 아우구스티누스에게 전해졌다. 아우구스티누스의 신론(神論)은 신플라톤주의(포르피리오스도 포함해서)의 영향을 받았던 것이다. 아우구스티누스의 사상은 보에티우스의 『철학의 위안』에 영향을 주었다. 그리고 위(僞) 디오니시우스 아레오파기타[87]도 이암블리코스와 프로클로스의 후기 신플라톤주의와 기독교 신학을 종합했는데, 이처럼 비잔틴 지역에 전파된 신플라톤주의는 9세기에 에리우게나[88]가 위 디오니시우스의 저술을 라틴어로 번역함으로써 토마스 아퀴나스에게 전달되었다.

그 후 플로티노스의 철학은 마르실리오 피치노[89], 피코 델라

---

84) Clemens von Alexandria (Clemens Alexandrinus); Titus Flavius Clemens (150?~215). 그리스 출신의 저명한 신학자이자 교회저술가다.

85) Origenes (185~254). 고대 그리스의 저명한 기독교 신학자이다.

86) Gaius Marius Victorinus (281?, 291?~363). 로마시대의 변론가이자 기독교 학자다.

87) Pseudo-Dionysios Areopagita. 6세기 초에 잘 알려지지 않았던 기독교 저술가이자 교부로서, 1세기에 사도 바울로의 제자이자 아테네 주교 디오니시우스 아레오파기타의 이름을 가져다 썼다. 정통교회에서는 많은 사람들이 이 저자와 사도의 제자를 동일인물로 생각했다.

88) Johannes Scotus Eriugena (9세기초~9세기 말). 신학자이자 철학 저술가다.

미란돌라[90]와 같은 르네상스-인문주의 사상가와 에라스무스[91] 등에 전승되었다. 커드워스[92]와 모어[93]와 같은 케임브리지의 플라톤주의자들, 독일의 라이프니츠와 스피노자도 신플라톤주의의 영향을 받았다. 괴테와 실러, 하만[94]과 야코비[95] 이외에도 노발리스와 셸링은 플로티노스에게 열광하였다. 특히 헤겔은 티데만[96], 텐네만[97] 같은 이들의 다양한 역사적 작업들과 크로이처[98] 등의 문헌학적 작업들을 바탕으로 플로티노스와 신플라톤주의에 몰두했다. 현대의 베르그송, 화이트헤드, 야스퍼스, 그리고 루이스 라벨[99]의 '정신의 철학'[100]에서도 플로티노스의 영향은 두드러진다.

---

89) Marsilio Ficino (1433~1499). 플라톤주의에 속하는 이탈리아의 인문주의자, 철학자, 의사였다.

90) Giovanni Pico della Mirandola (1463~1494). 플로렌스 출신의 르네상스 철학자로서 "인간의 존엄성에 대하여"라는 그의 연설로 유명하다.

91) Desiderius Erasmus von Rotterdam (1466/1467/1469~1536). 유명한 르네상스 휴머니즘의 중요한 학자였다.

92) Ralph Cudworth(1617~1688). 케임브리지 플라톤주의자에 속하는 영국 철학자이자 신학자이다.

93) Henry More (1614~1687). 영국철학자이자 시인이다.

94) Johann Georg Hamann (1730~1788). 독일 철학자이자 작가이다.

95) Friedrich Heinrich Jacobi (1743~1819). 독일철학자, 경제개혁자, 상인, 저술가로서 활동했으며, 칸트의 사물자체와 스피노자의 범신론 해석을 둘러싼 철학적 주요논쟁들을 제기하였다.

96) Dietrich Tiedemann (1748~1803). 절충적 관점을 가진 철학사가다.

97) Wilhelm Gottlieb Tennemann (1761~1819). 18세기말의 독일철학자, 철학사가다.

98) Georg Friedrich Creuzer (1771~1858). 독일 문헌학자, 동양학자, 신화연구자로 활동했다. 레온하르트 크로이처(Leonhard Creuzer, 1768~1844)는 저명한 신학자다.

99) Louis Lavelle (1883~1951). 프랑스 철학자로서 삶의 철학과 실존철학 연구에 전념하였다.

100) Philosophie de l'esprit.

# 9. 아우구스티누스의 형이상학

## 아우구스티누스의 삶과 사상

성 아우렐리우스 아우구스티누스[1] 또는 히포의 아우구스티누스[2]는 사도 바울로 이후 최고의 기독교 사상가이다. 신앙과 지식의 관계를 살피면서 '이해를 추구하는 신앙'[3]을 강조하였다. 다시 말하면, "신앙은 추구하고 통찰은 발견한다. 신앙 안에서 사유하고, 사유 안에서 신앙한다."는 것이다. 이는 "믿기 위해서 이해하고, 이해하기 위해 믿는다."는 명제와 통한다. 그는 펠라지우스의 자유의지에 따른 선행의 구원론을 반대하고 하느님의 은총에 의한 구원론을 정립하였다. 아우구스티누스의 삶은 자신이 술회한 『고백록』[4]과 그의 제자 포시디우스가 쓴 『어거

1) Sanctus Aurelius Augustinus.
2) Augustinus Hipponensis (354~430)
3) fides quaerens intellectum.
4) Confessiones. 아우구스티누스는 이 책을 397년과 400년 사이에 집필하였다.

스틴 생애』를 통해서 살펴볼 수 있다.

아우구스티누스는 현재의 알제리에 위치한 북아프리카 로마령의 자치도시 타가스테 출신으로 아버지 파트리키우스(이교도)와 어머니 모니카(그리스도인) 사이에서 태어났다. 라틴어 '아우구스툼'[5]은 '좋은 징조'나 '덕망'이 있다는 의미이다. 그는 17세 때 수사학 공부를 위하여 카르타고로 유학하여, 키케로의『호르텐시우스』[6]를 읽었다. 그때부터(371) 약 13년 동안 그는 한 젊은 여성과 동거생활을 한다. 이에 어머니 모니카는 '신에게서 얻은' 아들[7]과 절교를 선언하였다. 약 10년 동안 마니교에 심취한 그는 373년부터 동료들의 추천으로 타가스테, 카르타고에서, 383년부터는 로마, 밀라노에서 수사학과 철학을 가르쳤다. 그러던 중 밀라노의 주교 암브로시우스의 설교에 감동을 받아서 그는 386년 부활 주일날 세례를 받았다.

『고백록』에서 아우구스티누스는 밀라노의 한 정원에서 "집어서 읽으라!" 라는 소리를 듣고서 사도 바울로의『로마신자들에게 보낸 서간』 읽고서 회심하게 되었다고 적고 있다.[8] "대낮에 행동하듯이, 품위 있게 살아갑시다. 흥청 되는 술잔치와 만취, 음탕과 방탕, 다툼과 시기 속에 살지 맙시다. 그 대신에 주 예수 그리스도를 입으십시오. 그리고 욕망을 채우려고 육신을 돌보는 일을 하지 마십시오."[9]

387년에 그는 고향으로 돌아오지만 어머니와 아들은 이미 세상을 떠나고 없었다. 그는 북아프리카에서 수도회를 설립하고,

---

5) Augustum

6) Quintus Hortensius. Hortalus(기원전 114~50) 가문의 이름을 딴 철학 대화록이다.

7) Adeodatus

8) Augustine, Confession, VIII, xii, 29.

9) Augustine, Confession, VIII, xiv, xv.

391년 북아프리카 히포 레기우스의 주교 발레리우스에게서 사제 서품을 받는다. 처음에는 자신이 몸 담았던 마니교 비판과 설교활동에 전념하면서, 도덕적 완성을 주장하는 펠라지우스를 비판하고 은총론을 강조하였다. 이 사상은 종교개혁자 루터, 츠빙글리, 칼뱅 등과 근대의 얀센[10]주의에 절대적인 영향을 끼쳤다. 395년에 발레리우스와 공동주교로 4년 동안 보좌했으며, 396년에 히포의 주교로 34년간 봉직하였다. 아우구스티누스는 427년 게르만의 반달족이 히포를 포위한 상태에서도 피하지 않고 교구민을 돌보다가 430년 8월 28일, 열병으로 76세에 선종했다. 히포는 이듬해인 431년에 점령되고 말았다.

아우구스티누스는 고대와 중세를 연결하는 철학자이다. 마지막 고대철학자이면서 최초의 중세철학자이자, 유럽과 아프리카, 로마와 기독교 그리스철학과 히브리 사상의 조화를 꿈꾸었던 사상가였다. 이는 플로티노스가 플라톤의 그리스철학과 아리스토텔레스의 스토아 사상의 조화를 위해 헌신한 것과 유사하다. 플로티노스는 존재와 변화(운동), 물질과 정신(누스), 이데아(상승[상기]과 하강[분여])와 실재, 유출(범신론)과 창조(유일신)와 같이 대립적인 구도를 넘어서고자 했다.[11]

## 아우구스티누스의 '빛의 형이상학'

아우구스티누스는 "신은 하나이고, 이 우주의 원인자이고, 단

---

10) Jansen (1585~1638)

11) 아우구스티누스의 주요 저서로는 『고백록』(경세원 2016; Confessiones 397~398); 『신국론』(분도출판사 2004; De civitate Dei, 413~426); 『삼위일체론』(분도출판사 2015; De trinitate, 400~416); 『자유의지론』(분도출판사 1998; De libero arbitrio) 등이 있다.

지 모든 육체를 넘어 비육체적인 것이고, 모든 영혼도 넘어서서 불멸하며, 우리의 근원이고, 우리의 빛이고, 우리의 선"이라고 선포하였다.[12] 이때 그는 마니교의 이신론 사상에서 탈출한다. 그는 하느님을 향한 상승의 길에서는, "인식하면서 사랑하는 온전한 인격의 변화"가 이루어진다고 말한다. '말씀이 육신이 되는 것', '신이 인간이 되는 것'은 그리스도교 사상에서 가장 결정적인 부분이다. 인간이 신에게 이르는 길은 신인(神人)을 통해서이다. 인간 예수 그리스도는 신과 인간 사이의 중재자이다.

진리 탐구의 길은 망각[13]의 어둠[14]에서 기억[15]을 찾는 것이다. 인간은 그의 실존을 규정하는 살아있고 감각하는 기능을 가지고 감각적 사물[16]과 결합한다. 즉 감성에서 인간과 우주의 결합이 드러난다. 감성적 지각의 흔적[17]인 형상[18]이 기억으로 남는 순간의 감각적 인상은 실재로 현존한다. 망각의 어둠 속으로 가라앉은 초상들, 즉 메모리아는 자체 내에서 무시간적으로 타당한 인식의 내용을 발견할 능력을 가지고 있다. 시간적 시초와 인간적 실존의 유한성은 상기설과 영혼의 선재성과 결합할 수 없으며, 그 해결책이 바로 조명설이다. 이를 '빛의 형이상학'[19]이라 한다.

영혼은 삼중적 시간 구조를 가지고 있다. 과거가 현재하는 것으로서 기억, 현재적인 것이 현재하는 직관[20], 그리고 미래의

12) De civitate Dei, VIII 10.
13) oblivio
14) occultum
15) memoria, Erinnerung.
16) sensibilia
17) vestigium
18) imago
19) Lichtsmetaphysik
20) Augenschein

것이 현재하는 기대[21]이다. 시간은 영혼의 분열이고, 인간적 시간의 경험(내적 시간)이다.

## 아우구스티누스의 신 존재 증명

아우구스티누스는『자유의지론』에서 진리가 존재하므로 하느님이 존재하시며, 진리 자체가 곧 하느님이라고 주장했다. 하느님은 존재하실 뿐만 아니라 최고 존재로 존재한다.

영원한 진리와 사유로부터 신의 존재를 증명할 수 있다. 이는 필연적이고 불변적인 진리가 있다는 전제로부터 출발한다. 만일 그런 영원불변의 진리가 실제로 존재한다면, 정신은 그 진리를 받아들이지 않으면 안 된다. 그런데 정신은 이 진리가 정신을 초월하여 정신의 사고를 규제하고 있다는 사실을 알고 있다. 그리고 영원불변의 진리는 그 자신의 근원인 하느님의 필연성과 불변성을 나타내고 있다.

피조물과 일반적 동의로부터 신의 존재를 증명할 수 있다. 세계와 모든 가시적인 것들의 질서, 배열, 아름다움, 변화, 운동은 형언할 수 없을 만큼 위대하고 아름다운 하느님에 의하여 만들어졌다는 사실을 보여준다.[22] 이는 우주 현상과 질서 속에서 하느님의 존재를 확인할 수 있다는 우주론적 또는 자연신학적 논증의 선구이다. 아우구스티누스는 일반적인 동의에 의하여 신의 존재를 증명하고자 하였다. 참된 하느님의 능력은 이성적인 피조물이 그 이성을 사용할 경우에 전혀 드러나지 않을 수 없다는 사실을 우리는 부정할 수 없다. 이러한 사실로부터

21) Erwartung
22) De civitate Dei, 2,4.2.

전 인류는 하느님을 세계의 창조자라고 인정하지 않을 수 없다.

## 신의 은폐성과 부정신학

아우구스티누스는 이데아들이 '창조주의 정신 자체 안에' 있다고 보았다. 신은 '절대적으로 존재하는 자', '유일한 영원한 올바른 본질', '최고의 존재', '존재 자체', '유일하게 불변적인 본질 혹은 존재', '최고의 선', '불변적 선', '모든 선 중의 선', '선 자체'이다.

신은 "파악될 수 없고, 보일 수 없으며", "가장 은폐되어 있다." "진술될 수 없는 것은 단지 진술될 수 없는 방식으로만 보일 수 있다." 또한 "신은 무지를 통해서 더 잘 알려진다." 영혼 안에, 단지 영혼이 신을 알지 못한다는 사실을 안다는 앎 외에는 아무것도 존재하지 않는다. 신 인식은 '아는 무지', '무지의 지'를 다루는 것이다. 신은 "나의 가장 내적인 것보다 더 내적이고, 나의 가장 높은 것보다 더 높다." 영혼은 "보이는 것으로부터 보이지 않는 것으로, 시간적인 것으로부터 영원한 것에로 초월한다." "신에 대한 완전한 인식은 미래적 삶 안에서 비로소 기대되어야 한다."[23]

삼위일체의 신은 '확실한 삼중적인 통일', '하나의 본질의 삼위성', 그리고 '삼위성의 통일 혹은 통일의 삼위성'이고, 그리하여 "삼위일체성은 하나의 그리고 유일하게 올바른 신이다."

---

23) Retractions (Retractationes), I. 2,4.

# 10. 안셀무스의 신 존재 증명

## 성 안셀무스의 생애

안셀무스[1]는 이탈리아 출신, 베네딕트 수도원에서 문법, 수사학, 변증법 등을 배우고, 1059년에 불란서의 르벡[2] 수도원에 들어가서 1063년에 부원장이 되었다. 또한 『모놀로기온』[3], 『프로슬로기온』[4], 『진리론』[5], 『자유의지론』[6]을 저술하였다. 안셀무스는 1079년에 르벡수도원 원장으로 취임하여 14년간 봉직하였다. 1093년에 영국 국왕은 안셀무스를 캔터베리[7]성당의 대주교로 임명한다. 켄터베리는 43년에 로마 클라우디우스가 89㎞ 북서쪽의 런던과 26㎞ 남동쪽의 도버와 연결하여 세운 도시로서, 200년경에 건설된 로마 도시의 성벽 일부가 잔존한다. 6세기

---

1) Saint Anselm of Canterbury (1033?~1109) 또는 Anselm of Aosta.
2) Le Bec
3) Monologion (1076); 『모놀로기온』, 박승찬 역, 아카넷 2002, 3-166.
4) Proslogion (1077-1078); 『프로슬로기온』, 아카넷 2002, 169-277.
5) De veritate (1080)
6) De libero arbitrio (1080)
7) Cantabery

후반에는 켄트 왕국의 수도가 되었고, 596년 교황 그레고리우스 1세는 로마 태생의 성 아우구스티누스를 이곳에 파송하였다.

『프로슬로기온』 서문에서 기독교 신학이 고백하고 있는 하느님의 존재와 섭리, 최고선으로서 하느님을 단적으로 입증할 수 있는 논의의 필요성에 대하여 언급하고 있다. 신앙에 근거하여 명상을 하고, 이성적인 이해를 추구하는 신앙을 논리적으로 보여 주고자 한 것이다. 그 첫 번째 시도를 『모놀로기온』, 두 번째 시도를 『프로스로기온』이라 칭한다. 안셀무스는 이 저술들을 통하여 체계적으로 하느님의 존재에 대한 증명을 시도하는데, 이를 존재론적 논증이라고 한다. "왜 신은 인간이 되었는가?"[8]

## 안셀무스와 신의 존재론적 논증

안셀무스는 신의 개념으로부터 그 존재를 증명한다. 피조물 가운데서 발견되는 완전성의 여러 단계로부터 신의 존재 증명을 시도한다. (『모놀로기온』) 실제적으로 생각할 수 있는 선(善)의 여러 단계들을 경험적으로 고찰하고, 그와 같은 모든 선한 것들이 참여하게 되는 절대적인 선의 존재를 생각한 것이다. 그는 '다른 모든 선한 것들의 근원'이 되는 선 그 자체, 또는 최고선이 존재하며, 그것은 "가장 큰 것이기도 하고, 존재하는 모든 것들의 최고"[9]라고 했다. (경험적, 후천적 증명 방식) 플라톤의 경우에 이데아를 향한 '상승'에 해당한다.

"존재하는 것은 어떤 것 또는 무에 의하여 존재하는데, 무에

---

8) Cur Deus Homo?

9) 안셀무스, 『모놀로기온』, 아카넷, 2002, 17-19쪽.

의하여 존재하는 것은 불합리하기 때문에, 존재는 반드시 어떤 것에 의하여 존재하지 않으면 안 된다.”(20) 존재하는 모든 것은 다른 것에 의존하여 존재하거나, 스스로 존재하거나, 하나의 존재 원인에 의하여 존재하게 된다. 이 경우에 “다른 존재의 근원이 되고, 유일하게 자신을 통해 존재하는 것”을 상정할 수 있고, 이것은 “모든 것 중에서 가장 위대한 것”, “모든 것 중의 최고이며 선한 것, 큰 것, 특히 존재하고 있는 모든 것이 그것을 통해서야 존재할 수 있는 바로 그것은 필수적으로 최고선, 최고로 위대한 것, 존재하고 있는 모든 것 중의 최고의 것”으로서, 그것은 필연적으로 존재할 수밖에 없다. 선, 정의, 완전은 신과 동일시된다. 그러므로 신은 존재한다. 보편적인 것이 진정한 실체라는 주장은 ‘플라톤적’이다.

### 『모놀로기온』의 증명

안셀무스는 『모놀로기온』 제1장에서 “존재하는 것들 중의 가장 좋은 것, 가장 큰 것, 가장 높은 것이 존재한다.”[10]고 말한다. ‘가장 큰 선’, 즉 ‘최고선’은 오직 “자기 자신만을 통해서 선하다.” 최고선은 ‘가장 큰 것’이고, ‘존재하는 모든 것들의 최고’이다.

제3장에서 그는 이 ‘가장 큰 것’, 즉 ‘최고선’은 그 스스로 존재하고, 모든 존재들 중에서 가장 높은 것으로서, 그것을 통하여 모든 것들이 존재한다고 주장하였다. ‘자신을 통하여 존재하는 것’은 ‘모든 것 중에서 가장 위대한 것’이다. 따라서 “<모든 것 중의 최고이며 선한 것, 큰 것, 특히 존재하고 있는 모든 것

10) 안셀무스, 『모놀로기온』, 아카넷, 2002, 15쪽.

이 그것을 통해서야 존재할 수 있는 바로 그것>은 필수적으로 최고선, 최고로 위대한 것, 존재하고 있는 모든 것 중의 최고의 것이다. 그렇기 때문에 그것이 본질 · 실체 · 본성 등 무엇으로 불리더라도, 최고선, 최대의 것, 존재하고 있는 모든 것 중 최고인 어떤 것은 존재한다.”[11]

『모놀로기온』 제14장에서 그는 “최고 본질은 모든 것 안에, 모든 것을 통해 있고, 모든 것은 그것으로부터, 그것을 통해 그것 안에 있다.”[12]고 말한다. 이처럼 안셀무스는 『모놀로기온』에서 최고 존재, 최대 존재, 최고선의 존재는 그 스스로 존재하며, 다른 모든 것을 존재하게 하는 근거로서 존재한다고 주장한다. 하느님의 존재 특성으로 인하여 우리는 그 존재를 부정할 수 없다. 이러한 주장은 나중에 데카르트에 의해 수용되었다.

### 『프로슬로기온』의 증명

이 책의 제2장 첫 번째 논증에서 “하느님께서는 참으로 존재하신다. 우리는 당신께서 ‘그것보다 더 큰 것이 아무 것도 생각될 수 없는 어떤 것’임을 믿습니다. 어리석은 자도 ‘그것보다 더 큰 것이 아무 것도 생각될 수 없는 어떤 것’이라고 말하는 것을 들으면, 그가 들은 것을 이해합니다. 그리고 그가 이해한 것은 그의 지성 속에 존재합니다. 어리석은 자도 ‘그것보다 더 큰 것이 생각될 수 없는 어떤 것’이 적어도 지성 속에 존재한다는 것을 확신하게 되는데, 이것을 들을 때 이해하고, 이해된 것은 무엇이든지 지성 안에 존재하기 때문이다. ‘그것보다 더

11) 안셀무스, 『모놀로기온』, 아카넷, 2002, 22쪽.
12) 안셀무스, 『모놀로기온』, 아카넷, 2002, 46쪽.

큰 것이 생각될 수 없는 어떤 것'은 단순히 지성 속에만 존재할 수는 없습니다. 왜냐하면 만일 그것이 지성 속에만 존재한다면, 실제로도 존재하는 것이 생각될 수 있고, 이것은 [지성 속에만 존재하는 것보다] 더 큰 것이기 때문입니다. 만일 '그것보다 더 큰 것이 생각될 수 없는 어떤 것'이 단지 지성 속에만 존재한다면, '그것보다 더 큰 것이 생각될 수 없는 어떤 것'이라는 것에 대해 그것보다 더 큰 것이 생각될 수 있을 것입니다. 그러므로 아무 의심 없이 '그것보다 더 큰 것이 생각될 수 없는 어떤 것'은 지성 속에 뿐만 아니라 실제로도 존재합니다."[13)]

안셀무스의 이 논증은 "마음속에서만 존재하는 어떤 것"[14)]과 "마음속에서 뿐만 아니라 실제로도 존재하는 것"의 본질적 차이를 설명하는 데서 출발한다.

『프로슬로기온』 제3장에서 안셀무스의 두 번째 논증을 살펴본다. 제1장의 '자존적 존재로서 하느님' 개념을 발전시켜서 "그 비존재를 생각할 수 없는 존재", 혹은 "필연적으로 존재해야 하는 존재"라는 개념을 발굴하는 두 번째 논증을 시도한다. "그가 존재하지 않는다는 것은 생각될 수 없다." "그런 실재는 확실히 존재하기 때문에 그 실재는 존재하지 않는다고 생각할 수 없습니다. 왜냐하면 우리가 존재하지 않는다고 생각할 수 없는 어떤 것을 존재한다고 생각할 수 있으며, 그런 것은 존재하지 않는다고 생각할 수 있는 것보다 위대하기 때문입니다. 그러므로 '그것보다 더 큰 것이 생각될 수 없는 어떤 것'이 존재하지 않는다고 생각할 수 있다면, 그 실재는 '그 보다 더 큰 것을 생각할 수 없는 어떤 것'이 아닙니다. 그러나 이것은 불가능합

13) 안셀무스, 『프로슬로기온』, 아카넷 2002, 183-187쪽.

14) somthing, x, existing in the mind only.

니다. 그러므로 '그것보다 더 큰 것이 생각될 수 없는 어떤 것' 은 진실로 존재하기 때문에 존재하지 않는다고 생각할 수 없습니다. 그리고 이 실재가 바로 우리의 주님이요 우리의 하느님인 당신입니다."[15]

이 진술에서 안셀무스는 신의 존재에 대한 긍정적인 증거를 적극적으로 포착하고자 했다.

## 가우닐로의 안셀무스 비판

프랑스의 마르모띠에[16] 지역 출신의 수도승 가우닐로[17]는 안셀무스의 존재론적 논증을 비판하였다.

그는 『어리석은 자를 위해』[18]라는 책에서 개념과 존재의 관계를 비판적으로 성찰하면서 안셀무스를 반박한다. 첫째, 신은 불가해한 존재이므로 상상할 수 있는 유한한 것과는 다르며, 따라서 아무도 마음속에 신의 개념을 가질 수 없다. 이것은 부정신학적으로 바라본 것이다. 둘째, 마음속에 어떤 생각을 가진다고 해서, 그와 유사한 대상이 실제의 세계에 존재한다는 증거가 되지 않는다. 마음속에 귀신이나 섬을 생각할 수는 있지만, 그것이 실제로 귀신이나 섬이 존재한다는 것을 의미하지 않는다는 것이다.

'가장 완전한 섬'이라는 개념을 생각할 수 있더라도 그런 섬이 실제로 존재할 수 있는가? 첫째 비판에 대하여: 어리석은 사

15) 안셀무스, 『프로슬로기온』, 아카넷 2002, 188쪽.

16) Marmoutiers

17) Gaunilo (?~1083).

18) 가우닐로, 「어떤 사람이 어리석은 자를 위해 이에 대해 무엇이라고 대답할 것인가? 안셀무스, 『프로슬로기온』, 235쪽 이하.

람도 '그 이상으로 큰 것이 생각될 수 없는 것'이 신과 같은 의미라는 것을 알 수 있다는 취지이다. 둘째 비판에 대하여: 마음 속에 어떤 것을 생각한다고 해서 그것에 대응하는 대상이 실제로 존재한다는 것을 뜻하지 않는 것이 일반적이다. 그러나 신의 개념은 예외이다.

가우닐로가 말하는 '가장 완전한 섬'이라는 개념은 '하느님'이라는 개념에 부여된 '필연적 존재'라는 특성을 가지고 있지 않은 한낱 우연적 존재에 불과하다.

'완전한 섬'이란 개념 자체가 논리적 모순을 범하고 있다. 그 어떤 섬도 완전할 수 없기 때문이다. 그와 같은 섬의 개념은 존재하지 않는다고 생각해도 모순이 없는 의존적 실재에 관한 것이다. 안셀무스는 자신의 논증은 '허약한 논증'이 아니라 '어떤 강한 반론'을 통해서도 반박될 수 없는 '충분히 필연적인 논증'이라고 주장하였다. 하느님의 실체는 '믿어야만 하는 것'이고, 존재하지 않는 것보다 존재하는 것이 더 좋은 것이라고 주장하였다.[19)]

## 토마스 아퀴나스의 안셀무스 비판

토마스 아퀴나스[20)]는 『신학대전』[21)] 제1부의 두 번째 문항에서 다마스케누스[22)]와 안셀무스의 존재론적 논증에 대하여 비판한다.[23)]

---

19) 안셀무스, 『프로슬로기온』, 아카넷 2002, 276쪽.
20) Thomas Aqinas (1224?~1274).
21) Summa Theologica
22) Joannes Damascenus, John of Damascus (675 or 676~749).
23) 아퀴나스, Summa Theologica 1, 바오로딸 2002[1985], 133쪽.

토마스의 비판은 다음과 같다. 신은 '존재 자체'[24]이므로 그 자신이 존재한다는 것은 자명한 일이지만, 우리는 신이 무엇인지를 모르기 때문에 하느님의 존재 사실은 특정한 결과들을 통하여 논증되어야 한다. 원인으로부터의 증명은 관철될 수 없다. 작용들로부터 원인이 존재한다는 사실을 증명할 수 있다 하더라도 원인에 대한 완전한 인식을 가질 수는 없다.

그래서 존재론적 논증에 대한 두 가지 비판이 가능하다. 첫째, 하느님을 '그것보다 더 큰 것을 생각할 수 없는 가장 큰 것'이라고 규정할 경우, 혹자는 그것을 '물체'(육체적인 존재)로 생각할 수도 있다. 둘째, 설사 그것보다 더 큰 것을 생각할 수 없는 가장 큰 것을 하느님이라고 생각하더라도, 그 개념에서 실제로 그 존재가 귀결되지 않는다. 토마스는 그와 같은 개념 규정은 '지성의 파악'에 불과하며, 따라서 "[하느님이] 실제로 존재한다는 것은 그것보다 더 큰 것이 인식될 수 없는 어떤 것이 실제로 존재하지 않는 한 논증될 수 없다."는 것이다. 또한 이 논증은 신이 존재하지 않는다고 믿는 사람들에게는 아무 소용도 없다.

토마스는 신의 명칭, 개념에서 신의 현존재가 귀결되는 것은 아니라는 사실, 즉 아무리 오성 안에서 신의 현실성을 생각한다 하더라도, 오성 안에서 존재와 현실적인 존재는 엄격하게 구별되어야 한다는 취지에서 존재론적 논증의 불가능성을 지적했던 칸트의 선구자라고 할 수 있다.[25]

---

24) suum esse

25) Wilhelm Weischedel, Der Gott der Philosophen. Darmstadt 1983, S. 135-136. 『철학자들의 신』, 동문선 2003, 213쪽 참조.

# 11. 토마스 아퀴나스의 형이상학

## 토마스 아퀴나스의 삶과 사상

토마스 아퀴나스[1]는 나폴리 근교에서 출생하여, 나폴리 대학에서 공부하고, 1245년에 파리대학으로 유학하였다. 파리에서 약 10년간 체류하면서, 당시 신앙과 이성에 대한 논쟁을 주도했던 알베르투스 마그누스를 스승으로 만났다. 1215년에 로마 교황청은 아리스토텔레스 연구를 금지하였고, 1231년에는 아리스토텔레스 철학의 오류에 대한 시정 권고 위원회를 결성하였다. 1250년에, 교황청은 드디어 아리스토텔레스에 관한 강의 금지령을 해제하였다. 아우구스티누스가 플라톤 철학과 신플라톤주의적 세계관을 배경으로 기독교 교의학을 정립했다면, 토마스 아퀴나스는 아리스토텔레스 철학을 바탕으로 기독교 교의학을 새로 구축한 학자로 평가될 수 있다. 새로운 시대가 열린 것이다. 1323년, 아퀴나스는 성인으로 추증되었다.

---

1) Thomas Aquinas (1224?~1274)

이성과 계시의 영역, 즉 경험을 통한 이성적 인식을 다루는 철학과 초자연적인 계시의 진리 영역을 다루는 신학은 구별해야 마땅하다. 그러나 이성의 법칙에 따라 인식된 진리와 계시를 통해서 얻게 된 진리는 결코 모순적이지는 않으며 서로 보충적이다. 인간의 이성에는 고유의 법칙이 있어서 신의 개입 없이도 진리를 인식할 수 있다. 따라서 신앙으로 계시된 진리만이 유일한 진리는 아니다. 인간의 철학적 진리는 창조 당시 신에게 부여 받은 이성에 의하여 정당성을 가지며, 이성적 진리는 신이 부여한 이성에 근거한 것이므로, 신이 특별한 은총으로 부여한 계시적 진리와 충돌할 수 없다.

토마스는 아우구스티누스 신학과 아리스토텔레스 철학의 결합을 위하여 헌신하였다. 아우구스티누스 신학은 플라톤-플로티노스주의와 히브리사상의 결합이다. 토마스는 거기에다 아리스토텔레스주의를 가미했다. 이러한 학풍은 스콜라철학으로 발전되었다. 아퀴나스는 1272년, 나폴리 대학으로 돌아와 연구와 강의를 계속했으나, 1273년에 황홀경을 체험한 이후 자신의 저술이 계시된 것에 비하여 지푸라기에 불과하다고 생각하여 강의와 저술 활동을 중지하기도 했다. 그는 이슬람권의 아리스토텔레스 연구자 아베로에스에게 영향을 받았으나, 그들의 물질론적 해석을 지양하고, 형상 우위적 해석을 주도하였다. 라파엘로의 "아테네 학당"에 터번을 쓴 모습으로 그려진 루슈드(아베로에스), 그리고 르네상스 시대의 화가 베노조 고졸리[2]가 그린 "아베로에스에 대한 아퀴나스의 승리"는 매우 유명한 그림이다.

2) Benozzo Gozzoli (1421~1497). 피렌체 출신의 이탈리아 르네상스 화가 Fra Angelico에게 그림을 배웠다. 고졸리는 팔라조 메디치-리카르디(Palazzo Medici-Riccardi)의 마기 채플에 일련의 벽화를 그렸다.

## 아퀴나스의 우주론적 신 존재 증명

아퀴나스는 『신학대전』에서 신 존재 증명을 위한 다섯 가지 길을 제시했다.[3)]

우리가 현재 발견하는 모든 우연적 존재자들을 존재하게 하는 제1의 원인이 곧 신이다. 아퀴나스는 「탈출기」 3장 14절에 나오는 말을 인용하여 하느님을 "나는 있는 나다."[4)]라고 규정한다. 하느님은 스스로 존재하는 자, 곧 자존적 존재라는 특수한 존재 방식을 가지는 존재인 것이다.

신 존재는 다섯 가지 방식으로 증명될 수 있다. 아퀴나스의 신 존재 증명의 방법적 특징은 우리에게 가까이 있으나 그 자체적으로는 나중의 것에 대한 경험적 관찰을 바탕으로 하여 우리에게 멀리 있으나 그 자체적으로는 먼저의 것 또는 가장 처음의 것에 도달하려고 한다.

아퀴나스는 운동 사실을 바탕으로 제1의 운동자인 하느님의 존재를 증명하고, 인과법칙으로부터 제1원인인 하느님의 존재를 추론하며, 우연적 존재 사태로부터 필연적 존재를 증명하고, 가치의 상대적 계층으로부터 가장 완전한 가치인 하느님의 존재를 증명할 뿐만 아니라, 자연 속에 있는 모든 존재자들의 합목적성으로부터 그 목적들을 부여하신 하느님의 존재를 증명하고자 했다.

---

3) Thomas Aquinas, Summa Theologica, I, Q2, Art. 3. Joseph Bernhart (Hrsg.): Summe der Theologie. Bd. 1: Gott und Schöpfung. Stuttgart 1985. S. 22-26.

4) Ich bin der Ich-bin.

## 다섯 가지 논증

아퀴나스는 아리스토텔레스의 형상인, 질료인, 작용인, 목적인이라는 4원인 설에다가 완전성의 정도에 따르는 기준을 새로 추가하여 신 존재 증명을 위한 다섯 가지 논증[5]으로 제시하였다.

첫째, '운동으로부터의' 증명이다. 그 스스로 다른 것에 의하여 움직이지 않으면서 최초로 다른 것을 움직이게 하는 제1의 부동의 원동자를 하느님이라고 한다. 아리스토텔레스가 주로 활용하였다.

둘째, 작용인으로부터의 증명이다. 원인 계열에서 더 이상 소급할 수 없는 제1원인, 무원인의 원인, 무원인의 제1작용인으로서 신을 추론한다. 이 역시 아리스토텔레스의 것이다.

셋째, 가능성과 필연성으로부터의 증명이다. 모든 우연적 존재의 존재 원인은 본질적으로 자체존재이면서 자립적 존재인 자체적으로 필연적 존재인 신에서 찾을 수 있다. 이 논증은 아우구스티누스와 안셀무스가 주로 사용하였다.

넷째, 자연의 위계에서 관찰되는 사물의 단계에 근거하는 증명이다. 안셀무스와 플라톤이 선호하였다. 현실적인 사물들이 가지고 있는 상대적인 완전성은 최고 완전자인 최고선, 최고진리, 최고 완전자에서 불완전한 완전성을 분여 받은 것이다.

다섯째, 자연의 질서와 조화에 근거하는 증명이다. 이도 역시 아리스토텔레스의 것이다. 다양한 물질적 대상들의 조직적인 운동은 외적인 지성 존재가 일정한 목적을 향하여 활동하고 있음을 보여주며, 세계 현상의 궁극적 원인과 목적을 신이라고 한다.

첫째 길은 운동 변화로부터의 신 존재 증명이다. 이는 아리

5) Five Ways

스토텔레스의 '가능태에서 현실태로의 이행' 또는 '가능태 안에 있는 존재의 가능태 안에 있는 한에서 현실태'라는 운동 개념에서 착안한 것이다. "이 세계 안에는 어떤 것이 움직이고 있는 것이 확실하며, 또 그것은 감각으로 확인되는 것이다. 그런데 움직이는 모든 것은 다른 것에 의하여 움직여진다." 만일 어떤 것이 움직일 수 있는 가능성을 갖지 않았다면 결코 움직일 수 없을 것이다. 그리하여 움직이는 모든 것은 다른 어떤 것에 의하여 움직여지며, 그것은 다시 어떤 다른 것에 의하여 움직여지는데, 그러나 이같은 사실을 무한하게 소급할 수는 없다. 그 운동 원인을 무한 소급할 수 있다는 것은 처음으로 다른 것을 움직여주는 자, 곧 제1의 동자(第一動者)가 없다는 것이고, 그럴 경우 다른 것을 움직여 주는 자도 없게 되기 때문이다. 그리하여 우리는 어떤 다른 가능태로 더 이상 소급되지 않은 존재, 즉 그 스스로 다른 것에 의하여 움직이지 않으면서 최초로 다른 것을 움직이게 하는 제1의 동자에 필연적으로 도달하게 되며, 이것을 하느님이라고 이해하는 것이다.6)

둘째 길은 인과법칙, 즉 작용인으로부터 제1원인을 추론하는 것이다. 우리는 감성적 세계에서 작용인의 계열을 볼 수 있다. 그런데 이 세계에서는 어떤 것도 그 자체의 작용인으로 발견되지 않으며, 또한 가능하지도 않다. 그것이 가능하다면 그것은 자기 자신보다 먼저 있어야 하는데, 어떤 것이 자신에 앞서 존재한다는 것은 불가능하기 때문이다. 작용인의 계열에서 첫째 것은 중간 것의 원인이고 수많은 중간원인들은 최종적인 것의 원인이다. 이 때 중간 원인은 하나이건 다수이건 관계없으며, 원인이 제거되면 결과도 제거된다. 그러므로 작용인의 계열에

6) 토마스 아퀴나스, 『신학대전』 I, 제1부(1-12), 바오로딸 2002, 154-155.

서 최초의 것이 존재하지 않으면 중간의 것들과 최후의 것 역시 존재하지 않는다. 그런데 작용인의 계열에서 무한 소급이 가능하다면 제1작용인이 없을 것이고, 따라서 중간의 것들과 최후의 것 역시 존재하지 않을 것이다. 그러나 이것은 분명히 거짓이다. 그러므로 우리는 작용인들의 계열에서 제1작용인을 인정해야 하는데, 이것을 우리는 하느님이라고 부른다.[7)]

셋째 길은 우연적 존재자로부터 필연적인 존재를 추론하는 가능과 필연에서 증명 방식이다. 우리는 자연 속에서 존재할 수도 있고 존재하지 않을 수도 있는 '가능적인 존재자'들을 발견한다. 그것들은 생성되고 소멸하기 때문에 존재할 수도 있고 존재하지 않을 수도 있다. 그러므로 그것들은 언제나 존재할 수는 없다. 그런데 만일 자연의 모든 것이 이처럼 존재하지 않을 수도 있다면, 과거의 어떤 시점에서는 아무것도 존재하지 않았을 수도 있다. 그리고 그것이 사실이라면 오늘날 아무것도 존재하지 않아야 할 것이다. 그러나 이것은 명백히 거짓이다. 그러므로 모든 존재가 가능적인 것은 아니고 필연적인 존재도 있다는 것을 알 수 있다. 그런데 모든 필연적인 것은 자기 필연성의 원인을 다른 데서 갖거나 갖지 않아야 하며, 이 계열에서 무한 소급할 수는 없다. 따라서 우리는 "자기 필연성의 원인을 다른 데서 갖지 않고 다른 것들에게 필연성의 원인이 되는 어떤 것, 즉 그 자체로 필연적인 어떤 것을 인정"하게 되는데, 우리는 그것을 하느님이라고 부른다.[8)]

넷째 길은 사물들 가운데서 발견되는 등급에서 신의 존재를 논증하는 방식이다. 우리는 사물들이 좋음과 참됨과 고상함의

---

7) 아퀴나스, 『신학대전』 I, 제1부(1-12), 157-159.
8) 아퀴나스, 『신학대전』 I, 제1부(1-12), 163-165.

차이가 있다는 사실을 알고 있다. 또한 그 밖의 다른 것들도 역시 사물들의 등급과 단계에 영향을 미치고 있다. 어떤 영역에서 최고의 것은 그 영역에 속하는 다른 모든 것들의 원인이다. 존재에서도 가장 진실하고 가장 선하고 가장 고귀한 것으로서 최고도의 어떤 존재가 있을 수 있다. 아리스토텔레스가 말하는 것처럼 진리에 있어서 가장 위대한 실재는 존재에 있어서 가장 위대하기 때문이다.[9] 그러므로 "어떤 사물의 경우이든 그 존재와 선성과 모든 완전성의 원인인 어떤 것이 있는 것"이고, 그런 존재를 우리는 하느님이라고 부른다.[10] 이는 플라톤과 아우구스티누스의 참여 사상에 기반한 것이다.

다섯째 길은 사물들의 통치에서 신의 존재를 증명하는 방식이다. 이것은 자연적 사물들의 존재 목적과 그것들에 대한 통치에 대한 것이다. 다시 말하면 자연 사물들 속에 존재하는 합목적성으로부터 신의 존재를 유추할 수 있다는 것이다. 우리는 자연 사물들이 지적 인식이 결여되어 있음에도 불구하고, 어떤 특정한 목적을 지향하는 사실을 발견한다. 그런데 인식을 갖지 않은 자연 사물들이 지성을 가진 어떤 존재에 의하여 통솔되지 않는다면 그와 같은 목적을 지향할 수 없을 것이다. 그러므로 우리는 자연 사물들에게 특정한 목적을 부여하여 질서지어 주는 어떤 지성적 존재를 상정할 수 있는데, 그것을 하느님이라고 부른다.[11]

9) Aristoteles, Metaphysik. II, 1, 993 b 30.
10) 아퀴나스, 『신학대전』 I, 제1부(1-12), 165-167.
11) 아퀴나스, 『신학대전』 I, 제1부(1-12), 169-171.

## 토마스의 증명에 대한 반대 입장

이 논증은 근본적으로 아리스토텔레스의 운동 개념과 그의 형이상학적 체계에 기초하고 있다. 아리스토텔레스나 토마스가 운동의 계열을 상정하면서도 그 무한한 소급을 불가능한 것으로 간주하고 최초의 운동자 개념을 확보하기 위하여 중단하는 것은 한스 알버트[12]가 제시한 뮌히하우젠 트릴렘마 가운데서 절차단절에 해당된다. 철학자에 따라서 운동 계열은 사실상 무한 소급할 수 있거나 순환논리의 구조를 가지고 있다고 생각할 수 있기 때문이다. 토마스가 제시한 다섯 가지 신 존재의 증명은 모두 이 같은 방법론적 한계를 벗어나지 못하고 있다. 그리고 그 때문에 그것은 증명이 아니라 독단적 주장이라고 비판받을 수도 있다.

특히 둘째 길에서 감성적 세계에서 발견되는 작용인의 계열 속에 들어서는 어떤 것은 그 자체의 작용인이 될 수 없다고 생각할 수 있다. 어떤 것이 그 자체의 원인이 된다는 것은 바로 그것이 그것에 앞서 존재한다는 것을 뜻하는, 이른바 모순을 낳기 때문이다. 그럼에도 불구하고 토마스는 절차단절을 통하여 얻어낸 제1의 원인을 자기원인이라고 규정함으로써 작용인의 계열 속에서 그가 지정한 규칙을 스스로 무시하고 있다.

첫째, 작용인의 계열 속에서 타당한 논리구조는 제1원인에도 적용되어야 한다. 그러므로 가상적으로 추론된 제1원인이 자기원인이라고 할 경우에 그것은 그것에 앞서 존재해야 할 것이다. 그런데 이 같은 현상은 앞에서 모순이라고 지적된 바 있다.

---

12) Hans Albert (1921~). 독일 쾰른 출생의 철학자로서 하이데거와 가다머의 대륙 현상학 전통에 강력하게 도전하는 비판적 합리주의자다.

둘째, 비록 그것에 앞서 존재하는 어떤 것이 가정되는 경우에도 그것은 제1원인이 아니거나 혹은 안셀무스가 말한 것처럼 "그것보다 더 위대한 것이 생각될 수 없는 것"이 아니라는 결론으로 된다. 또한 절차단절을 통하여 제1원인을 자기 원인이라고 상정할 수 있다면, 그와 같은 단절은 원인계열의 어떤 순간에라도 가능해야 할 것이다. 실제로 어떤 사람들은 우리가 살고 있는 세계는 인과성의 원칙에 의하여 진행하는 논리적 체계라는 사실에 반대하기도 한다. 이 세계는 철저하게 우연적이고 맹목적일 수도 있기 때문이다. 토마스가 이러한 가능성을 완전하게 논박했다고 단정하기는 아직 이르다.

토마스의 신 존재 증명에서 가장 결정적인 결함은 경험적인 방식을 통하여 소급한 최후정초의 내용이 기독교적인 의미에서 하느님이라고 보장할 방법이 없다는 것이다.

운동 계열에서 제1의 부동의 원동자나 최초의 운동자를 신, 그것도 기독교의 하느님이라고 단정하는 것은 학문적 논증이 아니라 독단적 주장이라고 비판받을 소지가 다분하다.

경험적인 세계에 적용되는 인과성의 법칙을 초월적인 영역에까지 적용하는 것은 범주적 오류일 뿐만 아니라, 그 최초의 운동인의 존재사실이 기독교의 신과 일치하는가의 문제는 전적으로 별개의 문제일 수 있다.

# 3부 서양 근대의 형이상학

# 12. 그리스도교 안의 범재신론

## 유출과 창조

유출설과 창조설은 양립할 수 있는가? 하느님으로부터 흘러나온 세계는 신과 같은가, 다른가? 이 물음은 플로티노스의 유출설 이래 그리스도교 안에서 제기되는 범신론과 범재신론의 문제들 속에서 끊임없이 논란이 되어 왔다.[1)]

일찍이 플라톤은 '세계영혼'[2)]을 전 우주의 생명원리로 파악한 적이 있다.[3)] 『티마이오스』 편에서 플라톤은 데미우르고스가 법칙성과 합목적성을 가진 최선의 자연 창조를 위하여 세계영

---

1) John W. Cooper, Panentheism. The other God of the Philosophers. From Plato to the Present. UK, Inter-Varsity Press 2007; Baker Academy 2013; 존 쿠퍼, 『철학자들의 신과 성서의 하나님』, 김재영 역, 새물결플러스 2011. 이 장에서는 기본적으로 이 책의 정보를 바탕으로 설명하였다.

2) Weltseele

3) Plato, Timaios 27c-37e; Nomoi 10, 28d-30e. 리켄, 『고대 그리스철학』, 168-170쪽 참조.

혼을 우선적으로 창조(생성)했다고 기술한다. 그러나 『파이드로스』 편에서는 그것을 '생성되지 않은' 항상적 존재로 규정하고 두 영역 모두에 참여하는 것으로 보았다.[4] 현상적으로 이 두 관점은 모순적으로 보인다. 하지만 플라톤의 세계영혼은 신적 존재와 같은 것으로 보인다.[5] 이에 대한 존 쿠퍼와 하츠혼 사이의 해석적 차이는 앞에서 살펴보았다.

스토아학파의 '로고스 스페르마티코스', 즉 '씨앗의 로고스'에서 보듯이 이들의 자연 사상의 핵심은 물질의 생명력에 기초한 범신론[6]이다. 범신론은 유한성을 특징으로 하는 '우주적 몸체'[7]와 전체[8], 실체[9], 하나[10]를 같은 것으로 파악한다. 자연 속에 신이 편재하고 있다는 것이다. 그러므로 자연과 신은 결국 동일한 것이다. 세계영혼, 즉 세계 이성으로서 로고스이자 세계를 움직이는 근원적인 불로서 '프네우마'는 세계 법칙, 섭리, 운명으로 작동한다. 그리하여 살아 있는 것 전체로서 세계는 모든 것을 포괄하는 이성적 생명체 그 자신이며, 세계 그 자체가 바로 신적인 것이다. 신적인 원리는 하나이거나 유일한 세계가 아니라 수없이 전개되는 무한한 세계를 이루고 있다. 이 세계가 스스로 존재하는 자족적인 것이라고 할 때 그 세계가 바로 신 자체이다. '씨앗의 로고스'는 자연 질서와 법칙 그 자체로서 질료 안에 내재하는 신적 존재이다. 마치 화이트헤드의 철학에서 '과정적 존재로서 신'을 보는 것 같다.

---

4) Platon, Phaedros 245d1.
5) Platon, Nomoi 899b.
6) Pantheismus
7) corpus universum
8) totum
9) ousia
10) unum

플로티노스의 최고 원리는 '일자'[11]이다. 일자, 즉 신은 세계나 존재로부터 완전히 떨어져 있는 초월적 존재자[12], 다른 모든 것에 선행하는 최초의 존재이다. "일자는 존재하는 어떤 사물일 수 없으며, 모든 존재자들에 앞서서 존재한다."[13] 그것은 사물들의 존재를 구속하는 그 어떤 속성으로부터도 자유로운 존재인 것이다. "일자는 만물이다."라는 사실은 "모든 것은 일자로부터 생긴다."는 것을 의미한다.[14] 마치 샘에서 샘물이 넘쳐흐르지만 샘 그 자체는 마르지 않는 것과 같으며,[15] '존재자의 나무'로부터 존재자가 부단히 발출하는 것과 같다.[16]

최초의 스콜라 철학자로 알려진 프로클로스는 신을 존재, 하나, 선 그 자체까지도 넘어선 개념으로 정립하였다.[17] 그는 플로티노스적 유출의 변증법적 구조를 정교화하여, 세 신들의 위격을 바탕으로 만물의 삼중적 유출을 구사하면서, 일자에서 다자를 추적하고서 다시 일자로 복귀하는 삼위의 전체 체계를 역동적으로 기술하고자 했다. 모든 것들이 자기 자신 안에 있으면서, 다자로 전개하는 과정을 통해 처음으로 되돌아가는 유출의 변증법적 구조는 동일철학[18]이나 범논리주의[19] 사상으로 해석할 여지가 있다. 프로클로스는 이를 통해 동일성이 동시에 차별성을 드러낼 수 있는 가능성, 즉 "삼자적 통일성의 역동성"이

---

11) hen, The One, das Eine.

12) das Überseiende

13) Plotinus, Enneades, 3,8.8.

14) Plotinus, Enneades, 5,2.1.

15) Plotinus, Enneades, 3,8.10.

16) Plotinus, Enneades, 3,8.7.

17) Proklos, Diadochos, 410-485. 존 쿠퍼, 72-73쪽의 "프로클루스와 변증법적 존재론"을 참조하라.

18) Identitätsphilosophie

19) Panlogismus

신 자체의 내적 생명으로 투사하고자 했다. 그러나 중세를 거쳐 하이데거에 이르기까지 서구 사상의 거대한 물줄기를 형성하였던 '존재 자체'[20]라는 개념이 플로티노스에게서는 아직 발견되지 않는다.

## 유출론적 아포리아에 대한 해석상의 문제

존재 자체, 또는 존재의 시원에 대한 사유는 범신론적 해석과 창조론적 해석을 통해 접근할 수 있다. 이 문제는 플라톤주의에 대한 초기 그리스도교 지도자들의 상이한 입장과 태도와 직결된다. 터툴리아누스[21]는 플라톤 철학을 이교사상으로 배척하였으나, 유스티누스[22]와 오리게네스[23]는 그리스도교를 불완전하게 보여주는 진리라고 평가하였다. 아우구스티누스 역시 플라톤 철학을 부분적으로 수용하였다.

아타나시우스[24]와 그레고리우스[25]는 신플라톤주의적 범주를 사용하여 니케아 신조의 삼위일체론을 수립하고서 신플라톤주의와 구별하였다. 아버지로부터 아들과 성령이 '나오셨지만' 유

---

20) ipsum esse

21) Tertullianus (c.155~c.240?)

22) Justinus

23) Origenes. Origen of Alexandria (c.184~c.253).

24) Athanasius (296~373)

25) Gregor von Nyssa, Gregorius 또는 Gregorios (335/340~394). 372년에 니사(Nyssa)의 주교가 된 교회학자다. 제1차 콘스탄티노플공의회에서 아리안주의에 반대하여 니케아신조를 방어하였다. 그는 친구 나지안츠 그레고리우스(Gregor von Nazianz), 형제 바실리우스(Basilius)와 함께, 기독교와 플라톤 철학을 결합한 신관을 바탕으로 삼위일체설을 옹호하였다. 근원으로서 하느님, 아버지로부터 난 아들, 아버지로부터 생겨난 동시에 그리스도의 정신인 성령을 믿었다.

출이 아닌 동일본성[26]으로 보았던 것이다. 로고스(제2위격)는 완전한 하느님이면서 완전한 인간으로서 예수 그리스도이다. 그리스도교에서 범(재)신론적 태도를 보인 사상가들은 많다. 위-디오니시우스[27], 에리우게나[28], 에크하르트[29], 쿠자누스[30], 야콥 뵈메[31], 브루노[32], 스피노자[33] 등이 있다.

## 위-디오니시우스의 성부 일자설

위-디오니시우스는 6세기 경, 신플라톤주의의 기독교사상가로서, 아테네에서 바울로의 첫 개종자였던 아레오바고의 디오니시우스의 이름으로 저술을 발표하였다. 신비신학의 경향성이 많았으나, 보나벤투라와 토마스 아퀴나스 등의 당대 최고의 사상가들로부터 존중을 받았다. 위-디오니시우스는 변증법적 신학을 전개하기도 했는데, 긍정의 방법[34]인 정립[35]은 피조물적 범주를 신에 적용하는 것이고, 부정의 방법[36]인 반정립[37]은 피조물적 범주의 적용을 배제하는 것이다. 탁월성의 방법[38]인 종합[39]은 피조물적

---

26) homoousios
27) Pseudo-Dionysius, or Dionysius the Areopagite (ca.500).
28) John Scotus Eriugena (810~877).
29) Johannes Eckhart (1260~1327).
30) Nicolaus Cusanus (1401~1464).
31) Jakob Böhme (1575~1624).
32) Giordano Bruno (1548~1600).
33) Baruch Spinoza (1632~1677).
34) via positiva
35) thesis
36) via negativa
37) antithesis
38) via eminentiae
39) synthesis

범주들의 원천이다.

그는 성부, 단자[40], 단일자[41]인 일자를 '가장 실재적인 것'인 것으로 여기는 점에서 아우구스티누스의 사상과는 대립적인 입장을 취하고 있다. 위-디오니시우스는 성부만이 일자이고, 신성의 유일한 원천이라고 본다. 성부는 아들이 아니고, 아들은 성부가 아니다. 이 점에서 니케아신조 반대자임을 알 수 있다.

그는 창조 교리도 유출론적으로 해석한다. '만물의 창조주, 발원자'는 '만물을 완성으로 인도하는 일자', '만물을 자신에게로 복귀시키는 권능'이고, '자체 안에 만물을 미리 내포하고 있는 일자'이다.[42] 하느님과 세계, 그리고 일자와 피조물을 구별하지만, 일자 안에 만물이 포함되어 있는 것으로 이해하는 점에서 범재신론[43]에 해당하는 것이다.

일자는 곧 만물이다.[44] 만물과 일자의 관계는 분유(分有)와 참여(參與)로 표현할 수 있다. 세계는 하느님으로부터 흘러나온 것이고, 존재하는 모든 것은 선하다. 모든 피조물들은 그것들이 존재하는 한 악일 수 없다. 악마와 악령이 있다면 그것 역시 선이다. 악마와 악령 역시 그 존재를 선 그 자체인 하느님으로부터 받았기 때문이다.

## 에리우제나의 일자설

에리우제나[45]는 아일랜드 출생으로 그리스도교 진리와 신플

40) monad
41) henad
42) Pseudo-Dionysius, Div. nom. 1.7.
43) Panentheism
44) Pseudo-Dionysius, Div. nom. 13.2.
45) Johannes Scotus Eriugena (810~877?)

라톤주의의 일치를 주장하였다. 그는 『자연(自然)의 구분에 대하여』[46]에서 '만물의 원천'인 신을 '창조하면서 피조되지 않는 자연'으로 규정하였다. 또한 '원초적인 원인들'로서, 신플라톤주의에서 '원형 이데아들'에 속하는 '신적 정신 안에 있는 원리들'을 '피조되었으나 창조하는 자연'으로 규정하고, 그것들이 다스리는 자연세계는 '피조되었으나 창조하지 않는 자연'으로, 그리고 '만유의 최종 완성'으로서 신과 동일한 포함관계를 갖는 것을 '창조하지도 피조되지도 않는 자연'이라고 불렀다. 여기에서 '자연'이란 '스스로 있음'을 뜻하며, 세계에 존재하는 만물과 그것들을 발출한 '자연세계의 진정한 원천'이신 하느님까지를 포괄하는 개념이다.

에리우제나는 '무로부터의 창조'를 '삼위일체의 하느님'이 주관한다고 보았으며, 성부를 '절대적이고 무한하신 초본질적인 일자'로 규정하였다. 이러한 관점은 프로클로스와 동일하다. '영원한 로고스'로서 성자는 이데아적 자기표현이고, 성령은 '세계 안에서 하느님의 임재'를 뜻한다.

그러나 에리우제나는 하느님과 세계의 차이를 분명하게 구분하였다. 먼저, 하느님과 피조물(자연세계)은 '하나이며 동일한 것'[47]이다. 그러나 "창조세계는 하느님 안에서 존속하고, 하느님 자신은 현시하면서 놀랍고 형언할 수 없는 방식으로 창조세계 안에서 피조된다." 하느님은 '모든 것에서 모든 것'[48]이다: 모든 것들이 하느님으로부터 발출되고 다시 그에게로 복귀하는 사실, 하느님은 창조하면서 만물 가운데서 자신에게 비신적인[49] 속성들을 제공한다. 신은 만물을 창조하면서 만물로 된다.

46) On the Division of Nature.
47) unum et id ipsum
48) omnia in omnibus

하느님은 세계를 창조하면서 자신을 창조한다. 하느님은 x인 동시에 x가 아니고, x의 원천이다. 하느님은 y인 동시에 y가 아니며, y의 원천이다.

그리하여 세계는 영원히 하느님 안에 존재한다. 세계는 신적 일자의 본연적 현시, 즉 신의 현현50)이다. 무로부터의 창조는 하느님 자신으로부터의 창조이다. 하느님 자신은 존재51)가 아니기 때문에, 비존재52), 공53)이다. 하느님은 인간에게 뿐만 아니라 신 그 자신에게도 알려지지 않은 존재이다. 하느님 자신 안에는 그 자신이 알아야 할 아무것도 없다. 신은 무로부터 창조하고, 무가 곧 신이다.

에리우게나는 하느님과 세계를 피조되지 않은 자와 피조된 것으로 구별하고, 세계를 하느님 안에 놓는다. 자연세계는 복잡하고 유한한 존재이고, 신은 순일, 무한, 초자연적 일자이다. 세계는 하느님 안에 존재한다.

### 에크하르트의 변증법적 범재신론

에크하르트54)는 신플라톤주의의 입장에 서서, 일자의 절대적

---

49) nondivine

50) Theophany

51) Being

52) Non-being

53) No-thing

54) Meister Eckhart (1260?~1327). 튀링겐 출신 도미니크파 신학자로서 아우구스티누스, 안셀무스, 토마스의 전통과 위-디오니시우스 전통의 영향을 동시에 받았다. 그는 파리대학에서 공부한 후, 1307년에 보헤미아의 주교 총대리를 지냈으며, 파리대학에서 강의 활동을 하고 1313년에 귀국한다. 쾰른에서 저명한 설교자로 유명세를 탔으며, 말년에 쾰른 대주교 보좌를 지냈으나, 이단적인 설교로 유죄선고를 받았으며, 1329년 교황 요한 22세는 에크하

초월성은 존재와 지식의 모든 범주를 초월하며, 일자는 삼위를 초월하는 동시에 삼위의 근거가 된다고 말한다. 신은 존재 너머에 존재해야 하는 어떤 것이며, 이 삼위일체 하느님을 신적 본성, 즉 신성55)과 분리하였다. 전적으로 초월하는 일자, 즉 신성이 깊은 실재로부터 삼위일체가 유출된다. 순수 영혼은 "오로지 계신 그대로의 벌거벗은 하느님56)을 원한다." "순수 영혼은 이 본질의 원천을 알기 원하며, 성부도 성자도 성령도 아닌, 순일한 근원으로, 적막한 사막으로 들어가기를 원한다."57)

여기에서 에크하르트는 니케아 신조에 반하고 위-디오니시우스를 따르는 입장을 개진하였다. 이러한 그의 사상은 창조사상에도 그대로 드러난다. 「창세기」의 '태초'58)는 '영원의 최초의 단순 현재'59)이며, 그 현재 가운데서 신적 위격들의 유출이 영원히 존재한다. 말씀의 영원한 발생은 세계의 영원 발생을 포함한다. 창조는 영원한 삼위일체 하느님의 불가피한 표현이다. "그가 하느님이셨던 바로 그 시간 가운데서 그리고 그가 만물 가운데서 자신과 동등한 하느님으로서 동일하게 자기의 영원한 아들을 낳았던 그 시간 가운데서, 그는 또한 세계를 창조하셨다."60)

창조세계의 모든 것은 하느님 안에 동참한다. 인간 영혼은 창조세계의 일부로서 신적 본성에 가장 충실하게 참여한다. 영혼은 삼위일체를 낳은 바로 그 신적 근원에 동참한다. 영혼의 근거와 신의 근거는 하나이다. 이는 영혼을 신성한 근원, 즉 신

---

르트의 "26가지 명제"를 이단 사상으로 단죄하였다.

55) Godhead
56) naked God
57) Eckhart, Sermon.48.
58) The beginning
59) first simple now of eternity
60) Eckhart, Commentary on Genesis 1:1, sec.7.

성과 동일시하는 범신론이다.

에크하르트의 사상은 신비주의의 극치를 달린다. 영혼의 깊은 곳에서 '영혼의 불꽃'과 신과의 합일의 극치에 달하는 현상을 '영혼에서 신의 탄생'이라고 불렀다. 이 신은 삼위격을 초월한 근원적 신성(神性)이다. 이는 삼위일체설의 입장에서 보면 명백한 이단이다. 창조세계의 아름다움, 광휘, 영광에서 하나님을 경험할 수 있으며, 하느님의 형상인 우리 자신과 우주는 단순한 대상이 아니라 하느님을 모신 성사로서 다가온다.

에크하르트의 변증신학은 "하느님은 세계이다. 그리고 하느님은 세계가 아니다." "하느님은 만물이다. 그리고 하느님은 아무것도 아닌 것, 곧 무다."라는 상반되고 모순되는 명제로부터 시작한다. 범재신론이란 세계는 신 안에 있으나, 신이 세계를 초월하는 한에서 신 안에 있지 않다는 입장이다. 이처럼 영혼과 신체의 관계도 다음과 같이 비유적으로 표현할 수 있다. "내 영혼이 내 몸 안에 있는 것 이상으로 내 몸은 내 영혼 안에 있다. 내 몸과 영혼은 그것들이 그 자체 안에 있는 것 이상으로 하느님 안에 있다."[61] 육신이 영혼이 아니듯, 우주는 하느님이 아니다. 육신과 우주는 영혼과 하느님의 임재를 통해서 존재한다. 신플라톤주의적 세계관에서는 개인과 사회의 변화를 위한 영적 여정 가운데 '새로운 피조물'이 출현하는데, 정화[62], 조명[63], 합일[64]의 여정을 거친다. 에크하르트의 창조적 영성 전통의 네 가지 길, 즉 '긍정의 길'[65], '부정의 길'[66], '창조의 길'[67], '변

61) Eckhart, Serm.16.
62) purgation
63) illumination
64) union
65) via positiva.
66) via negativa

모의 길'[68]을 구분하면서, 창조성을 정의와 자비의 도구로 활용하고 있다. '내버려둠'[69]이란 모든 피조물은 신성하므로 사물을 그대로 두고서 경외감을 터득하고자 하는 태도이다. 사물이 악한 것이 아니라, 사물에 집착하는 인간의 성향이 해로운 것이다. 있는 것을 그대로 두고 볼 때, 어둠을 신뢰하고 무를 경험할 수 있다. 이어서 '돌파'(뚫고 나감)와 '낳음', 하느님과 자신의 관계가 바로 잡힌다. 비움에 이어서 합일[열매]과 낳음의 길이 나오는 것이다. 에크하르트에서 창조성은 참된 영성의 시금석이자 그 성취이다.

## 니콜라우스 쿠자누스의 범재신론

쿠자누스[70]는 에크하르트를 존경한 신비주의 기독교사상가로서, 추기경(1448)과 로마 교황청 추기경(1458~1464)을 지낸 인물이다. 아리스토텔레스 철학에 기초한 스콜라철학을 배타적인 논리로 간주했으며, 모순율(형식논리)의 한계를 지적하면서, 참/거짓, 무한/유한의 대립을 지양하는 변증법을 수용하였다. 그의 사유의 정수는 '독타 이그노란치아'[71], 즉 '기지의(유식한) 무지'[72]를 발견하는데 있다. 이는 '신 자체(절대 최대, 절대 존재, 절대 일자)에 대한 인식 불가능성'을 특징적으로 잘 드러내주는

---

67) via creativa

68) via transformativa

69) Gelassenheit

70) Nicolaus Cusanus (1401~1464). 1416~1417년 하이델베르크대학 철학부, 유명론의 영향을 받았다. 1423년까지 파도바 대학에서 교회법 박사를 마친 후에, 1425년 쾰른에서 강의하였다. 존 쿠퍼, 86-90 참조.

71) docta ignorantia.

72) learned ignorance.

개념이다. 우리에게 신의 본질이 순간적으로 파악되는 것처럼 생각되는 순간에도 그것은 곧바로 다시 파악될 수 없는 것으로 되고 만다. 나중에 칸트는 신의 이념은 우리의 인지 구조로는 그 존재를 증명할 수도 없고, 그것이 존재하지 않는다고 반박할 수도 없다고 말한다. 우리의 이론적 지식으로는 신에 대한 인식이 불가능하다는 이야기다. 칸트에 앞서 쿠자누스는 '무한성' 개념의 경우, 그것에 대립되는 것은 존재할 수 없다고 보았다. 그것은 "접근할 수 없고, 파악할 수 없으며, 규정할 수 없고, 볼 수 없는 것이다."[73]

쿠자누스는 먼저 '무지의 최대 학습'[74]을 위하여 최대의 본성[75]을 다루어야 한다고 말한다. '최대'[76]란 안셀무스가 말한 것처럼 '그것보다 더 큰 것이 있을 수 없는 것'이다. '최대의 크기'[77], 곧 '존재'는 '일자의 단일성'[78]이다. "최대가 곧 절대적 일자[79]인 것이다."(1.2.5) '절대적 최대성'[80]은 '절대 존재'[81]이며, 하느님은 일자인 '절대 최대 존재'[82]이다.(1.2.6) 이를 통해 쿠자누스는 신플라톤주의에서 벗어나 정통주의의 전통으로 이행하게 된다.

그리하여 쿠자누스는 최대는 무한하고, 어떤 타자성도 없이 절대적으로 존재한다고 주장한다. 참된 무한은 모든 실재를 다

---

73) VD, 146.
74) maximum learning of ignorance.
75) the nature of Maximality.
76) Maximum
77) maximal greatness
78) Oneness.
79) the Absolute One
80) Absolute Maximality
81) Absolute Being
82) the One Absolute Maximal Being.

포함해야 하므로, 만유는 최대 안에 존재한다. 진정한 무한으로서 최대는 최소를 포함해야 한다. 이로써 최소는 최대와 같은 것으로 된다. 신 안에서는 아무것도 대립하지 않으므로 절대 최대의 크기는 동시에 절대 최소의 크기와 같기 때문이다. '최대 일자'[83]는 '대립의 일치'[84]를 특징으로 한다. 다시 말하면, 신은 모순되는 것의 일치마저 넘어서 있다. 안셀무스가 선취한 것처럼 "그것을 넘어서는 더 큰 것이 있을 수 없는 것"이 바로 신이기 때문이다.

그러나 쿠자누스는 하느님과 창조 세계의 관계에 대해서는 여전히 신플라톤주의적 태도를 고수한다. 우주는 '절대 최대'('절대 존재')에서 도출되는 '수축적으로[85] 존재하는 최대'이다. 하느님 안에 존재하는 우주는 최대인 신의 '수축'으로서 한정된 최대이다. 세계는 '비가시적인 신의 현상'이라는 것이다. 창조된 세계는 '최대 우주'이며, 유한 존재자들의 최대 다원성을 포함하는 무한성이다. 이 '(수축)최대의 단일성'[86]은 다시 다원성으로 수축한다. 다원적이고 다양하며 유한한 존재자들의 무한한 최대 통일체는 수학적인, 그리고 시간과 공간에 제약되는 무한자로서 '유한한 무한성'[87]이다. 신, 즉 '절대적 최대'만이 무제약적이고, 무한/유한의 양극성을 포함할 수 있는 '무한 가능'이다. 그와 같은 하느님 안에서 '창조의 접음'[88]과 '창조 안에서 펼침'[89]이 자유자재하다. 우주 창조를 통하여 신은 창조 세

83) Maximume One.
84) coincidentia oppositorum
85) contractionally
86) maximum's oneness
87) finita infinitas
88) complicatio. Entfaltung. the enfolding of creation in God.
89) explicatio. unfolding in creation.

계에 펼쳐질 수 있다. 이로써 하느님은 '만유의 접음'('감싸 안음')이며, 하느님 안에서, 그리고 하느님 안에 있는 만유를 포괄할 수 있다. 하느님은 '만유의 펼침'이다. 하느님은 만유 안에서 자신을 전개할 수 있다. 그리하여 하느님은 펼침과 접음의 변증법적 일치, 곧 동일성과 차이성의 일치라는 무한 가능성에 도달한다. '무한자로의 전유'[90]를 통하여 신은 '다른 것이 아닌 것'[91]이라는 특별한 존재 특성과 권능을 향유하는 것이다.

쿠자누스는 '일자'를 '삼위일체'의 하느님으로 본다. 신은 일자를 넘어서는 근원, '할 수 있음'[92]이다. 일자는 "명명될 수 없고, 말해질 수 없으며, 진술될 수 없다." "일자도 정확한 표현이 아니다." 일자는 존재 그 자체이다. 이를 통해 쿠자누스는 삼위일체를 일자의 유출로 설명하는 신플라톤주의를 지양한다.(1.9.26)

삼위일체의 단일성[93]은 단일성(성부 하느님), 동등성(성자 예수님), 연합성(사랑; 성령)이 하나인 단일성이다. 성자 하느님, 곧 예수 그리스도는 "절대 최대인 동시에 수축 최대"이다. 그리스도는 "가장 크고 가장 완전하게 존재하는 단일 최대"[94]로서 하느님인 동시에 피조물로서 창조세계의 중보자[95]이다. 이어서 쿠자누스는 세계-영혼과 신을 동일시했다. 하느님은 세계영혼, 즉 성령이다. 그러나 하느님은 그 세계와 뒤섞이지 않는다. 세계-영혼, 즉 성령은 하느님의 영혼이다.

이와 같은 쿠자누스의 사상은 세계는 하느님 안에 있으며,

---

90) transsumptio ad infinitum.
91) non aliud
92) possets, Können-Ist.
93) triune Oneness.
94) the one maximum
95) mediator

동시에 하느님은 세계를 초월한다는 범재신론의 이념을 가장 명확하게 보여준다. 하이델베르크대학의 신학교수 요한네스 벤크[96]는 쿠자누스가 하느님과 창조세계를 동일시하는 이단이라고 비판했으나, 교회는 쿠자누스에게 이단 선고를 내리지는 않았다. 하지만 쿠자누스는 범신론적 유출설을 거부하고 창조설을 주장하였다. 엄밀한 의미에서 그는 범신론자가 아니라 범재신론자였던 것이다. 이러한 쿠자누스의 사상은 브루노, 라이프니츠, 헤겔 등에게 많은 영향을 주었다.

## 야콥 뵈메의 변증법적 삼위일체론

야콥 뵈메[97]는 하느님 안에서 대립의 일치가 어떻게 이루어지는가를 알 수 없다는 쿠자누스의 고백을 '변증법적 삼위일체성'[98] 개념으로 해결하고자 시도하였다. 그는 개신교(루터교) 기독교 사상과 신플라톤주의, 영지주의(신비주의), 연금술, 헤르메스-카발라 전통을 종합하는 변증법적, 신지주의적 삼위일체론을 전개하여, 셸링, 헤겔, 하이데거, 베르자에프, 틸리히, 불트만 등에 많은 영향을 주었다.

뵈메는 자신의 신비적 환상을 바탕으로 '신-세계 복합체'[99]

96) Johannes Wenck von Herenberg (c.1390~1460). 독일 신학자로서 세 차례나 하이델베르크대학의 총장직(1435, 1444, 1451)을 수행하였으며, 에크하르트에 대적하여 토마스주의와 아리스토텔레스주의를 옹호하여 신아리스토텔레스적 토마스주의를 제창하였다. Douglas Hedley, Sarah Hutton(Eds.), Platonism at the Origins of Modernity. Studies on Platonism and Early Modern Philosophy. Springer, 2008, 26-27.

97) Jakob Böhme (1575~1624). 괴어릿츠(Görlitz) 부근에 있는 알트 사이덴베르크(Alt Seidenberg, 현재 폴란드의 스타리 자비두프[Stary Zawidów]) 출생의 독일 철학자이자 기독교 신비사상가, 루터교 신학자이다.

98) dialectical triunity

의 직관 표현 수단을 강구하여 신성의 깊음(심연)에서 나오는 삼위일체를 기술하고자 했다.

> 나는 모든 존재자들의 존재, 근원[100], 그리고 심연[101]을 보고 알았다. 그리고 삼위일체의 탄생 혹은 영원 발생을, 이 세계의 하강과 기원을, 그리고 신성한 지혜를 통한 모든 신적 피조물들의 기원을 보고 알았다. 그리고 셋째로, 생육 번성하는 외적인 보이는 세계의 기원도 보고 알았다. 그것은 외적 탄생 혹은 외적 세계와 영적인 세계로부터 표출된 혹은 토설된 실체이다. 그것은 마치 영원의 자궁[102]이 출산해낸 것과 같았다.[103]

야콥 뵈메의 독창적인 신 개념은 '변증법적 삼위일체성으로서 하느님'이다. 그는 먼저 쿠자누스로부터 '대립하는 힘들의 일치와 조화'와 '영원한 일자로서 감추어져 있는 하느님'의 개념들을 차용한다. 그리고 '비존재'[104]와 '아무것도 아닌 것'[105]을 하느님 안의 시원적 원리로 이해하였다. 이는 마치 신플라톤주의의 '심연', '신성한 깊이들'[106]의 개념을 연상하게 하지만, 자연스럽게 그는 신플라톤주의에서 영지주의로 이행하게 된다. 그의 사상을 전개하는데 매우 중요한 개념은 '근거', 특히 '무근거'와 '원초적 근거'에 대한 것이다.

'무근거'[107]는 첫 번째 근원을 드러내는 개념으로서, 부정적

---

99) the God-world complex

100) Byss

101) Abyss (혼돈, 무저갱)

102) genetrix

103) Jakob Böhme, A Letter to an Inquirer[Casper Lindner], in: Essential Readings, p. 64. 존 쿠퍼,

104) Non-being

105) No-thing

106) the divine depths

107) Ungrund

권능이나 가능태로서 존재의 무한 잠재성, 그리고 존재에 대한 절대자유 및 의지와 욕망을 담고 있다. 존재에의 '의지'는 '영원한 시초'의 단초가 되고, '열망' 자체의 존재 방식은 '줌'[108]에 있다.

'원초적 근거'[109]는 두 번째 근원 및 원리로서, 긍정적 권능[110], '긍정의 대답'[111], 존재의 힘, 이성, 빛, 선, 생명, 사랑의 근거이다.

성령[112]은 부정적 권능과 긍정적 권능, 비이성과 이성, 자유와 필연, 흑암과 빛, 진노와 사랑을 통일시키는 힘으로서 '신성한 명령'이다.

뵈메는 심연으로 나오는 영원한 신적 자기발생에서 삼위일체의 하느님이 나온다고 보았다.[113] 하느님의 최고, 첫 번째 층위는 '심연, 무, 만유', 즉 '무근거'이다. 하느님의 두 번째 층위는 '심연의 의지', 즉 성부 하느님이다. 하느님의 세 번째 층위는 '그 의지의 기쁨 혹은 인상'이다. "그 자체로부터의 생육, 하느님이 하느님을 낳는 곳", 즉 '원초적 근거'로서 '말씀'이신 예수 그리스도, 성자 하느님이다. 하느님의 네 번째 층위는 '앎 혹은 운동'[114]으로서, "하느님의 자리로 의지가 끌어감"[115], 즉 성령이신 하느님이다. 이로부터 '셋-하나의 존재'[116]가 나온다. 삼위

108) giving
109) Urgrund
110) positive potency
111) the Yes
112) Heiliger Geist
113) Boehme, Four Tables of Divine Revelation(『신적 계시의 네 서판』) 참조.
114) Science or Motion
115) the attraction of the Will to the place of God.
116) Tri-une Being

일체의 세 위격들은 신성한 깊이로부터 영원히 일어나며, 일자 하느님을 구성하는 세 권능 혹은 원리들이다.

신플라톤주의가 일자의 유출 현상을 변증법적으로 해석하려고 했다면, 쿠자누스는 '기지의 무지'를 바탕으로 일자 안에다가 변증법적 통일성의 위치를 부여하고자 했다. 이에 비해 뵈메는 일자 하느님 자체가 영원한 변증법이라는 사실을 설명하고자 한 것이다. 뵈메의 사상은 그 이후의 범재신론 사상가들, 브루노, 스피노자, 레싱, 헤르더, 슐라이어마허, 셸링, 헤겔, 테이야르 드 샤르댕, 화이트헤드, 틸리히, 찰스 하트숀, 존 캅, 데이비드 그리핀, 몰트만, 판넨베르크 등에게 결정적인 영향을 주었다.

삼위일체의 발생에도 신적 권능(가능태)인 무근거의 힘은 그대로다. 두 번째 층위는 '심연의 의지'(성부)이다. 말씀(성자, 무근거)과 성령으로서 하느님은 세상 가운데서 자기를 계시하고 자신을 알고자 하는 충동이 있다. '신적 관조의 능력으로 발화된 말씀'(지혜) 안에서 하느님은 자신을 인식하고 계시한다. 에리우제나가 말한 것처럼, 하느님은 창조 행위를 통하여 존재하고 스스로를 알 수 있다. 지혜(말씀)는 본성적으로 세계를 발생시킨다. 하느님은 세계를 낳는 자궁이자 임신모[117]이다. 창조, 즉 세계 발생은 신적 계시 또는 신적 이탈[118]이다. 그것은 하느님이 영원한 본연 가운데서 자기를 소개하는 방식에 다름 아니다. 사랑과 진노, 긍정과 부정의 권능이 변증법적으로 통일되는 방식으로 세계 창조는 이루어진다. 세계 창조는 영지주의적, 헤르메스적, 연금술적 유출에서 나오는 일곱 개의 에너지, 즉 사랑(성부), 표현(성자), 조화(성령)라는 높은 삼중성, 그리고 수축,

117) genetrix
118) Divine Extrication

분화, 회전(혹은 진동)이라는 낮은 삼중성, 그리고 삼중성의 대립에서 발생하는 화해[119]로서 '섬광' 혹은 '불꽃'[120]은 피조물 안에서 하느님 나라를 이루는 성령의 역사이다. 삼위일체 하느님은 본성적, 자연적으로 세계를 발생시키고, 그 세계는 하느님 안에서 영원한 셋의 통일과 동일한 과정을 시공간 속에 반영한다.

창조는 필연적이다. 하느님의 본성은 세계를 발생시킨다. 하느님의 창조 의지는 '신적 잠재성의 충만한 현실화를 향한 열망'이기 때문이다.

> 만일 감추어진 하느님이 자기로부터 나오는 자기 의지에 의해 스스로를 자연적이며 피조물적인 삶으로 이끌지 않았다면 어떻게 그 자체로 하나(one)인 하느님의 감추어진 뜻이 그 자체에게 계시되었겠는가?[121]

창조는 자유롭다. 창조는 하느님의 자유의지의 발로이다. 하느님은 어떤 제약이나 강제적 부과 없이 창조세계를 의지하고, 피조물들에게 자기 창조의 힘을 수여하시므로, 영원한 일자는 스스로를 인도하여 다원성으로 이끈다. 각 영적 특성은 그 자체의 분리자, 분배자, 창조자를 자체 안에 갖고 있다. 그래서 각 의지의 분리자는 끊임없는 다원성이 일어나는 그 자체로부터 특성들을 다시 이끌어낸다. 세계의 기원은 창조주로부터의 자유롭고 자발적인 '도약' 혹은 '타락'이다.

하느님 자체는 본래 긍정과 부정, 근원과 심연, 빛과 어둠, 사랑과 진노에서처럼 대립적이다. 그러나 하느님은 본질적으로

---

119) reconciliation

120) Blitz, Fuenkelein

121) Boehme, Way to Christ, 7.1.10.

선하시다. 자기 안에서 양극성들을 완전하게 조화시킨다. 하느님은 악을 가능하게 하신다. 유한한 악의 실질성이 없이는 창조도 구속도 불가능하다. 피조물들은 악을 현실화한다. 하느님은 자기 발생적이고 자족적이다. 그의 본성은 세계 안에서 자기를 실현하는 것이다. 하느님과 세계는 구별되어 있다. 하느님 안의 말씀과 성령은 지혜와 세계-영혼 가운데서 현현과 구별된다. '외적 세계의 영혼'인 세계-영혼은 하느님의 한 양상이다. 세계-영혼은 보이는 세계에 속한 모든 피조물들의 생명이다.

신플라톤주의는 범재신론과 변증신학의 길을 열었다. 범재신론은 이 세계가 신적 유출이라고 본다. 세계라는 이데아는 하느님의 정신 안에 영원히 존재한다. 창조는 신적 삶의 본성적이고 자연적인 단계이다. 세계의 발생과 그 완성은 하느님의 최대 위대성에 기인하는 본질적인 현상이다. 그러므로 세계는 존재론적으로 신적 본성(본연)의 일부이다. '무로부터의 창조'122)는 '신으로부터의 창조'123)를 의미한다.

정통 기독교는 하느님이 세계창조와 관계없이 전적으로 완전하시고, 무로부터의 창조는 하느님의 자유롭고 주권적인 선택행위라고 고백한다. 변증신학은 세계는 하느님 안에 있는 존재와 비존재, 무한과 유한, 내재와 초월, 우연과 필연, 자유와 결정과 같은 서로 반대적인 것들의 발생과 화해, 즉 신적 양극성의 산물이라고 이해한다. 세계는 하느님 안에 포함되지만, 세계와 하느님은 동일하지 않다. 그러나 하느님은 초월적인 일자를 유지한다고 믿는 것이다.

122) creatio ex nihilo.
123) creatio ex Deo.

# 13. 데카르트의 신 존재 증명

## 근대철학의 아버지, 데카르트

프랑스의 대표적인 철학자 르네 데카르트[1]는 '근대철학의 아버지'라고 일컬어진다. 레젝 콜라코프스키[2]는 "화이트헤드가 말한 것처럼 유럽 철학이 플라톤에 대한 각주라면, 근대 유럽 철학은 데카르트에 대한 각주다."라고 말했다.

데카르트는 수학자로서는 '해석기하학의 창시자'로 불리고 있으며, 물리학자, 생리학자, 철학자로서 명성을 날렸다. 그는 10살 때, 라플레슈[3] 예수회 학교에 입학하여 8년간 공부하였다.

---

1) Rene Descartes (1596~1650). 라틴어식 이름은 레나뚜스 까르떼시우스(Renatus Cartesius)이다. 프랑스 투렌 지방 소도시 '라'에서 출생한 근대철학의 대표적인 사상가이다. 데카르트 탄생 400주년을 맞아서 1996년에 그의 출생지를 '데카르트시'로 명명하였다.

2) Leszek Kołakowski (1927~2009). 폴랜드 출신의 철학자, 철학사가, 수필작가이다.

3) La Fleche. 프랑스 사르테(Sarthe) 지역의 루아르 계곡(Loire Valley)에 있는 페이 드 라 루아르(Pays de la Loire) 지역에 위치한 도시이다.

군복무를 마친 후에, 유럽 최초의 자본주의 국가인 네덜란드에 체류하면서, 자연과학과 철학을 연구하면서 저술 활동에 매진하였다. 특히 1629년에서 1633년까지 썼던 『세계』와 『인간』[4]은 갈릴레오 파문의 여파로 나오지 못하고 1662년과 1664년에 각각 유작으로 간행되었다. 그는 『방법서설』[5], 『제1철학에 대한 성찰』[6], 『철학의 원리』[7]와 같은 중요한 책들을 잇달아 내놓았다. 그는 특히 올바른 이성 사용의 방법으로, 명확하고 분명한 것만 진리로 인정하고, 문제를 가능한 분해하고, 분석적 열거를 통하여 체계의 완전성을 확보하여, 확실하고 명증적인 인식에서 추론 가능한 명제를 연역해야 한다고 제시하였다. 이를 위해 그는 "나는 생각한다. 그러므로 나는 존재한다"[8]라는 방법적 회의의 태도를 중시하였다.[9]

우리는 명증성의 단초 또는 기반을 획득하기 위해 더 이상 의심할 수 없는 점을 추구한다. 그런 사유 과정에서 우리는 회의주의자조차도 부정할 수 없는 사실은 '생각하고 있는 나'의 존재라는 사실임을 발견하게 된다. 이를 바탕으로 존재론적으

---

4) 『세계』(Le Monde, The World), 그리고 '빛에 관한 논문'(Treatise on the Light)으로도 불리는 이 저술은 학문 방법론으로부터 형이상학, 물리학, 생물학을 포함한 데카르트의 자연철학을 처음으로 체계적으로 기술한 책이며, 1664년에 유작으로 출판되었다. 같은 시기에 집필한 『인간』(L'Homme, Man)은 라틴어 판 유작으로 1662년에 간행되었다.

5) Discours de la méthode (Discourse on the Method), 1637; 르네 데카르트, 『방법서설, 성찰, 세계론』, 권오석 역, 서울: 홍신문화사, 2010.

6) Meditationes de prima philosophia (Meditations on First Philosophy, 1641; 르네 데카르트, 『제일철학에 대한 성찰』, 고광식 역, 파주: 다락원, 2009.

7) Principia philosophiae (Principles of Philosophy), 1644; 르네 데카르트, 『철학의 원리』, 원석영 역, 서울: 아카넷, 2012.

8) Cogito ergo sum,

9) 데카르트, 『방법서설』, 제4부, '철학의 원리' 1부 7항 참조.

로 더 낮은 것이 더 높은 신적 실체의 관념(원인)일 수 없다는 사실을 깨닫게 되고, 그리하여 신 관념은 본유관념이라는데 이르게 된다. 신 관념은 절대적 실체성, 실제적 무한성, 진실성을 포괄한다.

데카르트는 1642년부터 널리 알려졌지만, 전통 형이상학과 신학을 위협한다는 의혹이 제기되었다. 1643년, 유트레히트 대학이 데카르트 철학을 비판하는 가운데, 그는 1647년에 『정념론』을 발표하였다. 1649년 9월, 스웨덴의 크리스티나 여왕이 데카르트를 스톡홀름으로 초빙하는 세기적인 사건이 일어났다. 피에르-루이 뒤메닐[10]은 스웨덴 궁정에서 각료들이 참관한 자리에 크리스티나 여왕과 함께 앉아 있는 데카르트의 모습을 그림으로 남겼다.[11] 그러나 1650년 2월 11일, 데카르트는 폐렴으로 사망하게 되는데, 데카르트가 개신교의 영세를 추진하자 자크 비오그 신부가 영성체 빵에 독극물을 발랐다는 음모론적 이야기가 전해지고 있다. 1663년에 교황청은 데카르트 저서들을 금서로 지정하였다.

## 데카르트의 이원론

창조되지 않은 전적으로 완전한 하느님의 존재를 제외하면,

---

10) Pierre-Louis Dumesnil (1698~1781). 프랑스 화가이다. 나중에 그는 생뤽 아카데미( the Académie de Saint-Luc)를 이어받아 교수직(1748-1773)과 학장직(1773-1775)을 수행하였고, 종신학장(1775-1776)이 되었다.

11) Descartes at the Court of Christina of Sweden (Musée National des Châteaux de Versailles et de Trianon, Oil on canvas). 나중에 닐스 포르스베르크(Nils Forsberg, 1842~1934)가 뒤메질의 그림 <여왕 크리스티니나와 데카르트의 논쟁>(Dispute of Queen Cristina Vasa and René Descartes)을 모사하였다.

이 세계는 '사유하는 실체'[12]로서 '순수사유'와, '연장된 실체'[13]로서 '물질'이라는 완전히 분리된 두 세계로 이루어져 있다. 인간은 이 두 세계에 참여한다. 그는 인간이 어떻게 전적으로 분리된 물질과 정신의 세계에 동시에 상관할 수 있는가를 보여주기 위해 평행주의[14]라는 심신이론을 제시하였다. 결국 이 문제는 정신과 물질을 동시에 접촉할 수 있고 매개할 수 있는가를 어떤 방식으로 설명할 수 있는 가라는 물음으로 변형될 수밖에 없다.

데카르트는 두 세계의 조화는 '생기'[15]가 뇌 속에 있는 송과선[16]에서 신경계의 물리적 충격을 정신 안에 전달함으로써 가능하다고 설명한다. 송과선은 대뇌 밑, 간뇌의 위에 있는 작은 솔방울 모양의 기관으로 성적 발달, 신진대사, 멜라토닌 생성을 관장한다. 빛의 인지기능이 있어서 초월세계를 볼 수 있는 퇴화된 눈으로 짐작하기도 한다.

## 데카르트의 인과론적 신 존재 증명

데카르트는 신 존재 증명을 위한 첫 번째 논증에서 우리의 의식에 주어진 '신에 대한 표상'으로부터 '하느님의 존재'를 증명하려고 하였다. 이는 우리 안에 있는 하느님의 표상으로부터 신의 존재를 인과론적으로 입증하려는 '이념이론적 증명'이다. 그의 두 번째 논증은 하느님의 개념에서 그 존재를 증명하는

12) res cogitans
13) res extensa
14) Parallelismus
15) Lebensgeistern
16) Pineal Gland

것이다. 이는 존재론적 논증이다. 『철학의 원리』에서 존재론적 논증은 인과론적 논증에 앞서지만, 『성찰』에서는 순서가 바뀌었다.

첫째, 「세 번째 성찰」의 인과론적 논증에서 데카르트는 '사유하는 자아 존재'의 확실성으로부터 신 존재 증명을 시작한다. 나는 '사유하는 존재'이다. 그리고 생각하는 나의 존재는 더 이상 의심할 수 없는 것이다. 우리의 사유 표상은 그 전에 우리가 인식한 어떤 것에 대한 관념이다. 만일 내가 일체의 완전성에 대한 관념을 가지고 있다면, 그 관념에 대한 원인은 신이다. 왜냐하면 무한하고, 영원하고, [불변의] 독립적인, 전지(全知) 전능(全能)한, 그리고 나 자신과 만일 나 이외에 역시 존재하는 것이 있다면 그러한 것들 일체를 창조한 실체로서 '신의 관념'은 결코 나 자신에게서 나올 수 없기 때문이다. 따라서 "신은 필연적으로 존재한다."고 결론지을 수밖에 없다. 신이 실제로 존재하지 않는다면 신의 관념을 속에 가지고 있는 나 역시 존재할 수 없다. 그러므로 '자연의 빛'에 의하여 신은 결코 속이는 자일 수 없다는 것이 분명하게 된다. 데카르트는 우리가 갖고 있는 관념들의 원인을 추적함으로써 궁극원인에까지 이르게 되는데, 그것을 신이라고 불렀다. 따라서 데카르트의 인과론적 논증은 관념의 원인 계열을 활용하는 점에서 우주론적 논증과 유사한 구조를 가지고 있다.

둘째, 『철학의 원리』 §18의 인과론적 논증에서 데카르트는 최고 존재자인 신의 관념, 즉 '모든 완전성들이 실제로 충만해 있는 것', '실재하는 신'이 우리 안에 놓여 있다. 이 관념들은 우리와는 전혀 다른 신으로부터 온 것이다. 다시 말해 신의 관념은 신이 우리에게 부여한 것이다.[17] 이것을 인과론적, 또는 이념이론적 논증이라고 한다. “우리를 만든 것은 우리가 아니라 신이다. 따라서 신은 존재한다.” 우리는 신의 관념이 언제 우리에게 왔는지는 기억하지 못하지만, “자기 자신보다 더 완전한 것을 아는 존재는 자기 자신에 의해 만들어지지 않았다”는 것은 ‘자연의 빛’에 의해 잘 알려져 있다.[18]

데카르트에 의하면 ‘이념’ 또는 ‘관념’이란 의식 자체의 밖에서 생기거나 또는 더 높은 존재에 의하여 주어질 수 있다. 외부세계는 명료한 표상을 제공할 수 없기 때문에 신의 관념과는 아무런 관계가 없다. 의식도 역시 그 자체적으로 신의 표상을 산출할 수 없다. 나는 유한하기 때문에 무한한 실체인 신의 표상을 만들 수 없는 것이다. 존재론적으로 더 낮은 것이 더 높은 신적인 실체의 관념, 즉 원인일 수는 없기 때문이다. 오직 가능한 방식은 무한한 실체가 무한한 표상을 산출하는 것이다. 그리하여 데카르트는 “신의 지각은 나 자신의 지각보다 앞서 있는 것으로서 내 안에 있다.”라고 말한다. 이와 같은 신의 관념은 ‘본유관념’이자 ‘생득관념’으로서, 신 그 자신이 우리의 의식 속에 부여하는 한에서만 생겨날 수 있다. 메르센느, 홉즈, 가상디는 데카르트의 시도를 비판하였다.[19]

---

17) 데카르트, 『철학의 원리』, 아카넷, 2012, 20-21.

18) 데카르트, 『철학의 원리』, 아카넷, 2012, 22-23.

19) **메르센느**: 우리들 자신의 안에서 모든 존재의 연결로부터 완전한 본질의 표상을 구성할 수 있다. 무한실체인 신의 관념은 유한실체인 인간의 사유에 의하여 구성될 수 있다. **홉즈**: ‘신적 무한성’의 표상은 ‘무한’이라는 단어가 아니라 인간의 고유한 한계에서 생긴 것이다. **가상디**: 인간의 오성은 무한성을 파악할 수 없으므로, ‘무한한 것’[하느님]을 현재화하는 어떤 표상도 가질 수 없다.

## 데카르트의 존재론적 신 존재 증명

첫째, 데카르트는 "다섯 번째 성찰"의 존재론적 논증에서, 완전한 존재자의 경우에 존재는 그 자신의 본질적 속성이라고 말한다. 그것이 실제로 존재하지 않으면 가장 완전한 존재가 될 수 없으므로, 그와 같이 완전한 존재, 즉 신은 반드시 존재해야 하는 것이다. 하느님의 존재 특성이 우리에게 관념으로 주어진 이상 하느님은 필연적으로 존재한다. '완전한 존재'로서 신의 관념에서 '언제나 존재한다는 것'이 '신의 본성'이라는 것을 명석판명하게 받아들인다.

여기에서 안셀무스의 존재론적 논증이 재현된 것을 알 수 있다. 신의 존재가 그 본질에서 분리될 수 없는 것은 3각형의 세 각의 크기가 두 직각과 같다는 것이 3각형의 본질에서 분리될 수 없다는 것과 같다. 산과 골짜기의 관념이 분리될 수 없는 것처럼 '존재가 없는 신', '어떤 완전성도 없는 완전한 실재'를 사유하는 것은 모순이다. 산과 골짜기, 신과 존재는 분리할 수 없는 것이다. 존재하는 것으로서가 아니면 신을 사유할 수 없다. 존재를 신으로부터 분리할 수 없다는 사실로부터 신이 실제로 존재한다는 사실이 귀결된다.

둘째, 『철학의 원리』 §14의 존재론적 논증에서 데카르트는 "우리가 가지고 있는 신의 관념 속에 필연적인 존재가 포함되어 있다는 사실로부터 신이 존재한다는 사실을 올바르게 귀결할 수 있다."[20]고 말한다. 전지하고 전능하고 또한 최고로 완전한 자(者)에 대한 관념을 고찰하면, 정신은 그 속에서 존재를 인식한다. 그 존재는 전적으로 필연적이며 영원한 존재이다. 최

20) 데카르트, 『철학의 원리』, 아카넷, 2012, 17-18.

고로 완전한 존재자의 관념 속에 필연적이며 영원한 존재가 포함되어 있다는 것을 지각하기 때문에, 정신은 그것 하나 때문만으로도 최고로 완전한 신이 존재한다고 분명하게 결론지어야 한다.

이와 같은 데카르트의 시도는 일부 철학자들의 거센 비판에 직면하게 된다.[21] 제일 먼저 네덜란드의 신학자 카테루스[22]가 비판을 가하자 일단의 신학자들과 철학자들의 그룹이 가세하였다. 그 뒤를 따라서 홉즈, 앙투안 아르노[23], 가상디[24]가 공격해왔고, 예수회 소속 부르댕[25]이 합세하였다. 이들은 신의 개념에서 신의 존재를 도출하려는 데카르트의 존재론적 논증이 순환논증에 불과하다고 지적하였다. 현존재를 신의 완전성이나 속성 중의 하나로 간주했다는 비판이 대세를 이루었다. 신의 존재를 사유한다고 해서 신의 존재가 귀결되지는 않기 때문이다.

그러나 데카르트는 그 이전의 토마스나 그 이후의 칸트가 제기했던 이런 비판들이 부당하다고 생각할 수 있다. 카테루스는

---

21) Copleston, The History of Philosophy 4, Descartes to Leibniz, New York, London 1957 (1994), p. 64-65.

22) Johannes Caterus 또는 Johan Kater (ca.1590~1655). 네덜란드 출신의 신학자로서 1620년부터 루벵대학교에서 신학을 공부하였고, 사제활동을 하다가 루벵으로 돌아와 1634년 법학과 신학으로 박사학위를 취득하였다.

23) Antoine Arnauld (1612~1694). 프랑스 출신의 로마가톨릭 신학자, 철학자, 수학자다.

24) Pierre Gassendi (1592~1655). 프랑스의 물리학자, 수학자, 철학자, 디뉴의 수석 사제, 콜레주 드 프랑스의 수학 교수(1645-1648) 등으로 활동하였다. 원자론과 목적론적 신학을 절충하여 새로운 자연학과 가톨릭 정통 교의의 융합을 도모하고자 했다. 그래서 에피쿠로스의 원자론을 지지하여 데카르트와 갈등을 빚게 되었다.

25) Fierre Bourdin (1595~1653). 예수회 신부이자 파리 클레르몽대학의 수학 교수로서 1640년에, 빛의 굴절을 연구하는 곡광학(曲光學)에 대한 데카르트의 주장을 반박하였다. (The Cambridge Descartes Lexicon)

최고의 완전한 본질이 단지 그 이름을 통해 자신의 현존재를 갖는다는 명제로부터 바로 이 현존재가 사물들의 자연 안에서 현실적으로 존재한다는 사실이 연역되는 것은 아니고, 단지 최고의 본질 개념과 그 현존재 개념이 분리할 수 없이 연결되어 있다는 사실만을 연역할 수 있다고 지적했다.[26)]

가상디도 신이나 어떤 사물 안에도 현존재의 완성을 찾을 수 없다고 보았다. 실존하는 것과 더 많은 완전성을 가지고 있는 것은 현존재를 하나의 단독적인 완전성으로 갖는 것이 아니다. 완전성들과 마찬가지로 현존재 자체를 실존으로 갖기 때문이다.[27)]

코플스턴은 데카르트의 존재론적 논증에서 '신'이라는 용어에서 '정신의 관념'뿐만 아니라 그 '현존'을 동시에 확보하려는 태도는 '논증 형식에서 명백한 오류'라고 규정하였다.[28)] 단어는 단지 어떤 것을 의미할 뿐이고, 단어 자체가 의미하는 바가 곧 참이라는 근거는 아니기 때문이다. 또한 그는 데카르트의 논증은 신의 본성(본질)에 대하여 적극적인 통찰을 할 수 있다는 전제 아래서만 타당할 수 있다고 비판했다. 그래서 데카르트가 다섯 번째 "성찰"에서 존재론적 논증으로 신의 현존을 증명한 사실이 무신론자에게는 어떤 의미도 갖지 못하므로, 실패한 것이라고 비판한다. 결국 데카르트가 세 번째 "성찰"에서 시도한 인과론적 증명만이 참된 것이라고 평가하였다.

26) Copleston, The History of Philosophy 4, p. 65.
27) G. S. Brett, The Philosophy of Gassendi, New York, 1908.
28) 코플스턴, 『합리론』, 김성호 역, 서광사 1998, 178-180쪽.

# 14. 브루노, 스피노자, 라이프니츠

하느님으로부터 흘러나온 세계는 신과 같은가, 다른가라는 이 물음은 그리스도교에서 범(재)신론적 태도와 직접적인 관련이 있으며, 위-디오니시우스, 에리우게나, 에크하르트, 쿠자누스, 야콥 뵈메, 브루노, 스피노자에게서 매우 중요한 위치를 갖는다.

## 지오르다노 브루노

브루노[1]는 신플라톤주의의 세례 속에서 쿠자누스와 코페르니쿠스로부터 영향을 받았다. 그는 『원인, 원리, 일자에 대하여』[2], 『무한 우주와 세계들』[3]에서 '자연의 무한한 내재'로서 하느님

1) Giordano Bruno (1548~1600). 나폴리왕국의 놀라(Nola)에서 태어나 로마 교황청에서 죽은 르네상스 시대의 이탈리아 출신 철학자로서 철학, 우주론, 수학에 능통하여 많은 저술을 남겼으며, 우주적 다원주의 사상을 부르짖었다.

2) Bruno, De la causa, principio, et uno; Concerning Cause, Principle, and Unity, 1584; 조르다노 브루노, 『원인과 원리와 일자』, 한길사 2000.

은 '일자'[4]라고 선포하였다.

영원 무한한 세계로 이루어진 우주는 '하느님의 현시'이고, 전체-일자로서 신은 세계 밖에 있지 않고 세계 안에 있다. 세계 영혼, 만물 안에 있는 만물인 신적 본질은 하느님과 세계의 일치[5]와 같은 것이다.

브루노는 사물의 본질을 나타내는 가장 단순한 통일체인 자연요소를 '단자'로 여겼으며, 결국 종교재판으로 화형에 처해졌다. 그는 신이 '절대 신성의 무한'과 '상대 세계의 무한'(수리, 시간, 공간 무한)을 모두 소유한다고 보았다. 세계는 유한하지만, 우주가 가장자리, 한계, 표면이 없으므로, 상대적 또는 확장적으로 무한하다. 그러나 세계는 우리가 취하는 어떤 부분이든지 유한하기 때문에 절대 무한은 아니다. 신은 모든 제한을 배제하고, 그 속성들 각각도 무한하기 때문에 상대 무한이고, 동시에 전체 세계 가운데서 전반적이고 그 각 부분에서도 무한하고 전체적이므로 절대무한이다. 세계는 하느님의 '초자연적 초월성'은 가지고 있지 않다.

하느님이 우주 안에서 그 특정한 현시들과 구별되는 경우에 이를 '능산적 자연'[6], 즉 '자연을 발생시키는 자연'이라고 한다. 하느님이 우주 안에서 현시일 경우에 '소산적 자연'[7], 즉 '발생된 자연'이라고 한다. 이러한 브루노의 사상은 셸링[8]에게 영향

---

3) Bruno, De l'infinito universo et mondi; On the Infinite Universe and Worlds, 1584; 조르다노 브루노, 『무한자와 우주와 세계』, 한길사 2000.

4) the One

5) coincidence

6) natura naturans

7) natura naturata

8) Friedrich Wilhelm Joseph Schelling (1775~1854). 신성로마제국의 뷔템베르크(Württemberg) 지방의 레온베르크(Leonberg) 출생하고 스위스의 바트라가츠(Bad Ragaz)에서 사망한 독일철학자로서 횔덜린, 헤겔과 함께 튀빙겐

을 주었으며, 『브루노: 사물에 존재하는 자연적이고 신적인 원리에 대하여』[9]라는 저술을 남기게 하였다.

## 스피노자

스피노자의 영향 속에서 『정신현상학』을 썼던 헤겔은 "스피노자의 추종자가 된다는 것은 모든 철학의 필수적인 출발점이다."라고 평가하였다.[10] 『창조적 진화』[11]의 저자 베르그송도 "모든 철학자는 두 개의 철학을 가지고 있다. 자신의 철학과 스피노자의 철학을!"이라고 말하였다. 천재적인 과학자 아인슈타인은 "나는 스피노자의 신을 믿습니다."라고 고백하였다. 질 들뢰즈는 스피노자에 대한 자신의 책[12] 서문에서 스피노자를 '철학의 왕자'라고 불렀다.

스피노자[13]는 데카르트주의의 이원론 철학을 극복하고, 정신-

---

대학에서 공부하여 독일관념론 철학의 대표적인 사상가가 되었다.

9) Schelling, Bruno oder über das göttliche und natürliche Prinzip der Dinge (1802). 영어판 : Bruno, or on the Natural and the Divine Principle of Things, trans. with an introduction by M. Vater, Albany: State University of New York Press (1984).

10) Matthew Stewart, The Courtier and the Heretic. 2006; 매튜 스튜어트, 『스피노자는 왜 라이프니츠를 만났나』, 석기용 역, 교양인 2011, 5, 15쪽. 이 장에 기술한 스피노자에 대한 많은 부분은 이 책을 활용하였다.

11) Henri Bergson, Creative Evolution (L'Évolution créatrice, 1907). Henry Holt and Company 1911, University Press of America 1983.

12) Gilles Deleuze, Spinoza et le problème de l'expression (1968). Trans. "Expressionism in Philosophy: Spinoza" Martin Joughin (New York: Zone Books, 1990).

13) Baruch (또는 Benedictus) de Spinoza (1632~1677). 암스테르담에서 출생하여 헤이그에서 사망한 네덜란드 철학자이다. 그의 가족은 이베리아 반도에서 종교적 박해를 피해 포르투갈에서 네덜란드로 이주하였으며, 암스테르담의 포르투갈 유대인 공동체 학교(Talmud Torah of Amsterdam)에서 헤

신체 평행론과 신의 관조[14]의 철학을 주창하였다. 그는 범신론적 철학의 대가로 유명하다.

암스테르담의 유대공동체의 지속적인 회유와 협박을 받다가, 1656년에 스피노자는 23세의 나이로 파문을 당하였다. 그는 진보적 유대인들에게 민족에 대한 충성에서 유대 교회와의 분리의 상징으로 간주되었다. 1663년부터 1669년까지 헤이그[15]에서 거주하였으며, 1665년에 집필을 시작한 『신학-정치학 논고』[16]를 1670년에 출간하였다. 이로 인해 스피노자는 종교계로부터 엄청난 비난을 받아야만 했다. 위헤[17] 주교는 스피노자를 "쇠사슬로 묶어놓고 몽둥이 매질을 해야 마땅한 미치광이 악인"이라고 독설을 퍼부었으며, 라이프니츠도 같은 생각을 품고 있었다. 하지만 그는 비밀리에 스피노자의 학설을 면밀하게 연구하고 있었다.[18] 한 종교회의는 "세상이 이제껏 보아온 것 중에서 가장 사악하고 신성모독적인 책"이라고 비난했다.

프랑스-네덜란드 전쟁(1672~1678) 중에 프랑스군 총사령관 콩데 공 루이 2세[19]는 스피노자를 초청했는데, 그때 스피노자를

브라이어, 토라(Thora), 탈무드, 카발라(Kabbala)를 배우고, 라이덴대학에서 공부하였다. 부친의 사망 후에 기독교 강단철학 및 강단신학과 논쟁하였다.

14) Gottesschau

15) Den Haag

16) Spinoza, Tractatus Theologico-Politicus (1670); A Theologico-Political Treatise. English translation by A. H. Gosset, Introduction by Robert Harvey Monro Elwes, 1883; 베네딕트 데 스피노자, 『신학정치론』, 최형익 역, 서울: 비르투: Virtú, 2011.

17) Pierre Daniel Huet (1630~1721). 프랑스 출신의 종교인, 학자로서 데카르트와 스피노자 비판에 앞장섰으며, 델핀 클래식(Delphin Classics)을 편집했다. 5년간 주교(Bishop of Soissons, 1685-1689)로 봉직한 바 있다.

18) Matthew Stewart, The Courtier and the Heretic. 2006; 매튜 스튜어트, 『스피노자는 왜 라이프니츠를 만났나』, 석기용 역, 교양인 2011, 11-12쪽.

19) Louis II de Bourbon, Prince of Condé (1621~1686). '위대한 콩데'(Le

비난했던 그래비우스[20] 교수도 참석하였다. 스피노자는 영국 왕립학회 서기 올덴부르크[21]와 친교했으며, 1673년에는 독일 계몽주의 철학자 치른하우스[22]와 교제하였다. 팔츠의 선제후 카를 루트비히[23]로부터 받은 하이델베르크 대학의 교수직 제의를 거절하기도 했다. 1674년에 스피노자는 자신의 정신적 스승 프란치스코 판 덴 엔던[24]이 프랑스 국가반란 음모로 처형당하는 사건에 큰 충격을 받았다.

1676년 11월 18일경에 라이프니츠는 헤이그를 방문했는데, 매트 스튜어트는 자신의 책에서 라이프니츠가 스피노자의 『에티카』[25] 원고와 그의 사유세계를 훔쳐보기 위해 헤이그를 방문해서 최소한 3일 정도는 머물렀을 가능성이 크고, 이 만남을 계기로 라이프니츠의 사유도 상당한 변화가 있었다고 주장하였다.[26] 그 역사적 순간을 뒤로 한 채 스피노자는 이듬해인 1677

Grand Condé)로 널리 알려진 프랑스 장군으로 30년 전쟁과 프랑스-네덜란드 전쟁(the Franco-Dutch War)을 승리로 이끌었다.

20) Johann Georg Graevius (1632~1703). 독일 나움부르크(Naumburg)에서 출생한 고전학자이자 비평가이다.

21) Henry Oldenburg (1619~1677). 독일 출신의 신학자, 외교관, 자연철학자이며, 영국왕립학회의 창설에 기여하여 제1서기를 지내던 기간에 스피노자를 만났다.

22) Ehrenfried Walther von Tschirnhaus (or Tschirnhauß, 1651~1708). 현재 폴란드에 속한 킬링스발데(Kieslingswalde)에서 출생한 독일 출신의 수학자, 물리학자, 의사, 철학자이다.

23) Karl Ludwig (1617~1680). 신성로마제국의 역사적 영토(라인강 북쪽과 현재 라인란트팔츠주, 바덴뷔르템부르크주, 헤센, 프랑스 로렌 지역의 일부를 기반으로 하는 팔츠 선제후국(Kurpfalz)을 통치하였다.

24) Franciscus van den Enden (1602~1674). 벨기에 안트워프(Antwerp)에서 출생하여 파리에서 사망했으며, 전 예수회 소속으로서 시인, 의사, 철학자로 활동하던 중에 스피노자의 스승이 되었고, 프랑스왕 루이 14세에 대한 역모 혐의로 처형되었다.

25) Baruch de Spinoza, Ethica, ordine geometrico demonstrata (Ethik, nach geometrischer Methode dargestellt), 1677.

년 2월 헤이그에서 사망하였다. 라이프니츠가 미리 보고 싶어 했던 원고 『기하학적 방식으로 증명된 에티카』는 이미 1674년에 탈고하여 1675년에 출간을 계획하였으나, 신학자들과 데카르트주의자들의 모략에 대한 두려움으로 인해 출판을 철회한 탓으로, 그의 사후에야 나올 수 있었다.[27)]

## 라이프니츠

라이프니츠[28)]는 30년 전쟁 종료 2년 전인 1646년 6월 21일, 라이프치히에서 출생하였다. 부친은 법률가이자 도덕철학 교수였고, 모친 역시 명망 있는 법학자의 딸이었다. 라이프니츠는 여덟 살에 라틴어를 독학하였고, 일찍 사망한 부친의 서재를 자유롭게 활용하였다. 12세에 논리학의 문제들을 숙고하여 보편기호학의 사상적 단초를 마련하였다.

1660년, 14살의 나이로 라이프치히 대학에서 철학 공부를 시작하여, 특히 존재, 개체, 단일성의 문제에 관심을 갖고서 베이컨, 케플러, 갈릴레이, 데카르트의 책들을 읽었다. 한 학기 동안 예나 대학에서 수학자, 천문학자, 물리학자인 바이겔(피타고라스주의자)[29)]에게서 수에 기초한 세계의 조화에 대한 사상을 공부

26) 매튜 스튜어트, 『스피노자는 왜 라이프니츠를 만났나』, 11-18쪽.

27) 1677년에 라틴어본 『유고집』(Opera Postbuma, Nagelate Scbriften)과 함께 『에티카』의 네덜란드어 번역판이 동시에 출간되었다. The Ethica, the Tractatus Politicus, the Tractatus de Intellectus Emendatione, and the Epistolae (letters by Spinoza to correspondents, expounding aspects of his philosophy).

28) Gottfried Wilhelm (von) Leibniz (1646~1716). 신성로마제국의 라이프치히에서 출생한 독일의 철학자, 수학자이다. 데카르트, 스피노자와 함께 유럽의 근대철학을 대표하는 사상가로 인정받고 있다.

29) Erhard Weigel(1625~1699). 독일 예나대학 교수로서 1652년에 라이프치히대학에서 실존(De Existentia)과 실존 양태(De Modo Existentiae)에 관한

하였다. 라이프치히에서 법학 박사학위를 받은 후인 1667년에 뉘른베르크 인근 알트도르프 대학에서 교수직을 제안 받기도 했으며, "법학의 학습과 교육의 새 방법"이라는 법률 개혁 논문을 보이네부르크 남작 추천으로 마인츠 선제후인 쇤보른 가의 필립에게 헌정하였다. 이를 계기로 그는 1670년, 신성로마제국에서 가장 중요한 재판소의 하나였던 마인츠 선제후국 상고 심법원 고문관으로 일하게 된다.

1672년, 라이프니츠는 루이 14세의 이집트 전쟁 참여를 설득하기 위해 파리로 간다. 이것은 마치 새로운 십자군전쟁과도 같았다. 유럽에 대한 터키의 위협을 막고 루이 14세의 유럽 정복 전쟁을 종식시키기 위한 계획이었던 것이다. 이집트는 나폴레옹에 의하여 비로소 정복되었으며, 당시 그는 라이프니츠의 계획을 알지 못했다.

라이프니츠는 호이헨스 등 과학아카데미 회원들과의 교제하면서, 파스칼과 데카르트의 미출판 수고(手稿)를 입수하였다. 그는 무한수열의 합에 관한 연구로 뉴턴과는 독자적으로 미분법과 적분법을 발견하기도 하였다. 1673년에는 사칙연산 계산기를 런던의 왕립협회에 소개하고서 왕립협회 회원이 되었으며, 『철학자의 고백』30)에서 신이 무한히 많고 가능한 세계들 중에서 최

---

선차적, 후차적 형이상학을 주제로 교수자격논문을 썼다. 1653년부터 죽을 때까지 예나대학의 수학교수로 재직하였다. 1672년에 4진법 (Tetractys)을 출판하였다. 1663년에 라이프니츠는 예나에서 한 학기 공부하면서 바이겔 교수의 지도를 받았다.

30) Godefridus Guilielmus Leibnitius, Confessio philosophi. Fragmentum Dialogi de Humana libertate et justitia Dei, 1673; Leibniz GW, Confessio philosophi. Ein Dialog (kritische Ausgabe mit Einleitung, Uebersetzung, Kommentar von Otto Saame), Vittorio Klostermann, Frankfurt am Main, 1967; 라이프니츠, 『철학자의 고백』, 배선복 역, UUP 2002.

선의 세계를 선택하여 창조할 때 악을 불가피하게 허용하지 않을 수 없었다고 주장하여 변신론의 문제를 해결하려고 시도하였다.

1676년 11월 18일경, 라이프니츠는 약 3일간 헤이그를 방문했는데, 이는 당시 지성계와 종교계로부터 비난을 받고 있었던 스피노자를 몰래 만나기 위한 것이라고 매트 스튜어트는 주장한다. 이에 대해서는 바로 뒤에서 상론하기로 한다.

1688년부터 1690년까지 라이프니츠는 뷜펜가의 역사를 편찬할 목적으로 이탈리아를 여행하였다. 그는 동역학, 몸과 정신의 예정조화 등 유기체 철학을 연구하였고, 갈릴레이의 마지막 제자 비비아니[31]와 중국학에 심취했던 예수회 소속 그리말디[32] 신부의 영향을 받았다.

라이프니츠의 주저 『변신론, 신의 선과 인간의 자유, 그리고 악의 기원에 관하여』는 1710년에 발표했으며, 파리에서 호이헨스, 콜베르, 말브랑슈, 아르노, 런던에서 올덴부르크, 보일, 뉴턴 등과 같은 인사들과 만남으로써 라이프니츠는 학계와도 연결되었다.

1700년에 라이프니츠가 제안한 프로이센 아카데미가 창설되

31) Vincenzo Viviani (1622~1703). 이탈리아의 물리학자, 수학자로서 갈릴레이(G. Galilei)의 제자였다. 만년에 실명한 갈릴레이를 도와서 스승의 구술을 기록하고 유고를 은닉하여 후세에 전했으며, 토리첼리(Torricelli)가 고안한 수은주를 이용하여 대기 압력의 측정방법을 고안하는 등 독자적인 물리학 연구도 하였다.

32) Filippo Maria Grimaldi (1639~1712). 중국 이름은 민명아(閔明我)이다. 예수회 신부로서 광쩌우[廣東]에 잠입 활동 중에 강희제(康熙帝)의 발탁(1669)으로 베이징[北京]으로 가서 궁정 천문학자로 일하면서 흠천감(欽天監)이 되었으며, 황제를 수행하여 몽골을 두 번 여행하였고(1683, 1685), 황제의 칙사로 러시아에 파견되기도 했다. 그는 1694년에 다시 중국으로 가서 베이징 북당(北堂)의 창건에 진력했던 중국학의 실력자였다.

었고, 그는 종신회장으로 임명되었다. 그러나 막상 1711년의 개관식에는 환영받지 못한 인사로 전락하여 참석할 수 없었다. 작센 아카데미와 제국 아카데미의 계획은 재정상의 이유로 수포로 돌아갔으며, 표트르 대제와 설립하기로 합의했던 러시아 아카데미는 그가 죽은 후에야 설립되었다. 1716년 11월 24일, 그는 하노버에서 사망하였다. 그의 화려한 외교행각에도 불구하고 장례식에는 궁정 대표가 한 사람도 참석하지 않았다.

라이프니츠는 바칼로레아 논문(1663)으로 『개체의 원리에 관하여』를 발표하였고, 『철학자의 고백』(1673), 『형이상학 논고』(1686), 『자연과 실체의 공동체 그리고 육체와 영혼의 조화에 대한 새로운 체계』(1695), 『최신 중국학』(1700), 『새로운 인간지성론』(1700), 『단자론』(1714) 등을 저술하였다.

앞에서 소개한 것처럼 라이프니츠는 1676년 11월 18일경에 헤이그를 최소한 3일 동안 방문했는데, 이때 그가 자신의 최대 라이벌이었던 스피노자를 몰래 만나 그에 대한 최신 연구소식을 들었을 것이다. 매튜 스튜어트는 이 사실을 배경으로 책을 펴내기도 하였다.

데카르트는 1669년 4월, 야콥 토마지우스[33]에게 보낸 편지에서 '스피노자'(『데카르트 철학원리』)를 언급했으며, 1년 후 『신학정치론』이 출간되자, 야콥 토마지우스에게 보낸 편지에서 '스피노자'를 삭제하였다. 위트레흐트대학의 요한 게오르크 그래비우스 교수가 1671년 4월에 스피노자의 『신학정치론』 출간 소

33) Jakob Thomasius (1622~1684). 라이프치히 출생의 교사, 철학자로서 그의 유명한 제자로는 라이프니츠, 그리고 자신의 아들 크리스티안 토마지우스(Christian Thomasius, 1655~1728)가 있다. 크리스티안 토마지우스는 라이프치히에서 태어나 할레에서 사망한 독일 출신의 법학자이자 철학자로서 '독일 계몽주의의 아버지'로 불린다.

식을 알려온 것이다. 라이프니츠는 1671년 10월 5일에 "암스테르담에 거주하는 명망 높은 박사이자 심오한 철학자인 스피노자씨"라고 쓴 편지를 발송하였다.[34)]

스튜어트는 신의 작용의 필연성과 충족이유율의 원리에 대한 라이프니츠의 견해는 사실상 스피노자주의에 다름 아니고, 스피노자와의 만남 이후에 자신의 생각을 스피노자와 다르게 할 생각에서 '신(실체) 즉 자연' 대신에 '모나드(단일성)'을 강조하고, '필연성' 대신에 '자유'를 강조했다고 본다.[35)] 이에 대해 좀 더 들여다보기로 한다.

스튜어트는 라이프니츠가 스피노자를 방문해 놓고도 그를 외면한 이유를 몇 가지로 정리하고 있다.

라이프니츠는 1678~1679년에 저술한 『자유에 관하여』에서 어떤 것도 우연히 발생할 수 없다고 말한다. 그런데 특정한 조건들이 충족되고, 그런 모든 조건들로부터 그 존재가 곧장 도출되어 나오지 않는 한, 그 어떤 것도 존재하지 않는다고 주장하려고 했을 때, 그 자신도 역시 모든 것이 절대적으로 필연적이어야만 한다고 주장하는 스피노자의 견해와 매우 비슷하다는 사실을 깨닫게 되었다. 하지만 "지금 현재 있지 않고, 앞으로도 있지 않을 것이고, 있었던 적도 없는, 그러한 가능한 것들"을 생각하게 되면서 라이프니츠는 이 벼랑 끝에서 한 발 뒤로 물러서게 되었다고 술회하였다.[36)]

또한 1690년대 저술들에서 라이프니츠는 '단일성'을 가리키는 말, 즉 선배 신학자이자 철학자 브루노가 사용한 '모나드'[37)]

34) 스튜어트, 『스피노자는 왜 라이프니츠를 몰래 만났나』, 203쪽.

35) 스튜어트, 『스피노자는 왜 라이프니츠를 몰래 만났나』, 208-212쪽.

36) Leibniz, Philosophical Papers and Letters, ed. By Leroy E. Loemker, 2.vols, Chicago University Press 1956, pp. 404-406. 『스피노자는 왜』, 408쪽.

라는 말을 사용한다. 모나드는 어떤 것에도 의존하지 않고, 상호작용을 하지 않으며(창이 없다), 불멸적인 것이다. 그것은 '씨앗'의 형태로 존재한다. 각각의 모나드는 그 자체 내에 전체 우주의 '거울'을 갖고 있다. 각각의 모나드는 하나의 '원형적인 우주'이다. 모나드는 자신의 미래를 알지 못하기 때문에, 그때그때 결정을 내릴 수밖에 없고, 그래서 마치 자신이 자유로운 것처럼 행동한다. 각각의 모나드는 각기 자신들의 작용이 미치고 있음을 지각하게 되는 세계가 정확하게 일치할 수밖에 없도록 [창조의 순간에 태초의 기적을 통해] 설계되어 있다. 라이프니츠의 예정조화설은 일종의 설계논증에 해당한다. 스피노자의 『신학정치론』을 칭송하고, 다른 한 편으로는 비난했던 라이프니츠의 이중성에 대해 러셀은 "'싸구려 인기'를 추구하느라 자신의 천재성을 비천하게 만든 사람"이라고 비난하였다.[38] 매튜 스튜어트는 라이프니츠가 스피노자와 만난 사실을 숨긴 것은 "노골적인 이중성이 아니라 '다중성'이라고 이름 붙여 마땅한, 훨씬 더 복잡한 현상"이라고 규정한다.[39]

---

37) monad

38) 『스피노자는 왜』 213쪽에서 재인용.

39) 『스피노자는 왜』 215쪽. 스튜어트는 프리트만도 같은 생각이라고 밝힌다. Georges Friedmann, Leibniz et Spinoza. Paris: Gallimard 1962, 1946.

# 15. 스피노자의 범신론

## 『신학정치론』의 문제들

1670년에 출간한 스피노자의 저서 『신학정치론』은 성서신학에 대한 비판(1-15장)과 정치학(16-20장)으로 이루어져 있다.

성서신학에 대한 논의의 주제들은 '예언'(1장), '예언자'(2장), '소명과 예언능력'(3장), '신법'(4장), '신법의 원본'(12장), '종교의식'(5장), '기적'(6장), '성서해석'(7장), '성서의 교훈: 단순한 교리'(13장), '모세오경과 구약 역사서의 권위'(8-10장), '사도의 의미와 자격'(11장), '신앙과 신도, 철학과 분리된 신앙'(14장), '신학과 이성, 성서 권위와 이성의 관계'(15장)이다.

스피노자는 공포 앞에서 형성된 환영과 미신을 비판하면서, 모든 사람은 자유롭고 이성적으로 자신의 양심에 따라 신을 모실 수 있어야 한다고 강조한다. 그는 특히 기독교 전파를 위한 순수한 열정이 비열한 탐욕과 야망으로 타락하는 현상을 비판하고, 교회는 교사 대신 웅변가가 설교하는 극장으로 변모했다고 고발한다. 특히 선민론과 신법을 모세오경에 나타난 고대 이스라엘의 국가법으로 해석하고, 예언자의 권위 자체보다는 그 도덕적 의미를 중시하였다. 또한 그는 기적은 자연법칙보다 선명하게 신의 존재를 증명하는가라는 물음을 제기하면서 신의 의지를 자연법칙과 동일한 것으로 독해하였다. 성서는 이성을 억제하지 않으나, 철학과 아무 공통점이 없는 전혀 다른 기반을 가진다는 사실을 강조하면서, 이성철학에 근거한 신학의 가능성을 열어두었다. 이는 나중에 칸트가 이론이성의 한계를 벗어나서 신의 존재를 논의할 수 있는 근거를 실천적 이성사용에서 찾으려고 했던 것과 관련이 있다. 스피노자는 예언이나 증표 요구, 계시는 신이 인간에게 자신을 드러내는 지식의 일종으로서 자연 지식과 차이가 없다고 보았다. 인간의 정신은 신의 본성을 공유하고 있으며, 신의 계시(말소리, 상상력)의 일차적 원인이고, 자연현상은 신의 힘과 동일하다. 스피노자는 아담, 가인, 아브라함, 모세 등 구약시대의 조상들이 가진 신에 대한 인식에는 차이가 있다고 지적하면서, '신이 보좌에 앉아있음'(미가), '흰옷 입은 노인'(다니엘), '불꽃'(에스겔), '하늘에서 내려오는 비둘기'(예수를 따르는 자들), '거대한 빛'(바울)을 예로 들었다. 따라서 그는 이성이 허용하는 한에서만 믿어야 하며, 욥의 경우에서처럼 계시는 특정한 방편으로서 받아들여야 한다고 주장하였다. 이는 스피노자가 붓다의 사상과 겹치는 부분이기도 하다.

## 『에티카』의 세 가지 철학적 문제들

스피노자는 『에티카』40)에서 세 가지 중요한 사실을 다루고

40) Baruch de Spinoza, Ethica, ordine geometrico demonstrata (Ethik, nach

있다. 첫째는 자연에서 운동의 현존이다. 자연 안에 있는 물체들은 신의 관여를 통해서만 비로소 운동을 얻게 된다.

둘째는 운동의 법칙성이다. 모든 물체를 조종하는 존재자인 신의 협력 작용을 통하여 자연에 귀속된다.

셋째는 신체와 정신의 상호작용이다. 데카르트주의에 의하면 정신은 자동기계와 같은 물체에 거주하고, 정신은 이것의 운동을 교정하면서 관여할 수 있다. 스피노자는 정신이 우주의 운동량 보존이라는 데카르트적인 법칙은 거부한다.

스피노자는 자연 안에 힘의 현전으로 운동의 현존을, 물체의 형이상학적인 지위로서 물체운동의 법칙성을, 그리고 물체와 정신의 형이상학적인 지위를 거론함으로써 물체에 정신이 깃들어 있음을 설명한다. 이런 해결책은 라이프니츠와 비슷하다. 그러나 스피노자는 라이프니츠와는 반대로 데카르트적 형이상학의 통상적인 도식의 영역 속에서 자신의 해결책을 전개하고 있다.

신은 '창조되지 않은 실체'이다. 물질과 정신은 '창조된 실체'이다. 물질의 속성은 연장이고, 그 근본양태는 형태와 운동이다. 정신의 속성은 사유이고, 그 근본양태는 관념과 의지작용이다. 자연 안의 운동의 현존과 운동의 법칙성은 그 근본 양태인 운동과 그 법칙적 형태를 스스로 산출하는 능력이 창조된 실체(물질)에서 박탈되었으므로, 신과 물질을 병합시킴으로써 매듭짓는다.

신체와 정신의 상호작용은 서로의 관계를 자신의 힘으로 도맡을 능력이 소멸하여 또 다른 실체인 신의 도움을 필요로 하는데서 나타난다. 스피노자는 정신과 신-물질을 병합시킴으로써 그 상태를 해결하고자 하였다. 이를 심신일원론적 평행론이라

---

geometrischer Methode dargestellt), 1677; 스피노자, 『에티카』, 강영계 역, 파주: 서광사, 2016.

고 한다.

만물은 신 안에 있으며 신 안에서 움직인다. 신은 세계 안에 존재하며, 신이 창조한 것과 함께 존립한다. 오직 신만이 실체이다. 모든 피조물은 양태일 뿐이다. 존재하는 모든 것은 신 안에 있고, 그 어떤 것도 신 없이 존재할 수도 파악할 수도 없다. 그러므로 신이 곧 자연이다.41)

물질과 정신은 유일한 '실체'인 신 안으로 들어간다. 연장과 사유는 신의 속성으로 기능한다. 자연은 그 스스로 운동하는데, 신이 곧 힘이기 때문이다. 자연 안에 있는 운동은 그 스스로 수학적으로 정돈되는데, 신이 사유하기 때문이다. 신체와 영혼은 자연적으로 상호 결합하는데, 연장과 사유가 신 안에서 결합되어 있기 때문이다.

스피노자의 사유체계에서 유일하게 어떤 다른 것에 의해서 창조되지 않은 실체는 오직 신뿐이다. 인간에게 알려진 실체는 물질과 정신이고, 그것들의 속성은 각각 연장과 사유이다. 물질의 근본양태는 형태와 운동이고, 정신의 근본양태는 관념과 의지작용이다.

스피노자는 데카르트의 이원론적 형이상학을 단순화 하였다. 속성들은 신의 표현들에 불과하다. 무한 실체 속에서 일어나는 것은 동시에 모든 속성 속에서 그 자체, 곧 신의 표현을 발견해야 하고, 할 수 있어야 한다. 이로써 모든 속성 속에 있는 양태들은 평행적인 것으로 변모한다. 그러나 속성이 신적 본질의 표현일 뿐이라면, 다른 측면에서 자연의 피규정성은 그저 신의 고유한 성질의 표현일 수도 있고, 이것은 기독교 신학의 의미에서

---

41) 스튜어트, 『스피노자는 왜 라이프니츠를 몰래 만났나』, 제9장 "스피노자의 신", 289-302쪽 참조.

신의 자유와 부합되지 않는다.

신은 물론 자유롭지만, 선택의 자유[42]의 방식이 아니라 자신의 내적 필연성에 따른 자기 규정성의 방식에 따라서만 자유롭다. 데카르트주의는 자연법칙에 의해 운행하는 세계과정들의 신뢰성으로부터, 변함없이 존재하는 신의 자유로운 결정에 따라는 도덕의 정초를 발견할 수 있었다. 그러나 스피노자의 신의 내적 필연성 그 자체에 착안하여, 신을 초월적 원인으로 여길 수 있는 가능성과 신이 선택할 수 있는 자유를 제거하고, 물질을 신 안에 집어넣음으로써 우주에다가 신적인 지위를 인정함으로써 반기독교론자라는 주홍글씨를 가슴팍에 새기게 된 것이다.

스피노자는 『에티카』 제1부 마지막에서 실체와 속성의 관계를 다루면서, "신의 능력은 신의 본질 자체이다."라고 말한다. 여기에서 실체의 본질은 '능력'[43]으로 불린다. '어떤 것을 향하는 능력'을 가진 능동적인 것과 '어떤 것으로 되는 능력'으로서 수동적인 것을 동시에 포함한다. 스피노자는 기존의 피조된 실체[44]를 창조하는 실체[45]에 집어넣었다. 이 실체의 '능력'이 존재자를 통하여 나타나는 것이 '속성'[46]이다. 속성은 우주의 '연장'[47]과 관념의 '사유'[48]이다.[49]

여기에서 '능력'의 이중적 의미를 생각할 수 있다. 물질이 갖는 연장의 속성은 형태가 되면서 동시에 형태를 산출하는 능력

---

42) Wahlfreiheit

43) potentia, Kraft.

44) geschaffene Substanz.

45) erschaffende Substanz.

46) Attribut

47) Ausdehnung

48) Denkung

49) Peter Kunzmann u.a.: dtv-Atlas Philosophie, Deutscher Taschenbuch Verlag 1999, S. 107-110 참조.

을 발휘하고, 정신이 갖는 사유의 속성은 관념이 되면서 동시에 관념을 산출하는 능력을 자아낸다. 실체는 그로부터 어떤 것 일반을 산출하는 능력이다. 실체가 어떤 것을 산출하는 능력은 '산출하는 자연'[50], 즉 '저절로 자연을 실현하는 자연'[51]의 능력이다. 그것은 노자의 『도덕경』(제6장)에서 '검은 암컷의 문'[玄牝之門]으로서 '하늘과 땅의 뿌리'[天地根]가 되는 '곡신'(谷神)과도 같은 것이다.

능산적 자연은 무한하기 때문에, 그것 자체가 규정적인 것일 수 없다. 왜냐하면 규정성은 무한성의 부정이기 때문이다. 실체의 양태 혹은 속성의 양태만이 규정된 것일 수 있다. 산출된 모든 상태의 전체, 실체 혹은 속성에서 규정된 것들 혹은 양태들은 '산출된 자연'[52], 즉 '그렇게 일구어진 자연'[53]이다. 그런 한에서 창조되지 않은 것과 창조된 것 간의 유대교적 및 기독교적 구별은 스피노자에서도 여전히 지속된다.

'산출된 자연'은 전적으로 자연법칙에 의해 지배된다. 스피노자는 자연 안에 우연적인 것은 아무것도 없으며, 모든 것이 어떤 식으로 존재하고 효과를 낳을지는 이미 신적 본성의 필연에 의해 결정되어 있다고 보았다. 존재하는 것은 무엇이든지, 하느님 안에 존재하기에, 하느님이 없이는 아무것도 존재할 수도 없고, 어떤 것도 생겨날 수 없다. 그리하여 스피노자는 신을 만물의 운행원리보다는 내재적 원인으로 이해한다. 어떤 것에 의해 일구어진, 그렇게 만들어지고 규정된 자연은 역학적, 수학적 인식의 대상이다. 물론 실체는 능력, 근원적인 힘이지만, 이 힘

50) natura naturans.
51) naturierende Natur.
52) natura naturata.
53) naturierte Natur.

은 데카르트적 역학이 가정하는 것처럼 외부로부터 차용된 것이 아니고, 제1원인의 내재적인 작용들이다.

사유의 속성에서 무한한 양태로서 무한한 관념은 역학적 과정의 연출 장소인 무한한 우주에 상응한다. 이 무한 관념은 스피노자가 '신적 지성'[54]이라 부른 것이고, 모든 사물의 관념 가운데 우주의 관념도 포함되어 있다. 그것은 모든 개별 관념들의 정신적 장소이고, 논리적 연관관계 속에서 이 개별 관념들을 내포하고 있다. 우주는 무한히 많은 요소들 간의 법칙적인 상호작용으로 충만하고, 계속 세분화하는 무수히 많은 하위 유기체들에 의하여 세분화하는 개별 식물과 동물들을 통하여 거대한 유기체를 형성한다. 그러므로 소산적 자연은 마지막에 이르기까지 유기체화된 조직망이고, 이 망은 감각적으로 지각 가능한 것을 넘어 더욱 미세하게 분기된다.

신적 지성 역시 이 개별자들을 개별적 인식으로 이해하는 것이 아니라, 그 인과성과 조건들로 우주의 조직 전체를 파악한다. 신적 지성은 모든 개별 양태의 연관관계를 인식하는 한에서만 개별양태를 인식한다. 스피노자에서 각각의 개별 상태는 우주 안의 모든 동시적 상태를 관계하여, 그리고 그 이전과 이후의 모든 상태를 통하여 규정되기 때문이다.

## 스피노자의 심신이론

스피노자의 인간에 대한 이해를 살펴본다. 그는 영혼을 '신적 지성 안에 있는 현존하는 인간 신체의 관념'이라고 보았다. 따라서 영혼은 실체가 아니라 사유의 양태일 뿐이다. 인간에게

---

54) göttlicher Verstand.

서 영혼과 신체가 결합해 있다는 사실은 다른 모든 사물에도 영혼이 깃들어 있다는 것을 설명할 수 있는 근거가 된다. 신적 지성 안에는 그들 모두에 대한 관념이 존재하기 때문이다. 이런 사실로부터 스피노자는 자신의 특유한 마음과 몸 사이의 상호작용, 즉 일원적 병행론 또는 평행주의를 입안하였다.

영혼과 신체를 분리된 것으로 보는 데카르트의 사유는 영혼이 신체와 더불어 소멸되지 않을 수 있다는 단초를 제공하였다. 그러나 데카르트는 이 두 실체 사이의 공동작용, 즉 이원적 평행론이 어떻게 가능한가를 설명할 필요가 있었다. 물질적인 것이 마음에 영향을 줄 수 있다는 물리적 영향론은 비록 여러 번의 인과성을 매개해서라도 자연적인 심신상호작용을 가정할 수 하였다. 아르놀트 횔링크스[55]와 니콜라 말브랑슈[56]가 제시한 기회원인론 혹은 신적 협조론은 동시에 두 실체의 상태들 간의 조화를 보증하는 신의 계획된 실행을 가정하도록 했다. 라이프니츠는 신체는 영혼의 현상이기 때문에 하위 유기체로 구성된 신체는 이것에 귀속된 영혼집단과 정확하게 일치한다는 이론을 제시했다. 이를 예정조화설, 곧 설계논증이라고 한다. 스피노자와 19세기의 독일관념론자들, 구스타프 페히너[57], 빌헬름 분트[58], 에른스트 마흐[59], 리하르트 아베나리우스[60]는 이를 '심신

---

55) Arnold Geulincx (1624~1669). 벨기에 출신의 기회원인론자로서 데카르트의 이원론에서 정신과 신체는 상이한 실체이므로 교호작용이 일어나지 않아야 하는데도, 실제로는 심신의 상호작용이 일어나는 사실에 주목하였다.

56) Nicolas Malebranche (1638~1715). 프랑스 출신의 철학자, 기회원인론자이다.

57) Gustav Theodor Fechner (1801~1887). 독일 철학자, 실험심리학자, 의사로서 칸트의 영향을 받았다. 검은 색의 유리 조각을 한 눈에 대고 빛을 보고서 그 눈을 감으면, 그 빛이 눈에 거의 들어오지 않지만 그 빛이 점점 밝아지는 현상을 발견하였다. 이 현상을 '페히너의 역설'(Fechner's paradox)이라고 한다.

병행론'[61]으로 전개했다.

심신병행론은 기계주의의 장점을 포기하지 않고서도 유기체에 영혼이 깃들어 있다는 입장을 지지할 수 있는 장점이 있다. 그러나 실체성과 함께 비소멸성을 영혼에 부여하면서, 동시에 영혼을 기계론적인 우주에 구속하는 단점도 있다.[62]

스피노자는 "만물에 영혼이 깃들어 있다"[63]는 이론으로 17세기 후반의 학문 조류와 조우한다. 이러한 주장은 침, 피, 정자와 같은 물질에 대한 현미경 관찰을 통하여 생명으로 충만해 있다는 놀라운 경험들로 뒷받침되었다. 현미경은 16세기 말에 발견되었으며, 안톤 판 레이우웬훅[64], 로버트 훅[65], 얀 수밤메르담[66]과 같은 사람들이 중요한 역할을 했다. 현미경의 초기역사에 대한 생생한 문서는 런던 왕립학회에 보낸 레벤후크의 편지들이다.

모든 생명들을 포괄하고 있는 거대 생명체인 우주 역시 신적 지성 속에서 관념 혹은 영혼을 갖고 있으며, 이 영혼은 그것을

---

58) Wilhelm Maximilian Wundt (1832~1920). 독일 출신의 심리학자, 철학자, 생리학자로서 1879년에 라이프치히대학에 최초로 심리학 실험실을 열어서 '근대 심리학의 아버지'로 불린다.

59) Ernst Mach (1838~1916). 오스트리아 모라바(현재 체코의 브르노) 출신의 물리학자로서 빈 대학교에서 과학사를 연구하고 독일 뮌헨에서 죽었다.

60) Richard Ludwig Heinrich Avenarius (1843~1896). 프랑스 파리에서 태어나 스위스 취리히에서 죽은 독일 출신의 실증주의 철학자로서 라이프치히대학에서 공부하여 취리히대학의 교수가 되었다.

61) psychophysischer Parallelismus

62) 스피노자, 『에티카』 제5부 참조.

63) Allbeseelung

64) Antonie van Leeuwenhoek (1632~1723). 네덜란드 출신의 무역업자, 과학자로서 현미경의 발달과 미생물학의 정립에 공헌하여 '미생물학의 아버리'로 불린다.

65) Robert Hooke (1635~1703). 영국의 자연철학자, 박물학자이다.

66) Jan Swammerdam (1637~1680). 네덜란드의 생물학자, 해부학자이다.

구성하고 있는 하위 생명체의 관념들로 이루어져 있다. 인간의 영혼은 다시 더 작은 영혼들, 즉 인간의 신체를 구성하고 있는 모든 각각의 유기체 및 소 유기체의 관념들을 포괄하고 있다. 그래서 우주에게 생명을 불어넣는 관념은 무한히 많은 상하위로 질서 지어진 영혼들로 만들어진 상자와 비슷하다.

우주 생명 유기체의 서열에 인간 영혼은 위치해 있다. 그러나 인간 영혼의 실체적인 경계는 안정적이지 못하다. 스피노자가 보기에 인간은 아주 곤경에 처해 있는 존재자이다. 인간은 자신을 둘러싼 양태들의 작용을 완전히 이해할 수 없는 상태에서 불명확하고 고통스러운 정념들 가운데 있다. 인간은 자신의 신체를 갈아버릴 우주라는 톱니바퀴 기계 속에 갇혀 있다.

『에티카』의 마지막 부분에서 스피노자가 제기한 물음은 "나는 어떻게 나를 괴롭히는 정념을 지배할 수 있는가?"가 아니다. 이는 스토아 윤리학, 기독교 금욕주의, 데카르트 윤리학의 관심사일 것이다. 스피노자가 보기에 윤리학의 중심문제는 "나는 어떻게 내 운명적인 무상성에서 벗어날 수 있는가?"이다.[67]

## 스피노자의 영향

스피노자의 철학은 기독교의 근본명제로부터 이탈함으로써 비판의 대상이 되었다. 계몽주의 철학자 야콥 토마지우스와 크리스티안 볼프[68]는 대표적인 비판가다.

---

67) 이 주제는 스피노자와 불교의 비교연구를 수행한 성회경의 『스피노자와 불교』를 참조할 수 있다.

68) Christian Wolff (1679~1754). 라이프니츠와 칸트 사이에 위한 독일철학자로서 계몽주의와 형이상학의 발전에 크게 공헌하였다. 예나대학에서 공부한 후 라이프치히 대학에서 가르치다가 할레대학의 수학과 자연철학 교수가 되었다.

프랑스 출신 대주교 프랑소아 페늘롱[69], 자유신앙적 신비주의자 피에르 벨[70], 케임브리지 플라톤주의자 랄프 커드워스[71], 도덕철학자 사무엘 클라크[72], 이신론자 존 톨런드[73] 등도 스피노자에게 적대적이었다.

범신론 논쟁의 한 축을 이끌었던 모제스 멘델스존[74]은 스피노자를 공부했던 레싱[75]을 인용하여 1785년 『아침 시간 혹은 신의 현존에 관한 강의』[76]에서 정화된 범신론은 종교나 인류에 대해 해로운 것이 아니라고 주장한다.

야코비는 『스피노자의 이론에 대하여』(1785)[77]에서 스피노자주의를 유일한 일관적인 철학체계로 간주하지만 신앙적인 이유로 단죄했다. 또한 후기 레싱이 스스로를 스피노자주의자로 칭

---

69) François Fénelon (1651~1715). 로마 가톨릭 교회의 신부, 신학자, 작가로서 활동하였다.

70) Pierre Bayle (1647~1706). 프랑스 출신의 계몽주의 철학자, 프로테스탄트 사상가로서 네덜란드 로테르담 신학대학에서 철학과 역사학 교수가 되었다.

71) Ralph Cudworth (1617~1688). 영국 출신의 고전학자, 신학자, 케임브리지 플라톤학파의 지도자로서 활동하였다.

72) Samuel Clarke (1675~1729). 영국 출신의 철학자, 성직자로서 로크와 버클리 사이의 영국철학의 대가로 알려졌다.

73) John Toland (1670~1722). 아일랜드 출신의 철학자, 이신론자로서 이성에 근거한 성경해석을 강조하였다.

74) Moses Mendelssohn (1729~1786). 유대계 독일 출신의 대표적인 계몽주의 철학자이다.

75) Gotthold Ephraim Lessing (1729~1781). 독일 계몽주의 시대의 대표적인 사상가, 극작가, 평론가로서 독일문학과 연극의 근대화를 촉진하였으며, 예술론집 『라오콘』(Laokoon, 1766), 그리고 만년에 루터 정통파에 대항하여 사랑과 관용을 주제로 저술한 비극 『현자 나탄』(Nathan der Weise, 1779), 최후 저작 『인류의 교육』(1780) 등의 문제작을 발표하였다.

76) Moses Mendelssohn, Morgenstunden oder Vorlesungen über das Dasein Gottes. Christian Friedrich Voß: Berlin 1785.

77) Friedrich Heinrich Jacobi, Über die Lehre des Spinoza in Briefen an den Herrn Moses Mendelssohn, Breslau 1789.

한 사실을 주시했다. 멘델스존은 친구의 추억을 보호하고자 썼던 『레싱의 친구에 대한 멘델스존』[78]이라는 반박문을 출간하기 전인 1786년에 사망하였다.

헤르더[79]는 『신, 몇 가지 대화』[80]에서 스피노자에 대한 이신론적인 해석을 제안했다. 괴테는 스피노자와 동질감을 느꼈다. 그의 스피노자에 대한 애착은 유럽의 여론을 환기시켰다.

초기 피히테의 독일 관념론은 스피노자 해석 논쟁으로 점철된다. 피히테는 자아와 비자아의 의식이론을 스피노자적인 실체와 그 두 속성 개념 속에서 발견하였다. 그래서 절대 자아의 철학이 나온 것이다. 19세기와 20세기에 들어와 스피노자 연구가 만개하고 스피노자 전집 출판이 이루어졌다.[81]

---

78) Moses Mendelssohn an Die Freunde Lessings. Ein Anhang Zu Herrn Jacobi Briefwechsel Uber Die Lehre Des Spinoza (1786).

79) Johann Gottfried Herder (1744~1803). 프러시아 모룽겐(현재 폴란드 모라크) 출신의 독일 철학자로서 칸트의 강의를 들었으며, 계몽주의와 낭만적 민족주의, 역사주의, '질풍과 노도'(Sturm und Drang) 운동을 이끌어서 철학, 언어학, 역사학, 미학, 종교학, 문헌학 등의 광범위한 학문 분야에 크게 공헌하였다.

80) God Some Conversations (1787), Johann Gottfried Herder, translation by Frederick H. Burkhardt, published by Bobbs-Merrill, 1940 (pp. 95-114).

81) Norbert Altwicker (Hrsg.), Texte der Geschichte der Spinozismus. WBG: Darmstadt 1971; Hermann Timm, Gott und die Freiheit. Studien zur Religionsphilosophie der Goethezeit. Bd.1. Die Spinozarenaissance. Frankfurt: Vittorio Klostermann, 1974; Leo Strauss, Die Religionskritik Spinozas und zugehoerige Schriften. Stuugart: Metzler, 1996/2008.

# 16. 라이프니츠의 단자론과 예정조화설

근세철학은 경험론과 이성론(합리주의)으로 전개되었으며, 인식의 객관적 근거를 각각 경험적 요소나 이성의 자기반성 능력에서 찾으려고 했다. 경험론은 로크, 버클리, 흄이 주도하였고, 이성론은 데카르트, 라이프니츠, 스피노자, 볼프 등이 주도하였다. 특히 라이프니츠는 자신의 고유한 내부법칙에만 따르는 자율적 개체인 실체와 신의 예정조화에 의해 가능한 최선의 세계가 유지될 수 있다는 독창적인 사유를 제시하였다. 라이프니츠는 말한다. “모든 인간은 그 자신의 세계 또는 그가 자신의 방식대로 통치하는 그의 소우주 안에서는 말하자면 하나의 작은 신이다.” 그는 각각의 인간을 하나의 독립적인 단자로 규정한 것이다. 스피노자의 범신론적 사유를 근본적으로 부정한 측면이 매우 강하다. 스피노자의 사상과 차이가 두드러지게 나타난 이런 특징들은 라이프니츠가 의도적으로 연출한 것이라는 주장을 펴는 학자도 있다.

## 자연과 은총의 원리

라이프니츠는 『자연과 은총의 원리』(1714)에서 '실체'를 '활동이 가능한 존재'로 규정하였다. 이에 앞서 그는 『형이상학 논고』(1686)에서 실체를 "단순한 요소 개념들이 중복 없이 더 이상 복합될 수 없는 완전 개념"이라고 정의하기도 하였다.[1] 그는 가장 단순하고 완전한 실체를 '모나드'라고 명명하였다. 이는 '단일성', '하나'를 뜻하는 그리스어 '모나스'[2]에서 가져온 것이다. 단순실체인 모나드들은 어떤 부분도 가지고 있지 않으므로 생성될 수도 파괴될 수도 없다. 그것은 시작도 끝도 없고 변화는 하지만 소멸되지 않는 우주와 같이 계속 존속한다. 이로 인해 자연 안에는 모든 것이 충만한 상태로 있다. 태초부터 작용인의 체계와 목적인의 체계 사이에 예정된 완전한 조화가 존재하고 있는 것이다.

라이프니츠는 우주의 존재에 대한 충분한 이유는 우연적 사물들의 계열 안에서 찾아질 수 없다고 보았다. 따라서 다른 어떤 이유도 필요로 하지 않는 충분한 이유는 우연한 사물들의 계열 외부에 존재해야 하고, 그 사물의 최종 근거는 신이다. 바로 이 점이 스피노자의 사상과 극명한 차이를 보이고 있다.

근원적인 단순 실체는 전지전능하고 최고로 선하며, 최고의 정의가 귀속되는 신에 의존한다. 그리하여 라이프니츠는 신의 최고의 완전성으로부터 신이 가장 좋은 계획을 선택하여 우주를 창조했다고 결론 내린다. 이 세계는 '모든 가능한 세계들' 가운데서 '최선의 세계'인 실재 세계라는 것이다. 각각의 모나

1) 라이프니츠, 『이성에 근거한 자연과 은총의 원리』, 배선복 역, 책세상 2019; 라이프니츠, 『형이상학 논고』, 윤선구 역, 아카넷, 2010.

2) monas

드는 우주를 자신의 관점에서 표현하는 '각각의 살아있는 거울'이다. 그래서 각각의 모나드는 사물들의 총체와 조화할 수 있는 '가장 좋은 질서'를 이루는 지각과 욕구를 가져야 한다. 오직 '최고의 지혜와 선'만이 완전한 조화로써 행위할 수 있다. 신은 가장 완전하고 가장 행복하며, 모든 실체들 중에서 가장 사랑받을 만한 실체이다. 모든 정신들은 이성과 영원한 진리를 통하여 신과 일종의 공동체(신국)를 구성한다. 가장 위대하고 선한 군주가 다스리는 가장 완전한 국가, 즉 덕과 행복을 동시에 보장하는 그런 나라는, '자연의 왕국'과 '은총의 왕국' 사이에 '영원부터 예정되어 있는 조화'를 통하여 자연 사물 자체의 질서에 따라 일어난다. 우리는 결코 '최고의 행복'에 완전하게 도달할 수 없다. 신은 무한하므로, 우리는 그것을 결코 완전하게 인식할 수 없다. 우리는 다만 '새로운 기쁨'과 '새로운 완전성'을 향한 '부단한 진보의 도정'에 서 있을 것이다. 라이프니츠의 이와 같은 생각은 칸트의 최고선 수행에 그대로 수용되었다. 다만 라이프니츠는 신을 '실체'라고 규정한 반면에 칸트는 우리의 실천적 이성 사용, 특히 '도덕적인 의무 인식'과 '종교적인 희망 요청'을 위해 필연적으로 요구할 수밖에 없는 '이론명제'로 상정한 사실에서 차이를 보이고 있다.

### 근거율에 대하여

라이프니츠의 철학은 "어떻게 인식 자체가 가능하며, 이성으로 세계를 파악할 수 있는가?"라는 물음으로부터 시작한다. 그는 이로부터 "어떤 것도 충분한 근거 없이는 존재하지 않는다."라는 원리를 확립한다. 모든 것의 정립을 가능하게 하는 '일반적인 근거율'인 이 원리는 '모든 인식의 선천적 전제조건'이기도 하다. 이 원리 없이는 논리학, 수학, 데카르트의 성찰이나 로크의 경험조차도 불가능하다. 그러나 이 원리를 증명하려고 하면 순환논증에 빠지게 된다. 그것은 더 이상 증명될 수 없으며, 오로지 수긍될 수 있을 뿐이다. 라이프니츠는 이 일반적인 근거율은 '모순율', '동일율', 좁은 의미의 '충족이유율'로 구분한다.

첫째, 모순율은 이분법적 원리를 근거로 하며, "모든 명제는 참이든가 거짓이다."라고 진술한다. 둘째, 모순을 포함하는 모든 것을 거짓이라고 할 때, 거짓인 것과 모순관계에 있는 모든 것은 참이다. 이로부터 진술 "A는 A이다."는 진술은 참이라는 사실이 밝혀진다. 셋째, 어떤 것도 동시에 존재하면서 존재하지 않을 수 없다. 존재하는 모든 것은 이미 그 존재에 대한 '필요하고도 충분한 이유'를 가지고 있다. 진술의 진리 근거는 바로 그 대상 존재의 존재론적 형태에서 충족적인 것으로 드러난다. 여기에서 우리는 라이프니츠가 모든 논리적 진술을 동시에 존재론적인 진술로 간주했던 사실을 간파할 수 있다.

양가원리의 형태에서 근거율은 모든 진술에 대해 타당하지만, 한 진술의 참과 거짓 여부를 확립하는 데는 충분하지 않다. 이에 반하여 라이프니츠는 『단자론』에서 그것의 부정이 모순을 포함하는 진술들, 즉 동일명제들은 참이라는 사실을 보여준다. 그는 이런 규정들을 통하여 동시에 '필연성'의 정의로 사용하고 있는 '이성 진리'를 필연적 진리로 정의하고 있으며, 그 때문에 이성 진리들은 모순율에 근거하여 전적으로 참이 되는 진술들이다. 여기에는 수학적, 논리학적 진술들이 해당한다. 그는 이들을 모두 동일명제로 환원함으로써 증명할 수 있다고 보았다. 사유의 기본원리로서 모순율은 모든 진리의 근본적인 성질을 표현하기 때문에, 그것은 논리학이나 수학과 마찬가지로 신의 자의로부터 오는 것이 아니다.

한편 그들의 부정이 모순을 포함하지 않는 진술들이 있다. 우연적 진술들이 그것이다. 참인 우연적 진술들은 이성 진리와 대립되는 '사실 진리'이다. 그것들은 좁은 의미에서 충족이유율을 만족시킨다. 이것은 "어떤 것도 원인이나 특정한 근거 없이는 결코 일어나지 않는다."라는 명제로 나타난다. 이 원리는 모순율로 환원될 수 없으며, 따라서 이 원리 자체는 '필연적'이고 '우연적'이다. 그러므로 우리는 그것이 모든 사실 인식, 곧 선천적이기는 하지만 필연적이지는 않은 전제조건이라고 할 수 있다. 그는 이 실험에 근거하여 자연이 법칙적이라는 것을 확인할 수 없다고 강조했다. 칸트는 오성이 자연에 법칙들을 부여한다고 주장했다.

첫째로 충족이유율(좁은 의미)은 어떤 것도 원인이나 특정한 근거 없이는 결코 일어나지 않는다는 것이다. '사실 진리'는 개별사건들이 어떤 인과 연쇄와 목적 근거를 가지고 있는가에 관한 진술이다. 세계 안에 있는 모든 사태들은 '인과적 원인', 즉 부단하고 무한한 인과연쇄를 갖는다. 인간의 모든 행위들도 그 내적 상태를 보면 완전한 인과연쇄가 존재한다. 신도 역시 결코 자의적으로 행동하지 않는다는 것을 알 수 있다. 따라서 이 원리는 신의 행위가 목적론적 근거를 가질 것을 요구한다. 그러나 신은 최선의 것만을 원하기 때문에 라이프니츠는 이러한 형태의 충족이유율을 이 세계와 그 안의 모든 개별적인 사물들의 존재를 위해 충분한 근거를 제공하는 최선의 원리라고 부른다. 그에 따르면 신은 논리적으로 가능한 세계들 중에서 가장 풍부한 현상들과 가장 잘 질서 잡힌 세계를 선택하여 창조했다고 한다. 신은 이 원리를 논리적 필연성의 의미가 아닌, 단지 도덕적 필연성이라는 의미에서 따르게 된다. 여기서 라이프니츠는 신이 어떤 것을 원하기 때문에 그것이 좋은 것으로 되는 것이 아니라, 신은 어떤 것을 좋아하기 때문에 원한다고 전제한다. 그러나 신은 논리적으로 참인 것을 확정하듯이, 그렇게 선한 것을 확정하지는 못한다. 이로써 라이프니츠는 신의 전능에 대해 어떤 제한을 가하는 것이 아니라, 신의 본질을 확립하여 이신론(理神論)의 방향으로 나아가서, 신 개념과 결합함으로써 철학의 해결책을 찾고자 하였다. 인간과 신의 이성은 완정성의 정도에서만 다르고 원리상으로는 다르지 않다. 신은 단지 논리적-도덕적으로만 이성적인 것으로 기능할 뿐이지, 이러한 합리성을 보증하는 것은 아니다. 여기에서 남는 것은 세계를 창조하고 그것을 계속 존재하도록 보존하는 신이다.

충족이유율에서 이유와 원인은 때때로 근거를 뜻한다. 그것은 두 가지 서로 다른 원리를 뜻하기 때문이다. 그러나 이 경우 라이프니츠의 중요한 의도를 간과할 수 있다. 사실 진리로 표현되는 이 세계의 모든 사건은 인과연쇄의 부분일 뿐만 아니라, 동시에 이 세계의 창조자로서 신의 의지의 표현이자 목적론적 근거 요소이다. 원인은 본래 근거이다. 그러므로 비록 인간은 무한한 근거 연쇄를 통찰할 수 없어도, 이 세계는 인간에게 이해될 수 있는 것이다.

일반 근거율의 첫 번째 형태인 '모순율'과 '동일율'은 이성 진리, 즉 동일성 또는 동일성으로 환원 가능한 진술에서 필연적으로 나타난다. 그것은 논리학과 수학에서 요구되는 필연적인 이성 진리인 것이다. 세계 사태는 개별사건들에 관한 진술, 인과연쇄, 목적 근거를 드러낸다. 두 번째 형태인 충족이유율은 언제나 인간에게 요구되는 최선의 진리이자 사실 진리이며, 우연적 도덕적 필연성을 띤다. 그것은 선천적이지만 필연적이지는 않은 전제조건이다. 그럼에도 인간의 모든 내적 상태에도 인과적 연쇄가 존재한다. 세 번째 형태의 충족이유율은 신은 결코 자의적으로 행동하지 않는다는 사실로서 드러난다. 충족이유율은 신의 행위가 목적론적 근거를 가질 것을 요구한다. 따라서 신은 언제나 '최선의 것'만을 원하신다. 신은 모든 개별적인 사물들과 인간들의 존재를 위해 충분한 근거를 제공하는 '최선의 원리'이다. 신은 논리적으로 가능한 세계들 중에서 가장 풍부한 현상들과 가장 잘 질서 잡힌 세계를 선택하여 창조한다. 여기서는 논리적 필연성의 의미를 넘어서서 도덕적 필연성이라는 의미가 더 두드러진다.

## 예정조화

이 세계는 필연성이 지배하는가, 아니면 자유가 들어설 수 있는 여지가 있는가? 자유와 결정의 양립을 주장하는 사람들의 경우를 보면 그들이 말하는 자유는 '강제'의 반대에 그친다는 사실을 알 수 있다. 이러한 개념적 정의의 다의성과 중첩성으로 인하여 자유의지론과 결정론의 논의들은 헛물을 켜고 끝나는 경우가 많다. 한국불교의 무아-윤회논쟁에서도 마찬가지 현상이 드러났다. 무아설과 윤회설이 모순 없이 성립할 수 있다는 다수의 불교학자들의 논지를 보면 무아설이나 윤회설의 취지가 변질되어 있는 사실을 확인할 수 있다. 그러나 서양 근대의 철학자들은 원천적으로 더 이상 물러설 수 없는 인식의 정초 근거에 대하여 숙고했기 때문에 이런 문제에 대해서는 훨씬 더 치밀한 태도를 보이고 있다.

라이프니츠의 실체 개념인 모나드는 '형이상학적 점'으로서 더 이상 분할할 수 없는 하나의 '유기적 통일체'이다. 최고 실체인 신은 무한한 수의 개체들인 동시에 영혼과 유사한 실체인 모나드들을 완전태로서 창조한다. 그 각각의 개체들은 항상 전적으로 판명한 통각을 가진 유일한 모나드들이다. 이 모나드들은 내부 운동, 즉 지각들과의 관계 속에서만 구별된다. 그것들은 한 지각에서 다른 지각으로 이행하게 하는 '내적 욕구', 즉 '아페티투스'[3])를 가지고 있다. 이처럼 자의식을 수반하고 반성적 인식을 포함한 최고단계의 지각을 '통각'이라고 부른다. 영혼은 기억을 동반한 명석한 지각이다. 정신, 즉 '이성을 가진 영혼'은 통각이 가능한 모나드이다.

라이프니츠의 모나드들은 '창이 없다.'[4]) 그러나 '창 없는 단자', 즉 단자들이 외부를 지각하고 인식할 수 있는 조건과 기관들을 가지고 있지 않다면, 그것들은 타자들과의 교감이나 소통 없이 어떻게 질서와 조화를 창출할 수 있는 것일까? 모든 모나드들은 모호하게, 그리고 각각 다른 관점에서, 전 우주를 '표현'하고 있다.[5]) 현상적인 인과관계는 "신의 조정을 통해 나타나는 관념적 영향"에 불과하다.[6]) 그렇다면 현상을 지배하는 인과적인 연결망은 신이 창조하기 전에 생각한 가능세계의 운행에 다름 아닐 것이다. 모든 가능적 세계 안에서 모든 것은 서로 결합되어 있으므로[7]), 모나드의 내적 성질들은 가능한 세계운행의

---

3) Appetitus
4) 라이프니츠, 『단자론』, § 7.
5) 라이프니츠, 『단자론』, § 56.
6) 라이프니츠, 『단자론』, § 51.
7) 라이프니츠, 『변신론』 제1부, § 9.

전체에 따라 조정된다. 현실 세계 속에 있는 모나드들의 조화는 창조 때부터 신에 의하여 '예정된 조화'[8]이다. 이로부터 우리는 영혼과 육체의 조화도 가능하다고 생각할 수 있다.

## 변신론의 문제

라이프니츠의 『변신론』은 1710년에 출판되었다. 라이프니츠 아카이브에는 전집 120권 분량에 해당하는 20만 쪽에 달하는 원고들이 쌓여 있다. 이 책은 그가 죽기 6년 전에 발행되었다. '테오디체'[9]는 '신'[10]과 '정의'[11]의 합성어다. 라이프니츠는 악의 문제로부터 신의 정의로움을 변호하는 변신론의 문제를 청년기부터 붙들고 왔다.

라이프니츠가 1695년에 예정조화설을 발표하자, 1697년에 피에르 벨이 라이프니츠를 비판했는데, 프로이센 공주 소피 샤롯데는 이에 대해 설명해달라고 요청하였다. '변신론'의 기원은 라이프니츠가 신앙과 이성의 일치를 강조하려는 데서 찾을 수 있다. 그는 "어떤 것도 충분한 근거 없이는 존재하지 않는다."[12]라고 강조한다. 신의 선택과 인간의 자유를 조화롭게 설명하려는 변신론은 최소한 두 가지 사실을 전제한다. 하나는 "선한 신이 이 세상을 창조했다"는 사실이고, 다른 하나는 "이 세상에는 악이 존재한다"는 사실이다.

신이 존재한다면, 악은 어디에서 오는가? 신이 존재하지 않

8) pre-established Harmony, Prästabilierte Harmonie.
9) Theodizee
10) theos
11) dike
12) Nihil est sine ratione sufficiente.

는다면 선은 어디에서 오는가? 신은 악의 출현에 대해서도 책임이 있는가? 그렇다면 신은 왜 악을 허용했는가? 변신론적 물음은 계속될 수 있다. 라이프니츠는 신이 최선이라고 여긴, 전 우주의 조화를 위해서 허용한 것이라고 생각하였다. 그렇다면 최선의 선택에서 나타난 신의 선함이 세계 도처에 존재하는 악과 조화될 수 있는가? 현재세계보다 더 좋은 다른 세계가 존재할 수 있는가?

'가능성' 개념은 서로 양립할 수 있는 개별적인 실체들의 집합에서 생각할 수 있다. '가능세계'는 신의 선택을 받아서 실제로 존재할 수도 있는 세계이다. "신은 가능한 모든 세계 내가운데 가장 완전한 세계를 선택하면서 이 세계에 부수적으로 첨가된 악을 지혜롭게 허용했으며, 모든 것을 다 생각하고 고려해보면 이 악 때문에 이 세계가 선택 가능한 최선의 세계가 되지 않는 것은 아니다."[13] 세계의 모든 사태들은 서로 연결되어 있어서, 우주 역시 하나의 가능한 세계로서 하나의 전체를 이루고 있다. 라이프니츠는 이 세상을 무한히 많은 가능세계 중에서 신이 선택하고 창조한 최선의 세계라고 보았다. 최선의 조화는 신의 의지가 아닌 신의 지성에서 비롯된다. 신의 선행(先行) 의지는 선 자체만을 추구하고 악을 피하는 것이다. 신의 후행(後行) 의지는 우주의 최선, 최종목적을 위해 요구되는 '도덕적 악'을 허용하는 것이다.

라이프니츠의 생각은 분명하다. 모든 정신들의 총체는 신국, 즉 모든 군주들 가운데서 가장 완전한 군주의 통치 하에서만 가능한 가장 완전한 국가를 구성하고자 한다.[14] '진실로 보편적

---

13) 라이프니츠, 『변신론』, 아카넷 2014, 42쪽.

14) 라이프니츠, 『모나드론』, 책세상 2007, § 85.

인 이 군주국', 즉 '신국'은 '자연세계 안에 있는 도덕적인 세계'이고, "신의 작품들 중에서 가장 고귀하고 가장 신적인 작품이다." 그 나라 안에 하느님의 영광이 임하고, "이 신국과 관련해서만 신은 비로소 선을 갖는다."[15] 더 나아가서 라이프니츠는 '물리적인 자연의 왕국'과 '도덕적인 은총의 왕국' 사이, 즉 '우주라는 기계의 기술자로서 신'과 '정신들의 신국의 군주로서 신' 사이에 존재하는 '또 다른 조화'를 본다.[16] "이 조화는 사물들이 자연의 길 자체를 통하여 은총에 이르도록 한다." 예를 들면 "이 세상은 어떤 정신에게는 벌을 주고 다른 정신에게는 보상을 주기 위하여 자연의 길을 통하여 파괴되었다가 다시 복구되게 한다."[17].

라이프니츠가 말하는 완전한 통치가 이루어지는 최선의 세계는 어떤 선행도 보상을 받을 것이고, 어떤 악행도 벌을 받을 것이며, 선한 사람들이 그들의 의무를 다할 경우에, 섭리를 따르고 모든 선의 창조자를 사랑하고 본받으며, 우리의 진정하고 순수한 사랑의 본성에 따라 그 완전성을 바라보는 데서 기쁨을 느끼는 사람들의 복리를 위해 헌신해야 한다고 말한다. 칸트는 라이프니츠의 이런 세계를 도덕적 수행을 의미 있도록 하려고 반드시 요구하지 않으면 안 되는 '도덕적 세계질서'의 요청으로 이해하였다. 이처럼 우리의 주인과 최종 목적으로서 전 우주의 창조자를 따르는 한에서, "이 세계를 현재의 세계보다 더 잘 창조하는 것은 불가능하다."[18]

---

15) 라이프니츠, 『모나드론』, § 86.
16) 라이프니츠, 『모나드론』, § 87.
17) 라이프니츠, 『모나드론』, § 88; 『변신론』 18, 110, 244, 245, 340.
18) 라이프니츠, 『모나드론』, § 90; 『변신론』, 134; 『형이상학 논고』, 윤선구 역, 아카넷 2010, 249-298쪽.

## 라이프니츠의 영향사

라이프니츠의 저작들은 아주 적은 수만이 그의 생전에 출판되었다. 『형이상학적 논고』와 『자연과 은총에 관한 원리』 등과 같이 중요한 저술들은 관습에 따라 종종 직접적 수신인뿐만 아니라 전 독자 그룹을 대상으로 했던 철학적 서신의 일부였다. 그 엄청난 범위에도 불구하고 그 영향을 평가하는 것은 쉽지 않은데 그 이유는 우선 그가 자신을 서신 상대의 이해 수준에 맞추고 있기 때문이다. 또한 『일반적 연구』와 같은 매우 자료 가치가 풍부하고 중요한 수고들이 1903년까지 전혀 알려지지 않고 있었다. 유고의 많은 부분들은 오늘날까지도 출판되지 않고 있다. 그럼에도 라이프니츠의 영향은 그 범위와 강도에서 결코 과소평가될 수 없다. 그의 변신론은 독일에서 가장 큰 영향력을 끼친 책들 중 하나이며 교양세계의 종교철학 교과서였다.

볼프는 라이프니츠 형이상학을 그의 근본체계에 수용함으로써 독일과 동유럽의 계몽사상가들이 라이프니츠 사상을 기본적으로 받아들이는 계기가 되었다. 고체트[19]의 문학이론은 여기에 그의 이론적인 배경을 가지고 있고, 철학자 크루시우스[20]의 반대 입장들도 볼프 체계와의 논쟁을 통해 형성되었던 것이다. 그러나 볼프는 라이프니츠의 중심적 입장만을 수용했을 뿐 체계를 지지하고 결속을 확립하는 요소들은 놓쳐버렸다. 따라서 단자론은 다시금 데카르트의 이원적 실체론에 가까운 형태가 되었다. 이것은 초기 칸트의 물리학적인 단자론에서 공간적인

19) Johann Christoph Gottsched (1700~1766). 독일 작가, 언어학자, 문학 이론가로서, 1734년에 논리학과 형이상학 정교수가 되었다.

20) Christian August Crusius (1715~1775). 독일 출신의 철학자이자 개신교 신학자로서 라이프니츠 사상에 반대하였다.

작용영역을 가진 힘점들이 모나드로 소개되고 있는 사실을 생각해보면 명백해진다. 바움가르텐 같은 몇몇 사람들이 라이프니츠로 되돌아갔음에도 불구하고 볼프를 통해 라이프니츠를 이해하는 경향은 변함이 업었다. 이것은 칸트에게도 해당된다. 1765년 『인간오성신론』이 최초로 출판되었지만 그것이 너무 늦게 나와서 인식론적인 토론에 지속적인 영향을 끼칠 수 없었다. 이 저작이 칸트의 비판철학 형성에  직접적인 영향을 미쳤다고 하지만 세세한 것을 증명할 수는 없었다. 칸트는 『형이상학의 진보』에 관한 1769년의 수상 논문에서 라이프니츠가 형이상학을 인식 가능성의 조건에 대하여 반성하지 않고 이론적-독단적인 방법으로 감각적인 것에서 초감성적인 것으로 진행하는 학문으로 펼쳤다고 비판하였다. 따라서 그것은 모든 인식을 단순한 이성개념 위에 세우려하는 '미궁'에 빠지게 되었고, 예정조화는 철학이 생각해낸 것 가운데 가장 기묘한 허구라는 것이다.

후기 독일 계몽주의에서는 볼프의 독단론이 극복되면서 라이프니츠에 대한 관심이 변하였다. 라이프니츠 저작집의 간행은 단자론과 변신론을 넘어서서 라이프니츠 철학에 대한 비전을 제시할 필요가 있었다. 그러나 실제로는 야코비[21], 마이몬[22], 그리고 초기 셸링에게서 라이프니츠는 스피노자의 일원론의 빛 안에 수용되었고, 때로는 스피노자의 회귀로 받아들여졌다. 다만 헤겔은 라이프니츠를 절충주의자로 간주하고 그의 철학이

21) Friedrich Heinrich Jacobi (1743~1819). 스피노자와 칸트의 철학체계 안에서 필연적으로 전제할 수밖에 없는 독단적 요소들, 즉 스피노자의 신과 칸트의 물자체 개념의 자체모순성을 지적하여 당시 철학계에 파란을 불러일으켰다.

22) Salomon Maimon (1753~1800). 리투아니아 태생의 유대계 독일 철학자로서, 칸트철학을 비판적으로 계승하였다.

체계가 없다고 비난하기는 했지만, 그의 단자론이 스피노자의 실체론과는 다르다고 평가하면서 사유 발전과정의 필연적인 진보라고 해석하였다. 여기서 헤겔은 모나드의 개체성에 무게를 두었다. 헤겔은 라이프니츠가 모나드의 다양성에다가 증명되지 않은 절대적 통일성을 대립시키고, 이것을 다시 신의 개념 속에서 전제하고 있다고 비판한다. 포이어바흐도 그의 『근대철학의 역사』 중의 라이프니츠 부분에서 이와 유사한 비판을 하였다. 에르트만[23]에 의한 저작집의 간행으로 19세기 중반부터는 신뢰할만한 텍스트가 제공되어 철학적-역사적 연구에 많은 도움을 주었다. 그러나 처음에는 연구의 중심대상이 여전히 라이프니츠의 형이상학에 머물러 있었으며, 이것은 피셔[24]의 저작들에 명백히 드러나고 있다. 러셀, 쿠튀라, 그리고 카시러[25] 등의 연구에서도 이러한 관점으로부터 근본적인 전환이 이루어지게 되었다.

라이프니츠의 사상에 순응하지는 않지만 그래도 라이프니츠 철학의 원리들을 연구하면서 자신들의 입장을 해명하는데 주안점을 두었던 철학자들은 다음과 같다. 먼저 라이프니츠의 개념론과 판단론에 대한 러셀의 분석은 비트겐슈타인의 논리적 원자론에 직접적인 영향을 미쳤다. 하이데거는 『라이프니츠의 결과에 따른 논리학의 형이상학적 기초』에서 논리학과 존재론의 관계, 그리고 근거율의 본질을 규정하였으며, 그 반대로 후설은 『데카르트적 성찰』의 모나드 개념을 자신의 현상학적 분석에

23) Johann Eduard Erdmann (1805~1892). 독일 출신의 성직자, 철학사가, 종교철학자이다. 슐라이어마허와 헤겔을 추종하고 헤겔우파에서 주도적인 역할을 하였다.

24) Kuni Fischer, Ernst Kuno Berthold Fischer (1824~1907), 독일의 철학자, 철학사가이자 비평가다.

25) Ernst Cassirer (1874~1945). 유대계 독일 철학자로서 신칸트학파의 마르부르크학파를 창설하고 문화철학과 상징철학을 널리 보급하였다.

활용하였다. 가능적 세계에 대한 힌티카[26]의 구상은 그 발상의 기원에서 라이프니츠와 관련이 있다. 또한 C. I. 루이스[27]와 랭포드[28]의 최초의 근대적 양상논리학적 계산은 명백히 라이프니츠 생각에 의존하여 전개되었다. 아인슈타인의 상대성 이론을 라이프니츠에 의해 기초된 시간과 공간의 상대성에 관한 결과라고 보거나, 또는 프로이트의 무의식 이론이 라이프니츠의 무의식적인 지각에 대한 개념을 명백히 한 것이라고 볼 수 없듯이, 후설의 현상학이나 비트겐슈타인의 논고가 라이프니츠의 사상에 기인한다고 말할 수는 없을 것이다. 그러나 이들에게 동인을 제공한 것은 라이프니츠였다. 왜냐하면 그의 사상은 오늘날에도 새로운 통찰을 가능하게 하는 새로운 길을 가르쳐 주었기 때문이다.

## 라이프니츠의 모나드론

라이프니츠의 『모나드론』에서 중요한 텍스트들을 발췌 정리하였다.[29]

> "모나드는 복합체 안에 있는 단순한 실체이다. 단순하다는 것은 부분이 없다는 뜻이다."(명제 1)[30]

---

26) Kaarlo Jaakko Juhani Hintikka (1929~2015). 핀란드 출신의 철학자, 논리학자이다.

27) Clarence Irving Lewis (1883~1964). 미국 철학자, 개념적 실용주의의 창시자, 인식 논리학자로 유명하다.

28) Cooper Harold Langford (1895~1964). 미국의 분석철학자, 수학적 논리학자로서 루이스와 함께 『상징논리학』(Symbolic Logic, 1932)을 저술했다.

29) 라이프니츠, 『모나드론』 외, 책세상 2007; 『형이상학 논고』, 윤선구 역, 아카넷 2010; 이정우, 라이프니츠의 「모나드론」, 『주름 갈래 울림』, 거름 2001.

30) 라이프니츠, 『변신론』 10절.

"모나드들은 단적으로 탄생하거나 소멸하는 것이라고 말할 수 있다. 모나드들은 창조에 의해서만 탄생하고 무화(無化)에 의하여 소멸한다. 반면에 복합체는 부분들의 조합과 해체에 의하여 탄생하거나 소멸한다."(명제 6)

라이프니츠의 모나드는 더 이상 분할할 수 없는 단순 실체이다. 모나드의 생성 소멸은 우리들에게는 신비이고, 오직 신의 창조나 무화 의지에만 따른다고 생각할 수 있다. 이 세계는 모나드들로 가득 차 있다. 모든 세계 현상은 모나드들의 이합집산의 결과일 뿐이다.

"모나드는 외부와 소통할 수 있는 창이 없다. 따라서 밖에서 모나드 내부에 어떤 것을 전달할 수도 없다. 그래서 하나의 모나드가 다른 어떤 피조물에 의하여 그 내부에 영향을 받거나 변화될 수 있는가를 설명할 수 있는 가능성이 없다. 모나드는 타자가 출입할 수 있는 창문들을 가지고 있지 않다. 실체도 우연적 속성도 밖에서 모나드 안으로 들어갈 수 없다."(명제 7)

창 없는 단자는 현상적으로 모든 소통의 가능성을 부정하는 것처럼 보이지만, 우리가 갇혀 있는 집 안에서 전화와 인터넷을 통해 의사전달이 가능한 것처럼, 단자들 사이에 창을 통하지 않은 다른 유형의 소통 방식이 가능하다고 생각할 수도 있다.

"모든 개별적인 모나드들은 다른 모든 모나드들과 구별되어야 한다. 자연 안에는 서로 완전히 같고, 내적, 내면적 규정성에 기반하는 차이를 발견할 수 없는 두 개의 사물은 존재하지 않기 때문이다."(명제 9)

라이프니츠는 근본 요소들의 차이성의 원리에 의하여 세계를 설명한다.

"창조된 모나드들을 포함한 모든 피조물은 변화 속에 있으며, 이러한 모든 모나드들에게서 연속적으로 일어난다."(명제 10)

여기에서 라이프니츠는 모나드의 형상 질료적 차이뿐만 아니라 운동과 변화의 원리까지 전제하고 있다. 데모크리토스를 비롯한 원자론 철학자들이 원자와 공간을 전제한 후 원자의 정의적 규정에 없는 운동과 형성을 설명하기 위하여 최초원자의 선회라는 예외를 설정한 것처럼, 라이프니츠 역시 다른 모든 외적 존재들로부터 자유로운 모나드를 규정한 후에 다시 그것들의 이합집산의 가능성을 모색하고 있다.

"단순 실체의 모든 현재 상태는 그 이전 상태의 자연스러운 결과이고, 따라서 현재는 이미 미래를 자신 안에 품고 있다."(명제 22)

이것은 불교의 연기(緣起) 개념과도 유사하다. 화이트헤드의 사건[31] 개념이나 하이데거의 '고유화'[32] 현상으로서 '생기'(生起) 개념과도 비교 가능하다. 김형효 선생은 일찍이 이 사실을 깊이 터득하였다. 화이트헤드와 하이데거의 사상을 한데 놓고 생각하면 '사건'이란 어떤 것을 고유한 것으로 지탱하는 모든 것들이 파산하는 순간 그것의 고유성을 이탈하여 다른 상태로 이행하는 것에 다름 아니다. 그러므로 우연적인 사건이란 존재하지 않는다.

"필연적이고 영원한 진리의 인식은 우리를 자신과 신을 인식하도록 고양함으로써 단순한 동물들과 구별해주고 이성과 학문을 가질 수 있게 한다. 이것이 바로 우리 안의 이성적 영혼 또는 정신이다."(명제 29)

"우리로 하여금 나(자아)라고 불리는 것에 대한 생각을 갖도록 하고 우리 안에 이것 또는 저것이 있다고 숙고하도록 하는, 반성적 행위로 우리를 고양시키는 것도 또한 필연적 진리의 인식과 그의 추상화를 통해서다. 이와 같이 우리가 자신에 대하여 사유함으로써 우리들은 동시에 존재, 단순 실체와 복합 실체, 비물질적인 것, 그리고 우리 안에서는 제한되어 있는 것이 그의 안에서는 무제한하다는 것을 파악함으로써 신 자체에로 우리의 생각을 향하도록 하는 것이다."(명제 30)[33]

---

31) events

32) Ereignis

33) 라이프니츠, 『변신론』 서문 4a.

"충분한 이유는 우연적 진리 또는 사실 진리들에서도, 즉 모든 창조된 사물들의 결과나 연관 속에도 존재해야 한다."(명제 36)

"충족 이유 또는 최종 근거는 우연한 개별적 사물들의 연속 내지는 계열 외부에 존재해야 한다."(명제 37)

"사물의 최종 근거는 필연적인 실체 안에 놓여야 한다. 이 실체 안에서 변화의 세부 사항들은 그 근원에서처럼 단지 탁월한 방식으로 존재한다. 이 실체를 우리는 신이라고 한다."(명제 38)

"실체는 서로 빈틈없이 연결되어 있는 모든 개별적인 것들에 대한 충분한 근거이기 때문에 단지 하나의 신만이 존재하고, 이 신은 충족적이다."(명제 39)

"이 최고 실체의 외부에는 그로부터 독립적인 어떤 것도 존재 할 수 없으며 그것은 가능한 존재의 단순한 결과이기 때문에 유일하고 모든 것을 포괄하며 필연적이고 어떤 제한도 없으며, 가능한 한 많은 실재성을 가져야 한다. 이로부터 신은 절대적으로 완전하다는 결론이 나온다. 이로부터 또한 피조물들은 신의 영향으로 그들의 완전성을 갖게 되며, 그들 각자의 불완전성은 제한이 없을 수 없는 그들의 고유한 본성에서 기인한다는 사실이 나온다. 이 점에서 피조물들은 신과 구분된다."(명제 40-42)[34)]

"신(神) 또는 필연적 존재만이 필연적으로 존재하는 특권을 가진다. 신 존재는 선험적으로 인식하기에 충분하다.(40번 명제 참조) 신의 존재의 최후의 충분한 근거는 단지 자체 내에 존재의 근거를 가지는 필연적 존재 안에서만 가질 수 있는 우연적 존재의 현존으로부터 후험적으로 증명할 수 있다.(명제 45)

"오직 신만이 근원적인 단일성 또는 근본적인 단순 실체이다. 모든 창조된 모나드들은 그의 산출물들이다. 이들은 매순간 신성의 연속적 밝힘에 의해 태어난다."(명제 47)

"신 안에는 모든 것의 원천인 능력이 있고, 개별적인 관념들을 포함하는 인식이 있고, 최선(最善)의 원리에 따라 변화 또는 창조를 가능하

34) 라이프니츠, 『변신론』 20, 27031, 153, 167, 377.

게 하는 의지(意志)가 있다."(명제 48)

"모든 창조된 사물들 각각은 연결되어 있으며, 따라서 각각의 단순 실체들은 다른 모든 것들을 표현하는 관계들을 가지면서 영속하는 우주의 거울이다."(명제 56)

불교의 연기설적 우주론이나 화이트헤드의 과정철학적 사건, 그리고 하이데거의 사방세계에서 생기와 비슷한 사상을 선구적으로 전개하고 있다.

"그러므로 모든 생명체의 유기적 신체는 일종의 신적인 기계 또는 인공적 자동 기계를 무한히 능가하는 자연적 자동기계이다."(명제 64)

"자연의 창조주만이 이 신적이고 무한히 놀라운 예술품을 창조할 수 있었다."(명제 65)

"이로부터 우리는, 물질의 가장 작은 부분 속에 피조물들의 세계, 생명체들의 세계, 동물들의 세계, 완성태들의 세계, 영혼들의 세계가 존재함을 안다."(명제 66)

"영혼은 점차로 서서히 그의 신체를 변화시킨다. 그것은 결코 한번에 그의 모든 기관들을 박탈당하지 않는다. 동물들에게서는 변형이 일어나지만 결코 영혼들의 전생이나 윤회는 일어나지 않는다. 신체가 없는 순수한 정신이나 신체 없는 영혼은 존재하지 않는다. 신만이 신체를 가지지 않는다."(명제 72)

# 17. 칸트의 비판철학과 형이상학

"마음의 깊은 심연으로 들어가야만 가능해지는 자기 자신을 도덕적인 존재로 인식하는 일은 모든 인간적 지혜의 시작이다."

임마누엘 칸트

## 칸트철학의 학문적 위상

칸트[1]의 철학은 유럽 계몽주의의 정점이자 그 전환점이다. "지혜를 행하라!"[2] "네 자신의 지성을 사용할 용기를 가져라!"[3] 라는 계몽의 구호는 칸트에 의해 수용되고, 원칙으로 전환된다. 이성은 스스로 사고할 것을 결심함으로써 여러 사회적 권위와 독단적 철학의 감독으로부터 해방되고, 자신의 고유한 근거, 즉 자율성으로서 자유를 발견하게 된다.

근세의 자연과학(갈릴레이, 뉴턴)의 발전과 함께 그보다 훨씬 오래된 논리학과 수학의 발달에 깊은 영향을 받으면서, 칸트는 (전통 형이상학이라고 불리는) 근본철학 안에서 끊임없는 싸움을

1) Immanuel Kant (1724~1804). 프로이센 제국의 쾨니히스베르크(현재 러시아 칼리닌그라드)에서 출생한 독일 최고의 철학자이며, 3대 비판서와 윤리학 및 종교학 분야에서 중요한 저서들을 내놓았다.

2) Sapere aude!

3) Kant, Beantwortung der Frage: Was ist Aufklärung? 1783, A 481.

'추문'[4]으로 간주한다.

그는 '초월적인'[5] 대상들, 즉 신, 자유, 불멸성과 같은 대상에 관한 형이상학적 탐구를 보류한다. 그리고 근본철학, 즉 형이상학이 학(學)으로서 가능한가를 묻는다. 이로써 철학은 다시 '철학에 관한 이론'으로 변한다.

다시 제기된 이 물음에 대하여 칸트는 '선험적'[6] 이성비판이라는 새로운 사고방식으로 접근한다. 이성 비판을 통하여 칸트는 자율적인 철학함과 철학함의 원리적 한계를 규명한다. 따라서 모제스 멘델스존이 비판하는 것처럼 칸트는 '형이상학을 파괴하는 자'가 아니라, 그것을 다시 '새롭게 정초'하려고 했던 것이다. 이 점에서 칸트는 '해체'와 '구성'의 철학적 작업을 동시에 수행한 것이다.

학으로서 철학의 가능성에 관한 물음은 인식과 도덕적 행위, 또한 미적·목적론적 판단의 가능성의 조건에 관한 탐구로 인도한다. 이렇게 '철학의 이론'은 근본적인 주제에 관한 이론들과 결합된다. 본보기가 되는 독창성과 개념적 엄밀성을 지닌 분석을 통해, 칸트는 인간의 (수용성과 감성으로 표현되는) 유한성에도 불구하고 어떻게 인간의 앎과 도덕적 행위의 보편타당성과 필연성이 가능한가를 설명하고 있다. 수학과 자연과학 그리고 도덕적 행위에서 선천적 요소들은 구성적이라는 획기적인 발견에 의해 전환점이 마련된다. 기초에 관한 선험철학적 논의를 통해, 칸트는 이제까지의 모든 사고방식의 혁명을 이루고, 처음으로 철학을 참으로 확실한 토대, 즉 이성의 비판을 통해 마련된 토대 위에 세우고자 한다.

---

4) Skandal
5) transzendent. 이는 '경험의 한계를 넘어선다'는 뜻이다.
6) transzendental. 이는 '경험의 가능성 조건에서'라는 뜻이다.

칸트 철학의 핵심 개념인 이성과 자유는 또한 '프랑스 혁명의 시대'(1770~1815)의 주요 개념이었다. 따라서 칸트는 단지 철학의 뛰어난 고전적 거장 중의 한 사람만은 아니다. 그는 야스퍼스[7)]의 '차축시대'[8)]라는 명칭을 부여받을 만한 인물이며, 오늘날까지 우리의 사고와 생활세계에 결정적인 영향력을 행사하고 있는, 시대를 대표하는 가장 중요한 사람 중의 하나이다.

## 칸트의 생애와 철학적 발전 및 저술

근세의 위대한 철학자들 중에서 칸트는 자신의 생계를 철학 교수직으로 이은 최초의 인물이다. 그는 쾨니히스베르크 지역의 바깥으로 한 번도 나가보지 못했으나 세상에 관한 놀랄 만한 지식은 독서와 대화 그리고 상상력의 산물이었다.

칸트는 1724년 4월 22일 동프로이센의 수도이자 국제적 항구도시인 쾨니히스베르크에서 마구 제조업자의 9명의 자식들 중 4남으로 출생했다. 그의 할아버지가 스코틀랜드로부터 이주해왔다는, 칸트가 데이비드 흄[9)]과 연관해서 기꺼이 피력했던 견해는 공식 서류에 의해 확인되고 있지 않다.

---

7) Karl Theodor Jaspers (1883~1969). 독일과 스위스의 정신과 의사, 철학자로서 정신치료, 심리학, 철학, 신학에 많은 영향을 미쳤다.

8) Achsenzeit. 야스퍼스가 던진 이 주제가 다시 화두로 살아 움직이고 있다. Shmuel N. Eisenstadt(Hrsg.), Kulturen der Achsenzeit II. Ihre institutionelle und kulturelle Dynamik. Frankfurt: Suhrkamp, 1992; Karen Armstrong, Die Achsenzeit: Vom Ursprung der Weltreligionen. München, Siedler, 2006; Hans Joas, Was ist die Achsenzeit?: Eine wissenschaftliche Debatte als Diskurs über Transzendenz. Basel: Schwabe Verlag, 2014; Jan Assmann, Achsenzeit. München: C.H. Beck, 2020.

9) David Hume (1711~1776). 스코틀랜드 에든버러 출생의 대표적인 영국 근대철학자로서, 회의주의 철학을 심화하여 칸트에게 결정적인 영향을 끼쳤다.

어린 칸트는 교외의 병원부설학교에 다녔다.(1730~1732) 그 후에 오늘날의 김나지움에 해당하는 프리드리히 콜레기움에서 엄격한 경건주의 교육을 받았다.(1732~1740) 그곳에서 칸트는 콜레기움의 교장이자 신학 교수인 슐츠[10)]의 도움을 받는다. 콜레기움에서 칸트는 특히 고전어 지식을 습득한다. 경건주의 신앙을 가진 그의 모친은 "타고난 지성과 순수한 신앙심"을 가졌으며, 칸트로부터 존경을 받았으나 1737년에 운명하였다.

칸트는 1740~1746년에 걸쳐 쾨니히스베르크 대학에서 수학, 자연과학, 신학, 철학을 공부한다. 독일 계몽주의 형이상학자 볼프[11)]의 제자로서 논리학, 형이상학 담당 교수였던 크누첸[12)]은 칸트에게 지대한 영향을 미쳤으며, 라이프니츠 철학의 토대 위에서 전개된 볼프와 바움가르텐[13)]의 강단 형이상학, 자연과학을 가르쳤다. 특히 뉴턴[14)] 물리학은 칸트에게 엄밀한 학의 표본이 되었다.

부친이 사망한 후에 칸트는 가정교사 생활(1746~1755)을 하면

---

10) Franz Albert Schultz (1692~1763). 1715년부터 비텐베르크에 있는 할레대학(Martin Luther Universität Halle-Wittenberg)에서 크리스티안 볼프에게서 철학을 공부한 후, 쾨니히스베르크의 알트쉬타트교회의 목사직과 알베르티나대학의 신학교수직을 받았다. 1733년에 이 대학의 총장직과 함께 프리드리히 콜레기움을 맡게 되면서 칸트와 인연을 갖게 된다. 1740년에 칸트는 슐츠의 신학 강의를 들었다.

11) Christian Wolff (1619~1725)

12) Martin Knutzen (1713~1751) 크리스티안 볼프에게 배우면서 경건주의와 합리주의를 종합하려고 노력했으며, 칸트와 하만에게 영향을 주었다. 그의 저서 『기독교 진리의 철학적 증명』(1740)의 재판은 울리히 레너가 편집한 "초기근대의 종교사" 특집의 제1권으로 발간되었다. (Martin Knutzen, Philosophischer Beweis von der Wahrheit der christlichen Religion 1747, Eingeleitet, kommentiert und herausgegeben von Ulrich L. Lehner. In: Religionsgeschichte der frühen Neuzeit. Band 1, Nordhausen 2005, 298 S.)

13) Alexander Gottlieb Baumgarten (1714~1762)

14) Isaac Newton (1642?~1726)

서, 논문 『활력의 참된 측정술에 관한 사상』[15]을 통해 데카르트 학파와 라이프니츠 학파 간의 힘의 계산을 둘러싼 논쟁을 중재하고자 시도하였다. 이 저술에서 이미 그의 비판철학의 중요한 동기들이 모습을 드러내고 있다. 학적 권위의 영향을 받지 않는 진리 탐구라는 계몽주의적 열정, 수학적 자연과학과 형이상학을 서로 관련시키는 것, 방법에 관한 탐구가 논의되고 있다.

1755년 칸트는 쾨니히스베르크 대학에서 『불에 대한 몇몇 고찰에 관한 간략한 서술』[16]이라는 논문으로 박사학위를 취득하고, 같은 해에 『형이상학적 인식의 제1원칙에 관한 새로운 해명』[17]이란 논문을 발표하여 대학 교수자격을 취득한다. 여기서 칸트는 볼프의 강단 형이상학을 논박하는 동시에 라이프니츠의 충족이유의 실질원리와 단일성과 모순의 논리적 원리와의 관계를 논의하였다.

칸트는 라이프니츠 학도이자 볼프 비판자인 크루지우스[18]와 의견을 같이 하면서 실질원리를 논리적 원리에 종속시키려는 볼프의 시도를 실패한 것으로 간주하고, 인식의 모든 원칙을 궁극적으로는 하나의 공통의 원리로 환원할 수 있다는 생각을 반박한다. 이는 칸트는 나중에 제기한 실재에 관한 모든 인식은 종합적 성격을 지닌다는 주장과는 많은 차이를 보이고 있다.

같은 해에 익명으로 출판한 『보편적 자연사와 천체 이론』[19]

---

15) Kant, Gedanken von der wahren Schätzung der lebendigen Krafte, 1747.

16) Immanuel Kant, Meditationum quarundam de igne succincta delineatio (1755) [oft kurz als *De igne* bezeichnet, Dissertation]

17) Immanuel Kant, Principiorum primorum cognitionis metaphysicae nova dilucidatio(1755) [dt.:Neue Erhellung der ersten Grundsätze metaphysischer Erkenntnisse, oft kurz als *Nova dilucidatio*]

18) Christian August Crusius (1715~1775)

은 형이상학보다는 자연과학적으로 의미 있는 책이다. 갈릴레이와 뉴턴 물리학의 토대 위에서 칸트는 태양계와 전체 우주의 생성에 관한 순수 기계적인 이론을 간략하게 제시한다. 이 이론의 중요한 부분들, 특히 토성의 고리와 성운에 관한 이론은 후에 천문학자인 허셜[20]의 관측에 의해 입증된다. 라플라스[21]에 의해 약간 변경된 채, 칸트의 우주 진화론은 칸트-라플라스 이론으로 불리면서 오랜 기간 동안 천문학적 논의가 전개되는 중요한 토대가 된다.

이 시기에 칸트는 자연과학적인 문제들을 다루었다. 당시에는 경험적 자연인식과 철학적 자연인식 사이에 엄격한 구분이 없었다. 철학자인 칸트는 화산, 자연지리학, 지진[22]에 대해서 저술했다. 그는 가장 작은 입자를 '공간을 채우는 힘'으로 정의하는 등 현대적인 해석을 시도했으며, 계절풍과 무역풍의 발생을 설명하기도 했다.[23] 또한 단순히 종에 따라 분류하는 자연서술과는 거리가 먼 자연의 '역사'에 관한 이념, 지구 형태의 변화와 동·식물의 진화의 역사 등을 내용으로 다루었다.

---

19) Kant, Allgemeine Naturgescbicbte und Theorie des Himmels (1755).

20) Frederick William Herschel (1738~1822)

21) Pierre Simon Laplace (1749~1827)

22) Kant, Von den Ursachen der Erderschütterungen bei Gelegenheit des Unglücks, welches die westliche Länder von Europa gegen das Ende des vorigen Jahres betroffen hat.(1756); Geschichte und Naturbeschreibung der merkwürdigsten Vorfälle des Erdbebens, welches an dem Ende des 1755sten Jahres einen großen Theil der Erde erschüttert hat.(1756); Fortgesetzte Betrachtung der seit einiger Zeit wahrgenommenen Erderschütterungen.(1756)

23) Immanuel Kant, Neue Anmerkungen zur Erläuterung der Theorie der Winde.(1756); Entwurf und Ankündigung eines Collegii der physischen Geographie nebst dem Anhange einer kurzen Betrachtung über die Frage: Ob die Westwinde in unsern Gegenden darum feucht seien, weil sie über ein großes Meer streichen.(1757)

칸트는 40년 이상 강의(때로는 주당 20시간 이상)를 했다. 학생들에 많은 인기가 있었으며 헤르더[24]도 칸트의 강의에 열중했다. 1770년에 형이상학과 논리학 정교수가 되었다. 그 외에도 수학적 물리학, 지리학, 인간학, 철학적 신학, 윤리학, 자연법, 심지어는 축성술(築城術)과 불꽃 제조술까지도 강의했다. 그는 여러 차례 학장직을 맡았으며, 1786년과 1788년 두 번의 여름 학기 동안 대학 총장직을 맡았다.

칸트는 1757년에서 1761년까지는 어떤 중요한 저술도 출판하지 않았다. 그후 칸트는 이성심리학, 선험적 우주론, 자연신학을 다루는 형이상학 영역을 다루었다. 그는 무엇보다도 형이상학적 사고 체계를 위한 토대를 탐구하는 예비학적 목표를 추구했다.

칸트는 논리학이 우리의 인식을 실제적으로 확장할 수 있다는 것을 논박한다. 그는 실질적 대립과 논리적 모순 사이의 차이를 중시한다. 또한 신 증명을 검토하면서 비판기 저서들과는 달리 아직 그 정도까지 부정적으로 접근하지는 않았다. 그가 세 가지 유형의 전통적인 신 존재 증명을 배척하고, 이어 네 번째로 존재론적 증명이라는 데카르트의 방식을 거부하면서도, 데카르트의 다른 증명 방식에 대해서는 그런 명료함을 인정했다.

베를린 학술원의 2등상을 수상한 "자연신학과 도덕의 원칙들의 판명성에 관한 연구"[25]에서 칸트는 자연신학의 제1의 근거와 도덕성의 제1근거에 대하여 최대한의 철학적 명료함을 요구한다.

칸트는 『어떤 시령자의 꿈, 형이상학의 꿈을 통해 설명함』[26]

24) Johann Gottfried Herder (1744~1803)

25) Immanuel Kant, Untersuchung über die Deutlichkeit der Grundsätze der natürlichen Theologie und der Moral (1764).

에서 스웨덴의 신지학자(神智學者)이자 시령자(視靈者)인 스베덴보리[27]의 예를 들어서 경험의 확실한 지반으로 떠날 경우 어떻게 우리가 엄밀한 논리적 방식으로 기이한 명제들과 체계들에 도달할 수 있는가를 보여준다. 여기서 칸트는 라이프니츠와 볼프의 강단 형이상학으로부터 결별한다. 그는 형이상학을 더 이상 이성의 체계로서가 아니라 '인간 이성의 한계에 관한 학'으로 규정한다.

칸트는 흄의 사상에 접하게 된다. 칸트는 후에 "처음으로 독단적 선잠을 깨우고 사변철학의 영역에서 나의 연구에 전혀 다른 방향을 제시해주었다."고 흄을 높이 평가했다. 칸트는 독단적 형이상학에 대한 흄의 비판을 수용하면서도 그의 경험적이고 회의적인 결론을 인정하지는 않는다. 흄에 의하면 인과율은 습관으로부터 산출되지만, 칸트는 그것을 순수 오성에서 기인하는 것으로 보았다.

교수취임논문 『감성계와 예지계의 형식과 이 형식의 근거들에 관하여』[28]는 비판철학으로의 길에 중요한 일보를 의미한다. 칸트는 인식의 두 종류, 즉 감각적 인식과 오성적 인식을 구분한다. 또한 그는 감각적 인식의 선천적[29] 원리들인 공간과 시간으로부터 이성의 법칙들을 분리한다. 그의 선험철학의 중요한 뼈대가 구축된 것이다.

아무런 저서도 출판되지 않은 11년간의 침묵 기간 후에야 칸

---

26) Immanuel Kant, Träume eines Geistersehers erläutert durch Träume der Metaphysik (1766).

27) Emmanuel Swendenborg (1688~1772)

28) Immanuel Kant, De mundi sensibilis atque intelligibilis forma et principiis (1770). [Inaugural-Dissertation, dt.: Über die Form und die Prinzipien der sinnlichen und der Verstandeswelt]

29) a priori

트는 친구들과 동료들이 간절히 기다렸던 첫 번째 주저 『순수이성비판』30), 그리고 상당한 정도로 수정한 재판31)을 출판하였다. 칸트는 57세의 나이로 철학의 천재임을 증명했으며 독일 밖에서도 유명하게 된다. 그는 많은 존경을 받게 되고, 1786년에 베를린 학술원 회원이 된다. 1794년에 페테르부르크 학술원, 1798년에 시에나 학술원 회원이 된다.

칸트는 『순수이성비판』에 대한 근본적인 오해에 자극을 받아 『미래 형이상학 서설』32)에서 첫 번째 비판의 '종합적 방법'과는 반대로 '분석적 방법'으로 자신의 이론을 개괄하였다.

칸트는 역사철학의 분야의 주요 저서인 『세계시민적 관점에서 본 보편사의 이념』33)과 도덕철학의 첫 번째 주저 『도덕 형이상학 정초』34)가 뒤따른다. 신기원을 이룬 뉴턴의 저서 『자연철학의 수학적 원리』35)가 출간된 지 정확히 100년 후에 칸트는 이 유명한 저서의 제목을 염두에 두고 1786년 『자연과학의 형이상학적 기초』36)를 출판하여 물리학의 선천적 원칙들의 영역을 상세히 규정한다. 또한 도덕철학의 두 번째 주저인 『실천이성비판』37)과 세 번째 비판서 『판단력비판』38), 『이성의 오롯한 한계 안의 종교』39)가 간행된다. 그러나 종교 저술들로 인하여

30) Immanuel Kant, Kritik der reinen Vernunft, 1781.

31) Kant, Kritik der reinen Vernunft, 2. erweiterte und überarbeitete Aufl. (1787) [Oft als KdrV B]

32) Immanuel Kant, Prolegomena zu einer jeden künftigen Metaphysik, die als Wissenschaft wird auftreten können (1783).

33) Immanuel Kant, Idee zu einer allgemeinen Geschichte in weltbürgerlicher Absicht (1784).

34) Immanuel Kant, Grundlegung zur Metaphysik der Sitten (1785).

35) Newton, Philosophiae Naturalis Principia Mathematica (Londoni 1686).

36) Kant, Metaphysische Anfangsgründe der Naturwissenschaft (1786).

37) Kant, Kritik der praktischen Vernunft (1788).

38) Kant, Kritik der Urteilskeraft (1790).

칸트는 프로이센의 검열당국과 마찰을 빚는다.

칸트의 활동 전반기는 군인 왕이라 불리는 프리드리히 빌헬름 1세[40]와 '프리드리히 대왕'이라 불린 프리드리히 2세[41]가 프로이센을 통치하던 시기였다. 계몽된 절대주의를 대표하는 전형적인 인물들인 이 두 왕의 주도 아래 '위로부터의 혁명'이라는 방식에 의해 강한 군대, 중상주의 정책, 근대적 관료주의, 엄격한 조세 체제 그리고 정돈된 법제도를 갖춘 절대군주 체제의 복지국가가 도입된다. 이 두 왕은 각령에 의한 사법권 행사를 포기하고 독립적인 재판을 원칙적으로 인정하며, 형사재판을 완화하고 고문을 철폐했다. 법관을 국가시험을 통해 선발하고 급료를 지급하며, 일관된 심급 제도를 마련하고 소송, 형 집행, 수감 절차를 정립했다. 이로써 프로이센은 경찰국가에서 법치국가로 변화되고, 당시의 가장 발전된 공동체가 된다. 그러나 칸트가 비판했듯이 농민의 토지 예속과 귀족의 정치적·사회적 특권은 여전히 유지된다.

프리드리히 2세의 후계자 프리드리히 빌헬름 2세[42]는 이러한 발전을 단지 부분적으로 계승했다. 그는 전임자들이 착수했던 근대적 법제인 프로이센 보편국가법을 1794년에 발효시켰으나, 1788년의 종교 칙령에 의해 그의 전임자들이 지녔던 계몽주의

---

39) Kant, Die Religion innerhalb der Grenzen der bloßen Vernunft (1793).

40) Friedrich Wilhelm I (1688~1740). 제2대 프로이센 국왕으로, 재위 기간은 1713년 2월 25일부터 1740년 5월 31일까지다.

41) Friedrich II (1712~1786). 독일 프로이센 왕국의 제3대 국왕으로, 재위 기간은 1740년 5월 31일부터 1786년 8월 17일까지다. 학문의 자유와 종교에 대한 관용정책을 펼쳤던 계몽군주로 평가되었다.

42) Friedrich Wilhelm II (1744~1797). 제4대 프로이센의 국왕이다. 프리드리히 대왕의 동생 아우구스트 빌헬름 왕자의 장남으로, 프리드리히 대왕의 조카이다. 재위 기간은 1786년부터 1797년까지다.

적 관대성은 사라졌다. 이 칙령이 선포되고 나서 칸트는 그의 철학적 종교론 『이성의 오롯한 한계 안의 종교』로 인해 마찰을 빚는다. 이 종교 저서 이후에는 『영원한 평화』[43], 『법론의 형이상학적 기초』[44]와 『덕론의 형이상학적 기초』[45]의 두 부분으로 이루어져 있는 『도덕형이상학』[46]이 출간된다.

73세가 된 칸트는 몇 년 전부터 줄여나갔던 강의를 완전히 중단한다. 다음 해에 『실용적 관점에서의 인간학』[47]이, 프리드리히 빌헬름 2세가 사망한 후 종교문제를 다시 거론한 『학부간의 논쟁』[48]이 간행된다. 이어서 칸트의 생전에 그의 강의록들이 출간된다. 『논리학』[49], 『자연 지리학』[50] 그리고 『교육학에 관하여』[51]가 출간된다. 그 밖의 강의들, 『철학적 종교론』[52], 『형이상학』[53], 『인간학 또는 철학적 인간학』[54]이 출판된다. 그리고 『윤리학』[55]은 칸트 사후에 출판된다. 칸트는 그의 삶이 '좋았다'라는 한 마디만 남기고, 1804년 2월 12일에 세상을 떠났다.

---

43) Kant, Zum ewigen Frieden. Ein philosophischer Entwurf (1795).

44) Metaphysische Anfangsgründe der Rechtslehre erschienen.

45) Metaphysische Anfangsgründe der Tugendlehre.

46) Kant, Metaphysik der Sitten (1797).

47) Kant, Anthropologie in pragmatischer Hinsicht (1798).

48) Kant, Der Streit der Fakultäten (1798).

49) Immanuel Kants Logik [herausgegeben von Gottlob Benjamin Jäsche nach Vorlesungsskripten und Notizen, oft als Jäsche-Logik bezeichnet] (1800).

50) Kant, Physische Geographie [ediert und herausgegeben von Friedrich Theodor Rink nach Kants Vorlesungsmaterialien] (1802).

51) Kant, Über die Pädagogik [ediert und herausgegeben von Friedrich Theodor Rink nach Kants Vorlesungsmaterialien] (1803).

52) Kant, Über die philosophische Religionslehre (1817).

53) Kant, Die Metaphysik (1821).

54) Kant, Meschenkunde oder philosophische Anthropologie (1831).

55) Kant, Ethik (1924).

## 선험철학과 이성비판

칸트 철학은 선험철학[56]으로 불린다. 그는 이러한 프로그램으로써 인식능력으로서 이성 비판을 시도했다. 첫 번째의 순수 이성 비판은 이론적 이성 능력의 기능과 범위를 비판적으로 고찰함으로써 형이상학의 가능성을 부정하지 않으면서 그 고유한 의미 기능과 한계를 규정했다.

순수 이성 비판을 통하여 칸트는 의지의 자유, 영혼의 불멸성, 세계의 한계와 그 시작, 그리고 신의 현존에 관한 형이상학적 물음들이 필연적으로 제기되지만, 그것들이 이론적 차원에서 판단 대상이 될 수 없다는 사실을 확인해 주었다.

이러한 시도를 통하여 칸트는 인간 인식이 가능한 경험의 모든 한계를 넘어서 확장될 수 있다고 믿는 합리론의 강단 형이상학이나, 모든 인식은 경험에서 유래한다는 로크의 경험론, 그리고 모든 인식의 객관성에 관한 주장을 반박하는 흄의 회의론을 극복하고자 했다.

칸트는 이성의 정당한 권리를 보장할 뿐만 아니라 이성의 근거 없는 월권을 거부하는 재판관으로 이성을 임명한다. 순수이성은 비판의 대상일 뿐만 아니라 또한 비판의 주체이다. 칸트는 모든 인식이 경험과 더불어 시작한다고 말한다. 그러나 인식이 전적으로 경험으로부터 산출되는 것은 아니다. 경험 인식조차도 경험으로부터 독립적인 인식 원천 없이는 불가능하다. 왜냐하면 경험의 근본 전제는 다시금 경험에서 취할 수가 없기 때문이다. 근본 전제가 보편타당한 것으로 증명되면서 칸트는 회의론과는 반대로 객관적으로 타당한 인식이 가능하다고 보았다.

---

56) Transzendentalphilosophie

칸트에 의하면 형이상학은 후천적인 경험 인식과는 달리 모든 경험으로부터 독립적이며, 보편성과 필연성을 특징으로 하는 선천적인 성격을 갖는다. 또한 형이상학은 논리학과는 달리 인간 인식을 확장한다. 형이상학적 진술은 분석적이 아닌 종합적 특성을 갖는다. 그리하여 칸트는 "선천적 종합 판단이 어떻게 가능한가?" 라는 물음을 이성 비판의 화두로 제시한다. 이 물음은 '철학의 운명을 결정하는 물음'[57]이다. 철학이 스스로를 '독자적인 학'[58]이라고 주장할 수 있는가를 묻고 있기 때문이다.

형이상학 자체는 칸트에게 선천적 종합판단의 특별한 경우일 뿐이다. 그는 이 판단을 수학(기하학과 산술)과 순수 자연과학, 즉 뉴턴 역학의 관성의 법칙이나 작용과 반작용의 동일성의 법칙에서도 발견한다. 그러기에 『순수이성비판』 단지 학으로서 형이상학의 전제뿐만 아니라 수학과 순수 자연과학의 전제를 탐구한다.

칸트는 왜 형이상학은 수학과 물리학과는 달리 이제껏 학의 확실한 길을 발견하지 못했는가라는 물음을 제기한다. 모든 형이상학이 "모든 인식은 대상에 따라야만 한다." 는 사실을 전제했기 때문이다. 칸트는 대상 인식의 객관성을 이론적(인식하는) 주관성의 선험적 이론에 의해 근거짓는 사고방식의 혁명을 제안한다.

칸트는 제2의 '코페르니쿠스적 전회'[59]를 통하여 전통적인 형이상학의 한계를 보여주고자 했다. 그러나 선험적 사고의 구상 역시 최종적인 것은 아니다.

'선험적'이라는 개념은 칸트에 의해 처음으로 철학에 도입된

57) Schicksalsfrage der Philosophie
58) eigenständige Wissenschaft
59) kopernikanische Wende

것은 아니다. 이 개념은 중세 철학에서 사용되었으며, 최상의 유(類)개념마저 뛰어넘는, 그래서 항상 전제되어 있는 제1의 개념들을 뜻한다. 또한 볼프와 바움가르텐과 같은 17, 18세기 형이상학자들도 '선험적'이란 개념을 사용했다. 그러나 칸트에 의하면 "대상들뿐만 아니라, 오히려 우리가 대상 일반을 인식하는 방식을 그것이 선천적으로 가능한 한에서 [오히려 대상 일반에 관한 우리의 선천적 개념들을] 다루는 모든 인식"[60)]이 선험적이다. 선험적 인식은 대상 인식의 영역(자연 경험)으로 제한되고, 따라서 첫 번째 이성비판의 주제로 국한된다.

칸트는 자신의 선험철학을 통해 우선 전통적인 인식이론과 존재론의 유산만을 상속한다. 동시에 그는 인식 이론과 대상 이론을 서로 실질적으로 맞물리게 한다. 칸트는 존재자에 관한 철학적 이론은 다만 존재자에 관한 선천적 인식 이론으로, 그리고 인식 이론은 다만 그러한 대상에 관한 개념의 규정으로만 가능하다고 주장한다.

따라서 모든 선천적 표상이 이미 선험적 성격을 지니고 있는 것은 아니다. 예를 들면 "공간도 그리고 공간에 관한 어떠한 선천적인 기하학적 규정도 선험적 표상은 아니다." 오히려 이러한 규정이 경험적 원천을 지니고 있지 않지만 동시에 경험에 관계하고 있다는 인식이 선험적이다. 표상의 선천적인 성격을 넘어서 경험의 가능성을 위한 필연적인 조건이 되는 표상들을 선험적이라고 부른다. 이러한 전제 아래서는 수학적 개념들뿐만 아니라 경험의 경험적(물리적, 경제적, 역사·사회적)인 조건들도 학문들의 영역에서 벗어나 있는 것은 아니지만, 칸트의 선험철학적 프로그램에서는 벗어나 있다.

---

60) Kant, Kritik der reinen Vernunft, Riga 1781, 1787, A11-12.

대상에 대한 모든 인식의 근본 전제에 관한 통찰이 대상들의 인식을 증가시키지는 않는다. 선험철학은 일상적인 앎 또는 개별적 학문들에 관한 지식의 증진을 촉진시키지 않는다. 반대로 우리는 선험철학을 통해 '대상 지식에 대한 지식'을 획득한다. 선험철학은 오히려 실제에 관한 개별학문들에 대해 철학적 메타 이론을 의미한다. 선험철학은 대상에 관한 앎에 새로운 도움을 제공하고자, 그 자체로 경험적 본성을 지니고 있지 않은 가능성의 조건들을 발견하기 위해 모든 대상에 관한 앎과 스스로 거리를 둔 채 사유하고 있다.

또한 선험적 사유는 대상에 관한 인식과 이러한 인식으로 이루어진 학문들에서 방법론적 성취에서 출발하지만 객관성(상호주관성)을 주장하고 있는 대상에 관한 인식을 추구한다. 그리고 역진적(逆進的) 분석을 통해, 제약된 것의 제약으로서 객관적(상호주관적) 인식을 원리적으로 가능하게 하는 선천적 원리들 또는 이성의 원리들을 탐구한다.

선험철학은 대상에 관한 인식을 구하고 진술(체계)들을 끊임없이 반박하고자 하는 노력이 의미 있는 것으로 생각될 수 있는지에 관한 물음을 제기한다. 어떤 진술(체계)들이 참이고(객관적·상호주관적으로 타당하고) 어떤 것들이 허위인지에 관한 통상적인 물음에서 벗어나 칸트는 도대체 어떻게 대상에 관한 인식이 가능한지, 즉 대상들에 대해 참이라고 요구하는 관계가 있을 수 있는지를 묻는다. 그는 대상에 관한 인식이 일반적으로 지녀야 할 의무로서 진리가 어떻게 모순과 아포리아 없이 가능하다고 생각될 수 있는가를 묻는다.

이러한 선험적 의미에서 칸트의 첫 번째 이성비판은 또한 '진리의 논리학'이다. 진리의 논리학은 '진리'의 의미론적 내용도 그리고 진술들의 진리 여부를 판결할 수 있는 기준도 탐구하지 않는다. 그러나 물론 진리의 가능성에 관해서는 탐구한다. 이러한 탐구에서 진리의 논리학은 사고와 대상의 일치라는 진리의 전통적인 규정으로부터 출발한다. 그리고 대상은 결코 주관으로부터 독립적인 모습이 아니라 반대로 인식하는 주관성에 의해 함께 구성된 것이라는 것을 보여준다.

경험의 가능성에 관한 선천적 조건들에 대한 통찰은 모든 경험적 인식의 한계에 관한 통찰과 관련된다. 따라서 선험철학은 진리의 기준을 세울 수도 있다. 물론 진술(체계)들에 관한 진리의 기준은 아니나, 도대체 어떤 대상들에 대해 경험 학문의 진술로서 참된 진술이 가능한가에 관한 기준을 세울 수 있다. 경험을 가능한 것으로 사고하기 위해 이성은 무제약자의 개념들을 만들기는 한다. 그러나 이러한 순수성 개념(선험적 이념)들, 즉 그야말로 최고의 존재로서 신, 모든 현상의 총체로서 세계, 무제약적 시작으로서 자유, 그리고 영혼의 불멸성은, 대상적·개념적인 인식에서는 원칙적으로 그 사용이 허락되지 않는다.

이렇게 하여 『순수이성비판』은 최종적으로, 형이상학은 경험에 구속을 받지 않는 특성을 가지고 있음에도 불구하고 충분히 가능하다는 결론에 도달하게 된다. 물론 형이상학은 경험 영역을 뛰어넘는 것으로서, 초감성적 대상에 대한 인식으로서 초월적인 것이 아니라, 모든 경험적 앎에 전제되어 있는 조건들로 소급하는 물음으로서 선험적인 것이다. 칸트의 새롭고 더 이상 독단적이지 않으며 오히려 비판적인 형이상학은, "나는 무엇을 알 수 있는가?"라는 물음을 제기하고 이 물음에 대해 경험 일반의 선천적인 심층구조에 관한 이론을 통해 답을 주고 있다.

## 순수이성비판

『순수이성비판』에서 칸트는 사고에 관한 새로운 학설인 '선험적 논리학'을 전개한다. 선험적 논리학은 형식 논리학과는 달리 모든 내용을 도외시한 채 진술의 형식만을 근거로 하여 진술의 타당성을 조사하지는 않는다. 선험적 논리학에서는 내용이 문제가 된다. 즉 어떻게 경험 인식이 대상과 관계를 맺고 있는지, 따라서 이 인식이 단지 모순이 없을 뿐만 아니라 또한 참이라고 주장할 수 있는지가 문제가 된다. 여기에서 '선험적'이란 '경험의 가능성 조건'과 관련이 있다.

칸트는 분석론과 (오류추리를 포함한 개연성의 논리인) 변증론이라는 아리스토텔레스 논리학의 구분을 수용하면서 선험적 논리학을 분석적으로, 그리고 변증론적으로 다룬다. '진리의 논리학'으로서 '선험적 분석론'에서 그는 선천적으로 타당한 전제들, 이것들 없이는 경험 인식의 객관과의 관계는 불가능한 것으로 파악될 수밖에 없는 전제들에 관한 복합적인 구조를 제시한다. '가상의 논리학'으로서 '선험적 변증론'에서 칸트는 이성이 다만 경험의 영역을 넘어서자마자 어떻게 불가피한 모순에 빠지게 되는지를 보여준다. 나아가 그는 여기서 새로운 형이상학을 준비한다.

칸트의 이성 비판은 인식은 논리적으로(심리적으로가 아니라) 수동적인(수용적인) 그리고 능동적인(자발적인) 요소들이 함께 작용하는 구성 과정의 결과라는 것에서 출발한다.

첫째, 인간에게 대상이 주어지는 유일한 가능성은 감성[61]이다. 감성은 모든 인간 인식의 필수적인 토대로서 그러나 또한

61) Sinnlichkeit

넘어설 수 없는 한계로서 인식의 유한성을 증명하고 있다.

둘째, 그러나 주어진 것을 단지 수용하는 것은 어떠한 인식도 만들어내지 못한다. 인식의 산출을 위해서는 또한 개념들이 필요하다. 이 개념들에 의해 감각적 지각들은 '사유된다.' 즉 감각적 지각들은 규칙에 따라 종합되고 정돈된다. "감성 없이는 우리에게 어떠한 대상도 주어지지 않으며, 오성 없이는 어떠한 대상도 사고되지 않는다. 내용 없는 사고는 공허하고, 개념 없는 직관은 맹목적이다."[62]

셋째, 그 밖의 인식 능력으로 어떤 개념에 감각적 지각들의 다양(多樣)이 실제로 속하게 되는지를 결정하는 판단력이 요구된다. ("이것은 의자이다. 책상이 아니다.") 인간 인식에서 불가결한 이러한 모든 세 능력들에 관해 칸트는 이것들이 경험적인 측면뿐만 아니라 경험으로부터 독립적인 측면도 지니고 있다는 것을 증명하고 있다.

## 선험적 감성론

'선험적 감성론'[63]은 미에 관한 학설이 아니고 '직관' 또는 '감성'에 관한 학설이다. 이론적인 이성 비판의 가장 독창적인 부분들 중의 하나이다. 칸트는 직관의 모든 다양은 그 자체로 지각되지는 않으나 모든 지각에서 전제되는 공간과 시간이라는 형식적 조건들을 통해 주어진다고 한다. 공간과 시간이 직관의 순수 형식이라는 것을 입증하기 뒤해, 칸트는 판단력 성분으로부터 분리한다. 그러고 나서 그는 직관에서 경험적 지각에 속한

---

62) KdrV, A51, B75.

63) Transzendentale Ästhetik

모든 것, 즉 색깔, 소리, 온도 등을 제거한다. 그렇게 되면 (이러저러한 공간, 이러저러한 시간의 표상이 아니라) 공간과 시간 일반의 원래적 표상만 남게 된다. 공간과 시간에 관한 원래적 표상은 모든 내감과 외감의 토대이기에 경험적 표상이 아니다. 그리고 이러한 표상은 또한 오성의 표상, 즉 개념들일 수 없다. 왜냐하면 개념들은 몇몇 대상들에게만 관계하기 때문이다. 그러나 모든 부분 공간들과 부분 시간들을 그 안에 포함하고 있는 하나의 공간과 하나의 시간만이 있다.

순수 직관 형식으로서 공간과 시간에 관한 증명, 즉 '형이상학적 논의'에 이어서 '선험적 논의'가 뒤따른다. 선험적 논의는 어떻게 순수 학문, 즉 선천적 종합 인식이 공간과 시간에 의해 가능하게 되는가를 보여준다. 공간성은 기하학[64]을 가능하게 한다. 그리고 시간성은 계산을 가능케 하고 따라서 산술을 가능하게 한다. 이렇게 칸트는 수학적 인식은 단지 논리학에 의해서만 획득되는 것이 아니라 그 외에 순수 직관과 구성을 필요로 한다는 것을 증명한다.

칸트는 공간과 시간 없이는 어떠한 인식도 있을 수 없다고 주장함으로서 버클리[65]의 '독단적 관념론'을 거부한다. 그는 뉴턴 물리학에 대해서는, 왜 기하학과 산술 그리고 수학적 물리학에 관한 자신의 고유한 선험적인 정초가 특정한 공간과 시간의 표상과 결합되어 있지 않은지에 관한 원리적인 설명을 시도한다. 유클리드 기하학이냐 아니면 비유클리드 기하학이냐 또는 고전적 시공관이냐 아니면 상대론적 시공관이냐라는 나중에 등장하는 선택의 문제에 칸트의 이성비판은 열려 있다. 근사적(近

64) 기하학은 물리학의 가능성의 조건들 중 하나이다.

65) George Berkeley (1684~1753)

似的) 결정은 추가된 조건들에 달려 있는 것이지, 더 이상 선천적 조건들에 달려 있는 것은 아니다.[66]

## 선험적 분석론

선험적 분석론은 형이상학적 연역을 다룬다. 사고 또는 오성과 관련된 선천적 요소를 '순수 오성 개념' 또는 '범주'라고 부른다. 순수 오성 개념들뿐만 아니라 경험적 개념들도 규칙들이다. 이 규칙들에 의해 직관의 질료가 '대상'으로 형성된다. 경험적 개념들에서 질서는 경험으로부터 유래하는 반면, 순수 오성 개념들은 경험으로부터 독립적이다. 칸트는 순수 오성 개념들을 순수 판단 형식들에 비추어 발견한다. 그는 판단 형식들에 관해서 세 개의 형식으로 이루어진 네 쌍을 알고 있었고, 이것에 상응하는 범주들을 이끌어낸다. 칸트는 바움가르텐, 크루지우스, 람베르트와 관련된 학설들에 대한 비판적인 수용을 통해 이러한 구분을 발견하였다.

양(量)에 관한 판단 형식(전칭, 특칭, 단칭 판단)에는 단일성, 다수성, 전체성의 범주가 상응하고 있다. 질(質)에 관한 판단 형식(긍정, 부정, 무한 판단)에는 실재성, 부정성, 무한성의 범주가, 그리고 관계에 관한 판단 형식(정언, 가언, 선언 판단)에는 실체와 우성(偶性), 원인과 결과, 능동자와 수동자의 상호 작용의 범주가 상응한다. 양태(樣態)에 관한 판단 형식(개연, 실연, 필연 판단)에는 가능성과 불가능성, 현존과 부재, 필연성과 우연성의 범주가 상응하고 있다. 이러한 순수 오성의 12개의 '기초 개념

---

66) Peter Kunzmann u.a.: dtv-Atlas Philosophie, Deutscher Taschenbuch Verlag 1999, S. 133-136.

들'에서 칸트는 그 밖의 개념들을 이끌어낸다. 예를 들면 인과성의 범주로부터 힘, 동작, 수동의 개념들을 이끌어낸다.

이러한 순수 오성 개념의 탐색, 즉 형이상학적 연역에 이어 고유한 선험적 과제인 선험적 연역이 뒤따른다. 선험적 연역은 특정한 명제들을 다른 명제들로부터 도출해내는 것이 아니라, 오히려 도대체 어떻게 선천적 개념들이 대상들과 관계를 맺을 수 있는지를 설명하고 있다. 범주가 사고의 주관적 조건임에도 불구하고 범주는 객관적 타당성을 지니고 있다. 왜냐하면 범주들 없이는 어떠한 대상 인식도 가능하지 않기 때문이다. 어떤 경우든 직관에 주어진 감각적 지각의 다양을 객관적으로 타당한 통일체로 종합할 경우, 범주에 따른 결합이 생긴다.

이로부터 한편으로 범주 없이는 어떠한 체계적 경험 인식도 가능하지 않다는 결론과, 다른 한편으로 경험의 한계를 넘어서서는 어떠한 인식도 있을 수 없다는 결론이 도출된다. 왜냐하면 범주들은 공간과 시간 안에 주어진 지각들을 종합할 의무만을 지니고 있기 때문이다. 인간 인식은 현상적인 것의 영역, 즉 공간과 시간 안의 사물들의 **현상**에 제한되어 있다. 칸트에 의하면 전통적인 형이상학과는 반대로 존재자의 본질 자체는 인식될 수 없다. 즉 **물자체**로서 이론적 접근, 예지적인 것의 영역은 인간에게는 원칙적으로 차단 또는 폐쇄되어 있다.

적지 않은 사람들에게 아마도 첫 번째 비판의 핵심 부분이 될 범주의 선험적 연역은, 모든 범주의 원리(여기서는 원천을 의미함)에 대한 논쟁의 여지가 있는 증명에서 그 정점을 이룬다. 범주들은 다양한 형식들로 이루어져 있고, 이 형식들을 통해 주어진 표상들의 다양이 하나의 통일체로 결합된다. 우리가 통일체를 이루는 형식들의 다양한 내용을 도외시한다면, 범주들에서 공통적인 것은 범주들이 요컨대 통일체를 성립시킨다는 점이다. 범주가 비(非)경험적으로 통일체를 성립시키는 것을 가능한 것으로서 사고하기 위해서는, 우리는 순수의식, 즉 근원적인 "나는 생각한다."를 원리로서 간주해야만 한다. "나는 생각한다.", 즉 '통각'의 근원적인 종합적 통일은 모든 선천적 인식의 가능성에 대한 최종적 조건인 자기의식의 선험적 통일이다. "나는 생각한다."는 어떠한 구체적인 종합도 수행하지는 않으나, 이에 따라 모든 종합(판단들)이 있게 되는 원리이다. 그래서 '통각의 종합적 통일'은 모든 오성 사용이나 선험철학 자체와 관련되는 최고의 정점이며, 그런 통각 능력은 바로 오성 그 자체이다.

오성에 의해 자발적으로 형성된 개념들은 '규칙들'이다. 이 규칙들의 도움으로 표상 내용들이 하나의 통일체로 결합될 수 있다. 이러한 통일체가 실제로 성립되기 위해서는 '판단력'이라고 하는 또 다른 능력이 필요하다. 판단력은 그 무엇이 주어진 규칙에 속하는지 아닌지를 결정하는 능력이다. 판단력에 관한 선험적 논의를 통해 칸트는 순수 개념들이 갖추어야 할 요건에 관해 다음과 같은 결론을 내린다.

범주의 현상에 대한 적용은 선험적 '도식'[67]이라는 매개하는 표상을 전제한다. 선험적 도식은 한편으로 지성적이고 한편으로 감성적이어야 한다. 도식은 오성개념의 사용을 제한하는 감성의 형식적이고 순수한 제약, 즉 구상력의 산물이다. 오성 개념은 다양한 것들에 대한 순수한 종합적 통일 일반을 포함한다. '가능성의 도식'은 여러 표상들의 종합과 시간의 제약 일반과의 합치이다. '현실성의 도식'은 특정한 시간에서 현존이다. '필연

67) Schema

성의 도식'은 모든 시간에서 대상의 현존이다.

도식의 도움으로 행해지는 범주의 현상에 대한 적용은 선천적으로 타당한 공통 원리, 즉 '원칙'에 따른다. 분석판단이 모순율에 종속되어 있는 반면에, 종합판단에서는 '경험 일반을 가능하게 하는 조건'이 동시에 '경험 대상의 가능성의 조건'이다. 이러한 최상의 원칙은 좀더 특수한 원칙들로 제시될 수 있다. 칸트는 '직관의 공리'68), '지각의 예료'69), '경험의 유추'70), 그리고 '경험적 사고 일반의 요청'71)이라는 네 가지 원칙들을 열거하고 있다.

첫째, '직관의 공리'는 모든 직관이 '외연량'과 관련된 것이라는 사실을 드러낸다. 둘째, '지각의 예료'는 모든 현상에서 감각의 대상이 되는 실재적인 것은 '내포량', 즉 '도'(度)를 가지고 있다는 사실을 보여준다. 셋째, '경험의 유추'는 경험이 오직 '지각의 필연적 결합의 표상'을 통해서만 가능하다는 사실을 말해준다. 그 중에 제1유추(실체의 지속성의 원칙)는 현상의 변화에도 실체의 지속과 그 분량의 불변을 보여준다. 제2유추(인과성의 법칙에 따른 시간적 계기의 원칙)는 모든 변화가 원인과 결과의 법칙에 따라서 일어나는 사실을 말해준다. 제3유추(상호작용에 따른 동시존재의 원칙)는 모든 실체는 그것들이 공간에서 동시에 지각되는 한에서 상호작용한다는 사실을 드러낸다. 그러니까 경험의 유추는 현상의 변화에도 실체는 지속하고, 그 변화는 인과성의 법칙에 따르며, 모든 실체들은 상호작용을 통해 동시에 존재한다는 것이다.

---

68) Axiome der Anschauung
69) Antizipation der Wahrnehmung
70) Analogien der Erfahrung
71) Postulate des empirischen Denkens

넷째, '경험적 사고일반의 요청'은 존재 사태의 가능성, 현실성, 필연성의 조건들에 대해서 규정한다. 경험의 형식적 제약(직관과 개념에 관한)과 일치하는 것은 가능적이고, 경험의 질료적 제약(감각)과 관련있는 것은 현실적이며, 현실적인 것과의 관련이 경험의 일반적 제약에 의해 규정되어 있는 것은 필연적이다(실존한다).

칸트는 인과성의 법칙이 서로 다른 두 사건의 실질적인 인과적 결합에서 찾아지는 것이 아니며(로크의 경험론 비판), 단지 습관에 근거를 둔 태도에서 유래하는 것(흄의 회의론 비판)도 아니라고 보면서, 인간의 선험적인 인식 구조 안에서 그것의 위치를 부여하고 있다. 칸트는 실체의 상태에서 모든 변화는 필연적으로 원인을 지닌다는 것을 우리는 선천적으로 알고 있는데, 그것은 우리가 실체의 상태들의 연속을, 원인과 결과로서 상이한 상태들을 인과적으로 결합할 때에만 연속으로 인식할 수 있기 때문이라고 보았다.

## 선험적 변증론

『순수이성비판』의 변증론은 형이상학이 임의로운 착상에서 기인한 것이 아니라, 무한한 것이나 절대자와 같은 무제약자에 관한 사고, 즉 사고하는 주관의 절대적 통일에 관한 사고(이성적 심리학), 공간과 시간에서 사물들의 절대적 총체에 관한 사고(선험적 우주론), 그리고 최고 존재인 신에 관한 사고(자연신학)의, '자연스러운' 전개 과정에서 성립한다. 이러한 전개 도중에 이성은 자체 모순에 빠지게 된다. 이것은 우연적인 오류나 추론의 착오가 아니라, 각각 그 자체로 명백한 서로 다른 두 종류의 사고 가능성들 사이의 불가피한 모순이다. 칸트는 이러한 모순을 원리적으로 해명하고자 한다. 그는 모순이 포괄적인 타당성을 지닌 실재를 함유하고 있는 경험을 획득하려는 시도와 경험적인 것의 총체에 관해 말하고자 하는 시도 사이에서 기인한다는 것을 해명함으로써 모순을 해결하는데 성공한다. 그러나 여기서 경험의 전체로 나아가는 필연성은 객관적인 필연성이 아니라 단지 주관적인 필연성이라는 것이 간과되었다.

순수이성의 모순을 해결함으로써 전통 형이상학은 결정적으로 거부된다. 칸트는 전통 형이상학의 주장들 대신에 순수 이성의 규제적인[72] 사용에 관한 이론을 제시한다. 전통적 사유에서처럼 칸트는 영혼 불멸성, 의지의 자유 그리고 최상의 존재로서 신을 인정하지만, 전통적 사유에서처럼 물자체에 관한 객관적 인식에 대해서는 불가지론적 태도를 고수한다. 인간의 모든 인식은 직관에서 시작하여 개념으로 나아가고 이념에 이르러서 종결되지만, 형이상학적 이념은 '구성적 의미'가 아니라 '규제적 의미'를 지닌 하나의 '선험적 이념'에 불과한 것으로 규정된다.

그러므로 칸트에서 선험적 이념은 우리의 경험을 확장시키지 않는다. 선험적 이념은 경험의 가능성의 조건이 아니라, 단지 사고의 완전성과 전체성에 관한 표상일 뿐이다. 이 표상은 오성에게 모든 조건들의 계열과 다양한 모든 경험적 인식의 체계적 통일이 주어져 있는 대신에 항구적으로 '부과'되어 있다는 것을 깨닫게 한다.

'순수이성의 오류추리'는 영혼은 그 관계에서 '실체'이고, 그 성질에서 '단순'하며, 그 분량에서 '상이한 시간 속에 존재하더라도 수적으로 동일한 하나'이고, 그 양태에서 "공간 안에 있는

72) regulativ

가능한 대상과 상호적으로 관계한다"는 사실로부터, 마치 사유하는 주관의 절대적 통일이 요구되고, 그와 같은 자아존재의 확실성을 주장할 수 있다고 여겨서, 영혼의 비물질성, 불멸성, 신체와의 상호작용이 실질적으로 가능한 존재라고 추론하는 오류에 빠지는 현상을 가리키고 있다.[73] '나는 생각한다'라는 통각은 직관 내용을 수반하지 않은 단순한 인식으로서 '표상 일반의 형식'[74]이거나 '모든 지성 판단 일반의 형식'[75]이어서, 그 주어의 존재를 문제로 하지 않는 '개연적인 것'이지만, 그 형식적인 '논리적 주어'를 '실재적 주어'로 오인함으로써 순수이성의 오류추리에 빠지게 된 것이다.

'순수이성의 이율배반'에서 칸트는 세계 존재에 대하여 두 개의 상반된 명제가 동시에 성립하는 사태를 네 가지 유형으로 기술하고 있다.

첫째 모순은 "세계는 시간적으로 시초가 있으며 또한 공간적으로도 한계가 있다."는 정립 명제와, "세계는 시초가 없으며 공간적으로도 한계를 가지지 않으므로 시간적으로나 공간적으로 무한하다."는 반정립 명제 사이에서 제기된다.[76]

둘째 모순은 "세계 안의 모든 합성된 실체는 단순한 부분들로 이루어져 있고, 어디에서나 실존하는 것은 단순한 것이거나 그것으로 합성된 것에 지나지 않는다."는 정립 명제와, "세계 안의 어떤 합성된 사물도 단순한 부분들로 이루어지지 않았고, 세계 안의 어디에서도 단순한 것은 실존하지 않는다."는 반정립 명제 사이에서 제기된다.[77]

73) KdrV, A344-345, B402-403.
74) KdrV, B404, A346.
75) KdrV, A348, B406.
76) KdrV, A426-427, B454-455.

셋째 모순은 "자연의 법칙에 따른 인과성은 세계의 현상들이 모두 그로부터 도출될 수 있는 유일한 것이 아니다. 세계의 현상들을 설명하려면 자유에 의한 인과성도 반드시 상정해야 한다."는 정립 명제와, "자유는 없으며, 세계에서 모든 것은 오히려 자연법칙들에 따라서 일어난다."는 반정립 명제 사이에서 나온다.[78]

넷째 모순은 "세계에는 그 부분으로서든 또는 그 원인으로서든 단적으로 필연적인 존재자인 어떤 것이 존재한다."는 정립 명제와, "단적으로 필연적인 존재자는 세계 안에도 그리고 세계 밖 어디에도 그것의 원인으로서 존재하지는 않는다."는 반정립 명제 사이에서 제기된다.[79] 칸트는 자신이 제기한 우주론적 이념들에 대한 상반된 진술들은 사실상 이론적 이성 사용의 규제적 원리들에 반한다고 주장하였다. 우주론적 이념들에 대하여 우리는 이성의 이론적 사용에서 객관적인 판단을 내릴 수 없다는 한계에 직면하여 있다.

칸트는 순수이성의 이념으로서 영혼, 세계, 신을 들고 있는데, 이들을 '선험적 이념'으로 불렀다. 칸트는 그중에서도 특히 신을 '선험적 이상'이라고 규정하였는데, 그 대상은 '근원 존재자'[80], '최고 존재자'[81], '모든 존재들의 존재자'라는 개념들에 해당한다.[82] 그는 이제 신 존재 증명이 가능한지, 그것이 가능하지 않다면 왜 그런지, 그것이 가능하다면 어떤 근거와 의미에서 가능한지를 논의하고 있다.

---

77) KdrV, A434-435, B462-463.
78) KdrV, A444-445, B472-473.
79) KdrV, A452-453, B480-481.
80) ens originarium
81) ens summum
82) KdrV, A578-579, B606-607.

## 칸트의 전통신학 비판

칸트는 『유일 가능한 신 존재 증명』(1763)에서 사물의 가능성 전체를 포섭하는 존재자로서 신의 존재를 증명하고자 했다. 이 경우의 신은 아무런 부정이나 제약이 없는 존재자인 동시에 모든 실재성과 완전성의 총합으로서 '최고의 실재적 존재자'[83]를 의미한다. '근원 존재자'[84], '최고 존재자'[85], '모든 존재의 존재'[86] 등 여러 가지 개념으로 지칭되어왔던 신의 존재를 칸트 역시 기존의 형이상학적 영향 속에서 증명하고자 시도하였다.

칸트는 『순수이성비판』에서 신을 '선험적 이상'으로 규정하면서 기존의 논증 작업에 대하여 어느 정도 비판적인 태도를 견지하였다. 칸트에 의하면 무제약자의 이념은 불가피하고 필연적인 것이지만, 그것은 모든 존재자 중의 존재자, 즉 하나의 대상으로 실체화되는 경우에 선험적 가상을 만들어낸다. 그러나 이것은 모든 완전성과 규정성을 포괄하는 하나의 존재자라는 점에서 그가 『유일 가능한 신 존재 증명』에서 주장했던 사실들을 비판적으로 수용하고 있다.

칸트에 의하면 이성적 입장에서 본 신 존재 증명은 세 가지 방식이 있을 수 있다.

첫째, 존재론적 논증 방식이다. 이것은 근원적 존재자의 현실적 존재를 경험 일반으로부터 도출하려고 하거나 또는 경험을 전적으로 배제하고 오직 개념으로부터 그 존재를 승인하려는 선험신학의 유형이다.

---

83) ens realissimum (das allerrealste Wesen)
84) ens originarum (das Urwesen)
85) ens summum (das höchste Wesen)
86) ens entium (das Wesen aller Wesen)

둘째, 우주론적 논증 방식이 있다. 이는 경험으로부터 그 존재를 추론하려는 선험신학의 유형이다.

셋째, 자연신학적 논증 방식이 있다. 이는 세계에서 경험할 수 있는 자연의 성질과 질서와 통일에서 세계 창조자의 특성 및 그 현실 존재를 추론하려는 선험신학의 유형이다.

## 존재론적 논증 비판

존재론적 신 존재 증명은 가장 강력한 전통을 가지고 있다. 전통적인 의미에서 존재론적 논증은 가장 완전한 최고의 존재자, 즉 모든 실재적 술어를 포함하는 존재자 개념은 필연적으로 그 존재도 내포하고 있다는 논리적 사고를 바탕으로 한다. 전적으로 아프리오리한 단순한 개념으로부터 최고 원인의 존재를 도출하려는 시도인 것이다. 최고 존재의 개념을 상정할 경우에 그 비존재를 생각하는 것은 불가능하며 필연적으로 그 존재가 부가되지 않으면 안 된다. 근원 존재자, 최고 존재자, '모든 존재의 존재', '최고의 실재적 존재', '실재성의 총체'[87], '사물 일반의 모든 술어들의 총체' 등의 개념 사용에서 오는 범신론적 오해를 피하기 위하여 칸트는 최고 실재성을 총체 개념이 아닌 '근거'로 이해한다. 형이상학적으로 가장 완전한 존재는 필연적으로 존재해야 한다. 만일 그것이 존재하지 않는다면 그것에는 완전성, 즉 실존이 결여된 것이기 때문이다.

칸트는 이 증명의 허점을 바로 가장 실재적인 존재가 구성하는 실재성, 완전성에는 현존이 속하지 않는다는 사실에서 찾으려고 하였다. 필연적 존재[88]에 대한 명목상의 정의는 "그 비존

87) omnitudo realitatis (das All der Realität)

재는 불가능하다"는 것이다. 그러나 이 정의는 사물의 비존재를 생각하는 것을 불가능하게 하는 어떤 조건들도 제시하지 않는다. 그것은 특정한 내용을 갖지 않는 공허한 개념이기 때문이다. 따라서 그에 상응하는 대상이 존재하는 것을 증명하는 일은 무의미하게 된다. 즉 인식비판적 측면에서 존재론적 논증의 공허성을 지적한 것이다. 이 경우에 실재성은 사실 내용이나 사실성을 뜻하지만 현존을 포함하고 있지 않은 것이다. 초기 저술에서 칸트는 존재란 본질적 실재성에 속하는 술어가 아니라 '절대적 정립'이라고 규정한 바 있다. 존재는 사물의 개념에 부가되는 어떤 것에 대한 개념이 아니라 사물의 정위이다. 따라서 가장 실재적인 존재라는 개념에 그 사물의 현존이 필연적으로 포함되는 것은 아니다. 물론 논리적 가능성과 실재적 가능성의 크기가 같을 수 있다고 하더라도 칸트는 그것의 현존 또는 실존의 문제만큼은 전혀 별개의 것이라고 생각했다.

이러한 사실을 칸트는 이제 "신이 존재한다"와 같은 명제는 분석적일 수 없고 종합적이어야 한다는 생각과 결합시킨다. 칸트에 의하면 존재는 가능한 경험의 대상에 적용되는 경우에만 얻는 범주이다. 그러나 이 순수한 범주만으로는 존재를 가능성과 구별하지 못한다. 초월적 개념에서는 경험이 들어설 여지가 없기 때문에 존재론적 논증의 길에서 하나의 존재 명제를 만드는 것은 불가능하다. 어떤 경우에도 최고의 무제한적 실재성이라는 개념이 자체적으로 자기 존재의 여부를 결정할 수는 없기 때문이다. 이러한 결정은 '완전한 존재자'라는 대상이 인식하고 사고하는 나의 주관과 어떤 관계(존재 양태)로 정립되는가에 달려 있는 것이다. '존재'는 '실재적' 술어가 아니다. 즉 그것은

88) ens necesssarium (das notwendige Wesen)

"한 사물의 개념에 부가될 수 있는 어떤 무엇에 대한 개념이 아니다. 그것은 단지 어떤 사물의 혹은 그 사물의 어떤 규정들 자체의 정립일 뿐이다."[89] 그러므로 단지 이념만으로는 존재를 얻을 수 없다. 존재 명제는 언제나 내가 개념을 넘어서서 경험되는 세계로 진출하는 것을 전제하기 때문이다. 최고의 실재적 존재에 대한 개념으로부터 그 존재의 '실존 사실'[90]은 도출되지 않는다.

따라서 칸트는 제멋대로 꾸며낸 이념 속에서 이에 합치하는 대상 자체의 현존재를 도출하려는 것은 부자연스러운 일이라고 보았다. 그와 같은 필연적 존재자의 현존을 '가장 실재적인 존재자'라는 개념 속에서 찾으려고 했던, 이른바 존재론적 신 존재 증명은 개념적 사유로부터 현실적 존재를 유추하려는 시도였다. 칸트는 절대적으로 필연적인 존재자의 개념은 순수이성의 개념으로서 하나의 이념에 불과하다고 보았다. 따라서 비록 이성이 그것에 대한 객관적 실재성을 요구한다 할지라도 그것은 결코 증명될 수 없는 것이다. 절대적으로 필연적인 존재의 개념으로부터 우리가 취할 수 있는 것은 무제약적인 논리적 필연성이지 실재적 필연성이 아니다.

예를 들면 "삼각형은 세 각을 가지고 있다"는 논리적 필연성을 생각해본다. 이와 같은 논리적 필연성은 판단에서 취한 것이지 사물의 현존재에서 취한 것은 아니다. 판단의 무제약적 필연성은 판단에서 술어의 피제약적 필연성에 지나지 않으므로 결코 사물의 무제약적 또는 절대적 필연성이 될 수 없다.[91] 존재론적 논증을 지지하는 사람들은 어떤 하나의 사물에 대한 선천

89) KdrV, B628.
90) das Faktum der Existenz
91) KdrV, B261.

적 개념을 만들고 존재가 이 개념의 외연에 속한다고 정립하고 나서, 이제는 다시 존재가 그 개념의 대상에 속하기 때문에 그 존재 자체가 절대적인 필연성을 갖는다고 추리하였다. 이러한 논리적 필연성은 개념 속에 자체모순만 없으면 언제나 성립될 수 있으며, 칸트는 이것을 '판단의 필연성' 또는 '논리적 가능성'이라고 부른다.[92] 따라서 이처럼 논리적 필연성을 가진 개념은 실제로 객관적 실재성을 갖추지 못한 공허한 것에 지나지 않는다. 그것은 결코 사물의 필연성이 아니다. 논리적인 단계에서는 만일에 동일 판단 중에서 술어를 제거하고 주어를 보유하면 모순이 생기지만, 그렇다고 해서 무모순성을 보장하는 것만으로 그 현존이 확보되는 것은 아니다. 술어와 주어를 모두 제거하면 어떤 모순도 발생하지 않기 때문이다. 만일 절대 필연적인 존재자에게서 이 존재자의 현존재를 제거하면 물자체와 그 모든 술어가 제거된다. 삼각형을 정립하고서 세 각을 제거하면 모순이지만, 삼각형까지도 제거하면 아무것도 아닌 것이 된다. 칸트는 이것을 신의 개념에도 적용한다.

"신은 전능하다"는 것은 하나의 필연 판단이다. 이 경우에 '전능'이라는 것은 제거될 수 없다. 왜냐하면 우리가 신이나 무한 존재자를 정립할 경우에 그것은 이 '전능'이라는 개념과 동일하기 때문이다. 그러나 우리가 만일 "신은 존재하지 않는다"고 말할 경우에는 '전능'은 물론 그 밖의 어떤 술어도 주어지지 않는다. 왜냐하면 그 모든 술어는 주어와 더불어 모조리 제거되기 때문이다. 그리고 이렇게 모든 것을 사상시키는 것 속에서는 어떤 모순도 나타나지 않는다.[93]

---

92) KdrV, B624.
93) KdrV, B623.

그러나 사람들은 그 대상의 비존재나 또는 폐기를 상정하게 되는 경우에 자체모순에 빠지는 오직 하나의 개념, 즉 '가장 실재적인 존재자'의 개념이 있다고 주장할 수 있다. 이 경우에 모든 실재성의 총체 개념은 첫째로 그 내적 존재 가능성, 즉 실재적 가능성까지를 함축하고 있다고 생각한다. 더 나아가서 실재성의 총체 개념은 현존까지도 그 속에 포함하고 있기 때문에 가능적으로뿐만 아니라 필연적으로 존재한다고 여겨지는 것이다. 그러므로 만일 칸트가 이 같은 존재론적 논증을 반박하려면, 무엇보다도 먼저 최고 실재적 존재의 개념이 그 내적 가능성을 승인한다는 사실을 부정함으로써 가능적 실재성이 곧 필연적 실존은 아니라는 사실을 드러내야 할 것이다. 또한 동시에 현존은 술어가 아니며, 그 때문에 최고 실재적 존재의 내적 가능성에 속하지 않는다는 사실을 통하여 가능적인 것으로부터 현실적인 것이 귀결되지 않는다는 사실을 드러내야 할 것이다.

칸트에 의하면 존재는 분명히 실재적 술어, 즉 물의 개념에 부가될 수 있는 그 무엇의 개념이 아니다. 그것은 다만 물 그 자체나 또는 규정 그 자체의 정립이다. 그것은 결국 논리적 사용에서 판단의 계사에 지나지 않는 것이다. "신은 전능이다"라는 명제는, 각기 그 객관을 갖고 있는 신과 전능이라는 두 가지 개념을 포함한다. 그 외에 '이다'라는 말은 술어가 아니라, 술어를 주어와 관계시켜서 정립하는 것이다. 이제 주어(신이라는)를 그 모든 술어(이 가운데는 전능도 포함된다)와 합해서 "신이다" 또는 "그것은 신이다"라고 말한다면, 나는 신의 개념에 새로운 술어를 부가한 것이 아니라 다만 주어와 더불어, 그리고 대상을 나의 개념과 관계시켜서 정립한 것이다.[94]

94) KdrV, B626-627.

칸트의 유명한 '백 탈러'의 비유에 의하면 "현실적인 것은 가능적인 것 이상의 아무것도 포함하지 않는다."[95] 그러나 논리적 가능성과 실재적 가능성의 크기가 같다 하더라도 이것들은 현실에서는 엄연하게 구분되는 것이다. 이와 마찬가지로 최고의 실재적 존재자 개념도 가능한 경험적 인식 일반의 일반적인 조건과 일치한다는 사실을 생각할 수 있으며, 그것이 경험적 법칙에 의하여 이루어지는 감관의 대상인 한에서 경험 밖에 존재하는 실존이 전혀 불가능하다고 말할 수도 없지만, 그것은 우리가 어떤 경우에도 증명할 수 없는 그런 전제인 것이다. 그 때문에 칸트는 데카르트나 라이프니츠의 천재성으로도 존재론적 논증을 성공시킬 수 없었다고 말하였다. 그것은 마치 "상인이 자기의 재산 상태를 개선하기 위하여 그의 현재 재산에다 영을 몇 개 더 첨가한다고 해서 그의 재산이 더 늘어나는 것이 아니듯이 이념만으로 지식이 풍부해질 수 없는" 것과 같다.[96]

칸트의 존재론적 논증 비판은 비판철학적 논거에 바탕을 두고 있다. 존재론적 논증자들은 신의 개념에 이미 그 현존의 실존까지 포함시켰다. 이와 같은 존재적 측면의 문제를 칸트는 인식론적 측면에서 비판하고 나선 것이다. 신의 개념에서 그 현존은 결코 실재적인 술어가 아니며, 따라서 최고의 실재적 존재 개념에서 그 현존을 도출하려는 존재론적 논증은 잘못된 결론에 이르게 된 것이다. 이런 사실에서 독일의 칸트학자 살라는 신의 존재와 신의 개념의 관계를 "무한한 존재 속에서 본질과 실존은 동일하지만, 무한한 존재에 대한 우리의 유한한 개념은 결코 실존의 판단으로부터 나오지 않는다"고 정식화하면서 아

95) KdrV, B627.
96) KdrV, B630.

퀴나스주의자들과 칸트주의자들의 시각 차이를 극적으로 드러내었다.

### 우주론적 논증 비판

우주론적 신 존재 증명은 자연의 경험 가능한 현실과 연결점을 찾으려고 한다. 이것은 전체성의 이념에서 무제약적 존재를 추론하는 것이 아니라, 어떤 존재자가 주어진 무제약적 필연성으로부터 이 존재자의 무제한적 실재성으로 나아간다. 경험적으로 주어진 특정한 존재 사태로부터 그 존재가 필연적으로 가능하게 된 무제약적 근거를 찾는 것이 우주론적 논증의 과제인 것이다. 이 증명은 우주의 체계 연관에 대한 경험에서 출발하여 최고 실재 존재자라는 선험적 개념으로 넘어가는 것이다. 그런데 문제는 바로 이 지점에서 논리적 비약이 생기게 된다는 데 있다. 자연을 지배하는 경험적 인과성의 법칙에 의거하여 초월적 존재자인 제1의 근거를 추론하는 것은 논리적으로 적절하지 않다.

칸트에 의하면 우주론적 증명은 절대적 필연성과 최고 실재성의 연결을 확보한다. 우주론적 증명은 "존재론적 증명에서처럼 최고 실재성에서 현존재의 필연성을 추리하는 것이 아니라, 오히려 이미 주어져 있는 어떤 존재자의 무제약적 필연성에서 그 무제한적 실재성을 추리한다."[97] 이것은 라이프니츠가 '세계의 우연성에 의한'[98] 증명이라고 불렀던 것이다. 우주론적 증명은 만일 무엇인가가 실존한다면 절대적으로 필연적인 존재자도

97) KdrV, B632.
98) a contigentia mundi

실존하지 않으면 안 된다는 데서 출발한다. 그런데 적어도 나 자신은 실존한다. 그러므로 절대적으로 필연적인 존재자도 실존한다는 것이다. 이 증명은 경험으로부터 출발한다는 점에서 개념적 사유로부터 시작되는 존재론적 증명과 구분된다. 그러나 칸트는 외형상으로 다르게 보이는 이 두 논증이 실제로는 거의 유사한 논증 구조를 가졌다고 지적한다.

우주론적 증명은 경험을 필연적 존재자 일반의 현존재를 향하여 나아가는 데 사용하고 있다. 그러나 이성은 실제로 절대 필연적 존재자의 내용 규정과 그 필요조건을 개념 속에서만 찾으며, 그 개념 속에서 다시 절대 필연적 존재자를 추리하고 있다.[99] 우주론적 증명의 핵심인 "모든 절대 필연적 존재자는 동시에 가장 실재적인 존재자다"라는 명제가 정당하다면, 이것은 적어도 "약간의 가장 실재적인 존재자는 동시에 절대 필연적인 존재자이다"라는 명제로 제한 환위가 가능하다. 그리고 여기에서 '가장 실재적인 존재자'는 그 개념에 포함되는 약간이나 전체 모두에 대하여 타당해야 하므로, "가장 실재적인 모든 존재자는 필연적 존재자이다"[100]라고 단순 환위될 수 있다. 그런데 이 명제는 선천적 개념으로 규정되어 있기 때문에 '가장 실재적인 존재자'라는 개념은 반드시 그 절대적 필연성을 갖지 않으면 안 된다. 그리고 이것은 존재론적 증명의 핵심 논증이다. 그리하여 우주론적 논증은 존재론적 논증과 동일한 구조를 가지게 된 것이다.

그 밖에도 칸트는 다음과 같은 이유에서 우주론적 논증을 계속 비판한다.[101] 첫째로 우주론적 논증에는 우연적인 것으로부

99) KdrV, B635.

100) KdrV, B636.

101) KdrV, B637-638.

터 그 원인을 추리한다는 인과성의 원칙을 전제하고 있는데, 이것은 오직 감성계에서만 의미를 가진다. 그런데 우주론적 논증에서는 이 원칙을 감성계를 넘어서서 사용하지 않을 수 없게 되었다. 둘째로 감성계에서는 서로 연속해서 주어지는 원인의 무한 계열이 불가능하다는 이유로 제1원인을 추정하는 추리가 있으나, 경험에서 이성 사용의 원리는 우리에게 제1원인을 추리할 권리를 주지 않으며, 경험을 넘어서서 적용하는 것은 불가능하다. 셋째로 인과 계열의 완성에 대한 이성의 만족은 그릇된 것이다. 넷째로 실재성의 개념에 대한 논리적 가능성과 선험적 가능성이 혼동되어 있다. 선험적 가능성은 경험의 영역에서 종합을 요구하는 것이다.

칸트에 의하면 존재론적 증명과 우주론적 증명은 경험적 원리와 관계없이 시도된 선험적 증명이다. "그렇다면 이 선험적 증명에서 필연성의 개념과 최고 실재성의 개념을 연결하며, 다만 이념일 수밖에 없는 것을 실재화하고 실체화하는 변증적이면서도 자연적인 가상의 원인은 무엇인가?"[102] 칸트는 실존적으로 주어진 모든 것에 대한 제1의 필연적인 근거를 찾는 작업은 이른바 '발견적', '규제적' 원칙에 의해서만 가능하고, 그 때문에 그것은 '주관적 원리'라고 규정한다. 이 원리는 우리에게 지각되는 모든 것은 결코 절대 필연적인 것으로 인정될 수 없다는 사실을 말하고 있다. 그리하여 칸트는 이제 최고 존재자의 이상을 현실적으로 실존하는 절대적 필연적 최고 존재자로서 이해하지 않고, "세계의 모든 결합물들이 마치 하나의 보편적 필연적인 원인에서 발현하는 것처럼 간주하는 이성의 규제 원리"라고 해석한다.[103] 그 개념은 그 자체에서 필연적인 실존을

102) KdrV, B643.

주장하기 위해서라기보다는 보편적 법칙에 따르는 필연적 통일 규칙의 근거를 세우기 위한 것이다. 그럼에도 불구하고 이성은 초월적 술책에 빠져서 이 형식적 원리를 구성적인 것으로 표상하고 실체화하는 잘못을 범하게 된다. 예를 들면 공간이 감성의 형식에 지나지 않은데도 선천적으로 그 자체에서 주어진 하나의 대상으로 간주되듯이, 자연의 체계적 통일도 가장 실재적인 존재자라는 이념을 최상의 원인으로 하지 않는 경우에는 이성의 경험적 원리로 설정될 수 없기 때문에 이 이념을 현실적 대상으로 파악하는 경향이 있다. 그리하여 규제적 원리가 구성적 원리로 바뀌게 된 것이다.[104)]

### 자연신학적 논증 비판

자연신학은 경험적으로만 인식될 수 있는 자연의 목적으로부터 자연의 최고 원인 및 그 속성을 이끌어내는 이성의 시도이다. 사물 자체의 개념이나 어떤 현존재 자체에 대한 개념에서 신의 존재가 증명될 수 없다면, 현존하는 세계에서 우리가 보게 되는 다양성, 질서, 합목적성, 아름다움 등과 같은 특정한 경험으로부터 신의 존재를 유추하려고 시도할 수 있다.

자연신학적 증명은 자연의 경이로운 조화와 합목적적 질서에 대한 구체적인 경험에서 출발한다. 우리는 자연의 합목적성을 볼 때 그것이 무한한 지성과 온갖 능력과 완벽한 기술을 갖춘 예술가를 암시하는 것으로 파악할 수 있다. 칸트는 초기부터 자연신학적 논증에 대해서는 비교적 긍정적으로 평가하였는데,

---

103) KdrV, B647.
104) KdrV, B648.

이 증명은 신과 자연과의 관계를 말하면서도 신보다는 자연에 보다 가까이 다가서고 있기 때문이다. 그러나 칸트는 초기부터 이 증명을 신이 오직 자연 가운데 있는 우연적인 예술성을 가진 특수한 것들의 창시자로서만 파악되므로, 자연의 법칙적인 기본 구조를 포착하지 못한다는 점에서 이의를 제기하였다. 당시에 칸트는 자신의 존재신학적 신 존재 증명을 정당화하면서, 신을 세계의 창조자로 보는 동시에 법칙적인 기본 구조를 바탕으로 한 자유로운 여러 조각들로 구성된 이 세계는 이 창조자의 의도를 반영한다고 논변하였다.

칸트는 이성 비판의 관점에서 초기의 자기주장을 넘어서야 함에도 불구하고 자연신학적 논증도 결국 선험적, 존재론적 사유 방식에 머물러 있다는 결론에서 이 주장의 정당성을 인정한다. 자연신학적 증명에서도 핵심적인 요소는 선험적 존재론적인 부분이며, 따라서 신은 현실적인 존재자들의 주인이 아니라 '가능성'의 원리로 도입된 것이다. 칸트는 자연신학적 증명의 주요 계기를 다음과 같이 정리하고 있다.[105)]

첫째, 세계에는 어디서나 형언할 수 없이 다양한 내용 전체에서나 또는 무한히 광대한 권역에 있어서 위대한 지혜를 가진 존재자의 특정한 의도에 따른 하나의 질서 표시가 있다. 즉 세계에 합목적적 질서가 존재한다는 표징을 발견할 수 있다. 이 경우에 '의도'는 볼프가 사용하였던 라틴어 개념 '목적'[106)]에 해당된다.

둘째, 이 합목적적인 질서는 세계의 사물들과는 전혀 무관한 것이며, 단지 우연적으로 사물들에 주어진 것이다. 여러 사물의

105) KdrV, B653-654.
106) finis

본성은 그것이 질서를 세워주는 이성의 원리에 의하여, 그 근저에 있는 이념에 따라서 특별히 선택되고 안배되지 않고서는, 그 스스로의 여러 방식으로 결합하여 특정한 궁극적 의도에 합치할 수 없을 것이다.

셋째, 그러므로 생산에 의하여 다만 맹목적으로 작용하는 자연으로서가 아니라, 자유에 의한 지성으로서 세계의 원인이 되어야 할 숭고하고도 현명한 원인(또는 여러 원인)이 실존한다.

넷째, 이러한 원인의 통일성은 어떤 기술적 건축물의 여러 부분처럼 세계의 부분들 간의 교호적 관계의 통일성에서 추리된다. 우리의 관찰이 미치는 건축물에서는 확실하게 추리되지만, 그러나 그 이상은 모든 유추의 원칙에 따라 개연적으로 추리된다. 다시 말하면 자연신학적 증명은 작용에서 원인으로 이행하는 모든 법칙을 초감성적인 존재자에 적용하는 동시에, 자연의 합목적성으로부터 이성적인 세계 창시자를 도출하려는 시도였다.

칸트에 의하면 이와 같은 자연신학적 논증은 세 가지 사실에서 비판될 수 있다. 무엇보다도 먼저 자연 질서의 조화라는 경험적 사실에서 초경험적 최고 존재자를 도출하려는 시도는 인과성의 범주를 잘못 사용하는 문제를 안고 있다. 가능한 경험은 인과성의 범주가 미치는 한계 안에서만 적용될 수 있기 때문이다. 두 번째로 특정한 자연 사건들은 목적에 의하여 행위하는 세계 원인으로부터 일어났다고 볼 수도 있다. 그러나 그것은 어디까지나 반성적 판단력을 위한 주관적 원칙에 지나지 않으며, 따라서 객관적 실재성을 담보하고 있지 않다. 따라서 단정적으로 말할 수 있는 것이 아니다. 마지막으로 이 논증은 신의 개념을 이 세상에 존재하는 모든 것을 설계한 세계 창조자가 아니라, 당시의 계몽주의자들이나 이신론자들이 매료되었던 세계 건축자로 한정하는 잘못을 범하고 있다.

그러나 칸트는 이러한 추리에 의하면 그처럼 많은 자연의 조직적 합목적성과 정합성은 다만 형식의 우연성을 증명할 뿐이지 질료, 즉 세계 내의 실체의 우연성을 증명하는 것은 아니라고 비판한다.[107] 이러한 증명은 세계를 건축한 존재자를 명시할 수 있을지 모르나, 모든 것이 그의 이념에 복종하는 세계의 창조자를 명시하지는 못한다. 자연신학은 최상의 세계 원인에 대한 어떤 특정한 개념도 제시하지 못한 것이다. 자연신학적 증명은 세계의 어디서나 관찰되는 질서와 합목적성, 즉 어디까지나 우연적인 조직으로부터 이에 대응하는 원인의 현존재를 지향하고 있다. 따라서 이러한 원인의 개념은 그 원인에 대해서 확정적인 그 어떤 것을 우리가 인식할 수 있게 해야 한다.[108] 그러나 그것은 반성적 판단력으로만 유추할 수 있을 뿐이고, 어떤 경우에도 지성의 사용을 통한 이론적 논증이 불가능하다. 우리는 세계 창조자의 위대성과 지혜와 힘을 경탄하는 데까지 도달하고서도 그 이상 더 진전할 수 없게 된 것이다. 경험적 방식을 통한 절대적 전체로의 진행은 우리에게 전적으로 차단되어 있기 때문이다.[109] 여기에서 자연신학적 증명은 좌절될 수밖에 없으며, 이러한 곤경에서 탈피하기 위하여 그것은 갑자기 우주론적 증명으로 선회하게 된다. 그리하여 세계의 질서와 합목적성에서 추리된 세계의 우연성으로 되돌아가서, 그 우연성으로부터 다시 선험적 개념을 통하여 필연적인 것의 현존재를 지향하는 동시에, 절대적 필연성을 가진 제1원인의 개념으로부

107) KdrV, B655.
108) KdrV, B655.
109) KdrV, B656.

터 모든 것을 포괄하는 실재 개념으로 향하는 우주론적 증명에 머무르게 된다. 그러나 이것은 본래 존재론적 증명의 위장에 불과한 것이기 때문에 자연신학적 증명은 비록 처음에는 오직 경험에 의한 증명을 시도하였음에도 불구하고, 사실상 순수이성의 사변에 봉착할 수밖에 없었다.[110]

### 선험신학의 인식 비판적 의미

칸트의 전통 신학 비판은 그의 철학적 과제에서 가장 중요한 목표인 이성 사용의 규제적 원리를 확정하기 위한 최종적인 작업이었다. 이로써 칸트는 순수이성의 이론적 사용은 감성의 한계 안에서라는 규제적 원리를 설정할 수 있었다. 전통적인 신 개념은 일종의 가상 개념으로 전락되는 동시에 지성의 통일적 활동을 유도하는 지도 원리로 각색되기도 하였다. 이 경우에 칸트가 의도한 것은 모든 가능한 선험신학이 규제적 원리를 넘어선 월권 영역에 속하기 때문에 그에 대한 어떤 이론적 입장 표명도 무의미하다는 것이다.

칸트의 전통 신학 비판에서 얻은 최종적인 결론은 바로 세 가지 유형의 신 존재 증명이 실제로는 존재론적 논증의 변형에 지나지 않았다는 사실이다. 칸트에 의하면 최고 존재자인 유일한 근본적 존재자의 현존재에 관한 자연신학적 증명의 근저에는 우주론적 증명이 있고, 우주론적 증명의 근저에는 존재론적 증명이 있다. 그리고 이 세 가지 방법 이외의 다른 방법은 사변적 이성에게 열려져 있지 않기 때문에, 모든 경험적 오성 사용을 초월한 순수한 이성 개념에 의하여 선험적 신의 존재가 증

---

110) KdrV, B657 참조.

명될 수 있다면 오직 존재론적 증명만이 유일하게 가능한 방식이었다.[111] 그러나 신학, 특히 신의 존재 증명과 관련된 사변적 이성 사용의 모든 시도는 부질없고 허무한 것일 수밖에 없었다. 단순한 이성 사용의 이론적 원리들로부터는 결코 신성의 개념이 나올 수 없기 때문이다.

존재론적 논증에서는 최고의 실재적 존재의 개념 속에는 그 존재의 논리적 가능성뿐만 아니라 실재적 가능성까지 함축되어 있다는 사실을 강조하였다. 그러나 칸트는 인식 비판적 측면에서 최고의 실재적 존재의 실재적 가능성조차도 그 존재의 실존 또는 현존을 드러낼 수는 없다고 지적하였다. 이와 같은 칸트의 주장은 엄밀한 의미에서 존재론적 논증에 대한 논리적인 반박이라기보다는 단호한 배척의 성격이 더 강하다. 칸트의 논변이 논리적 또는 형이상학적 측면에서 존재론적 논증을 물리쳤다고 보기는 곤란하기 때문이다. 그러나 칸트가 존재론적 논증을 인식 비판적인 측면에서 혁파하였다고 보는 것이 타당할 것이다. 헨리히가 적절하게 지적한 것처럼 현존은 그것을 인식 가능하게 하는 하나의 조건이다. 이 점에서 순수이성의 이론적 사용과 관련하여 바라본 존재론적 논증은 경험을 가능하게 하는 조건들을 벗어나 있을 뿐만 아니라 선험적 원칙들의 규제적 사용 한계를 넘어서 있다. 칸트는 존재론적 논증을 반박하면서 절대적 필연성 개념의 주체화를 시도하였다. 우리가 만일 존재의 현존을 지양한다면 결코 모순이 발생하지 않기 때문에 필연적 존재의 개념은 결코 어떤 대상에 대한 개념이 아니라, '인식의 한계 개념'이라는 특별한 의미를 갖게 되는 것이다.

칸트는 지금까지 여러 철학자들에 의해서 발전되어온 이 세

111) KdrV, B658.

가지 증명을 모두 비판하면서 그 대안으로 도덕신학적 논증을 제시하고 있다. 도덕신학적 신 존재 증명은 칸트의 이성신앙 또는 도덕신학의 정수를 이루게 되는데, 특히 『실천이성비판』에서는 독특한 요청 이론으로 전개되고 있다. 이것을 역으로 접근하면 다음과 같은 해석이 가능하다. 칸트가 이성의 이론적 사용에서 신의 존재 인식과 그 존재 증명은 사실상 불가능하다고 단정하였으나, 이성의 실천적 사용에서 신의 존재를 요청하였다는 사실은 바로 선험신학적 논증들에 대한 도덕신학적 논증의 우선성을 입증한다. 그리고 존재론적 증명을 포함한 세 가지의 선험신학적 논증이 목표하는 신의 존재 확보는 이론적 차원이 아닌 도덕적 요구 주장의 완성을 가능하게 하는 조건 명제로서 의미 기능을 갖고 있다는 사실을 확인하게 된다. 칸트의 신학 비판의 핵심적 의도는 이성 사용의 한계를 규정하면서 규제적 원리를 제시하려는 데 있다. 그와 함께 전통 신학적 신 개념은 이론적인 인식의 대상이 아니고 '선험적 이상'에 지나지 않는다는 사실을 천명하고자 한 것이다. 이론적 이성 비판을 통하여 칸트는 신의 존재론적 위상을 이성의 대상 개념 중의 하나인 '이상'112)으로 정립하였다.

112) das Ideal

# 18. 실천이성의 요청과 근본악의 문제

## 실천이성비판

인간이 지속적으로 숙고하면 할수록, 그 마음속에서 항상 새롭고 더욱 증대하는 경탄과 경외심으로 가득 채워지는 두 가지 것이 있는데, 그것은 바로 '내 위의 별이 빛나는 하늘'과 '내 안에 있는 도덕 법칙'이다.

칸트는 자신의 지성적 혁명의 초점을 단지 자연 인식의 원리뿐만 아니라 도덕의 기초에도 적용한다. 지성적 혁명에 의해 실천의 영역에서는 도덕적 선의 실재를 원리적으로 의심하는 도덕적 회의주의가 극복될 수 있다.

칸트는 『도덕 형이상학 정초』와 『실천이성비판』에서 도덕의 최종 근거에 관하여 다루고 있다. 그는 '의욕하는 능력'을 탐구한다. 이는 순수 자연적 존재들이 다만 법칙에 따라 행동하는 것과는 달리, 행위 대상에 관한 표상에 근거하여 스스로를 규정하는 능력이다. 의욕하는 능력을 칸트는 '의지' 또는 '실천이성'

이라 부른다. 우리는 실천의 영역에서 이론적인 것의 영역에서와 동일하게, 경험적으로 제약된 이성을 순수이성과 구별할 수 있다. 경험적으로 제약된 이성에서는 의지가 대상들, 즉 욕구능력의 질료, 즉 대상들의 실현에 대한 욕망에 의해 규정되며, 따라서 항상 경험적으로 규정되는 반면에, 순수이성에서 의지는 모든 경험으로부터 독립적이다. 순수 실천이성은 동시에 도덕적 이성 또는 순수한 의지이다.

칸트의 '선 의지' 개념은 개인적·사회적·정치적 삶의 현실로부터 행위가 결여된 내면성의 세계로의 인간의 퇴행이 아니다. 그 반대로 의지는 이러한 삶을 규정하는 근거이다. 의지의 표명행위는 육체적, 영혼적, 정신적, 경제적인 결핍 등으로 의욕했던 대로 실현되지 않을 수도 있다. 그러나 도덕성은 다만 행위하는 자가 책임질 수 있는 영역에 그 근거를 두고 있기에, 행위의 결과 그 자체, 즉 객관적 결과가 도덕성의 직접적인 척도가 될 수 없다. 따라서 칸트는 정당한 근거를 가지고 도덕성은 결과로서 행위가 아니라, 행위의 바탕에 놓여 있는 의지의 성질에서 규정될 수 있다고 주장한다.

다른 한편, 어떤 행위의 도덕성은 그 행위가 도덕적으로 올바른 것과 단지 일치한다고 보장되는 것은 아니다. 그것은 도덕적으로 올바르기 때문에 의욕하는 가에 달려 있는 것이지, 도덕적으로 올바른 것과 우연히 일치하는 자신의 관점이나 처벌에 대한 두려움 때문에 의욕된 것과는 상관이 없다. 무제한적 선으로 규정되는 도덕성이란 개념은 합법성, 즉 의무에 적합한 것에 속해 있는 것이 아니라, 도덕성, 즉 의무에 의해 행위하는 것에 속해 있다.

순수 실천이성을 경험적으로 제약된 실천이성으로부터 구별하고 나서, 두 번째 비판에서는 첫 번째 비판과 비교해 탐구 방향의 전환이 있게 된다. 첫 번째 비판은 순수이성의 '월권'을 거부한다. 반면 두 번째 비판은 경험적으로 제약된 이성의 월권을 거부한다. 두 번째 비판은, 우리는 단지 경험적 규정 근거를 토대로 해서 행위할 수 있고 따라서 도덕의 원리들조차도 경험에 의존하고 있는 것이라는 윤리적 경험론의 주장을 배척한다.

실천이성 비판은 무엇보다도 다음과 같은 세 부분의 과제로 이루어져 있다. 첫째, 도덕 법칙의 규정, 둘째, 주관으로 하여금 도덕 법칙을 따르는 것을 가능하게 하는 선천적 조건, 셋째, 도덕성의 실재에 관한 증명이 그것이다.

첫째, 순수 의지가 기초하고 있는 법칙을 도덕법칙 또는 순수 실천이성의 근본법칙이라고 한다. 순수 의지는 경험적인 규정 근거들로부터 독립적이기에 도덕법칙은 경험적 제약과 상관없이 타당하다. 즉 도덕법칙은 정언적이다. 따라서 무조건적으로 타당하다. 인간과 같이 감성적 동인(충동, 욕구, 관심)에 의해 규정되는 유한한 이성 존재에게서 도덕 법칙은 마땅히 따라야만 하나 실제로 꼭 준수되지는 않는 명령형의 형식을 취한다. 그래서 도덕법칙은 정언명법1)의 모습을 지닌다.

정언명법은 가언명법2)과 구분된다. 가언명법은 단지 특정한 의도의 전제 아래서 타당하거나(만약에 우리가 부유하게 되기를 원한다면, 그렇다면 우리는 ~해야만 한다), 또는 수완3)과 관련된 실용적4) 명법으로서 자신의 행복에 도달하기 위한 수단으로 특정한 행위들을 명령한다. 반면에 정언명법은 어떤 다른 것과 관

1) der kategorische Imperativ
2) der hypothetische Imperativ
3) Klugheit. 영리함이다.
4) pragmatisch

련해서가 아니라 그 자체로 선한 행위를 요구한다. 정언명법은 모든 주관적인 의도, 심지어 가장 보편적인 의도인 자기 자신의 행복마저도 최종적 규정 근거에서 배제하기에 객관적, 보편적 그리고 필연적으로 타당하다. 도덕성은 따라서 남에 대한 호의를 표방하고 있는 자기 사랑(루소)을 넘어서 있다. 도덕성은 또한 도덕적 감정(샤프츠버리, 허치슨, 흄)에 그 기초를 두고 있지 않다. 왜냐하면 감정은 주관의 단지 우연적인 상태를 표현하고 있는 것이고 따라서 엄밀하게 보편타당하지 않기 때문이다.

도덕적 행위에 대한 요구와 더불어, 정언명법은 동시에 도덕적 행위의 최고의 기준을 말하고 있다. "너의 준칙[5]이 보편적 원칙이 되어야 한다고 네가 동시에 의욕할 수 있는 오직 그러한 준칙에 따라 행위하라."[6] 보편적 법칙에 따르는 사물의 현존은 자연법칙이라는 형식을 이루고 있기에, 정언명법은 또한 다음과 같은 모습을 지닌다. "마치 너의 행위의 준칙이 너의 의지에 의해서 보편적 자연법칙이 되어야만 하는 것처럼 그렇게 행위하라."[7] 정언명법의 또 다른 표현은 목적 그 자체로서 이성적 존재에 그 바탕을 두고 있다. "너 자신의 인격에서뿐만 아니라 다른 모든 사람의 인격에 있는 인간성을 언제나 동시에 목적으로서 사용하되, 결코 수단으로서만 사용하지 않도록 행위하라."[8]

정언명법이 보편화 가능성[9]을 행위에 대해서가 아니라 준칙에 대해서 요구하고 있다는 것은 자주 간과되고 있다. 준칙이란 스스로 정한 보편성의 정도가 높은 의지의 원칙이다. 행위를 이

---

5) Maxime
6) 칸트, 『도덕형이상학 정초』, 김석수 외, 한길사, 2019, B76.
7) 칸트, 『도덕형이상학 정초』, B81.
8) 칸트, 『도덕형이상학 정초』, B66-67.
9) Verallgemeinbarkeit

끄는 다음과 같은 종류의 규범적인 원리들이 있다. 정직하게 또는 정직하지 않게 행위하기, 타인의 곤경에 대해 자비롭게 또는 냉정하게 행위하기와 같은 것들이다. 이러한 삶의 원칙들은 정언명법의 도움으로 이 원칙들이 단지 주관적으로 타당할(따라서 비도덕적일) 뿐만 아니라 객관적으로, 즉 모든 이성적 존재에서 타당한(따라서 도덕적인) 지가 검사된다. 도덕적 원칙을 구체적 상황에 적용하는 데에는 경험적·실용적인 (결과에 대한) 숙고가 필요할 수 있는 반면에, 보편적 타당성에 대한 검사는 순수 이성적으로 행해진다.

정언명법과의 연계 아래서 헤어[10]나 싱어[11]와 같은 현대의 도덕철학자들은 일반화(보편화)의 원리를 다음과 같이 표현하고 있다. "우리는 그 행위의 수행을 일반화시킬 경우 나쁜 결과를 지니게 될 그러한 행위를 수행해서는 안 된다." 그러나 여기서는 준칙이 아니라 행위가 곧바로 일반화의 심사를 받는다. 나아가 원칙과 관련된 결과에 대한 숙고가 요구된다. 이러한 것은 정언명법에서는 원리적으로 배제되어 있다.

둘째, 『실천이성비판』에서 칸트는 그것이 전제되지 않으면 주관이 정언명법에 전혀 따를 수 없는 그러한 근본 전제를 탐구한다. 정언명법에 의하면 의지는 모든 경험적(질료적) 규정 근거들로부터 독립적이어야만 하고 준칙의 입법적 형식이 단독으로 충분히 규정 근거를 부여해야만 한다. 경험적 규정근거는 자연에서 일어나는 일, 즉 인과성의 법칙에 종속되어 있기에, 도

10) Richard Mervyn Hare (1919~2002). 영국 출신의 도덕철학자로서 1966년부터 1983년까지 옥스퍼드대학에서 도덕철학 교수를 지냈다.

11) Marcus George Singer (1926~2016). 뉴욕 출신의 미국 철학자로서 1952년에 코넬대학에서 철학박사 학위를 하고, 1994년까지 위스콘신대학에서 철학을 가르쳤다.

덕적 의지는 인과율로부터 전적으로 독립적이다. “그러한 독립성이란 가장 엄격한 의미, 즉 선험적 의미의 자유를 의미한다.” 이처럼 도덕성의 주관적 원리는 자유로운 또는 자율적인, 스스로 입법하는 의지 안에 놓여 있다.

순수이성의 변증론에서 칸트는 자유가 사고 가능한 개념이라는 것, 그뿐 아니라 사고 필연적인 개념이라는 것을 입증했다. 여기서 자유는 물론 자연 인식의 영역에서 단지 규제적인 의미를 지닌다. 윤리학과 관련해서야 비로소 자유 개념은 도덕성의 선천적 가능성의 조건으로서 구성적인 기능을 지니게 된다. 형이상학의 그 밖의 근본 문제들인 영혼의 불멸성과 신의 현존 문제에서도 비슷하다고 할 수 있다. 『실천이성비판』의 두 번째 부분에 의하면 영혼의 불멸성과 신의 현존은 순수 실천이성의 ‘요청’[12]이다. 즉 최고선[13]을 가능한 것으로 사고하기 위한 필수적인 조건이다.

칸트는 (단지 가장 높다는 의미에서뿐만 아니라 완전하다는 의미에서) 최고선을 행복과 그리고 ‘행복할 가치가 있음’[14]의 조건으로서 도덕성(덕)과의 일치로 이해한다. 이러한 일치는 의지가 도덕법칙에 완전히 상응할 때 가능하다. 그러나 그러한 것은 결핍된 이성 존재에게는 단지 끝없는 전진 안에서만 가능하다. 이러한 전진은 그 자체로 영혼의 불멸성을 전제한다. 다른 한편 도덕성은 행복을 향한 노력을 최종적인 규정 근거에서 배제하고 있기에, 행복과 도덕성의 일치가 도덕법칙으로부터 생기는 것은 아니다. 이 일치는 자연의 창조자인 신에 의해 비로소 보장될 수 있다고 한다. 이렇게 칸트에게 형이상학의 전통적인 물

---

12) Postulat
13) Höchstes Gut (最高善)
14) Glückswürdigkeit

음들인 신, 자유 그리고 영혼 불멸성에 관한 물음은 존재론에서 이미 그 답이 주어지는 것이 아니라 도덕성에 관한 학설에서 비로소 그 충분한 답이 주어진다.

셋째, 앞에서 행해진 정언명법과 선험적 개념으로서 자유에 관한 근거지움은 윤리적 경험주의와 도덕적 회의주의에 대한 필수적인 논증이기는 하나 아직 충분한 것은 아니다. 도덕성의 최상의 기준에 관한 규정과 의지의 자율성으로서 도덕성의 소급은, 도덕성이 실재한다는 것이 증명되지 않는 한 단지 '사고의 산물'일 뿐이다. 칸트는 실천이성비판의 세 번째 부분을 '이성의 사실'[15]로 다루고 있다. 칸트에게 이성의 사실은 도덕적 경험의 현실성과 도덕법칙을 의식하고 있음을 의미한다. 칸트는 이러한 의식을 자기기만이 아니라 실제적인 것으로 간주하기에, 그는 사실에 관해 이야기하고 있는 것이다.

사람들이 무조건적인 의무를 의식하고 있다는 명백한(이론의 여지없이 확실한) 사실이 문제가 되고 있는 것이다. 이러한 의식은 경쟁이 될 수도 있는 경향성[16]으로부터 독립해서 도덕적으로 올바른 의지가 표명된 판단에 명시되어 있다. 한 성실한 사람에 대한 고의적인 거짓 증언은 특별한 상황(예를 들면 목숨에 대한 직접적인 위협) 아래서는 이해될 수 있다. 그럼에도 우리는 이러한 행위를 도덕적으로 정당하지 못한 것으로 판정한다. 이것은 우리가 특정한 행위에 그 자체로, 즉 이 행위와 맞서는 동안에 대한 고려 없이 의무를 느끼고 있다는 것을 의미한다.

---

15) Faktum der Vernunft

16) Neigung

## 실천이성의 요청

칸트는 도덕과 행복의 완전한 결합, 즉 최고선의 실현을 가능하게 조건명제, 즉 요청명제들을 제시한다. 이와 같은 칸트의 사유방식은 전대미문의 것으로서 그 이전의 어떤 철학자도 요청이론과 같은 독특한 사유방식을 제안하지 않았다. 막힌 문제를 해결할 수 있는 가상적인 조건에 현실적인 힘을 부여함으로써 실제적인 구속력을 갖게 하는 이와 같은 요청적 사유방식은 칸트만의 독창적 소산이었다.

칸트는 '요청'을 "이론적인 명제이기는 하나, 그것이 선천적·무제약적으로 타당하는 실천법칙에 필수불가결한 한에서 이론적으로는 증명될 수 없는 명제"라고 정의했다.17) 칸트가 구체적으로 제시하고 있는 요청 명제는 이론이성의 영역에서 "이념"으로 규정되었던 이성의 대상개념과 동일한 것들로서 자유, 영혼의 불멸성, 신 존재이다. 따라서 이 세 요청은 이미 『순수이성비판』에서 그 모습을 드러내고 있다. 『순수이성비판』에서 영혼불멸성, 세계(자유), 신의 이념은 가능성의 개념이었다.

자유는 도덕적 주체로 하여금 자연법칙이 지배하는 현상의 세계 속에 실천적으로 행위 할 수 있는 근거가 되지만, 여기에서 선험적 자유는 한갓 이념으로만 인정되었다. 또한 칸트는 인식의 통일적 근거를 다룸에 있어서 자기의식의 존재를 설정하고 있으나 그것의 존재근거가 되는 영혼의 문제에 대해서는 '오류추리'로 처리하여 그 실재성에 관한 판단을 유보했다. 신의 개념에 대해서도 칸트는 그 존재를 증명하거나 반박할 수

17) Kant, Kritik der praktischen Vernunft, Riga 1788, A220; 칸트, 『실천이성비판』, 김석수 외, 한길사, 2019.

없는 것으로 규정하는 한편 '근원적인 최고선의 이상' 또는 '파생적 최고선'으로서 '도덕적 세계' 개념을 제안함으로써 도덕법의 구속성을 위하여 요구되는 개념으로 상정하고 있었다. 이처럼 영혼불멸성, 세계(자유), 신의 개념은 『순수이성비판』에서는 이념으로서 규정되었으나, 그것들은 이제 요청이론을 통하여 이성 사용의 실천적 측면에서 그 객관적 실재성을 인정받게 된다.

자유와 영혼불멸성의 요청은 덕이나 신성성[18]의 개념과 관련된 것이고 "우리의 힘으로 할 수 있는 것"에 속한다.[19] 따라서 이것들은 칸트 윤리학에서 자율성 및 도덕적 동기주의, 심정의 윤리학을 뒷받침하고 있으며 칸트의 도덕적 주장들에 대해서 계속성과 일관성을 유지하는 중요한 요소들이다. 자유와 영혼불멸성 요청은 도덕적 행위 자체의 가능성 또는 도덕적 주체의 존립 가능성을 확보하기 위한 것이다. 그에 반하여 신 존재의 요청은 도덕적인 노력을 수행한 사람들에게 그에 비례적으로 부합되는 행복을 보장할 수 있는 근거가 되는 동시에, 우리의 힘으로 할 수 없는 종교적 희망을 가능하게 한다.

### 자유의 요청

칸트철학에서 자유 개념은 윤리학의 가능성을 위한 '근본요청'[20]이다. 자율성을 강조하는 칸트의 윤리학에서 도덕적 실천이 원천적으로 가능할 수 있기 위해서는 자유 개념이 전제되지 않으면 안 된다. 칸트 철학에서 도덕법의 존재는 우리로 하여금

18) Heiligkeit
19) KdpV, A215.
20) Grundpostulat

최고선의 촉진을 수행하도록 강제하고 있다. 이 같은 도덕법의 명령은 인간의 자유가 전제되는 한에서만 그 수행이 가능하다. 자유가 전제되지 않을 경우에 도덕법의 의미는 사라지고 자명한 것으로 인식될 수 없으며, 헛된 망상에 기초한 것으로 배척되어야 할 것이다.[21] 자유는 인간이 선천적으로 가진 단 하나의 이념이며 도덕법의 조건이다.[22] 그리하여 칸트는 "자유는 도덕법의 존재 근거[23]이고 도덕법은 자유의 인식근거"[24]라고 단정했다.[25]

그러나 칸트의 철학 체계 안에서 인과성의 법칙이 지배하는 자연 세계에서는 자유의 법칙이 존재한다는 사실을 이론적으로 입증할 수 없다. 칸트에 의하면 현상의 세계는 인과성의 법칙에 의하여 지배되고, 지성의 세계는 보다 더 포괄적인 새로운 인과성의 법칙, 즉 자유의 법칙에 따르고 있다. 그러나 자유는 우리에게 존재 사실로서 주어져 있음에도 불구하고, 그 존재를 이론적으로 증명할 수 없다. 따라서 자유의 요청[26]은 윤리학의 가능성을 위한 근본 요청으로서 확보되지 않으면 안 된다.

칸트는 자유 개념의 실재성은 실천이성이 입증하는 사실에서 사변이성까지를 포괄하는 모든 이성 체계의 초석이라고 강조했다.[27] 사변적 이성 비판에서는 단지 생각될 수만 있었던 자유가 이성의 실천적 사용에 있어서는 양심의 사실에 의하여 확증된다. 도덕법이 자유와 실제적으로 상호 연결될 경우에 그 도덕

21) KdpV, A205.
22) KdpV, A6.
23) ratio essendi
24) ratio cognoscendi
25) KdpV, A6.
26) das Postulat der Freiheit
27) KdpV, A3.

법은 '순수이성의 사실'로서 주어진다. 우리는 그러한 도덕법을 선천적으로 인식하는 동시에 절대적으로 확신한다. 칸트는 도덕법의 객관적 실재성(타당성)은 그 자체적으로 확실하다고 주장한다.[28] 따라서 도덕법은 "선험적 자유의 가능성뿐만 아니라 그 현실성까지도 그것이 자신을 구속한다고 인식하는 존재자를 통하여 증명한다."[29] 순수이성은 도덕법의 실천적 사용에 있어서 불가피하게 또한 자유의 객관적 실재성을 요청한다. "자유의 실재성을 실천이성은 도덕법을 통해서 명시하고, 인해서 사변이성이 지시할 수만 있었고, 그 개념을 규정할 수는 없었던 가상계의 법칙도 동시에 명시한다."[30] 칸트는 "오직 자유의 원인성이 있다는 것이 도덕법에 의해서, 또 도덕법을 위해서 요청된다"고 주장한다.

또한 칸트에 의하면 신과 영혼불멸성의 개념은 자유의 개념과 연결되어 있으며, 이를 통해서만 비로소 존립하게 되고 객관적인 실재성을 얻게 된다. 따라서 신과 영혼불멸성 개념의 가능성은 자유가 실제로 존재하기 때문에 증명될 수 있는 것이다. 그리하여 칸트의 요청체계 안에서 자유는 근본요청으로서 위상을 갖고 있다.

### 영혼불멸성의 요청

칸트는 이성의 이론적 사용에서 영혼존재에 대한 주장은 오류추리에 해당된다고 주장했다. 다시 말하면 의식의 초월적 통일을 대상으로 직관하려는 동시에 실체의 범주를 적용하는 잘

28) KdpV, A81.
29) ibid.
30) KdpV, A240.

못을 범하고 있다는 것이다. 선험적인 의식의 통일성은 단지 사유에서 형식적 통일성으로서 대상에 대한 어떤 인식도 제공하지 못한다. 그럼에도 불구하고 사람들은 영혼을 실체화하여 변증론적 가상에 빠지게 된 것이다. 그러므로 "영혼은 실체이다. 영혼은 단순하다. 영혼은 단일하다. 영혼은 가능한 대상들과 관계를 가진다." 등의 명제들은 순수한 가상에 지나지 않는다. 그리하여 칸트는 영혼의 개념을 구성적으로 사용하려는 모든 시도에 대해서 논박하는 동시에 오성 사용의 통일성을 부여하는 지향점으로서 규제적 기능만을 인정하였다. 칸트는 영혼의 존재를 이론적 이성 사용에 의해서는 접근할 수 없는 것으로 간주하였으나, 이성 사용의 실천적 측면에서는 요청 명제로 규정함으로써 객관적 실재성을 인정하였다.

칸트는 최고선의 첫번째 요소인 덕(신성성)에 대한 고려를 통하여 영혼불멸성 요청에 접근하고 있다. 도덕법은 현세에서 최고선을 수행하도록 명하고 있으며, 심정이 도덕법 그 자체와 완전하게 일치하는 것을 '최고선의 최상 조건'으로 규정하고 있다.[31] 실천이성은 우리로 하여금 덕을 추구하여 행복을 얻도록 요구하고 있다. 우리가 추구해야 할 덕의 가장 이상적인 원형은 의지와 도덕법이 완전하게 일치된 신성성[32]이다. 신성성은 완전성[33]을 의미한다. 그러나 이것은 "감성계의 어떠한 이성 존재라도 그 생존의 어느 순간에 있어서나 소유할 수 없는" 것이다.[34] 칸트는 도덕적 심정이나 주관적 의지가 도덕법과 완전하게 일치하기 위해서는 신성성을 향하여 무한한 노력을 해야 한

31) KdpV, A220.
32) Heiligkeit
33) Vollkommenheit
34) KdpV, A220.

다고 가정하였으나, 이와 같은 가정은 우리들의 존재가 상대적이고 유한하기 때문에 무의미하게 되어 버리며, 우리들 자신이 결국 신성성에 이르지 못하므로 행복에의 기대나 희망조차 불가능하게 된다. 따라서 최고선의 실현 가능성이 좌초되어 결국 도덕법의 존재가 위협을 받게 된다.

우리가 살아있는 그 어떤 순간에서도 현실적으로 확보할 수 없는 신성성은 최고선의 촉진을 위하여 필연적으로 요구되는 가능성 조건으로 요구되기 때문에, 우리가 그것에 도달하기 위해서는 선행적으로 “완전한 일치로 향한 무한한 전진”이라는 전제 조건을 확보하지 않으면 안 될 것이다.[35] 의지와 도덕법이 완전하게 일치될 수 있기 위해서는 도덕적 주체가 신성성에 도달하기 위하여 무한하게 노력할 수 있는 무한 시간이 확보되지 않으면 안 되는데, 이처럼 무한 시간을 통한 무한한 전진을 위한 가능성의 조건이 바로 영혼불멸성의 요청이다. 칸트는 무한한 전진은, 동일한 이성 존재자의 무한히 계속되는 생존과 인격성, 즉 영혼불멸성이 전제되는 경우에만 가능하다고 보았다.[36] 그리하여 최고선의 실현 가능성을 위한 필요조건으로서 무한한 전진과 접근을 시도할 수 있는 인격 존재, 곧 영혼불멸성을 요청하게 된다. 영혼불멸성 요청은 최고선의 최상 조건인 도덕성의 완성을 가능하게 하는 필요조건이다.

도덕법에 대한 완전한 일치를 향하는 무한한 전진을 위하여 요청된 영혼불멸성은 자유의 요청과 마찬가지로 사변이성의 무능력을 보완하는 동시에 종교에 대해서도 유익한 측면이 있다. 실천이성은 영혼불멸성을 최고선의 완전한 실현을 위하여 필연

35) ibid.
36) ibid.

적으로 요구되어야 하는 단적인 사실로 받아들이기 때문에 이성의 이론적 사용에서처럼 그것의 존재에 대하여 회의하거나 부정하는 것은 용납되지 않는다. 영혼불멸성의 부정은 곧 최고선의 실현을 불가능하게 하고 도덕법의 구속성을 상실하게 하기 때문에 그렇다. 따라서 영혼불멸성은 순수 이성의 실천적 필요에 의하여 무한한 전진의 가능성 조건으로서 요청되어야 한다.[37] 또한 동시에 영혼불멸성은 나의 죽음을 통해서 나의 존재가 허무 속에 내던져지는 것이 아니고 자신의 육체적 죽음에도 불구하고 도덕적 완성을 위하여 정진한다는 신앙을 함축하고 있다. 인간은 비록 신성성의 경지에 도달할 수 없으나 신성성에 대한 무한한 접근을 통하여 보다 높은 도덕적 단계와 보다 순수한 도덕적 심정에로 나아갈 수 있다. 그리하여 칸트는 "이성적인 유한한 존재자에게 가능한 일은 도덕적 완전성의 보다 낮은 단계에서 보다 높은 단계에로 점진적으로 향상되는 무한한 전진뿐이다"라고 강조했다.[38] 이 같은 전진을 통하여 피조물은 자신의 심정의 연단과 정화를 기대할 수 있다.

신성성을 향한 무한한 전진과 무한한 접근을 위한 영혼불멸성의 요청을 통해서 칸트는 도덕법의 심화를 겨냥하고 있다.[39] 무한한 전진은 도덕적 노력에 있어서 어떠한 나태함도 허용하지 않고 그보다도 인간의 적극적인 계속적 노력을 요구하기 때문이다. 자유와 영혼불멸성의 요청은 도덕적 실천 주체의 존재확보와 그 자율적인 실천 가능성과 관련되어 있다. 자유의 요청이 도덕적 주체의 실천, 특히 선택과 책임의 문제를 결정하는 반면에, 영혼불멸성의 요청은 칸트의 도덕 철학에서 일관적으

37) KdpV, A220.

38) KdpV, A221.

39) Jin Kim, Kants Postulatenlehre, S. 61.

로 주장되고 있는 자율성 개념과 관계가 있다. 칸트는 이 두 가지 요청을 우리의 힘으로 할 수 있는 자율적이고 실천적인 노력을 가능하게 하는 조건으로 규정함으로써 종교에 대한 "도덕"의 우선성을 강조하고 있다.

## 신 존재의 요청

자유의 요청이나 영혼불멸성의 요청은 우리에게 도덕성 또는 신성성에의 완전한 일치와, 그 도덕성에 비례하는 행복을 아직 보장해 주지 못한다. 비록 도덕성과의 완전한 일치를 향하여 무한한 전진과 접근을 시도할지라도 우리는 흔들리지 않는 심정의 확고함을 아직도 여전히 가지고 있지 않으며, 또한 무한한 시간 공간 속에 우리가 아무리 도덕적인 삶을 살아가려고 노력할지라도 결국 도덕성에 이르지 못하기 때문에, 우리의 도덕적인 불완전성에도 불구하고 행복에 이를 수 있다는 위안적 희망의 가능성에 기대를 걸 수밖에 없게 된다. 이와 같은 결함을 보충해주면서 최고선의 실현을 가능하게 하는 필요충분조건이 바로 신 존재의 요청[40)]이다. 그리고 이와 같은 이유에서 일부 학자들은 신 존재의 요청과 함께 영혼불멸성이 요청은 불필요하게 되었다고 비판하기도 한다. 그러나 이와 같은 주장은 칸트철학에서 도덕과 종교의 관계설정을 곡해함으로써 빚어졌다.

지금까지 강조한 것처럼 칸트는 철저하게 도덕에서 종교에로 이행하는 논점을 유지하고 있으며, 따라서 영혼불멸성 요청은 자율성에 기반을 둔 칸트의 도덕주의적 주장을 위하여 필수적으로 요구되는 명제인 것이다. 물론 칸트는 이곳 『실천이성비

---

40) das Postulat des Daseins Gottes

판』에서 영혼불멸성에 대한 논의를 진행하면서 간과하였던 몇 가지 논리적 결함을 나중에 다시 『이성의 오롯한 한계 안의 종교』에서 보완하고 있다.

순수 이성의 이론적 사용에서 신의 이념은 그것을 대상으로 인식할 수 없기 때문에 그 존재를 인정할 수도 부정할 수도 없는 입장에 빠져 있었다. 그러나 실천적 이성의 관심은 자유와 영혼불멸성의 경우에서와 마찬가지로 이론이성이 그 존재를 증명하거나 반박할 수 없다고 규정한 사실을 넘어서서 신 존재의 객관적 실재성을 요구하게 된다.

세계 안에서 행위하는 이성 존재자인 인간은 도덕 영역에서 실천적 행위와 자연 영역에서 기계적 사건의 원인이 될 수 없다. 인간은 자신의 의지 사용과 관련하여 자연의 원인일 수가 없고, 또한 자신의 행복과 관련하여 자연을 자신의 도덕적인 실천원칙들과 완전하게 비례적으로 조화시킬 수 있는 능력이 없다. 그럼에도 불구하고 최고선이 실현 가능하기 위해서는 필연적으로 도덕법과 자연법의 일치 및 도덕성과 행복의 결합이 이루어질 수 있어야 한다. 그런데 도덕성의 준칙이 행복에 대하여 원인으로 작용할 수 있기 위해서는 그 양자를 조화시킬 수 있는 근거로서 자연과 구별되는 '전체 자연의 원인'의 현존, 즉 신의 존재가 요청되지 않으면 안 된다.[41] 자연의 세계와 도덕의 세계를 동시에 규제할 수 있는 최고 원인의 존재, 즉 신 존재가 최고선의 완전한 실현을 위한 가능성 조건으로서 요구된 것이다. 이것은 칸트가 제1비판서에서 '파생적 최고선'인 '도덕적 세계'의 존립 근거를 '근원적 최고선'인 '신의 실존'에서 찾으려고 했던 것과 같은 맥락에 있다.

---

41) KdpV, A225.

칸트는 신 존재 요청을 통하여 현상 세계에서 인과성과 지성 세계에서 자유의 법칙을 통일적으로 규제할 수 있는 가능성을 확보함으로써, 사실상 도덕법의 구속성을 되살리는 동시에 최고선의 완전한 실현이 가능한 것으로 상정할 수 있었다. 따라서 실천이성에 의한 신 존재의 요청은 전통신학에서 선험적 신 개념과는 전혀 다른 성격을 갖는다. 물론 요청으로서 신 개념 속에 전통적 신 개념의 속성이 함축되어 있거나 일치한다 하더라도, 그것은 다른 의미와 다른 목적에서 기능한다. 실천이성이 신에 대한 신앙을 허용하는 유일한 동기는 도덕법의 구속성 확보에 있다. 그러므로 신의 존재가 요청되었다고 해서 도덕적인 자율성이 약화되거나 폐기되는 것이 아니다. 그와 반대로 신 존재의 요청은 영혼불멸성 요청과 마찬가지로 '도덕법의 심화'를 위한 실천적인 기능을 가지고 있다.[42]

## 칸트의 철학적 종교론

칸트의 종교철학은 그의 도덕철학의 지속적 전개이다. "종교는 (주관적인 측면에서 고찰하면) 우리의 모든 의무를 신의 명령으로 인식하는 것이다." 이것은 계몽주의의 근본 신념과 일치하고 있다.(볼테르, 레싱, 루소)

칸트는 이론이성 비판을 통하여 모든 사변적 신 증명, 즉 세계 밖의 최상의 원인을 도출해내야 하는 물리-목적론적 증명, 필연적인 존재를 증명해야 하는 우주론적 증명, 그리고 최상의 실재를 증명해야하는 존재론적 증명을 배척한 바 있다. 여기에서 칸트는 ;현존은 실질적 술어'라고 하는 존재론적 신 증명의

42) Jin Kim, Kants Postulatenlehre, Frankfurt 1988, S. 64-65.

근본 전제를 거부했다.

동시에 칸트는 첫 번째 비판에서 신에 관한 표상 자체가 무의미한 것은 아니라고 명시했다. 신에 관한 이념이 모순 없이 사고 가능한 가설로서 제시됨으로써, 그리고 신에 관한 이념 자체가 대상에 관한 인식과 관련해서 규제적 의미를 지니고 있다는 것이 제시됨으로써, 신에 대한 믿음의 도덕적 근거를 위한 공간이 마련된 것이다. "나는 신앙에 설 자리를 마련해 주기 위하여(신, 자유, 불멸성에 관한) 지식을 지양하지 않을 수 없었다."[43]

『실천이성비판』과 『이성의 오롯한 한계 안의 종교』에서 철학적 종교론의 근본 특징들이 상세하게 다루어진다. 성서 신학[44]과는 달리 철학적 (자연) 신학은 계시로부터가 아니라 단지 선천적 원리로부터 출발한다. 도덕 신학으로서 철학적 신학은 도덕성의 개념과 원리에 근거하고 있다. 도덕은 자유로운 존재로서, 자신의 이성에 의해 스스로 무제약적 법칙에 의무를 느끼는 그러한 존재로부터 출발한다. 이런 점에서 도덕은 종교를 결코 필요로 하지 않는다. 도덕의 정초를 위해서는 인간 위에 군림하는 존재로서 신에 관한 이념도, 도덕법칙과는 다른 저 세상에서 처벌이나 보상에 대한 기대와 같은 동인도 필요하지 않다. 그러한 동인은 다만 도덕성을 손상시킬 뿐이다.

그러나 이러한 사실로부터 종교가 도덕의 영역에서 불필요하다거나 거부해야 한다는 결론이 나오는 것은 아니다. 왜냐하면 이성은 도대체 도덕적 행위로서 자율적 행위의 목적이 무엇인지를 스스로 묻지 않을 수 없기 때문이다. 이런 물음과 관련해서 이성은 세계 내에서 최고선의 이념, 즉 행복과 행복할 가치

43) Kant, KdrV, Bxxx.

44) biblische Theologie

있음의 일치라는 이념을 생각해낸다. 이러한 이념이 가능한 것으로 사고되기 위해 우리는 "보다 높고 도덕적이며 가장 성스럽고 전능한 존재를 가정하지 않으면 안 된다." "따라서 도덕은 불가피하게 종교에 이르게 되며, 이를 통해 도덕은 권능을 지닌, 인간 이외의 도덕적 입법자에 관한 이념으로 확장된다. 이러한 입법자의 의지 안에는 (세계 창조의) 궁극적 목적이 놓여 있다. 이 궁극적 목적은 동시에 인간의 궁극적 목적이 될 수 있으며 또한 되어야만 한다."45)

이처럼 칸트에 의하면 도덕은 종교와 필연적인 관계에 놓여 있다. 신 개념은 자율적인 도덕성의 포기할 수 없는 요청이다. 그러나 종교는 도덕의 토대가 아니라 결과이다. 이러한 주도적인 생각은 이미 『설천이성비판』에서 전개되고 있다. 반면 이후에 나온 『이성의 오롯한 한계 안의 종교』는 (도덕적) 신앙의 좀 더 상세한 원리들을 다룬다. 이 책은 원죄, 예수 그리스도, 교회에 관한 교의와 같은 기독교의 근본 요소들을 4부분으로 나누어서, 부분적으로는 선하고 부분적으로는 악한 소질을 부여받은 인간의 본성과 종교의 관련성을 탐구한다. 여기서 칸트는 이성과 성경의 합의, 즉 철학적 신학과 성서 신학의 합의가 가능하다는 가정으로부터 출발하고 있다.

칸트는 선의 원리와 악의 원리 문제를 인간의 심성 안에 자리잡고 있는 근본악의 문제로부터 설명하고 있다. 원죄의 교의를 상기시키는 인간은 '본성상' 악하다는 이 명제는, 이런저런 개인들이 악하다는 것뿐만 아니라 유(類)로서 전체 인간이 악하다는 것을 의미한다. 그리고 '근본적으로' 악하다는 것은 인간

45) Kant, Religion innerhalb der Grenzen der bloßen Vernunft, Königsberg 1793(A), 1794(B), Vorrede zur ersten Auflage, BA ix-xi.

이 철두철미하게 악하다는 것이 아니라, 인간은 그 근본에서 악하다는 것을 의미한다. 인간은 단지 자연적인, 따라서 그 자체로는 아직 도덕적으로 어떻든 상관없다는 경향을 지니고 있으며, 또한 이러한 자연적인 경향을 자신의 모든 행위의 최종적인 규정 근거로 삼으려는 근본 성향을 지니고 있다. 이 점은 이성이 아니라 다양한 경험이 보여주고 있으며 따라서 본격적으로 증명할 필요도 없다.

이런 경향과 성향 때문에 인간은 도덕법칙을 의식하고 있다 하더라도 이러한 법칙에 위반되게 행위 한다. 도덕법칙에 대한 이러한 반항은 다만 허약함이나 불순함을 의미할 뿐만 아니라, 악성[46], 즉 악한 준칙을 수용하는 성향을 의미한다. 그러나 칸트가 악 그 자체를 동인으로 악마적인 악의를 문제 삼고 있는 것은 아니다. 악성은 본래 인간이 타고 태어난 것으로 간주되기에, 다만 윤리적 개선, 즉 본성상 훈련되지 않은 경향의 훈련뿐만 아니라, '심성의 혁명'[47]이 필연적으로 요구된다.

칸트는 인간 지배를 위한 악의 원리와 선의 원리의 투쟁을 위해서 '그리스도론'에 나오는 '도덕적 완전성을 구비한 인간'으로서 인격화된 선한 원리의 이념을 하나의 사례와 전범(典範)으로 제시하고 있다. 이러한 예와 모범에 의해 악의 원리는 완전히 근절되지는 않지만, 그 힘은 꺾이게 된다. 그렇다면, 선의 원리의 승리와 지상에서 신국(神國)의 건설은 어떤 조건에서 가능한가? 칸트는 윤리적(법률적이 아닌!) 자연 상태, 즉 "모든 인간 속에 내재해 있는 선의 원리를 악이 끊임없이 공격하는 상태"로부터 벗어나서, (강제와 결합된 법률적 법칙과는 구분되는)

46) Bosartigkeit
47) Revolution der Gesinnung

강제로부터 자유로운 법칙에 따르는 공동체를 건설할 것을 우리에게 요구한다. 도덕적 명령은 또한 신적인 명령이기에, 이러한 공동체는 또한 '신의 국민'이라고 명명될 수 있다. 순수한 덕이 그렇듯이 윤리적 법칙에 따르는 공동체도 가능한 경험의 대상이 아니다. 이러한 공동체는 '보이지 않는 교회'48)의 모습으로 존재한다. 칸트는 지상에서 신국의 이념을 지각할 수 있도록 표현된 모든 보이는 교회를 배척하지는 않는다. 그러나 이 감각적 표현을 신국 그 자체로 여기는 것에 대해서는 경고한다.

칸트가 강조해서 되풀이하고 있듯이, 모든 진정한 종교의 제1의 근거는 순수한 도덕적 입법 아래 놓여 있다. 이러한 도덕적 입법을 통해 신의 의지가 근원적으로 우리의 마음속에 기록되는 것이다. 따라서 신국을 향해 나아가고 있는가의 여부는 단순한 교회 신앙이 점차 순수 이성 신앙, 즉 도덕적 종교 신앙으로 변화되는 가를 통해서 알게 된다.

마지막으로 칸트는 신의 원리의 지배 아래에서 봉사와 거짓 봉사, 즉 종교와 성직자 제도에 관하여 다룬다. 그는 먼저 루소의 『사회계약론』(제4장 8절)과 비슷하게 모든 종교를 은총의 획득(교의와 계율에 의한 예배)의 종교와 선한 품행의 도덕적 종교로 구분한다. 신의 마음에 들고 그 결과 은총을 입게 되는 것을 계산하는 종교적으로 기회주의적인 모든 의도는 배척된다.

칸트의 도덕신앙에 해당하는 해석학적 준칙은, 성경의 계명을 도덕적 명제의 의미로 해석하는 것이다. 이를 통해 기독교는 궁극적으로 자연적이면서 계시된 종교이면서도 인간이 자신의 이성을 사용하여 자연스럽게 도덕적인 상태에 도달할 수 있고 또한 그렇게 되어야만 하는 종교가 된다.

---

48) unsichtbare Kirche

## 칸트의 영향사

칸트의 비판철학은 찬성과 반대에 부딪쳤다. 칸트학파와 반칸트학파가 출현한 것이다. 『순수이성비판』 초판이 출간된 지 채 5년도 안 되는 1785년에서 1786년 사이에 세 권의 중요한 저서들이 간행된다.

슈미트, 『칸트 저서의 보다 쉬운 이용을 위한 사전이 포함된, 순수이성비판의 강의용 개요』[49)]
슐츠, 『칸트 교수의 순수이성비판에 대한 설명』[50)]
라인홀트, 『칸트철학에 관한 서한』[51)]

칸트의 새로운 사고방식에 관한 강한 당시 지식계의 열광은 장 파울[52)]이 1788년 7월 13일자로 한 친구에게 쓴 충고 편지에 잘 드러나 있다. "바라건대 칸트의 『도덕형이상학 정초』와 『실천이성비판』을 구입하시오. 칸트는 세상의 빛이며 동시에 빛나는 태양계입니다." 칸트만을 대상으로 한 강의가 1798년 파리에서 개최된다. 여기서 훔볼트는 이 새로운 철학을 소개하고 있다. 또한 네덜란드와 영국의 학계는 칸트 철학에 관한 상세한 논의를 전개한다. 1790년대 말 독일에서는 칸트 철학을 가르치지 않는 대학이 거의 없었다. 물론 하만[53)]과 헤르더처럼 비중

---

49) C. Chr. E. Schmid, Kritik der reinen Vernunft im Grundrisse zu Vorlesungen nebst einem Wörterbuch zum leichtern Gebrauch der kantischen Schriften.

50) Johann Schultz, Erläuterungen über des herrn professor Kant Critik der reinen vernunft. Königsberg: C. G. Dengel, 1784.

51) Carl Leonhard Reinhold, Briefe über die Kantische Philosophie. Erster Band 1790, Zweiter Band 1792.

52) Jean Paul (1763~1825). 독일 낭만주의 작가이다.

53) Johann Georg Hamann (1730~1788). 쾨니히스베르크 출신의 독일 루터교 철학자로서 헤르더와 함께 질풍노도 운동을 도왔으며, 반계몽주의와

있는 비판가들도 등장한다.

칸트 사상을 완성한 첫 번째 인물은 피히테이다. 그로부터 독일 관념론이라고 불리는 사변적 관념론이 시작된다. 피히테는 『순수이성비판』의 코페르니쿠스적 전회의 이념, 『실천이성비판』의 자유의 원리, 그리고 『판단력 비판』의 체계에 관한 관심을 수용하지만, 칸트가 이론 철학에서 순수오성 개념, 즉 범주를, 그리고 실천철학에서는 도덕성을 실제로 연역하지 못했다고 비판한다. 그리고 칸트는 세 개의 궁극적인 개념들, 즉 감각적 경험, 도덕 세계, 그리고 판단력을 알고 있을 뿐이라고 했다. 피히테는 근본 전제에 대한 검토를 포함하고 있는 철저한 비판을 수행함으로써, 이론적 지식과 실천적 지식의 연관성을 하나의 원리에 의해 설명할 수 있는 참된 최종 근거를 찾기 위하여 지식 일반의 최상의 통일점을 탐구했다. 피히테의 문제의식은 셸링과 헤겔을 통하여 완성되었다.

피히테의 첫 번째 저서인 『모든 계시의 비판에 관한 시도』[54] (1792)는 칸트로부터 크게 인정받았던 반면, 그의 철학 체계인 지식론[55]은 칸트로부터 배척된다.

독일관념론은 칸트에 대한 피히테의 반감에서 볼 수 있듯이 칸트 철학에 대한 평가절하로 시작되었으며, 셸링조차도 칸트가 '철학의 여명'을 열었으나 '철학의 완성'을 이루었다고 생각하지는 않았다. 이 철학의 완성은 피히테, 셸링, 헤겔의 경쟁 관계를 통하여 새롭게 추구된다.

헤겔은 초기 저술인 『신앙과 지식』[56]에서 칸트와 피히테를 비

---

낭만주의 운동과 연대하였다.

54) Versuch einer Kritik aller Offenbarung, 1792.

55) Wissenschaftslehre

56) Hegel, Gerog Wilhelm Friedrich, Glauben und Wissen, 1802-1803; 헤

롯한 모든 반성철학을 비판한다. 그리고 그 자리에 새로운 '정신의 사변철학'을 세우려고 하였다. 정신의 사변철학의 근본 명제인 "우주의 드러나지 않은 본질은 인식의 용기에 저항할 수 있는 힘을 지니고 있지 않다."라는 것은 더 이상 비판철학적인 명제가 아니다. 헤겔은 그의 철학에서 절대정신의 근본 사상을 역사성과 결합시킨다. 이미 전(前) 비판기 칸트의 자연철학, 그리고 피히테와 셸링에 의하여 이어지는 사변철학의 근본 명제는 서양 사상의 중심적 지위를 획득하게 된다.

셸링과 헤겔에게 영감을 불어넣어준 횔덜린[57] 역시 칸트에게 강한 영향을 받았던 인물이다. 『인간의 미적 교육에 관하여』[58]의 저자 실러와 『함부르크의 프리드리히 왕자』[59]의 저자 하인리히 폰 클라이스트 역시 칸트에게 강한 영향을 받았다.

미국의 실용주의, 특히 퍼스[60]의 철학과 논리 경험주의(실증주의)는 칸트를 형이상학의 새로운 정초자가 아닌 형이상학의 비판자로서 이해했다. 그들은 칸트의 인식비판적, 학문이론적 측면을 수용하여 극단화시켰다. 그 결과 선천적 종합판단의 가능성이 거부되면서 칸트와 다르게 순전히 경험적, 분석적 학문이론으로 나아갔다. 후에 등장한 포퍼[61]의 비판적 합리주의와

---

겔, 『믿음과 지식』, 황설중 역, 서울: 아카넷, 2003.

57) Johann Christian Friedrich Hölderlin (1770~1843). 독일 출신의 시인, 철학자이다.

58) Friedrich Schiller (1759~1805), Über die ästhetische Erziehung des Menschen, 1795.

59) Heinrich von Kleist (1777~1811), Prinz Friedrich von Hamburg, (1810), 1821.

60) Charles Sanders Peirce (1839~1914)

61) Sir Karl Raimund Popper (1902~1994). 오스트리아 출신의 영국 철학자로서, 런던 정치경제대학(LSE)의 교수를 지냈다. 20세기의 가장 영향력 있는 과학철학자이고, 고전적인 관찰-귀납의 과학 방법론을 비판하고 반증이

마찬가지로 실용주의와 경험주의는 칸트의 비판주의의 근본 경향인 착각과 오류를 제거하는 일을 철학의 의무로 이해했다.

그러나 이들의 의도는 칸트에서처럼 근본철학보다는 개별 학문들, 특히 자연과학에 적용된다. 특히 자연과학은 원리적으로 오류 가능한 것으로 간주된다. 과학자 집단은 그들 스스로 진리인지를 확신할 수 없는 상태에서 진리를 탐구하고 있다고 생각한 것이다. 이처럼 비판주의는 가류주의[62]의 형태로 현대 학문이론의 근본 요소가 된다.

1870년에서 1920년에 걸쳐 독일 철학을 지배했던 신칸트주의는 '칸트로 돌아가라!' 를 표방하면서 엄격한 학문적 철학을 시도했다. 신칸트주의 학파에는 쿠노 피셔[63], 한스 파이힝거[64], 헤르만 코헨[65], 파울 나토르프[66], 에른스트 카시러[67], 하인리히 리케르트[68], 레온하르트 넬손[69] 이외에 물리학자 헤르만 폰 헬

---

론을 주창하였다. 사회정치철학 분야의 고전 『열린 사회와 그 적들』(The Open Society and Its Enemies, 1945)을 저술하기도 했다.

62) Fallibilismus

63) Kuno Fischer (1824~1907). 독일 철학자로서 신칸트주의를 표방하여 『논리학과 형이상학의 체계』(System der Logik und Metaphysik, 1852), 『최신 철학의 역사』(Geschichte der neueren Philosophie, 10 vol. 1852–1893) 등을 저술하였다.

64) Hans Vaihinger (1852~1933). 독일 철학자, 칸트 학자로서 『마치~처럼의 철학』(Die Philosophie des Als Ob, 1911)을 저술하였다.

65) Hermann Cohen (1842~1918). 유대계 독일 철학자로서 신칸트주의의 마르부르크학파를 주창하였다.

66) Paul Gerhard Natorp (1854~1924). 독일철학자로서 신칸트주의 마르부르크학파의 공동 창시자이다.

67) Ernst Alfred Cassirer (1874~1945). 독일철학자로서 신칸트주의를 이끌면서 『상징형식의 철학』(Philosophie der symbolischen Formen, 1923-1929) 등 방대한 저술을 남겼다.

68) Heinrich John Rickert (1863~1936). 독일철학자로서 신칸트학파를 이끌면서 『문화학과 자연과학』(Kulturwissenschaft und Naturwissenschaft 1899) 등의 저술들을 남겼다.

름홀츠[70]와 같은 비중있는 자연과학자들도 있다. 신칸트주의는 인식론의 모습을 지니면서, 개별 학문들과 정확한 자연과학, 그리고 정신과학을 정초하는 분과로서 철학을 주장한다.

현상학의 창시자 후설은 "엄격한 학으로서 철학"을 정초하려는 칸트의 의도를 발전시켰다. 그는 타당성에 관한 선험적 물음을 개별 학문들을 넘어서서 모든 '세계경험'으로 확장시켰다. 그는 엄격히 증명된 명증성, 모든 회의 가능성을 벗어난 선천적 명증성을 추구하면서, 의식이 대상성을 가능하게 하는 한 이러한 의식의 선천적 구조에 관한 광범위한 분석을 시도한다. 후설의 제자로서 『존재와 시간』[71]에서 현존재 분석(기초존재론)을 시도했던 하이데거 역시 칸트의 이성비판을 인간학의 차원에서 수용한 것이다.

이처럼 칸트의 영향은 쇼펜하우어, 니체, 프로이트와, 프랑스의 칸트주의자인 샤를르 르누비에[72], 그리고 레옹 브룬스비크[73]와, 마레샬[74] 이후의 신스콜라주의, 니콜라이 하르트만[75], 칼 야스퍼스, 루트비히 비트겐슈타인에 이르기까지 광대하다. 현대의 분석철학은 칸트의 선험철학의 또 다른 계승자이다. 이

---

69) Leonard Nelson (1882~1927). 독일 출신의 수학자, 비판철학자, 사회학자로서 신칸트주의에 속한 야콥 프리드리히 프리스(Jakob Friedrich Fries, 1773~1843)를 추종하는 신프리스학파의 일원으로 활약하였다.

70) Hermann von Helmholtz (1821~1894).

71) Heidegger, Sein und Zeit, Max Niemeyer: Tübingen 1927.

72) Charles Bernard Renouvier (1815~1903). 프랑스의 신칸트주의 철학자.

73) Léon Brunschvicg (1869~1944). 프랑스의 관념론 철학자이다.

74) Joseph Maréchal (1878~1944). 벨기에 출신의 예수회 신부, 신학자, 철학자, 심리학자이다. 칸트를 형이상학적으로 해석하였다. Le point de départ de la métaphysique: leçons sur le développement historique et théorique du problème de la connaissance, 5 vols, (Bruges-Louvain, 1922-1947).

75) Paul Nicolai Hartmann (1882~1950). 독일철학자로서 비판적 실재론으로 새로운 형이상학을 수립하였다.

로써 영어권에서 지배적인 경험적, 분석적 사고와 유럽 대륙의 합리적, 선험적 사유와의 종합이 가능하게 되었다. 스트로슨[76]에 의해 시작된 분석적 바탕 위에서 선험철학이 부흥하면서 선험적 논변들의 구조와 가능성이 검토된 것이나, 하버마스와 아펠을 통하여 칸트 선험철학의 지평이 상호주관적 차원으로 확대되는 칸트주의의 새로운 전개를 의미한다.

특히 칸트의 의무론적 윤리학으로부터 최고의 도덕적 기준으로서 일반화의 원리에 관한 이론(헤어[77], 싱어[78]), 칸트의 자율성 개념과 정언명법에서 새롭게 출발하는 롤스[79]의 정의론은 칸트적 사유의 풍부함을 입증한다. 칸트는 사상사에서 모든 것이 흘러 들어가고 모든 것이 흘러나오는 저수지와 같은 존재임에 분명하다.

---

76) Sir Peter Frederick Strawson (1919~2006). 영국 철학자로서 1968년부터 1987년까지 옥스퍼드 대학의 형이상학 교수로 재임하였다. 저서로는 『개체들: 기술적 형이상학론』(Individuals: An Essay in Descriptive Metaphysics. London: Methuen, 1959; Stuttgart: Reclam, 1972) 『감각의 다발: 칸트의 순수이성비판에 대한 에세이』(The Bounds of Sense: An Essay on Kant's Critique of Pure Reason. London: Methuen, 1966) 등이 있다.

77) Richard Mervyn Hare (1919~2002). R. M. Hare로 자주 쓰인다. 영국 출신의 도덕철학자로서 1966년부터 1983년까지 옥스퍼드대학의 도덕철학 교수로 재임하였다.

78) Peter Albert David Singer (1946~) 호주 출신의 도덕철학자로서 프린스턴대학의 생명윤리학 교수와 멜버른대학의 '응용철학 및 공공윤리학 센터'의 교수로 재임하였다.

79) John Bordley Rawls (1921~2002). 미국의 도덕 및 정치철하자로서 프린스턴대학에서 박사학위를 한 후에 코넬대학과 MIT를 거쳐서 하버드대학의 교수로 재임하였고, 주저 『정의론』(A Theory of Justice, 1971)을 발표하였다.

# 19. 피히테, 절대자아의 형이상학

## 피히테의 삶과 사유의 여정

피히테[1]는 평생 동안 자아의 '자기정립'[2]을 철학적 화두로 삼았다. 그의 철학적 사유는  일상적인 것, 즉 삶이나 나의 존재에서 얻은 확실성에 근거하고 있다. 그가 처녀작으로 내놓았던 『종교와 이신론에 관한 아포리즘』(1790)[3]에는 스피노자의 결정론에 영향을 받은 흔적이 역력하다. 여기서는 그리스도교적 경건과 사변철학, 종교의 신과 철학의 신 사이의 긴장관계가

1) Johann Gottlieb Fichte (1762~1814). 오버라우싯츠(Oberlausitz)의 라메나우(Ramenau) 출신의 독일 철학자로서 레이스 제조공의 10남매 중 장남으로 태어났다. 마을 목사와 어떤 귀족이 그의 재능을 알아보고 마이센 시립학교와 포르타 귀족학교를 추천하였다. 예나대학에서 신학을 공부하고, 뷔텐베르크, 라이프치히에서 철학을 공부하였다. 취리히 가정교사 시절에 은행가의 딸 요한나 란(Johanna Rahn)과 결혼하였다. 독일관념론의 대표 사상가로서 칸트의 비판철학을 계승하여 절대자아의 철학(주관적 관념론)을 수립하였다.

2) Selbstsetzung

3) Fichte, Aphorismen über Religion und Deismus (1790).

그려지고 있다. "그리스도교는 오성보다도 심정을 위해 있는 것 같다." 심정은 기도에 응답해주는 신, 긍휼과 사랑을 느낄 수 있는 신이다.

1790년에 피히테는 칸트철학을 발견하였다. 1791년, 칸트와의 만남을 계기로 그는 『모든 계시의 비판 시도』(1792)[4]를 출판하게 된다. 대중들은 그의 책이 칸트가 펴낼 것이라고 기대했던 종교 저술이라고 생각했다. 라인홀트와 장 파울 등조차도 칸트의 글로 오인했을 정도였다. 칸트가 직접 나서서 자신의 책이 아니라고 부정하면서 피히테는 진보세력의 선두 주자로 급상승하게 되었다. 그는 1792년에 칸트주의자였던 라인홀트의 후임으로, 예나대학 교수로 초빙을 받게 된다. 1794년에 그는 『지식학』[5]을 발표하면서 그의 철학적 지위는 확고하게 되었다.

피히테는 1798년에 「신의 세계통치에 대한 우리들의 신앙근거에 대하여」[6]라는 논문으로 무신론 논쟁에 휩쓸리면서 결국 이듬해에 예나대학의 교수직까지 사퇴하게 되었다. 이 과정에서 괴테가 도와주려고 노력했으나 피히테는 그의 도움을 거절하였다. 이 일로 인해 피히테의 영향력은 크게 퇴조하게 되었다. 하지만 베를린으로 옮겨서 슐레겔 형제를 비롯한 낭만주의자들과 교유하면서 새로운 기반을 다지게 되고, 1807/8년에 나온 『독일국민에게 고함』[7]을 통해 그의 영향력은 다시 복원되었다. 피히테는 베를린 대학의 초대 총장으로 발탁되어 1810년

4) Fichte, Versuch einer Critik aller Offenbarung (1792).

5) Fichte, Grundlage der gesammten Wissenschaftslehre (1794/1795).

6) Fichte, Über den Grund unseres Glaubens an eine göttliche Weltregierung, in: Philosophisches Journal einer Gesellschaft Teutscher Gelehrte, hrsg. v. Gottlieb Fichte und Friedrich Immanuel Niethammer, Bd.8, Erstes Heft, Jena und Leipzig 1798.

7) Fichte, Reden an die Deutsche Nation (1807-1808)

부터 1812년까지 봉직한다. 그러나 셸링 철학의 영향력이 크게 확대되면서 그의 '지식학'은 퇴조하기 시작했으며, 1814년에 종군간호사가 된 부인에게서 장티푸스가 감염되어 사망하였다.

## 피히테의 종교철학

피히테가 처음 발표한 종교철학적 저서는『모든 계시의 비판 시도』[8]이다. 익명으로 발표한 이 책은 처음부터 칸트의 저서라고 알려졌다. 그만큼 칸트의 종교 사유와 비슷했던 것이다. 칸트는 그보다 늦게『이성의 오롯한 한계 안의 종교』에서 역사적인 계시에 기초한 교회신앙은 도덕적인 의무를 존중하는 이성신앙으로 이행해야 한다고 강조하였다. 그리고 이 경우에 계시는 단지 도덕적인 맥락에서만 해석되어야 한다고 주장하였다. 종교 신앙은 도덕적 세계질서와 하느님의 은총판단을 위해서 요청될 뿐이었다.

피히테는 칸트가『실천이성비판』에서 개진한 요청적 신 개념을 그대로 수용하여, 최고선의 실현 가능성을 위해서 "전적으로 신성하고 전적으로 복되고 전능한 자"의 존재를 요구함으로써 "이 존재자는 자기에 대한 도덕법칙의 요구(신의 의지 표현)를 통하여 유한한 이성적 존재자의 윤리와 행복 사이의 전적으로 동일한 관계를 산출해야 한다"고 보았다.[9]

피히테는 실천이성의 차원을 넘어선 순수하고 절대적인 자아의 개념에 근거한 지성적 직관이나, 스피노자의 범신론에 기인하는 사유를 바탕으로 관념 형이상학의 차원으로 이행하였다.

---

8) Fichte, Versuch einer Critik aller Offenbarung (1792).

9) Fichte, Versuch einer Critik aller Offenbarung, §2 참조.

## 피히테의 지식학

피히테는 1794년 『지식학』을 발표한 이후 평생 동안 자신의 철학적 이슈로 발전시켜나갔다.[10] 모든 지식은 자아(Ich)의 자발성, 통일성, 확실성에 토대를 둔다. 자아는 실체(사물, 본체)가 아니라 이성적 활동과 도덕적 활동 또는 인식과 행위를 통일하는 주체이다. 자아는 이성적이고 도덕적인 의지의 의식이전의 행위에 의해, 경험 안에서 그 자체가 비아에 의해 제약을 받는 동시에, 비아에 근거하여 행위함으로써 자신을 비아와 구별하는 주체 존재이다. 여기에서 활동의 형식으로서 '나'는 단순한 '인간의 의식'이 아니라, 모든 개인이 가지고 있는 '자기의식의 보편적인 구조'인 동시에 '지식과 학문의 보편적인 구조'이다. '나'는 자기자신에 관계하는 활동으로서 대자존재를 스스로 만들어 내는 활동이다. 이로써 자아는 주관과 객관의 통일성에 이르게 된다.

'지식'이란 "필연성의 감정에 의해 수반되는 모든 표상들"이다. 고대 그리스인들이 지식이나 통찰을 '활동'[11]으로 본 것처럼, 피히테도 사유, 언어, 세계에 대한 지식을, 목적지향적 행위의 가능성 조건인 '실행'[12]으로 규정했다. '실행'은 '하다'[13]와 '함'[14]이라는 성과의 사실과, 그리고 '행위하다', '행위'의 활동

---

10) Fichte, Über den Begriff der Wissenschaftslehre oder der sogenannten Philosophie (1794); Grundlage der gesamten Wissenschaftslehre (1794-1795); Wissenschaftslehre nova methodo (1796-1799); Versuch einer neuen Darstellung der Wissenschaftslehre(1797-1798); Die Wissenschaftslehre (1804, 1812, 1813).

11) energeia, actus.

12) Tathandlung

13) tun

14) Tat

사실[15]을 결합한 낱말이다.

그렇다면 '지식의 자아 구조'[16]란 무엇인가? 이는 다른 관점에서도 자기 자신으로부터 동일성을 유지하면서 다른 것과 구별하여 자기 자신을 완성하는 자기 고유의 활동을 말한다. '나'[17]는 목적격인 '나를'[18] 뿐만 아니라 '나'와 '나 아닌 것'도 구별할 때, 규정 가능한 모든 것과 규정할 수 있는 자기 자신에 관계할 수 있다.

피히테는 칸트의 이원론을 극복하기 위하여 '물자체'의 존재를 부정하고 순수 자아의 실행과 도덕 의지를 강조하여 '자아'-'비아'-'절대자아'의 변증법을 기술한다. 자아는 그 자신(정립)을 비아(반정립)로 상정함으로써 실천적-이성적 활동을 통하여 절대아라는 종합을 산출한다. 피히테는 신플라톤주의의 유출론적 변증법에 의지하여 '정반합'[19]의 용어를 처음 사용하였다.

피히테는 칸트에서 순수 이성의 규제적 사용이라는 한계를 극복하기 위하여 '칸트를 넘어서' '지성적 직관'[20]이라는 개념을 정립한다. 이는 순수 자아의 직관적 파악 원리에 대한 것이다. 피히테는 지성적 직관도 감성적 직관과 늘 결합되어 있다고 보았다. 파악되는 감성적 직관 속에서 그것에 대해 내가 행위하는 대상을 발견하지 않고서 '나는' '나를' '행위하는 자'로 발견할 수 없다. 또한 내가 산출하고자 하는 것에 관한 어떤 상(像)을 기획하지 않고서 나는 나를 행위하는 자로 발견할 수 없다. 칸트에게 직관은 '순수직관', 즉 '감성적 직관'만이 가능하고, 지

15) Handlung
16) Ich-Struktur des Wissens
17) Ich
18) Mich
19) These–Antithese–Synthese
20) intelektuelle Anschauung

성적 직관은 그의 사유체계에서는 상정할 수 없는 개념이다. 만일 지성적 직관이 비감각적 존재, 즉 물자체에 대한 직접적인 의식이라면, 그것은 단지 순수사유에 의한 의식일 뿐이어서 '직관'의 개념 자체와 모순적일 수밖에 없다.

## 피히테의 무신론 논쟁

앞서 언급한 것처럼, 피히테는 1798년에 「신의 세계통치에 한 우리들의 신앙근거에 대하여」라는 논문을 발표하여 무신론 논쟁에 휩싸이게 되었다. 1798년 10월 『철학저널』에 피히테의 '신의 세계통치'에 대한 논문과 그의 제자 포어베르크[21)]의 「종교개념의 발전」[22)]이 실렸다. 그러나 이를 비판하는 익명의 저술로 인하여 10월 29일 드레스덴의 개신교 최고종교국은 작센의 가톨릭 선제후 프리드리히 아우구스트[23)]에게 고발장을 제출함으로써 저널은 모두 몰수되고 말았다. 피히테는 몰수 조치에 격분하여 호소문을 써서 저항하는 한편, 1799년 3월에 변명서를 출판하고, 3월 22일 조사에 불응하면서 사임할 것이라고 발표했다.

개별 자아들과 유한세계를 상정하는 이성적-도덕적 활동은 그 자체가 유한하거나 상대적일 수 없으므로, 자아는 무한하고 절대적이어야 한다. 하느님은 무한하고 절대적인 자아이므로, 인격적 존재일 수 없다. 인격적 존재는 다른 인격적 존재들과 상호 연관을 통하여 유한하게 만들기 때문에, 신은 순수 활동이

---

21) Friedrich Karl Forberg (1770~1848). 독일 철학자이자 문헌학자.

22) Fichte, Entwickelung des Begriffs der Religion. In: Philosoph. Journal 8. Bd., 1. H. (1798), S.21-46.

23) Friedrich August I.(Sachsen) (1750~1827)

다. 하느님은 인간의 자아 안에 내재하면서, 자아 안에서 드러나는 영원한 이성적-도덕적 활동과 동일하다. 윤리적 행위에 내재한 신성은 능동적 질서이다.

피히테는 감성계의 내재적 법칙이 도덕의 목적과 더불어 안정될 수 있는 새로운 질서를 요구하는데, 이는 최고선의 실현조건으로 신 존재를 요청함으로써 가능하다. 진정한 무신론, 본래적인 무신앙 또는 신의 부정은 자기의 행위 결과에 대해 골몰히 생각하고 좋은 결과가 예견된다고 믿을 때까지 양심의 소리를 따르려고 하지 않고, 자기 자신을 신으로 만드는 것이다. 악으로부터 선을 얻기 위해서 악을 행하려는 사람은 무신론자이다. "저 생동적이고 활동적인 도덕질서 자체가 신이다. 우리에겐 어떤 다른 신도 필요치 않을 뿐만 아니라 다른 어떤 신도 파악할 수 없다. 저 도덕적 세계질서에서 벗어날 어떤 이유도 이성 속에는 존재하지 않는다."24)

신에 대한 모든 객관적인 증명으로부터 신에 대한 규정적 지식은 결코 얻을 수 없다. 신성의 이념은 자기 스스로의 규정을 통하여 모든 비아를 동시에 규정하는 하나의 자아이다. 칸트의 경우에, 도덕은 어떤 경우에도 종교를 필요로 하지 않는다. 그러나 도덕법과 최고선의 실현 요구(신 존재 요청)로 인하여, 도덕은 불가피하게 종교에 이르게 된다.

『인간의 사명』(1800)에서 피히테는 하느님이 "영원하고 무한한 단일 의지"이고, 세계가 존재할 수 있는 유일한 방식이라는 점에서 그리고 그 안에서만이 창조세계가 요구된다는 점에서 '세계의 창조자'라고 보았다. 무한한 의지는 필연적으로 그 자체를 유한한 자아를 통해서 그 자체 안에 통합되어 있는 유한

24) Fichte, Werke, V, 184-185.

한 존재자들의 다수성 가운데서 드러낸다. 이 의지는 나를 그 자체와 연합시킬 것이다. 이 의지는 나와 같은 모든 유한한 존재자를 나와 연합시켜준다. 그래서 이 의지는 우리 모두 사이의 수많은 개별의지들의 세계를 중개한다. 이 세계는 수많은 자율적, 독립적인 의지들의 연합이며 직접적인 상호작용이다. 우리 모두는 단 하나의 의지의 일부분이다. 그러나 그 의지는 우리를 다 합친다 할지라도 우리보다 더 크다. 우리의 생명 전부는 그 의지의 생명이다. 우리는 그 의지의 손 안에 있으며 그곳에 머물러 있다. 그리고 아무도 우리를 그 의지에서 떼어낼 수 없다. 우리는 그 의지가 그러하기 때문에 영원하다. 나중에 '의지철학'은 쇼펜하우어의 『의지와 표상으로서의 세계』에서 하나의 새로운 형이상학으로서 전면적으로 등장한다.

피히테는 『지식학의 서술』25)에서 '절대자'26)의 문제를 다룬다. 절대자는 자기의 존재와 비존재 사이에서 동요하는 존재이다. 그는 자기의 절대적인 근원을 알고 있으며 자신 속에 존재하고 있다. 이는 자아와 비아의 통일에서 비롯한다. 절대자는 지(知)도, 존재도, 동일성도 아니고, 이 양자의 무차별도 아니다. 그것은 오직 절대자일 뿐이다. 지식학 이외의 모든 가능한 지속에서도 그 이상에까지는 결코 도달할 수 없으므로 지식학은 절대자로부터 출발할 수 없고, 절대지로부터 출발해야 한다.27)

또한 피히테는 『행복한 삶에로의 안내 혹은 종교론』28)에서 신은 무한한 삶, 인간은 가상의 삶을 산다고 말하였다. "진정한

25) Fichte, Darstellung der Wissenschaftslehre (1801).

26) das Absolute

27) Fichte, Werke II, 12-13.

28) Fichte, Die Anweisung zum seligen Leben oder auch die Religionslehre (1806)

삶은 일자, 불변자, 영원자를 사랑한다. 단순한 가상적 삶은 덧없이 지나가는 무상한 것을 사랑하려고 한다. 진정한 삶에 의해 사랑받는 저 대상은 우리가 신이라는 명칭으로 의미하는, 혹은 적어도 의미해야 하는 그런 자이다. 단순한 가상적 삶이 사랑하는 대상, 즉 변화하는 것은 우리에게 세계로 나타나는 그런 것, 그리고 우리가 그렇게 부르는 그런 것이다. 그러므로 진정한 삶은 신 속에서 사는 것이요, 신을 사랑하는 것이다. 단순한 가상적 삶은 세계 속에서 사는 것이요, 세계를 사랑하려고 한다.[29] 이것은 '신과의 합일의 감정'에 대해서 말하는 것이다.

하느님은 정신과 물질 모두가 해당하는 유한한 모든 것을 상정하는 절대 자아이다. 스피노자의 무한실체를 절대자아 또는 절대의지로 대체한 것이다. 이에 비해 피히테는 모든 유한 실체들을 절대 자아 안에 두지만 유한한 자아들을 절대 자아와 구별한다. 개별자아들은 절대 자아에 의하여 결정되지 않는다. 개인의 도덕적 책임을 강조한 것이다. 코플스톤은 이를 '역동적 범재신론적 관념론'이라고 불렀다.[30]

29) Fichte, Werke, V, 406.
30) Copleston, History of Philosophy, 7, p. 109; 한국어판 150쪽.

# 20. 셸링의 자연 형이상학

## 셸링, 그리고 철학적 최상원칙의 최후정초

셸링[1]은 대학시절에 이미 『신화에 대하여』[2]를 발표했던 천재 철학자다. 신화에 대한 그의 연구에 평생 이어졌으며, 1842년에는 "신화학의 철학"이라는 강의를 하기도 했다.[3]

그는 초기저술들에서 칸트의 『순수이성비판』에 대한 비판적 연구를 수행하였는데, 그는 칸트의 연구가 '모든 철학의 방법적 구조'를 정초하기 위해 노력하였으나, 인간 지식의 근본적인 의식 구조('근원 형식')를 통해서, 그리고 그 아래 배열된 모든 형식들과의 연관질서의 근원 형식으로부터, 범주들을 도출할 수

1) Friedrich Wilhelm Joseph von Schelling (1775~1854). 독일 뷔르템베르크주 레온베르크에서 루터교회 목사의 아들로 출생한 철학자로서, 15세에 튀빙겐대학 신학과 입학하여 헤겔, 휠덜린과 함께 공부하고, 피히테의 주관적 관념론을 이어서 객관적 관념론의 철학을 수립하였다.

2) Schellimg, Über Mythen (1793).

3) Schelling, Philosophie der Mythologie (Vorlesung 1842).

있는 어떤 원리도 제시하지 못했다고 비판하였다. 그의 이런 철학적 관심은 원리론적, 존재론적, 실천적-미학적 국면으로 계속 발전해나갔다.

첫 번째 철학 저술인 『철학 형식 자체의 가능성』(1794)[4]에서 셸링은 철학을 학문으로 만드는 원리론적 최후정초[5]를 시도한다. 여기에서 최후정초는 '자체목적'이 아니라, '지식, 신앙, 욕구의 통일성'이라는 무제약자의 개념, 즉 '인류의 마지막 유산'을 드러내고자 하려는 것이다.[6] 셸링은 피히테처럼 학문이 단지 하나의 '원칙'에 의하여 가능하고, 이 원칙은 단지 '하나'일 수 있다는 데서 벗어난다. 그는 최상의 원칙은 이성의 통일성과 체계특성을, 그리고 제약된 명제들의 조건으로서 학문 자체의 통일성을 보증해야 한다고 생각하였다. 그래서 셸링은 하나의 최상원칙에 의해서만 전체 지식을 체계적으로 논증할 수 있다고 보았다. 그래서 셸링은 철학 자체의 최상원칙은 '전적으로 무조건적'이어야 하며, 이 개념은 무한퇴행을 회피해야 한다고 생각하였다. 또한 그는 이 '원칙의 무제약성' 개념으로부터 그 내용과 형식도 무제약적이어야 하고, 서로를 정초하는 것이어야 한다고 생각했다. 그래서 최상원칙의 내용적 규정은 무제약적인 것의 분석에서 얻어진다. 전적으로 무제약적인 명제는 그 자신의 밖에 있는 어떤 것으로 규정되는 것이 아니라, '전적으로 설정하고 있는', '그 자체를 (절대적인 인과성으로) 설정하는'

---

4) Schelling, Über die Möglichkeit einer Form der Philosophie überhaupt (1794).

5) "eine prinzipientheoretische Letztbegründung der Philosophie." (Wikipedia Deutsch 'Schelling')

6) Schelling, Über die Möglichkeit einer Form der Philosophie überhaupt, in: SW I, 112.

하나의 무제약적인 내용을 가져야 한다. 스스로 자기를 설정하는 것은 '나'(자아) 이외에 다른 것일 수 없다. 그래서 셸링은 최상원칙을 "나는 나다", 그 내용은 '나'이고, 그 내적 형식은 서로를 상호적으로 정초하는 '자기 자신을 정립하는 것'의 절대 인과성이라고 정리하였다.7) 이처럼 셸링은 칸트의 선험철학 비판을 통해 철학과 모든 학문을 가능하게 하는 무제약적인 최상원칙을 "'나는 나다'라는 근본명제"로 확립할 수 있었다.

## '철학의 원리'는 '나'다

이어서 셸링은 1795년에 저술한 『철학의 원리로서의 자아』8)는 인간의 지식을 가능하게 하는 무조건적인 것이 무엇인지를 규명하고자 했다. 이 책은 짧게 '자아저술'9)이라고도 부른다. 이 책에서 셸링은 '무조건적인 것', '무제약자'의 사상을 존재론적으로 설명하고자 시도하였다. 그는 무제약자에 대해 의미 있게 말하려면, 어떤 조건이 충족되어야 하는지를 연구하면서 개념 분석 방법에 접근해야 한다고 보았다.10)

셸링은 무조건적인 것을 분석하면서 스피노자와 연관이 있는 '독단주의'11), 그리고 칸트, 라인홀트, 피히테가 표방한 '비판주

7) Schelling, Über die Möglichkeit einer Form der Philosophie überhaupt, in SW I, 90-97.

8) Schelling, Vom Ich als Princip der Philosophie oder über das Unbedingte im menschlichen Wissen (1795).

9) Ichschrift

10) W. Wieland, Die Anfänge der Philosophie Schellings und die Frage nach der Natur, in: M. Frank, G. Kurz (Hrsg.): Materialien zu Schellings philosophischen Anfängen, Frankfurt a. M. 1975, S. 237–279. 여기서는 특히 246-247쪽. B. Sandkaulen-Bock: Ausgang vom Unbedingten. Über den Anfang in der Philosophie Schellings, Göttingen 1990, S. 40-41.

의'[12])를 모두 반대한다. 독단주의는 사물자체의 존재사실을 대상으로 확정한다. 그러나 대상은 반드시 조건적으로 파악되어야 하므로, 무제약자는 내적 모순 없이는 대상으로 생각할 수 없다. 따라서 무제약자는 결코 이론적, 논의적 지식의 대상이 될 수 없으며, 모든 이성의 논의보다 항상 앞서 있다. 또한 셸링은 비판주의에 반대하여 무제약자를 주체로서도 이해할 수 없다고 단정한다. 물론 어떤 주체는 무조건적인 것으로 여겨질 필요는 없지만, 그럼에도 주체는 항상 조건적인 것으로만 사유되어야 하기 때문이다. 그러므로, 무제약자는 모든 주체-객체의 관계 자체를 초월하는 것으로만 이해할 수 있다. 이 때문에 셸링은 '절대적인 나'('절대 자아' 또는 '절대자')라는 용어를 사용한다.[13])

셸링은 이렇게 하여 절대 자아를 '모든 객관적 입증 가능성의 영역 밖에' 위치하게 했다.[14]) 그의 본질은 그 자체정립의 절대적 인과성으로, 일차적인 존재정립에 있다. 그러므로 그것은 "나는 생각한다"는 데서가 아니라, "나는 존재한다"는 표현에서처럼 존립한다. 절대아로서 무제약자는 모든 이성적인 논의보다 앞서 있으며, '직접적인 자체관계'로서 '절대적 동일성'이라는 형식을 가진다. 이로부터 셸링은 유한한 사물들의 '존립'과 그 '변화 가능성'을 규정한다. '나의 무제약성'의 분석에서 셸링은 한 단계 더 나가서 '완전한 자유'라는 개념에 접근한다. 이를 통해 오직 '절대적인 것', 즉 '모든 비아를 배제하는 자아'라는 '절대 자아'에 이르게 된다.[15]) '절대 자아의 자유'는 '경험적

11) Dogmatismus
12) Kritizismus
13) Schelling, Vom Ich als Princip der Philosophie, in SW I, S. 166-167.
14) Schelling, SW I, S. 167.

자아의 무자유'에 마주 서게 된다. '절대적 나'가 모든 의식을 배제하는 것은 그것 자체가 모든 의식의 조건이기 때문이다. 따라서 절대 자아는 개념을 통해 파악할 수도 논증할 수도 없다. 그것은 직접적이고 순수한 자체 연관으로서 오직 '지성적 직관' 만을 포괄한다. 이 지성적 직관은 그 자신의 '비공간적-시간적 구조'로 인해 감성적 직관과 구분되는 한편, 그 자신에 의해 파악된 것과 간접적으로만 관련이 있는 개념에 의해 구별된다.[16)]

## 자연 안의 인간과 신

셸링은 플라톤, 에크하르트, 쿠자누스, 뵈메, 스피노자, 피히테의 철학에 능통하였다. 1798년, 23세의 어린 나이로 예나대학의 철학 교수가 되어, 슐레겔 형제와 노발리스 등과 친교하였다. 1802년 『부르노』[17)]를 출판하고, 이듬해에 야콥 뵈메의 신지학과 그의 신-인적 인격성 신학에도 관심을 갖게 된다. 셸링의 인격주의적 경향성은 뵈메의 영향이라고 볼 수 있다. 하느님의 본질은 대립하는 양자, 즉 영원성과 시간성 사이에서 영원한 자기발생적 연합이다.

1804년의 저서 『철학과 종교』[18)]에서 셸링은 하느님에 대한 인격주의적 접근을 시도하였다. 그는 결정론을 회피하면서 절대 안에서 세계를 정초하기 위해 하느님과 피조물 모두의 자유를 강조하였다. 우리는 관념적이면서 실재적인 절대자를 설명

---

15) Schelling, SW I, 178-179.

16) Schelling, SW I, 181.

17) 셸링, 『브루노, 또는 사물의 신적 원리와 자연적 원리에 관하여』; Bruno oder über das göttliche und natürliche Prinzip der Dinge (1802).

18) Schelling, Philosophie und Religion (1804).

이 아닌 직관의 방식으로만 알 수 있다. 감각들에 속하는 세계의 기원은 비이성적인 '도약'을 통해 절대성에서 전적으로 단절되는 것, 즉 실존적 타락이라는 '이탈' 현상에서 비롯한다.

같은 해에 집필한 『철학의 체계』[19]에서도 그는 유한실체들의 현실태를 '하느님으로부터의 타락', 곧 '결함', '죄'의 현상으로 기술하였다. 타락이 가능한 근거는 자유에 있다. 셸링은 창조를 '우주론적 타락'이라고 규정하면서, 동시에 '창조세계가 연원하는 하느님 자신 안에 있는 '원초적 근거'[20]라는 뵈메의 입장을 수용하고 있다.

셸링은 역사 안에서 하느님과 인간의 자유와 협력을 강조하는 인격주의적 해석을 통해 하느님과 세계의 동일성을 설파하였다. 하느님이 세상에 자신을 드러내는 방식은 신적 계시로서 종교이다. 그의 초기사상에서는 절대적 동일성을 강조하는 범재신론, 곧 인격적 자유철학의 입장이 우세하다. 자아와 비아, 인간과 자연, 하느님과 세계의 점진적 통일을 자기동일적 절대의 현현으로 간주하는 미학에 근거하여 자신의 관념론 철학을 치장한 것이다.

『브루노』(1802)에서는 '절대 그 자체'를 차이와 비차이, 무한과 유한, '하느님 안에 있는 자연'과 '자연 안에 있는 하느님'으로 분리해서 보고 있다. 그는 스피노자적 관점에서 이 세계를 하느님의 필연적 현시라고 이해하였다. 모든 피조물은 살아계신 하느님 안에 있고, 이 하느님은 영혼(산출하는 자연)과 동일

19) Schelling, System der gesamten Philosophie und der Naturphilosophie insbesondere (Nachlass, 1804). Translated as System of Philosophy in General and of the Philosophy of Nature in Particular in Thomas Pfau, Idealism and the Endgame of Theory, Albany: SUNY Press (1994).

20) Urgrund

하다. 그러나 그 자신의 '절대적 동일성' 개념이 한계를 드러낸다는 사실도 유념할 필요가 있다. 그것은 유한한 인간이나 다극적 세계의 관점을 반영할 수 없고, 자유 개념과도 양립할 수 없기 때문이다.

셸링은 자신의 철학을 실재관념론[21]으로서 절대적 동일성의 철학이라고 규정한다. 절대적 일자의 맥락에서 신과 만물, 주관성과 객관성의 동일성을 설명한다. 『독단주의와 비판주의에 대한 철학적 서신들』[22]에서 셸링은 다시 한 번 스피노자와 피히테의 세계관을 비교한다. 이 두 사상가는 무한에서 유한으로 진행하는 동안 유한 주체를 상실한다. 그리하여 스피노자는 실체-비아의 절대화와 자유의 부정을 통해 절대 객체로 나아가고, 피히테는 절대 자아와 자유의 긍정을 통해 절대 주체로 소멸하였다. 셸링은 스피노자의 결정론, 즉 '신=자연'보다는 피히테의 자유론, 즉 신=자유를 더 선호하였다.

『자연철학에 대한 이념』(1797)[23]에서 셸링은 절대 자체 안에서는 객관적 자연과 자연에 대한 주관적 인식 사이에 아무런 차이가 없다고 말한다. "절대는 자연으로서 자연도, 이상세계로서 이상 세계도 포함하지 않는다. 그 둘은 하나의 세계로서 존재한다." 이상 세계로서 절대는 그 자체로 주관적이면서 객관적이다. 자연 그 자체, 영원한 자연은 객관성으로 태어난 정신, 형태화된 하느님의 본질이다. 자연에 대한 절대의 주관적 지식은 산출하는 자연이고, 산출된 자연은 객관적 자연, 즉 "절대자에 대해 외적인 자연으로 나타나는 한에서 자연"이다.

---

21) Realidealismus

22) Schelling, Philosophische Briefe über Dogmatismus und Kritizismus (1795).

23) Schelling, Ideen zu einer Philosophie der Natur (1797).

『세계영혼에 대하여』24)에서 셸링은 세계-영혼을 산출하는 자연과 동일시한다. 『초월적 관념론 체계』25)와 『나의 철학체계 서술』26)에서 피히테 지식학의 영향과 자아의 객관화 과정, 그리고 자기의식의 연속적 역사를 서술하고 있다. 그는 인간의 도덕적 자율성 근거를 확보하기 위해서 인간을 하느님 안에 놓고서, 각각의 개별적 예지는 하느님 혹은 도덕적 세계질서를 구성하는 일부분으로 간주될 수 있다고 하였다. 하느님의 부분들로서 자유를 가지고 있는 인간은 하느님을 닮은 존재이다.

## 역동적 존재로서 하느님

셸링의 신 개념은 스피노자와 야콥 뵈메의 영향 속에서 범재신론적, 신지학적 세례를 받아 화이트헤드의 과정철학적 사유와도 소통할 수 있는 지평을 가지고 있다. 셸링이 구상한 역동적 존재로서 하느님 사상은 과학신학의 효시라고도 볼 수 있다. 사유의 자유는 절대 안에서 주체와 객체의 완전한 통일, 자연과 도덕의 동일성을 수반하므로, 세계에 대한 하느님의 관계는 정태적이면서 완전히 현실적인 실재일 수는 없다. 만일 하느님이 이미 현실적이고 완전히 성취되어 있는 상태라면, 하느님에 연결된 모든 것 역시 이미 완벽하게 결정되어 있을 것이다. 그래서 하느님은 역사 안에서 점진적으로 자신을 제시해야 한다.

인간이 신의 자유에 참여(하느님 안에 존재)하기 때문에, 하느님은 자유로운 인간의 행위 없이는 존재할 수 없다. 따라서 하느님과 인간은 상호적 자기실현의 과정을 함께 결정한다. 하느

24) Schelling, Von der Weltseele (1798).
25) Schelling, System des transzendentalen Idealismus (1800).
26) Schelling, Darstellung meines Systems der Philosophie (1801).

님은 역사의 목적과 전반적 궤도를 결정하고, 인간은 그 여정의 세부사항들을 결정한다. 하느님의 본질은 점진적인 자기실현이다. 따라서 셸링에게 하느님은 인간 자유의 역사적 정점에 이를 때까지는 완전하게 존재하지 않는 것이 된다. 그 시기가 시작될 때부터 비로소 하느님도 존재하게 될 것이다.

이로부터 셸링은 다음과 같은 테제를 수립한다. 첫째, 하느님의 존재는 본질적으로 역사적이다. 둘째, 하느님과 인간은 역사 속에서 그들 공동의 운동을 성취하고 본질을 실현하고자 협력한다. 그래서 어떤 이는 셸링이야말로 "화이트헤드 이전의 모든 철학 가운데서 만날 수 있는 가장 급진주의자"[27]라고 평가하기도 한다. 하느님은 자신의 창조세계와 연합되어 있으나 동시에 그 세계의 창조자이다.[28]

## 인간 자유의 본성

셸링은 1806년에 뷔르츠부르크에서 뮌헨으로 옮겼다. 헤겔이 이듬해에 『정신현상학』(1807)을 출간하면서 그의 학문적 위상이 급상승하게 되고, 그에 따라 자신에 대한 헤겔의 비판으로 셸링은 크게 위축되었다. 하지만 셸링이 1810년에 슈투트가르트대학의 강의를 맡게 되고, 이듬해에 『세대들』[29]을 저술하면서 명맥을 이을 수 있었고, 1821년부터 1826년까지 에어랑겐대학의 강의를 맡았고, 1827년에 뮌헨대학의 교수가 되었다.

---

27) Charles Hartshorne and William L. Reese, Philosophers Speak of God, University of Chicago Press, 1953, pp. 233-234.

28) Steve Wilkens, Alan G. Padgett, Christianity and Western Thought, 2. IVP Academic 2000, p. 73.

29) Schelling, Weltalter (1811).

1831년에 헤겔이 사망하자 셸링과 쇼펜하우어의 인기가 다시 높아지기 시작했다. 셸링은 1841년에 베를린대학 철학교수로 초빙 받아서 다시 헤겔주의를 비판할 수 있게 되었는데, 그의 강의에는 키에르케고르, 야콥 부르크하르트, 프리드리히 엥겔스, 바쿠닌 등, 역사적으로 매우 중요한 인사들이 참여하였다. 1846년 베를린 아카데미 강연을 마지막으로 퇴임한 셸링은 다시 뮌헨으로 돌아갔다. 1854년, 그의 사망 후에, 『계시의 철학』[30]과 『신화의 철학』[31]이 출판되었다.

셸링은 『인간 자유의 본성에 대한 철학적 탐구』[32]에서 신과 세계는 동일하다고 피력하였다. 신은 근거, 선행하는 것(산출하는 자연)이고, 세계는 귀결되는 것(산출된 자연)이다. 전자는 후자를 통하여 자신을 드러낸다.(창조, 유출, 계시) 신은 자기 자신을 현시하는 삶이다. 그러한 현시는 신에 내재된 것이지만 신과는 구별되는 것이다. 신의 존재방식은 자유이다. 그리고 신의 모습을 닮은 인간 정신도 자유이다. 따라서 셸링은 신의 자유를 규명하기 위하여 인간 자유의 본성을 분석한다. 모든 탄생은 어둠으로부터 빛으로의 탄생이다. 인간의 인격성도 마찬가지다. 인간에게는 무의식적인 것, 삶, 자연적 충동과 같은 '어두운 바탕'이 있다. 이것을 '무근거'[33]라고 한다. 인간 안에 있는 비이

30) Schelling, Philosophie der Offenbarung (Vorlesung 1841-1842). Philosophie der Mythologie (Vorlesung; 1842)

31) Schelling, Philosophie der Mythologie (Vorlesung 1842).

32) Schelling, Philosophische Untersuchungen über das Wesen der menschlichen Freiheit (1809).

33) Ungrund. 셸링에서 '무근거'는 '원초적 근거'(Urgrund)의 가능성 조건이다. 그것은 마치 '태극'의 가능성 조건이 '무극'인 것과 같다. 무근거는 신 존재의 실존적 무의식적 부정성(객관)이고, 원초적 근거는 신 존재의 이성적 의식적 적극성(주관)이다. 무근거는 원초적 근거의 활성화를 위해서만 소극적으로 작동한다.

성적, 무의식적 의지는 '신 안의 이기주의'이다. 반대로 이성적 의지는 사랑의 의지이고, 그 자체로 확장적, 자기 전달적이다. 인간은 하느님 안에 존재하고, 인간의 활동은 하느님의 생명에 속한다. 신적 존재의 궁극적인 어두운 심연, 곧 '제1근거' 또는 '원초적 근거'에는 차별이 없고 오직 순수한 동일성만 있다. 신은 자기 자신을 객관, 무의식적 의지로 정립한다. 동시에 신은 자신을 주관, 즉 사랑의 이성적인 의지로서 정립한다. 신의 존재 안에 있는 것은 인간과 그의 자유이다. 하느님의 자기 실현은 자유로운 인간 행위를 요청한다. 하느님으로부터 만물의 유출이 곧 하느님의 자기계시다. 그러나 하느님은 자기를 닮은 피조물들, 자유롭고 스스로 활성화하는 존재들 가운데서만 자신을 계시할 수 있다.

### 무근거와 원초적 근거, 그리고 악의 문제

계속해서 셸링은 악의 문제를 다음과 같이 정리한다. 다시 말하면 하느님의 자유에서 악의 가능성, 인간의 자유에서 악의 현실성에 대한 책임을 거론한다. 하느님의 인격적 실존은 신의 본성 안에 있는 두 대립적 원리들의 영원한 자기통일이다. 근거의 본질, 존재성의 본질인 '무근거'는 '원초적 근거'에 선행한다. 무근거는 이 두 대립적인 것들이 사랑을 통해서 하나가 되기 위해서만 그 자신을 분할한다.

예정과 자유, 필연성과 선택의 문제 역시 같은 맥락에서 이해할 수 있다. 유다가 그리스도를 배반한 것은 역사적 상황에서 필연적이지만, 동시에 그는 완전한 자유를 통하여 그리스도를 배반하기로 선택했다. 베드로가 그리스도를 부정했다가 다시 회개한 것 역시 그의 자유로운 선택이었다.

셸링은 신성 기원론을 세 가지 신성한 잠세태[34]의 관계들 속에서 파악한다. 신 안에는 상이한 가능적 힘들[세위(勢位)]이 있어서 점진적으로 계시된다. '영원한 원리'인 '무근거'는 심연, 공허, 비존재, 무, 순수 잠재력, 우연성을 포괄한다. 그것은 하느님 마음속의 어둠, 무의식, 의지, 영원한 일자가 스스로를 낳고 싶어하는 욕구들을 지칭한다. 하느님의 인격적 존재성의 '원초적 근거'는 '사랑의 원리'이며, 하느님의 본질, 흑암의 심연에서 빛을 내는 생명의 빛, 존재의 원리, 이성, 질서, 실증성을 포괄한다. 하느님의 현실태, 곧 신 존재의 인격적 실존성 또는 생명은 사랑의 원리에 의한 두 원리들의 영원하고 필연적이며 자생적인 종합이다. 이 하느님 안에 있는 참으로 자유롭고 미결정적이며, 자발적이고 창조적인 차원으로 인하여, 신적 본성의 필연성은 하느님 안에 있거나, 하느님으로부터 나오는 모든 것을 완전히 결정하지 않는다. 이처럼 셸링은 신의 무규정성의 개방성에서 자발적인 우주적 타락(창조), 악의 가능성, 그리고 실질적 악의 원천으로서 인간적 자유의 공간을 발견한다. 그러나 하느님의 본성은 악을 가능하게 하지만, 그러나 악을 행할 수는 없다. 현실적으로 악을 행하는 것은 인간의 자유이다. 만일 하느님이 존재한다면, 세계와 자유와 악은 불가피하다. 유일한 한 분 하느님이 존재하듯이 단 하나의 가능한 세계가 있다. 이 생각은 라이프니츠의 영향인 것으로 보인다. 하느님이 타락한 세계나 악의 존재를 피하려면 하느님 자신이 존재해서는 안 된다. 하느님은 선하기 때문에 비존재를 거부한다. 그래서 하느님이 존재하고, 이와 함께 자유와 악도 나온다. 악이 제거되려면 악

34) potentia, Potenz.

이 현실화되어야 하는데, 악을 현실화하여 제거하는 것이 바로 하느님의 존재 목적이다.

## 하느님의 자기실현으로서 자연과 세계

셸링은 '선'이 하느님과 영원히 거주하려면 흑암에서 나와 현실태로 되어야 하고, 악이 영원한 비존재로 되려면 선에서 분리되어야 한다고 생각하였다. 이를 위해서 신은 세상과 인간을 창조해야 한다. 세계사는 선을 현실화하고 선을 하느님 안으로 통합하는 하느님의 역사이자 구속의 역사이다. 이를 실현하는 것이 바로 창조의 최종목적이다. 하느님의 충만한 존재, 그 완전한 실현이 이루어질 때까지 세상은 존속할 것이다. 그렇다면 하느님은 '살아있는 힘들의 통일체'이자, 자율적, 독립적 존재로서 '최고 인격체'이다. 신은 단지 하나의 '존재자'가 아니라 '생명'이다. 하느님은 영원하지만 동시에 성장, 변화, 고난(시간성)을 포함한다. 하느님의 변증법적 자기발생은 자연과 역사를 통해 삼위일체를 실현한다. 하느님 자신 안에서 신적 존재의 첫 진동이 탄생한다. 하느님[성부]은 자기 자신의 형상 안에서 태어난 하느님[성자]을, 그리고 그 안에서 영원한 로고스를 느끼며 사모하는 마음을 느끼는 영원한 성령을 본다. 이 성령은 말씀을 토해 내며, 그 말씀은 창조적이고 전능한 의지가 된다. 그것이 곧 자연이다. 일자가 그 자체를 말씀으로 재현하고, 그 말씀이 성령으로서 힘을 발휘한다. 그분은 자연을 하느님 자신의 삼위일체적 본질을 실현하는 첫걸음으로 보았다. 자연은 신성한 말씀의 표현이다. 그러나 사람에게서만 그 말씀이 완벽하게 표현되고, 다른 자연에서 그것은 미완성인 채로 있다. 그러나 표현된 말씀 가운데서 성령은 그 자신을 드러낸다. 하느님은 스스로 실천 속에 존재하고 있는 것이다.

세계는 하느님의 자기실현이다. 인간의 자유는 하느님의 자유이고 인간의 언어는 신성한 말씀이다. 종교는 신성한 자기계시이다.

이처럼 하느님의 삼위일체적 본질은 자연과 인간의 역사 안에서 실질적인 삼위일체가 된다. 그리고 이러한 셸링의 범신론적 이해와 그의 신 개념은 확실히 스피노자의 '신 즉 자연'과는 다르다. 셸링은 오직 인간만이 하느님 안에 있으며, 이처럼 하느님 안에 있음을 통해서 자유가 가능하게 된다고 보았다. 오직 인간을 통해서 하느님이 자연을 받아들이고, 인간 안에서 피조물이 만들어진다. 인간('사람의 아들')이신 그리스도는 중보자, 자연의 구속자, 말씀, 새언약의 시작이다. 하느님이 인간 안에 있고 인간은 하느님 안에 있다. 인간은 세계의 구원을 위해서 살고 활동하며 고난당하는 성육한 자다. 이와 같은 셸링의 생각은 오늘날 라이몬 파니카[35]의 우주신인론[36]이나 존 쿠퍼[37]의 '협력적 인격적 범재신론'[38]과 매우 유사하다.

## 『세대들』의 철학

셸링은 『세대들』[39]에서 뵈메의 자유 신학에 대해 정치한 시

35) Raimon Panikkar (1918~2010). 바르첼로나 스페인 출신의 로마가톨릭 교회 사제, 종교철학 교수, 종교대화 지도자로 활동하였다.

36) Kosmotheandrismus

37) John W. Cooper. 토론토대학 철학박사, 미시간의 칼빈신학대학교의 철학적 신학 교수로서 『철학자들의 신과 성서의 하나님, 2011』(Panentheism. The Other God of the Philosophers, 2006) 등을 저술하였다.

38) cooperative personal pantheism

적 표현과 함께 자신의 고유한 생각을 정리하고 있다. 그는 본래 하느님 자신 안에서 전개된 변증법(과거), 하느님 본성의 발생(현재), 인간 역사 안에서 하느님의 자기계시(미래)를 주제로 하는 3부작으로 구상했으나 첫 권만 완성하였다.

하느님의 현재는 하느님의 본성과 자유의 종합이다. 신격은 온전하고 영원한 긍정인 동시에 영원한 부정으로서 그 양자의 통일이다. 신격은 먼저 자연 안에서 세계를 구현하는 영혼으로 자신을 실현한다. 이 영혼은 외적인 영적 신체를 지닌 존재 가운데서 하느님의 최초 실제적 존재를 갖는다. 신의 생명중심적 목적은 인간의 역사, 그 고난에의 구속적 참여에 있다. 창조주와 관련해서 고난은 보편적이다. 하느님의 본성의 고난은 어둡고 악한 모든 것에 참여함으로써 최고 의식으로 고양하게 한다. 하느님은 몸소 세계에 참여함으로써 그리고 세계를 구함으로써 자신을 실현한다.

셸링은 하느님의 미래는 아직 오지 않았으므로 하느님의 역사는 아직 기술할 수 없다. 하지만 신의 미래 역사에 대해서 그가 '긍정적인 종교철학'을 시사하고 있는 것은 분명하다. 물론 하느님 자신도 역사 안에서 인간의 자유 행사를 예견할 수 없고, 그 자신의 구체적인 운명조차 알 수 없다. 이성은 계시를 정당화할 수도 없고 온전히 설명할 수도 없다. 셸링은 스피노자, 칸트, 피히테의 이성신앙의 우위론적 주장에 비판적이다. 그럼에도 셸링의 최종적인 종교철학은 신-인적 자유의 범재신론 위에 세워졌다. 계시는 점진적이므로 종교와 그 상징은 자연종교와 신화, 초자연적 종교와 실증적 계시, 철학적 종교의 단계로 전개된다.

---

39) Schelling, Die Zeitalter (1811-1815).

셸링은 철학이 하느님의 신비를 몰아낼 수 있다는 사실을 거부했다. 이 점에서 그는 반헤겔주의자의 대열에 서 있다. 하느님의 신비는 신-인적 자유에 근거한다.

신화와 계시는 후기 셸링이 관심을 가졌던 주제들이다. 신화적 종교는 맹목적이고, 자유롭지 못하며, 비정신적인 종교이다. 신화는 한갓 상상력의 산물만도 아니고, 신이 자유롭게 자신을 드러낸 계시도 아니다. 그러나 신화는 신 안의 낮고 어두운 원리에 대응하고 있으며, 무의식적인 것의 영역에 근거한다. 신화에서 정신은 필연적인 과정에 관계하지만, 계시에서는 절대적으로 자유로운 의지의 결과로만 실존하는 것에 관계한다. 신화는 계시에 앞서 준비한다. 계시의 본질은 신이 자기를 무한한, 인격적인, 자유로운 창조자로서, 존재자의 주로서 자유롭게 나타내는데 있다.

셸링은 그리스도교의 발전 단계를 베드로의 시대, 바울로의 시대, 요한의 시대로 구분한다. 첫째, 베드로의 시대는 아버지, 곧 성부 하느님을 지향하여, 신 안의 궁극적 근거, 율법과 권위의 관념이 지배적인 시기였다. 둘째, 바울로의 시대는 아들이신 예수 그리스도를 지향하며, 종교개혁, 자유의 관념과 신안의 관념적 원리들이 지배적인 시대였다. 셋째, 요한의 시대는 성령을 지향하며, 신의 내적 삶에서 율법과 자유의 통일을 강조하는 시대였다. 이는 피오레의 요아킴[40]이 신의 통치에 대한 인간의 복종을 강조하는 구약성서에 해당하는 성부시대[41], 사람이 신

---

40) Joachim of Fiore (1135~1202). 시실리 왕국 시대에 이탈리아 남부지역의 칼라브리아(Calabria) 코센차(Cosenza) 근교의 켈리코(Celico) 마을 출신의 신비신학자, 비교주의자(秘敎主義者)로서 서양의 신비전통과 종말론 사상에 심취하였다.

41) the Age of the Father.

의 아들이 되는 신약성서에 해당하는 그리스도의 강림과 1260년 사이의 성자시대[42], 그리스도의 복음으로 보편적 사랑을 베푸는 관조적인 유토피아를 지향하는 성령시대[43]를 구분한 것과 유사하다.

42) the Age of the Son.
43) the Age of the Holy Spirit.

# 21. 쇼펜하우어의 의지 형이상학

## 쇼펜하우어의 삶과 사상

쇼펜하우어[1]의 1813년 예나대학 박사논문 "충족이유율의 네 가지 뿌리에 대하여"[2]를 읽은 괴테가 축사를 보내왔다. 괴테는 그전에 이미 바이마르에서 알게 된 쇼펜하우어의 모친을 통해 쇼펜하우어에 대해 자주 들었다.

1814년에서 1818년까지 쇼펜하우어는 드레스덴에서 『의지와 표상으로서의 세계』를 구상하였다. 도중에 그는 『시각과 색채에 대하여』[3]를 발표하고, 1818년에는 드디어 『의지와 표상으

1) Arthur Schopenhauer (1788~1860). 단치히(현재 폴란드령) 출신의 독일 철학자로서 부유한 상인의 아들로 태어나 1809년에 괴팅엔대학 의학과에 입학한 후 1년만에 철학으로 변경하여 플라톤과 칸트의 찬미자가 되었다. 1811년 베를린대학에서 피히테와 슐라이어마허의 강의를 들었고, 1813년 예나대학에서 "충족이유율의 네 가지 뿌리에 대하여"로 박사학위를 받았다.

2) Schopenhauer, Über die vierfache Wurzel des Satzes vom zureichenden Grunde. Jena 1813.

로서의 세계』를 출간한다.[4] 그리고 1820년, 쇼펜하우어는 인기 절정이었던 헤겔과 같은 시간대에 강의를 편성하여 실패하자 은둔하게 된다. 이 시기에 셸링도 비슷한 시련에 부딪혔다.

쇼펜하우어는 1833년에 프랑크푸르트에 새롭게 정착하였다. 그는 이곳에서 그는『자연에서의 의지에 대하여』(1836)[5],『인간 의지의 자유에 대하여』(1839)[6], 그리고『도덕의 기초에 대하여』(1840)[7]를 잇달아 발표하였다. 쇼펜하우어는 1844년,『의지와 표상으로서의 세계』 2판을 내고, 1859년에는 3판을 발간하였다. 1848년 혁명 실패 이후 쇼펜하우어의 염세주의와 금욕주의가 각광을 받게 되면서, 그는 셸링과 함께 헤겔 사후 수혜자로서 철학자의 면모를 지니게 되었다.

## 충족이유율의 원리

표상으로서 세계 안에서는 언제나 이미 충족이유율이 작동한다.『의지와 표상으로서의 세계』 초판 서문에서 쇼펜하우어는 자신이 '고유한 사상'[8]을 설파한다고 선언하였다. 이는 건축학적인 체계구축에 의하여 통일성과 유기적 전체성을 가진, 이른바 자신만의 고유한 사상체계를 구축하고자 한 것이다. 쇼펜하우어는 자신의 사상을 이해하려면 칸트, 플라톤, 베다(우파니샤

3) Schopenhauer, Über das Sehn und die Farben (1816).

4) Schopenhauer, Die Welt als Wille und Vorstellung (1818-1819), vol 2, 1844.

5) Schopenhauer, Über den Willen in der Natur (1836).

6) Schopenhauer, Über die Freiheit des menschlichen Willens (1839). 이 저작은 노르웨이 트론트하임 과학원 논문상을 수상하였다.

7) Schopenhauer, Über die Grundlage der Moral (1840). 이 저작은 왕립 덴마크 과학원 현상논문에 응모했으나 탈락하였다.

8) ein einziger Gedanke

드)를 알아야 한다고 강조하였다. 이 체계철학의 서론에 해당하는 저서가 바로 5년 전에 발표한 "충족이유율의 네 가지 근거"에 대한 것이다.

충족이유율은 모든 사물에 선행하는 것이 아니라 존재 세계 자체와 더불어 있고, 그 원리의 필연적인 결과로서 전 세계가 존재하며, 어떤 종류의 대상이든지 항상 주관에 의하여 제약된 대상이라는 사실을 확인한다. 그러나 충족이유율은 한계를 가지고 있다. 충족이유율은 어떤 형태를 갖더라도 인식형식에 지나지 않으며, 이 원리의 타당성은 표상이나 현상, 즉 의지가 가시적으로 된 것에만 미칠 뿐이고, 가시성을 넘어선 의지 그 자체에는 미치지 못한다. 모든 객관은 표상이다. 그러나 의지는 물자체이다. 모든 표상, 즉 모든 객관은 의지가 나타난 것, 가시적으로 된 것, 의지의 객관화이다. 의지는 개체 및 전체의 내면적인 심오한 부분이며 핵심이다. 의지는 맹목적으로 움직이는 모든 자연력 속에 나타나 있고, 또 숙고된 인간의 행동 속에도 나타나 있다. 그러나 그 차이는 본질적인 것이 아니라 정도의 차이에 불과하다.[9)]

신체 그 자체는 이미 의지의 나타남이다. 개별적인 행위나 그 조건들, 그리고 행위를 수행하는 신체와 그 신체를 성립하게 하는 과정 모두가 의지의 객관화에 속한다. 신체의 부분들은 의지를 실현하는 주요 욕망과 상응한다. 치아, 목구멍 등은 객관화된 굶주림이고, 생식기는 객관화된 성욕이며, 손과 다리는 객관화된 포획 욕망을 반영한다. 물자체는 그 자체로서는 이미 객관이 아니다. 모든 객관은 이미 물자체의 현상이고, 물자체가 아니기 때문이다. 물자체를 객관적으로 사고하려면 그것은 어

9) Schopenhauer, Werke I, WWV1, §21, S. 170.

떤 객관적인 형태, 즉 어떤 특정한 현상으로부터 명칭과 개념을 빌려오지 않으면 안 된다.

물자체의 모든 현상 가운데서 발전된 인식에 의하여 직접 조명된 가장 완전한 형태의 현상은 바로 인간의 의지이다. 자연 속에 작용하는 모든 힘의 본질이 의지와 동일하다는 사실이 지금까지 간과되어 왔다. 물자체로서 의지는 그 현상과는 전혀 다른 것이며, 현상의 모든 형식으로부터도 완전히 자유로운 것이다. 모든 현상 형식은 의지 그 자체와는 관계가 없고, 그것이 나타나는바 의지의 객관성에 관계할 뿐이다.

표상으로서 세계는 의지의 객관화 현상이 충족이유율에 의하여 우리에게 나타난 세계인 것이다.

## 충족이유율의 네 가지 유형

충족이유율에 대한 쇼펜하우어의 작업은 칸트주의를 매우 성실하게 반영하고 있다. 우리는 경험을 통하여 세상을 파악할 수 있다. 이 때의 세상은 실재가 아닌 현상, 관념(표상)으로서 세계이다. 그는 칸트의 시간과 공간 형식을 수용하고 12개의 범주는 인과성이라는 하나의 범주(충족이유율)로 단순화했다. 충족이유율은 존재하는 모든 것은 반드시 그 존재의 이유와 근거를 충분히 가지고 있다는 원리이다. 이 명제를 "왜 그것이 존재하고 오히려 존재하지 않는 것이 아닌가에 대한 근거 없이는 아무것도 존재하지 않는다"라는 볼프의 명제로부터 도출했다.

생성의 충족이유율[10]은 자연적인 사물들의 생성에 관한 것이

10) Satz vom zureichenden Grunde des Werdens (principium rationis sufficientis fiendi)

다. 어떤 존재 사물도 충분한 근거 없이는 생성되지 않는다. 근거 없이 생성된 것은 하나도 없다. 주체에 대하여 객체는 '인과성의 법칙'11)이라는 충족이유율, 즉 생성의 충족이유율에 의해 출현한다. 경험을 통하여 드러나는 실재적인 복합체에 대한 전체 표상은 그 안에서 객체들이 스스로 출현한 것이며, 그 때문에 그 상태들의 생성과 소멸은 시간의 흐름 안에서 상호 연결되어 있다. 모든 작용 결과는 이전 상태의 것에 새로운 원인이 출현하여 변화를 일으킨 것이다. 그리고 그 작용 결과는 다른 상태에 새로운 변화를 유발하는 원인으로 작용하는데, 이 '인과성의 사슬'12)이 어디에서 시작되는지는 아무도 모른다.

인식의 충족이유율13)은 판단의 논리적 근거에 관한 것이다. 좁은 의미의 사유는 의식 안에 있는 추상적 개념들의 단순한 현존에 있는 것이 아니고, 판단 이론에서 논리학이 규정하는 수많은 한정들과 변형들을 통하여 두 개 이상의 판단들이 결합하고 분리되는 가운데 있다. 그처럼 분명하게 사유되고 진술된 개념의 관계들을 판단이라고 한다. 이러한 판단들과 관련하여 이 유율이 타당성을 갖게 된다. 하나의 판단이 하나의 인식을 드러내기 위해서는 충분한 근거를 가져야 하는데, 그것은 바로 그 판단의 술어는 참이어야 한다는 사실이다. 진리는 판단과 그 판단의 근거가 되는 다른 어떤 것과의 사이에서 성립되는 관계이다. 이 경우에 판단의 근거는 유형들의 의미 있는 다양성을 허용하고 있다. 그로부터 판단이 비롯되는 바로 그것은 언제나 존재하고 있기 때문에 근거14)라는 이름이 적합하다. 쇼펜하우어

11) Gesetz der Kausalität

12) Kette der Kausalität

13) Satz vom zureichenden Grunde des Erkennens (principium rationis sufficientis cognoscendi)

는 이와 같은 인식근거를 이성[15]이라고 부른다.

존재의 충족이유율[16]은 수학적 사태들의 연관 속에서 존재근거에 관한 것이다. 인식능력에 대상들이 드러나려면 시간과 공간이라는 완전한 표상들의 형식적인 부분, 즉 외감과 내감의 형식이 있어야 한다. 인과성의 지성 형식은 의식 안에서 인식의 질료들과 더불어 있지만, 외감과 내감의 형식은 순수직관으로서 전적인 표상들과 다르고 표상능력의 대상들과도 분리되어 있다. 시간과 공간은 그 모든 부분들이 다른 것들과의 관계 속에 있으며, 각각의 부분들은 다른 부분들에 의하여 규정되고 제약되는 특성을 가지고 있다. 공간들의 관계는 '장소'이고 시간들의 관계는 '연속'이다. 이 각 부분들 사이의 상호연결을 지배하는 법칙이 바로 존재의 충족이유율이다. 쇼펜하우어가 분류한 세 번째 대상들은 수학적인 것이고, 기하학과 수학에 대한 인간의 지식은 이 법의 지배를 받는다.

행위의 충족이유율[17]은 심리적인 영역에서 동기에 관한 것이다. 표상능력의 네 번째 대상은 내적 감관의 직접적인 대상인 '의지의 주체'[18]이다. 이것은 인식하는 주체에 대한 대상이며, 공간 속에서는 나타나지 않고 시간에서만 나타난다. 이는 인식하는 것으로서가 아니라 욕구하는 것으로서 주체이다. 욕구 또는 의욕의 주체는 자의식에 직접적으로 주어져 있으므로 의욕이 무엇인지를 직접 기술할 수 없다. 우리는 인지된 모든 결정

14) Grund

15) Vernunft, ratio, la ragione, la razon, la raison, the reason.

16) Satz vom zureichenden Grunde des Seins, principium rationis sufficientis essendi.

17) Satz vom zureichenden Grunde des Handelns (principium rationis sufficientis agendi)

18) Subjekt des Wollens

에 대해서 그 이유를 물으며, 그로부터 행위 근거, 즉 '지금 수행하고 있는 행위의 동기'[19]가 전제되어 있다는 사실을 알게 된다. 쇼펜하우어에 의하면 "동기는 내부에서 본 인과성이다." 이처럼 주체와 그 의지 행위의 연관성에 대한 인간의 지식을 지배하는 원리를 '행위의 법칙'[20], 즉 행위의 충족이유율이라고 한다. 인간이란 동기에 따라서 행위하며, 이 동기는 전혀 다른 매개체 안에서 전혀 다른 유형의 인식을 서술한다. 이 네 가지 유형의 충족이유율은 표상으로서 세계를 구성하는 선천적인 원칙이다. 충족이유율은 모든 객관의 본질적인 형식, 즉 세계에 대한 인식 조건이다. 우리가 경험하는 세계는 충족이유율에 의하여 기술된 현상적 세계이며, 표상으로서 세계, 즉 우리가 지각하는 객관 세계의 존재성은 세계를 지각하는 나의 정신에 의존하고 있다.

충족이유율은 스콜라철학에서처럼 영원한 진리가 아니라, 공간과 시간의 필연적 연관으로 나타나는 인과성 또는 인식근거의 법칙으로서 상대적이며 제약된 현상에서만 타당하다. "세계의 내적 본질인 물자체는 결코 충족이유율을 실마리로 하여 발견되는 것이 아니고, 이 원리에 인도되어 도달한 것은 모두 그 자신도 의존적 상대적이고 현상에 지나지 않으며 물자체는 아니다. 더욱이 충족이유율은 주관에는 관계하지 않는 객관들의 형식에 불과하기 때문에, 객관들은 물자체가 아니다. 객관과 더불어 주관이 있고, 주관과 더불어 객관이 있기 때문에 단순히 근거에 대한 귀결로서 객관을 주관에 또는 주관을 객관에 첨가할 수는 없다."

---

19) das Motiv der jetzt erfolgenden Handlung.
20) das Gesetz der Motivation.

우리는 언제나 이미 전제하고 있는 선천적인 진리들은 다음과 같다. 표상하는 자(주체)에게 나타나는 표상(객체)은 바로 세계이다. 표상은 시간, 공간, 인과성의 형식들에 의하여 이루어진다. 시간, 공간, 인과성은 근거율의 일반적 원리로서 주체와 객체의 상호의존성을 전제로 한다.

이처럼 경험의 실재성21)은 인과성의 법칙에 근거를 두고 있다. 객체와 표상은 동일한 것이고, 직관적인 객체의 존재는 표상 작용이고, 그것이 사물의 현실성을 구성한다. 인과성으로 나타난 공간과 시간 속에서 직관된 세계는 완전히 실재하고 있으며, 완전히 나타나 있는 그대로의 것이며, 오직 표상으로서 인과성의 법칙에 의하여 연관성을 가지며 나타난 것이다. 이것이 바로 세계의 경험적 실재성이다. 그러나 다른 한편 객관 세계 전체는 어디까지나 주관의 제약을 받고 있다. 그은 동시에 선험적 관념성22)을 가진다. 그러나 이것은 세계가 허위나 가상이라는 것을 뜻하지는 않는다. 세계는 있는 그대로의 것이며, 충족이유율을 공통적인 유대로 가지고 있는 표상이다.

## 표상으로서 세계

쇼펜하우어는 세계를 '표상'과 '의지'라고 규정한다. 먼저 세계는 우리에게 드러난 표상이다. 그것은 이미 주관과 객관을 전제하고 있으며, 충족이유율이라는 인과적인 형식에 의하여 제시된다. 동시에 세계는 그 본질로 보면 표상과는 전혀 다른 의지로서 세계이며, 그것은 충족이유율의 형식으로 포착되지 않

---

21) empirische Realität
22) transzendentale Idealität

는 물자체이다.

세계를 '표상된 것'으로 보는 사유 전통은 플라톤과 칸트의 관념론으로 이어져 왔다. 제2판 서문에서 쇼펜하우어는 자신의 철학이 칸트에서부터 시작된다는 사실을 재차 강조하면서, 선천적으로 부여받은 지성의 근원적 규정에서 유래하는 실재론을 극복할 수 있는 것은 칸트철학뿐이라고 주장하였다. 그는 헤겔과 관념론 철학자들이 칸트를 왜곡하였다고 비판한다. 7년 후인 1859년에 그는 136쪽을 추가한 3판을 간행했는데, 여기에서 그는 칸트의 현상과 물자체라는 개념의 구분을 수용하면서도, 표상으로서 현상세계와 의지로서 물자체의 세계에 동등하게 정체성을 부여하여 칸트를 넘어서고자 하였다.

"세계는 나의 표상이다." - 이것은 살아서 인식하고 있는 모든 존재에게 해당되는 진리이다. 그러나 이 진리를 반성적, 추상적으로 의식할 수 있는 것은 오직 인간뿐이며, 그렇게 인간의 철학적인 사유가 나타나게 된다. 인간은 태양과 대지를 아는 것이 아니라, 단지 태양을 보는 눈과 대지를 느끼는 손을 가졌다는 것에 불과하다는 것, 인간을 둘러싸고 있는 세계는 표상으로서만 존재한다는 것, 즉 세계는 그 자신과 전혀 다른 존재인 인간과 관계함으로써만 존재한다.

세계란 무엇인가? 칸트는 이 물음이 우리가 결코 답변하기 어려운 이율배반을 구성하고 있으며, 따라서 인간의 예지로는 접근하기 어렵다고 하였다. 쇼펜하우어는 데카르트의 회의와 버클리의 존재 지각설을 단초로 하여, 인간을 둘러싸고 있는 세계는 표상으로서만 존재하고, 그것도 특히 인간에 의하여 표상됨으로써 존재하는 것이라고 주장한다. 쇼펜하우어는 칸트가 이를 무시한 것은 그의 첫 번째 오류라고 지적한다.

고대 인도의 현자들, 특히 대서사시 「마하바라타」[23]와 「베단타 수트라」[24]를 지은 것으로 알려진 전설적인 성자 비야사[25]는 이 진리를 베단타철학의 근본 원리로 수용했다. 쇼펜하우어는 윌리엄 존스[26]의 글을 인용하여[27], "베단타학파의 근본 교리는 고체성, 불가입성, 연장성을 가지고 있는 물질의 존재를 부정하는데 있는 것이 아니라 ……, 물질에 관한 통속적인 관념을 바로잡고, 물질이 마음의 지각에 의존하지 않는 본질을 가진 것이 아니라는 사실을 드러내는데 있다. 존재[28]와 지각가능성[29]은 호환될 수 있는 말이다."[30]

쇼펜하우어는 이 단어들이 경험적 실재성과 선험적 관념성의 양립을 충분하게 보여준다고 보았다. 우리가 지각하는 현상세계는 세계에 대한 우리의 표상에 지나지 않는다. 인식 주체는 세계에 존재하는 모든 것을 우리에게 알려주는 전달자이며, 모든 현상과 모든 대상들이 우리에게 인지될 수 있는 전제조건이다. 존재하는 모든 것은 언제나 이 주체에 의해서만 존재하게

---

23) Mahābhārata

24) Vedānta-sūtra

25) Vyasa. 힌두 전통에서 가장 중요한 『마하바라타』, 『베다』, 『푸라나』 등을 지은 전설적인 저자이다.

26) Sir William Jones (1746~1794) 영국 출신의 문헌학자, 고대인도학 연구자로서 유럽어와 인도-아리안족 언어의 비교연구를 수행하였으며, 벵갈의 윌리엄 주둔지 소재 최고법원에서 배석판사직을 수행하기도 했다. 1784년에 벵갈아시아협회(the Asiatic Society of Bengal)를 창설하여 부채를 짊어지도 했다.

27) Jones, Sir William, Comparative linguistics and Indo-European studies, in: Discourses delivered before the Asiatic Society: and miscellaneous papers, on the religion, poetry, literature, etc., of the nations of India. Printed for C. S. Arnold. 1824, p. 28.

28) existence, Dasein.

29) perceptibility, Wahrnehmbarkeit.

30) Schopenhauer, Die Welt als Wille und Vorstellung(1819), §1. S. 39-40.

된다. 모든 것을 인식하면서 어떤 것에 의해서도 인식되지 않는 것이 주체이다. 모든 사람은 그러한 주체로서 자기 자신을 발견하지만, 인식의 대상인 경우에는 그렇지 않다. 우리 신체는 이미 대상이기 때문에 우리에게 신체는 표상이다.

표상은 언제나 이미 주체와 객체(대상) 중 어느 것에도 속하지 않으면서 동시에 그 두 가지 틀을 매개하고 있다. 표상으로서 세계는 본질적이고 필연적이며, 서로 떼어놓을 수 없는 두 가지 측면을 지닌다. 그 한쪽이 객체이다. 그것의 형식은 공간과 시간이며, 이를 통해 다양성이 생긴다. 다른 한쪽은 주체이며, 시간과 공간 속에 존재하지 않는다. 왜냐하면 이것은 표상하는 모든 존재자 속에 전체로서 분리되지 않은 채로 존재하기 때문이다. 이들 중 어느 하나만으로 현존하는 수백만 개보다 완벽하게 표상의 세계를 객체로서 완전히 보완한다. 그러나 그 유일한 하나가 사라진다면, 표상으로서 세계는 더 이상 존재하지 않을 것이다.

우리 자신의 신체도 그렇다. 우리 자신, 주체는 모든 것을 인식하지만 어떤 것에 의해서도 인식되지 않는 것이다. 후자의 관점에서 그것은 의지, 즉 칸트의 물자체 개념과 같은 것이다. 신체는 서로 경계를 이루고 있는, 객관이 시작되는 곳이자 주관이 끝나는 곳이다. 이와 같은 경계의 공속때문에 모든 객관의 본질적이고 보편적인 형식들인 시간, 공간, 인과성이 객관 그 자체에 대한 인식 없이도 주관에서 나온 것으로 간주한다. 직관적 표상은 시간과 공간 형식으로 가시적인 세계 전체, 즉 경험 전체와 경험 가능성의 조건들을 포괄한다. 반대로 추상적인 것은 개념이고, 지상에서 인간만이 소유하고 있는 이성과 관계한다.

## 의지로서 세계

세계는 있는 그대로의 것이며, 즉 일련의 표상으로 나타나는 것으로, 그 공통적인 유대가 충족이유율이다. 그런데 존재하는 모든 것, 표상세계에 주어져 있는 모든 것은 의지의 객관화 현상이다. 세계에는 그것과는 전혀 다른 가장 내면적인 본질과 핵심, 즉 물자체가 있으며, 그것은 세계의 가장 직접적인 객관화 사실, 즉 의지이다. 물자체로서 의지는 어떤 형태의 근거율에도 벗어나 있는 '근거가 없는' 것이다. 이는 마치 셸링의 '무근거'와 같은 개념이다. 물자체로서 의지는 참되고 불멸하는 인간의 내적 본질을 이루는데, 의지 그 자체는 '무의식적'이다. 의식이 기대는 지성은 그 본질의 속성이나 부산물에 지나지 않는다. '무의식'[31]은 의지의 존재특성을 나타내는 '보다 나은 의식'[32]이다.

반대로 존재, 삶, 행복 등 다양한 욕구를 드러내는 인간의 의식은 '동물적 의식'[33]이다. 인간은 세계를 표상으로 파악하는데 머무르지 않고 의지로서 파악하는 '형이상학적 욕구'를 가진 존재이다. 이로부터 쇼펜하우어의 의지형이상학이 성립한다.[34] 의지의 세계는 표상의 세계보다 근원적이다. 의지는 '세계 해명'[35]의 근거가 된다. 몸(신체)은 물자체인 의지의 세계로 이끄는 유일한 통로(표상의 세계를 가능하게 하는 근거)이다. 의지는 몸의 선천적 인식이고, 몸은 의지의 후천적 인식이다. 몸의 작용은 객관화된 의지 작용인 동시에 '나의 의지의 가능성 조건'이다.

---

31) Unbewußtsein
32) das bessere Bewußtsein.
33) das animalische Bewußtsein.
34) Willensmetaphysik
35) Entzifferung der Welt.

## 의지의 객관화와 이념

모든 표상은 의지의 객관화[36], 의지의 객관성이다. 의지의 객관화 현상 중에서 최상의 단계를 '이념'[37], 즉 '의지의 자기인식'이라고 하는데, 이는 '칸트적인 이념'이 아니라 '플라톤의 이데아'와 유사하다.

플라톤의 이데아는 경험 초월적 존재로서, '상기'를 통해 희미하게 분별할 수 있고, 특별한 경우에 관조의 방식으로 도달할 수 있는 인식 활동 자체의 궁극목적이다. 그러나 쇼펜하우어의 이념은 내재적 표상과 초월적 의지 사이의 중간적 매개개념이다. 그것은 다만 직관에 의해서만 포착할 수 있지만, 의지세계로 들어가는 과정에 불과할 뿐이다.

의지의 직접적인 현상인 이념은 객관을 인식하는 주관이나 시간, 공간, 인과율(개체화의 원리)에 직접 놓여 있지 않으나, 개체화의 원리를 통하여 개별적인 사물과 관계한다. 즉, 표상의 세계에 존재하는 다양한 사물을 파악하는데 결정적인 역할을 한다. 이념을 바라보는 것은 인과율에 따르는 의식, 개념에 의해서는 불가능하고, 순수하고 의지가 없으며, 고통 없고, 시간에 매이지 않은 인식주관에 의해서만 가능하다. 이것은 예술적 '무의지성'(無意志性)의 상태에서 '관조'(觀照)[38]하는 것으로서, 칸트가 말한 '무관심성'[39]과도 일치한다.

의지는 단일성, 무근거성, 인식불가능성을 특징으로 한다. 이 점에서 의지는 본능적이고 맹목적이며 부단한 충동이다. '삶에

---

36) Objektivation des Willens.
37) Idee
38) Willenslosigkeit (Kontemplation)
39) Interesselosigkeit (Kant)

의 맹목적 의지'[40]로 인하여 인간의 삶은 고통의 연속이다. 자살, 죽음이 아닌 '동고'[41]의 감정으로 삶에의 맹목적 의지를 부정할 수 있다. 이러한 쇼펜하우어의 생각은 세상을 '유위'(有爲)로 보고서 그로부터 헤쳐나오려는 붓다의 중도연기설과 닮아 있다.

쇼펜하우어는『의지와 표상으로서의 세계』제1판 서문에서 고대 인도의 지혜가 자신의 사상과 공통적인 요소를 가지고 있다는 사실을 말한다: "나의 사상이 이미 우파니샤드 속에서 발견된다고는 절대로 말할 수 없지만, 우파니샤드를 형성하고 있는 하나하나의 단편적인 말은 그 모두가 내가 전하고자 하는 사상에서 결론으로 도출할 수 있다."[42] 그가 충족이유율을 통하여 기술하려는 표상으로서 세계 이해가 우파니샤드에서 불교에 이르는 인도사상이 기술하는 세계 이해와 일치한다는 것이다. 쇼펜하우어는 '존재의 근거'[43]를 파악하기 위하여 철학사를 샅샅이 뒤져보고서 칸트와 인도사상의 중간에서 해결하고자 했다. 칸트가 말하는 현상의 세계, 즉 표상으로서 세계는 충족이유율에 의하여 기술되는 세계이다. 시간과 공간 속에서 존재하는 모든 것, 즉 원인과 동기에서 생기는 모든 것은 상대적인 현존을 가지고 있을 뿐이며, 이와 같은 성질은 그것과 동일한 형태로만 존재하는 다른 것에 의하여, 또 그 다른 것 때문에 존재한다.

헤라클레이토스가 사물의 영원한 흐름으로 본 것, 플라톤이 언제나 생성될 뿐 존재하지 않는 것으로 본 것, 스피노자가 존재하고 영속하는 유일한 실체의 단순한 우연성이라고 규정한

40) der blinde Wille zum Leben.
41) Mitleid 동고(同苦).
42) Schopenhauer, Werke I, WWV1, S. 11-12.
43) Grund des Seins

것을 칸트는 현상 개념으로 파악하였다. 인도인들은 그것을 마야[44]라고 불렀다. 마야는 인간의 눈을 덮고 그것을 통해 세계를 보게 하는 거짓된 베일이다. 이 세계는 있다고 할 수도 없고 또 없다고 할 수도 없다. 왜냐하면 이 세계는 꿈과 같은 것으로 방랑자가 멀리에서 보물로 생각하는 모래 위에 반짝이는 햇빛과 같으며, 또 그가 뱀이라고 생각하고 던져버리는 새끼줄과도 같은 것이기 때문이다."[45] 유위로서 세계는 무명에서부터 시작되는 유전문의 연기법에서 의하여 형성된 세계이다. 우리가 말하는 현상으로서 세계, 마야의 세계이다. 칸트의 현상, 쇼펜하우어의 표상, 그리고 나가르주나의 마야는 서로 다른 세계관적 전제에 따른 해석상의 차이가 있음에도 불구하고 공통적인 근거를 가지고 있다.

칸트에서 현상은 '가상', 특히 '초월(초험)적 가상'이 아니다.[46] 칸트에서 '가상'은 '선험적 가상'[47]이므로, 현상과는 다른 것이다. 현상은 우리의 감성에 의하여 포착될 수 있는 동시에 물자체와의 관계성을 가지고 있으나, 가상은 우리에게 감성을 촉발시키는 물자체와의 연관성을 갖지 못하는 표상에 지나지 않으며, 따라서 그것은 경험적 실재성을 갖지 못한다.

쇼펜하우어의 표상 개념 역시 칸트의 현상과 같은 지위를 갖는다. 그것은 물자체로서 의지가 우리에게 드러나는 객관화 현상으로 이해된다. 쇼펜하우어는 칸트가 물자체라고 파악한 객관 그 자체를 '꿈에 나타난 비실재'[48] 또는 '철학에서 도깨비

---

44) māyā
45) Schopenhauer, Werke I, WWV1, S. 37.
46) Kant, KdrV, B352.
47) transzendentaler Schein
48) ein erträumtes Unding.

불'[49]이라고 표현하고 있다.[50] 하지만 그것은 표상으로서 세계 현상의 존재 근거가 된다. 나가르주나[51] 역시 모든 것을 환상으로 이해한다. 모든 것이 공하므로 환상과 같고 꿈 같으며[52] 간다르바[53]와 같다는 것이다. 그러나 여환(如幻)과 여몽(如夢)이 무자성과 공을 가리키고 있다. 환(幻)이란 연기하는 세계의 무자성(無自性)함을 의미하는 것이지, 세계에 대한 존재 부정이 아니다. 환은 단순히 '존재하지 않는 것'이 아니다. 그것은 환으로서 나타나고, 환으로서 존재한다. 환은 본체를 갖지 않고 공한 것으로서 있다. 유(有)도 아니고 무(無)도 아닌 것으로서 있다.

## 쇼펜하우어와 불교사상의 지평융합

쇼펜하우어와 불교사상은 전체적인 사상체계가 일치하고, 이론적인 세계 이해와 실천적인 지향가치가 유사하다. 쇼펜하우어의 충족이유율은 칸트의 현상 세계를 작동시키는 근본 원리로 기능한다. 칸트가 구상한 직관형식과 범주와 도식들, 이성의 원리까지도 이 충족이유율에 함축되어 있다.

불교의 연기법 역시 존재의 생성소멸 등 세계 과정 일반을 규정한다. 쇼펜하우어의 충족이유율은 시간, 공간, 인과성과 같은 상상 가능한 모든 경험의 형식을 보편적으로 표현한 선천적 형식이다. 그의 철학의 목표가 세계의 시원을 규명하는 데 있지 않고 세계의 본질을 드러내는 데 있다면, 충족이유율이야말로

---

49) ein Irrlicht in der Philosophie.

50) Schopenhauer, Werke I, WWV1, §1, S. 33.

51) Nagarjuna. 용수(龍樹, 150?~250?)를 말한다. 중관(中觀 Madhyamaka) 불교사상을 주창한 인도의 승려이다.

52) 如幻亦如夢

53) Gandharva

세계를 드러내는 선천적 형식이다. 불교에서 연기법 역시 석가가 만든 것이 아니라 그 자체로서 자연적으로 이미 주어져 있는 진리이다. 다만 진리를 증득한 자는 그 법을 깨닫고 이를 설파하게 된다.

쇼펜하우어는 주체와 객체, 주관과 객관, 자아와 세계의 관계를 분리하여 보지 않고 직접적인 파악(직관)의 형식으로 접근함으로써 칸트의 구성주의를 극복하고자 했다. 우리가 바라보는 객관적인 세계 전체는 어디까지나 주관에 의하여 제약받고 있으며, 바로 그런 사실에서 세계는 선험적 관념성을 가지고 있는 것이다. 그러나 세계가 선험적 관념성을 가지고 있기 때문에 세계가 허위나 가상이라고 볼 수는 없다. 세계는 있는 그대로의 것이 있는 그대로 우리에게 나타난 표상이다. 표상은 주관이 객관을 구성한 것이 아니고, 주관적인 것도 객관적인 것도 아니다. 표상은 그 둘의 공통적인 연대이며, 그것을 가능하게 한 것이 바로 충족이유율이다.54)

충족이유율은 현상적인 세계, 즉 표상으로서 세계가 물자체로서 의지가 객관화된 현상이라는 점을 확인시켜 준다. 불교의 연기설도 지금까지의 세계 이해가 잘못된 형이상학에 기초하고 있다는 사실을 보여주면서도 마야(假象)로서 존재 사실이 특정한 존재론적 근거를 가지고 있다는 사실을 제시한다. 사물자체로서 의지가 표상의 존재론적 근거인 것처럼 제일의제는 세속제의 존재 근거로 기능하고 있다. 표상존재론과 연기존재론의 공통적인 근거 지평은 주객, 자타의 미분적 통일성에 있다. 그 두 가지 극은 분리된 것이 아니고 밀착된 불가분적 관계성을 특징으로 한다. 만일 이 둘 중에서 하나를 제거하면 다른 하나

54) Schopenhauer, Werke I, WWV1, §5, 46.

역시 존립할 수 없게 된다. 표상에 의하지 않고서는 의지의 객관화가 불가능한 것처럼, 세속제를 통하지 않고서는 제일의제에 도달할 수 없다. 그러므로 세계는 나의 표상이고 연기는 공(空)이라는 명제가 성립되는 것이다. 세계 존재 사태는 오직 주관에 의해서만 존재한다.

세계는 표상이다.[55] 표상으로서 세계는 객체와 주체를 전제한다. 주체는 표상하는 모든 존재자 속에 전체로서 분리되지 않은 채로 존재하면서, 어느 하나만으로도 현존하는 수백만 개보다 완벽하게 표상의 세계를 객체로서 완전히 보완한다. 그러나 그 유일한 하나가 사라진다면, 표상으로서 세계는 더 이상 존재하지 않을 것이다. 세속제와 제일의제도 상호적인 관계에 있다. 이것이 없으면 저것이 없는 것과 같이 세속제가 없으면 제일의제도 없는 것이다. 그러므로 공과 연기는 같은 것이며, 주체와 객체, 표상과 의지도 같은 것이다. 그 한쪽을 제거하면 세계는 그 자취를 감추게 될 것이다. 여기에서 쇼펜하우어의 '고유한 사상'[56]이 그 체계를 드러내고, 연기법으로 드러난 법계가 연출된다.

---

55) Schopenhauer, Werke I, WWV1, §1, S. 31-32.

56) ein einziger Gedanke.

# 4부 서양 현대의 형이상학

# 22. 화이트헤드의 과정 형이상학

## 화이트헤드의 삶과 사상1)

화이트헤드2)는 플라톤을 가장 위대한 철학자로 평가하였다. 그는 유럽의 철학 전통이 "플라톤에 대한 일련의 각주들로 이루어졌다"고 지적하면서 "플라톤의 저작에서 퍼져나간 일반 개념들의 풍성함"을 칭송하였다.3) 그가 심취했던 또다른 철학자는 독일의 대철학자 임마누엘 칸트였다. 화이트헤드는 『순수이

---

1) 이 장에서는 화이트헤드, 『과정과 실재』, 오영환 역, 민음사 2003, 제5부 제2장 "신과 세계"; 김진, 『퓌지스와 존재사유』, 제14장 "화이트헤드"; 김진, 『한국사회를 움직이는 현대철학자들』, 제1장 "화이트헤드"를 주로 활용하였다.

2) Alfred North Whitehead (1861~1947). 켄트주 출신의 영국 철학자, 수학자이다. 그의 가문은 퀘이커교파와 성공회에 봉사하였다. 부친은 사립학교 교장과 성공회 지방 부감독을 겸하였다. 화이트헤드는 이처럼 종교적, 교육적 분위기가 감도는 가문에서 자라났으며, 그리스어와 라틴어 원전을 읽을 수 있을 정도로 탄탄한 고전교육을 받았다.

3) A. N. Whitehead, Process and Reality, New York: Free Press, 1985, 39.

성비판』을 부분적으로 암송할 정도로 칸트에 깊이 빠져들었다. 또한 그가 베르그송의 생명진화론에서 '과정'이나 '지속' 개념을 중시함으로써 수리논리학에서 형이상학으로 진전하게 된 사실도 특기할 만하다. 거기에다가 영국의 대표적인 헤겔학자 브래들리[4]는 그의 사상 형성에 결정적인 영향을 주었다.

화이트헤드 사상의 전개 과정은 케임브리지에서 수학 및 논리철학 연구, 런던에서 자연철학 연구, 그리고 하버드에서 형이상학 연구로 구분할 수 있다.

화이트헤드는 1880년에 케임브리지 트리니티 칼리지에 입학한 후 1910년까지 30년 동안을 그곳에 머물면서 수학과 기호논리학의 대가로 성장하였다. 그의 처녀작은 『보편대수론』[5]이었으나, 이 시기의 가장 위대한 성과는 러셀과 함께 저술한 세 권의 『수학 원리』(1910~1913)[6]이다. 화이트헤드와 러셀은 이 책에서 모든 수학 이론들을 소수의 논리적 원리로 환원하려고 시도함으로써, 현대 수학사상사에서 확실한 위상을 수립하였다. 제2권이 출판된 1912년에 비트겐슈타인이 러셀의 문하에 들어오면서, 러셀과 비트겐슈타인으로 연결되는 논리실증주의의 발판이 마련되었다. 화이트헤드는 『수학 원리』 제1권이 출판되던 1910년에 런던으로 옮겼으며, 곧 런던대학에서 응용수학 정교수로 임명되었다. 14년 동안의 런던 생활에서 화이트헤드는 영국수학회 회장, 런던 임페리얼 칼리지 학장, 학술평의회 의장, 대학

4) Francis Herbert Bradley (1846~1924). 영국 출신의 관념론 철학자, 헤겔 연구가로서 『현상과 실재』(Appearance and Reality, 1893)를 주저로 남겼다.

5) Whitehead, A Treatise on Universal Algebra, Cambridge: Cambridge University Press.1898.

6) Whitehead, Principia Mathematica, 3 vols, with Bertrand Russell, Cambridge University Press, Second edition, 1925(Vol. 1), 1927(Vols. 2, 3).

이사 등의 주요 공직을 수행하였다. 그 바쁜 와중에서도 아리스토텔레스학회가 주최한 철학토론회에는 반드시 참석하였다. 러셀이 논리철학의 전통에 머물러 있는 것과는 대조적으로 화이트헤드는 수리물리학의 논리적, 형이상학적 기초가 되는 자연과학의 영역으로 철학적 관심을 증대시켜 나갔다. 이 시기에 그는 과학철학의 3부작으로 알려진 『자연인식의 원리』(1919), 『자연의 개념』(1920), 『상대성 원리』(1922)를 저술하였다.

화이트헤드는 자연의 궁극적 실재와 그 구조 관계에 관심을 기울이면서 근대철학을 대표하는 두 사상가, 즉 르네 데카르트와 데이비드 흄의 한계를 극복하고자 하였다. 데카르트는 정신과 물질을 이원화함으로써, 그리고 흄은 사건 계열의 인과성을 부정함으로써 세계 현상의 연속적 과정이 연출하는 자기 동일성의 문제를 파악할 수 없도록 만들었다. 이와 함께 근대사상의 과학적 기초가 되는 뉴턴의 물리학 체계 역시 사물을 특정한 시간과 공간 속에 존재하는 것으로 파악하는 이른바 단순정위의 오류를 범하였다.

그들과는 반대로 화이트헤드는 세계 사태를 고립된 대상들의 집합체가 아닌, '사건'들의 연속체로 파악하였다. 실체적 관점을 지양하고 관계적, 기능적으로 사태를 바라본 것이다. 화이트헤드에 의하면 자연이란 끊임없는 변화 속에서 존속하는 무수한 사건들의 전체적이고도 동시적인 흐름이다. 무수한 관계들이 하나의 사건 속에 들어오고, 그 사건은 다시 무수한 사건들과 새로운 관계를 형성하게 되는 것이다. 지각적 인식 역시 인식하는 주체의 사건과 그 바깥 세계의 사건들이 동시적으로 연계되는 상호연관성의 산물로 이해된다. 단순히 주체(주관)가 객체(객관)를 인식하는 것이 아니다. 주체적 사건과 객체적 사건이 하나로 통합('합생')되어 특정한 '느낌'을 산출하게 되는 것, 그것이 바로 그가 말하는 '파악'과 '이해'이다.

화이트헤드는 1924년(63세)에 하버드대학의 철학 정교수로 초빙되는데, 그는 이곳에서 세기를 뒤흔들만한 철학적인 명저들을 잇달아 집필하였다. 그의 저서들 가운데서 가장 많이 알려진 『과학과 근대세계』(1925)[7]를 비롯하여, 『종교의 형성』(1926)[8], 『상징작용』(1927)[9], 『과정과 실재』(1929)[10], 『이성의 기능』(1929) [11], 『교육의 목적』(1932)[12], 『관념의 모험』(1933)[13], 『자연과 생명』(1934)[14], 『사고의 양태들』(1938)[15] 등 주옥과 같은 저작들이 쏟아져 나왔다. 특히 『과정과 실재』는 화이트헤드의 대표작으로서 과정철학과 유기체 철학으로 특징지어지는 그의 형이상학적 사유를 가장 체계적으로 서술하고 있다.

---

7) Whitehead, Science and the Modern World, Cambridge: Cambridge University Press, 1926.

8) Whitehead, Religion in the Making, New York: Macmillan, 1926.

9) Whitehead, Symbolism. Its Meaning and Effect, New York: Macmillan, 1927.

10) Whitehead, Process and Reality, New York: Macmillan, 1929.

11) Whitehead, The Function of Reason, Princeton: Princeton University Press. 1929.

12) Whitehead, The Aims of Education and Other Essays. New York: Macmillan Company, 1929.

13) Whitehead, Adventures of Ideas, New York: New American, 1933.

14) Whitehead, Nature and Life. Chicago: University of Chicago Press, 1934.

15) Whitehead, Modes of Thought, New York: Macmillan, 1938.

## 과정철학과 창조성의 원리

화이트헤드에서 과정 개념은 생성의 원리이다. 이 개념으로 그는 세계의 운동과 생성을 설명한다. 존재하는 모든 것들은 그 이전의 것들로부터 생성된다. 현실적 존재자의 존재 방식은 과정이고, 그것은 그 이전의 복합적인 것들이 새롭게 하나로 창조되는 생성의 과정으로서 존재한다. 그리하여 화이트헤드는 '개체성과 과정은 상보적'이라고 하면서[16], 현실적 존재자 없는 과정은 불가능하다고 보았다. 그는 현실적 존재자의 자기 구성을 위한 과정을 합생[17]이라고 정의하고, 한 현실적 존재자가 다른 현실적 존재자에게로 움직여서 이 존재자를 재구성하는 운동을 '전이'[18]라고 정의하였다.[19] 합생이라는 말은 '함께 자란다'는 의미를 가진 단어로, 현실적 계기들이 다른 현실적 계기들의 내적 구성에 진입하고 있는 사실을 표현하고 있다. 각각의 현실적 존재들은 그보다 선행하는 다른 것들에 의하여 구성되어 있다. 이와 같은 의미에서 유기체는 연속체인 것이다.[20] 그러므로 현실적 존재자는 이러한 연속체 안에 있다. 그런데 연속체는 단순한 집단이나 계기들의 집합이 아니라 창의적인 진보의 원리를 내재하고 있는 과정들의 연속체이다. 모든 계기들의 연속체는 그 연속체의 성원이 되는 계기들의 국면에 의한 것으로서, 그것과 결속되어 있는 선행적인 계기들과 후속적인 계기들 사이의 과정으로서 존속한다. 그리하여 연속체는 그것을 구성하는 구

---

16) Whitehead, Modes of Thought, 133.
17) concrescence. Whitehead, Process and Reality, 30.
18) transition
19) Whitehead, Process and Reality, 320.
20) Whitehead, Process and Reality, 215.

성원에 의하여 경험된다. 현실적 존재자는 서로 간에 상이한 개체성을 가지면서도 유기적 종합적이고 창조적인 생성의 과정으로써, 이접적인 다양한 계기에서 연접적인 하나의 전체성으로 창출된다. 현실적 존재자나 현실적 계기는 하나의 과정이다. 그런데 모든 계기들의 내적 세계는 '느낌'[21]으로 가득 차 있다. 이것은 바로 각각 새로운 계기를 산출하려는 인과적 효과성을 기술하기 위하여 화이트헤드가 도입한 개념이다. 한 현실적 존재자는 다른 현실적 존재자에 진입하면서 느낌을 가지게 된다. 그리고 이 현실적 존재자는 '파악'[22]에 의하여 하나의 과정으로 통일된다.[23] 그러므로 현실적 존재자는 언제나 연속체 안에서만 의미를 가지며, 단일성과 복잡성, 상이성과 동일성, 개체성과 전체성은 유기적인 교호 작용 가운데서 파악된다. 화이트헤드는 전통적인 실체 개념을 현실적 존재자로 대체하면서 추상성을 극복하였다고 믿었던 것이다.

플라톤에서 형상은 실재 세계를 구성하는 현실성의 원리이지만, 화이트헤드에서 형상과 대체될 수 있는 '영원적 객체'[24]는 추상화의 원리로서 현실적 존재자를 구성할 수 있는 가능적 존재자이다. 영원적 객체는 '느낌의 형식'이고, 이것은 특수한 개체를 요구하지 않으므로 '순수한 가능태'이다. 이것은 아리스토텔레스의 질료나 가능성 개념처럼 아직 이루어지지 않은 것이라는 성질을 가지고 있다. 그러므로 플라톤의 형상에 해당되는 불변적 특성을 가지고 있는 화이트헤드에서 영원적 객체는 가능적 존재자인 것이다.

---

21) feeling

22) prehension

23) Whitehead, Science and the Modern World, 106.

24) eternal object

그와 반대로 화이트헤드에서 현실성 개념은 구체적으로 지각되는 자연에서 드러나고 있는 현실적 존재자의 과정을 나타낸 것이다. 이것들은 과정의 전체성 속에서 끊임없이 하나의 영원적 객체를 현실화한다. 이처럼 대상화된 존재는 무한한 가능성 가운데 하나가 현실화된 것이다. 다시 말하면 영원적 객체는 수많은 사건이나 존재자로서 하나의 일정한 형상을 가지지만, 그것은 아직 완전하게 객체화된 존재자는 아니다. 왜냐하면 영원적 객체는 비록 대상화되어 특정한 형상을 갖더라도 여전히 가능적인 성격을 가지기 때문이다. 이와 같은 가능성 개념은 화이트헤드에서 현실성 개념인 현실적 존재자의 과정 속에서 드러나게 된다. 그러므로 화이트헤드의 가능성 개념은 무한한 가능적 존재자로서 영원적 객체들이 현실적 존재를 산출하는 것으로 현실화된다. 그러므로 영원적 객체는 사실의 특수 한정을 위한 순수 가능태 또는 한정성의 형식이라고 정의될 수 있으며,[25] 현실적 존재자 개념과 양극을 이루고 있다. 영원적 객체는 그 자체로는 실재성을 갖지 못하지만 현실적 존재자의 내적 구성 원리로서 실재하는 존재자이다. 그러므로 현실적 존재자가 세계를 구성하는 근본 원리로서 '사건'이라고 한다면, 영원적 객체는 불변적 요소로서 '형상' 또는 '보편자'라고 할 수 있다. 그러나 화이트헤드의 형상 개념은 플라톤의 그것과 완전하게 일치하는 것은 아니다. 플라톤의 형상은 시간적 존재자의 영역을 초월하여 독립적으로 존재한다. 그러나 화이트헤드는 플라톤의 형상을 초월적이라고 비판하는 점에서 내재성의 원리로 파악하였던 아리스토텔레스의 견해와 더 가깝다. 그렇다고 해서 화이트헤드의 형상이 아리스토텔레스의 형상과 동일한 것은 아니다.

---

25) Whitehead, Process and Reality, 26.

아리스토텔레스는 형상의 우위성을 강조하지만, 화이트헤드는 형상이 현실성의 구성원으로서만 존재할 수 있고, 독립적인 실재로는 존재할 수 없다고 보았다.

화이트헤드의 철학에서 현실성의 근본 요소는 사건들이고, 가능성의 근본 요소는 영원적 객체들이다. 자연의 연속성은 사건들 속에서 발견되고, 자연의 원자적 성질은 영원적 객체들 속에 존재한다. 현실성은 사건들의 연속체 속에서 발견되지만 가능성은 추상화된 영원적 객체들 가운데 존재한다. 사건들의 연속체 속에 나타난 하나의 사건은 현실화의 단위를 이루고 어떤 구체적인 현실적 존재자로 이행한다. 그리하여 과정 속에서 현실성의 계기가 드러난다.

현실적 존재자들의 연속체에서 어떤 특수한 하나의 계기가 발생하는 사건을 가능하게 하는 것은 바로 창조성의 원리이다. 화이트헤드는 일(一)과 다(多), 창조성을 '궁극적인 것의 범주'[26] 라고 부르고 있다.[27] 창조성은 과정의 전체적인 연속체 가운데서 이전의 모든 사건들이 새로운 하나의 사건을 산출하는 원리이다. 화이트헤드에 의하면 "창조성이란 사실의 궁극적 질료를 규정하는 보편자의 보편자이다. 창조성은 이접적 보편자인 여럿이 연접적 보편자인 현실적 계기가 되게 하는 궁극적 원리이다. 그것은 여럿이 복합적 단일체로 들어가는 사물의 본성에 가로놓여있는 원리이다."[28] 창조성은 보편이 분리되어 있는 여럿에서 하나의 보편으로 결합하는 현실적 계기가 되게 하는 궁극적 원리이다. 그리하여 화이트헤드는 창조성의 원리보다 더 근본적인 원리는 없다고 단언한다.

---

26) Category of Ultimate

27) Whitehead, Process and Reality, 27, 31.

28) Whitehead, Process and Reality, 25-26.

창조성은 가능성을 현실화하기 위하여 출현하는 새로움과 자유의 원리이다. 그러나 만일 과정의 전체성 가운데서 새롭게 발생되는 하나의 현실적 존재자가 인과율의 지배 아래 있다면 결정론의 위기에 빠질 수도 있겠으나, 화이트헤드는 그 같은 결정론을 부정하고, "현실적인 세계는 각각 새로운 창조의 객관적인 내용"이라고 강조한다.[29] 그는 전통적인 의미에서 인과성 개념을 사용하지 않고, 창조성을 원인으로 본 비결정적, 내재적인 의미에서 인과적 효과성이라는 개념을 사용한다. 현실적 존재자는 과정의 전체성 속에서 수많은 사회를 구성하면서 그들 상호 간의 관계성을 유지하고 있다.

화이트헤드는 17, 18세기의 세계관을 기계론적 사고에 정향된 과학적 유물론으로 규정하면서 주객분열을 전제로 하는 단순정위설과 이원론의 한계를 극복하고자 하였다. 그는 현실을 구성하는 기본 단위를 '사건'[30] 또는 '현실적 존재'[31]로 보았다. 사건은 다른 사건들과 연관되어 있으며, 그 각각의 사건들이 우리들에게 드러나는 방식을 가리켜서 '현실적 계기'[32]라고 부른다. 물론 여기에는 빛, 소리, 향기, 형태 등 물질의 고유한 특성을 가진 것으로 생각되는 '영원적 객체'[33]가 전제되어 있다. 그러나 이것들은 어디까지나 사건 또는 현실적 계기라는 형태로만 자신들의 가능성을 실현할 수 있다. 그런 사실에서 사건, 즉 현실적 존재는 언제나 하나의 경험 '주체'[34]이면서 동시에 그 자신을 넘어서는 '자기초월적 주체'[35]로서 기능한다.

---

29) Whitehead, Process and Reality, p. 65.
30) events
31) actual entity
32) actual occasion
33) eternal object
34) subject

따라서 화이트헤드는 그 자체적으로 고유한 것이란 존재하지 않는다고 보았다. 이 점에서 그의 세계관은 근본적으로 불교의 연기설에 통한다. 실재하는 모든 것은 '과정'[36]으로서 존재하며, 사건들의 연속체 속에서 그때마다 새로운 사건을 연출하게 되는 것이다. 그러므로 현재 순간에 일어나는 사건들은 우주적 연속체의 지평에서 그때마다 새롭게 솟아난 창조성의 산물이다. 이렇게 되면 화이트헤드의 우주론은 화엄사상에서 모든 것이면서 모든 것을 이루어낸다는 비로자나불과 유사하다. 그래서 화이트헤드는 화엄불교학과 비교연구의 대상이 되기도 한다.

화이트헤드의 형이상학 체계에서 연속성 또는 자기 동일성이 어떻게 가능한 가라는 문제는 매우 중요하다. 변화와 운동, 즉 상이성 가운데서도 어떻게 존재 사태의 동일성이 확보되는 가의 문제는 현대철학에서 '차연'(差緣)이라는 화두를 불러왔다. 현대 프랑스 철학자들은 그것을 '디페랑'이라고 불렀다. 그러나 이들에 앞서서 화이트헤드는 이미 그런 작업을 수행하였다. 그는 직접적인 과거의 사건들이 현재의 직접성 속에서 연속적으로 영향을 미치고 있는 유기체적 구조 계기로 인하여 자기 동일성이 유지된다고 보았다. 현재 속에는 미래의 어떤 객관적 계기들도 아직 존재하지 않는다. 그러나 미래는 현재의 계기 속에 내재되어 있으며, 현재 사실의 특수한 관계 속에서 이미 실현되어 있다. 이처럼 동일성은 서로 다른 사건들 속에 연계되어 있는 것이다.

---

35) superject

36) process

## 화이트헤드의 신 존재와 과정신학

우주의 현실태는 모든 사건들의 결합체가 전진하는 과정 속에서 창조적으로 이루어낸 새로움이다. 그 속에는 인간 문명이 이룩해 온 예술, 도덕, 종교, 과학의 관념들까지도 유기적으로 통합되어 있다. 화이트헤드는 인류의 역사가 성취한 문명의 진보는 관념의 모험에 의한 것이고, 따라서 모험이 없는 문명은 결국 쇠퇴한다고 진단하였다. 그러나 관념의 역사는 동시에 오류의 역사라는 사실까지도 간파하고 있었다. 관념은 잘못된 권력과 유착하여 시행착오를 일으킬 수 있다. 그래서 화이트헤드는 "세계의 창조는 힘에 대한 설득의 승리"라고 말한다. 여기에서 '힘'과 '설득'은 플라톤의 창조설에서 기계적 필연성과 이성적 형상을 뜻한다. 이 우주는 조물주가 질료의 필연성에 형상을 부여하여 창조한 것이다.

화이트헤드는 이제 그런 숭고한 과제를 인류에게 부과하고 있다. 우주는 새로움을 향해 나가는 창조적 진전의 과정이고, 우주의 한 유기적 요소로서 인간은 그러한 우주적 사역에 참여해야 할 책임을 지고 있는 존재라는 것이다. 화이트헤드의 신 개념 역시 기독교의 전능자가 아닌 우주의 한 요소라는 점에서 독특하다. 신은 절대자로서 완전성을 갖춘 존재가 아니라 그런 상태를 부단하게 지향하는 과정적 존재이다.

우주는 그 발전의 근거가 되고 우주의 발전 과정에 동참하는 하느님의 존재를 요청한다. 그리하여 과정철학은 찰스 하츠혼[37], 데이비드 그리핀[38], 존 캅[39] 등에 의하여 과정신학으로

37) Charles Hartshorne (1897~2000). 종교철학과 형이상학에 집중한 미국 철학자로서 화이트헤드의 과정철학을 과정신학으로 전개하여 주목을 끌었다.

38) David Ray Griffin (1939~). 미국의 종교철학과 신학 교수로서 미국정

발전하였다. 화이트헤드의 유기체 철학에서 신 존재는 세계 그 자체인 동시에 세계 내재적 개념으로 사용되고 있다. 화이트헤드에서 신 존재는 하나의 현실적 존재이다. 이것은 세계 과정을 가능하게 하고 객체화 속에서 파악과 느낌들의 만족을 구현하는 존재론적 원리이다. 화이트헤드에서 신은 세계 과정에서 드러나는 현실적 존재의 주체적 지향의 원초적 위상으로서 전제되는 개념이다.

화이트헤드의 신 개념은 무엇보다도 플라톤의 데미우르고스 개념과 유사하다. 그것은 모든 가사적, 불사적 생물체를 포괄하고 있는 하나의 생명체이며, 자연 전체를 하나의 살아 있는 물체라고 파악하는 점에서 물활론적 신 개념과 일치한다. 이 화이트헤드의 신 개념은 원초적 본성과 결과적 본성, 자기초월적 본성으로 구체화된다. 원초적으로 창조된 사실은 영원적 객체의 다양성 전체에 대한 무제약적인 개념적 가치 평가이다. 이와 같은 신의 원초적 본성은 자신의 여건 속에 모든 영원적 객체를 포함하는 개념적 느낌의 통일적 합생이다. 이 합생에서 느낌의 주체적 형식들은 영원적 객체로부터 모든 실현 가능한 기초 조건에 제각기 적절해야 하고 느낌에 관련된 여러 유혹들을 구성해낼 수 있는 성격의 것이어야 한다. 이렇게 완전한 가치 평가로 인하여 개개의 파생적인 현실적 존재에서 신의 객체화는 그 파생적 계기가 합생되고 있는 위상과 연관된 영원적 객체의 등급화로 귀착된다.[40] 신의 원초적 본성의 견지에서 볼 때, 세계에서 신의 내재는 현재의 욕구에 의한 미래에의 충동이다. 이

---

부가 9/11사태에 개입했다는 음모이론의 타당성을 제시하고자 노력하였다.

39) John Boswell Cobb Jr. (1925~). 미국의 신학자, 철학자, 환경론자이며, 과정철학과 과정신학 분야에서 탁월한 능력을 보였다.

40) Whitehead, Process and Reality, p. 31.

경우에 욕구란 개념적으로 파악된 여건을 실현하려는 충동과 결부된 직접적인 물리적 느낌에 대한 개념적 가치평가이다.41)

또한 신은 원초적인 동시에 결과적이기도 하다. 신은 처음이면서 동시에 마지막이다. 그러나 신은 모든 존재들의 과거적 총합이라는 의미에서 처음은 아니다. 신은 모든 다른 창조적 행위와 일치하는 생성 가운데서 개념적 작용이 전제되어 있는 현실태이다. 그리하여 모든 사물이 갖는 상대성으로 인하여 신에 대한 세계의 반작용이 있다. 신의 본성이 물리적 느낌의 충만으로 완결되는 것은 세계가 신 가운데서 객체화되기 때문이다. 신은 자신의 현실 세계를 모든 새로운 창조와 공유하고 있다. 그리고 합생하는 피조물은 그 현실 세계에 대한 신의 객체화에서 새로운 요소로 객체화된다. 신 안에서 파악되는 각각의 피조물은 주체적 지향을 바탕으로 방향을 정하고, 신의 포괄적인 원초적 가치 평가로부터 전적으로 파생되는 주체적 형식을 또다시 부여받게 된다. 그리고 이와 같은 궁극적인 완결성 때문에 신의 개념적 본성은 불변한다.42) 그러나 신의 결과적 본성은 진화하고 있는 우주의 현실태에 대한 신의 물리적 파악이다. 이와 같은 신의 결과적 본성은 결국 세계 과정의 현실과 그 미래적 지향을 포괄하는 개념으로 사용되고 있다.

신의 결과적 본성은 세계에 대한 신의 심판이다. 신은 세계가 신 자신의 삶의 직접성 속에 들어올 때 세계를 구원한다. 신의 결과적 본성은 구원될 수 있는 그 어떤 것도 버리지 않는 사랑의 심판이다. 그것은 또 시간적 세계 안에서 단순한 잔해에 불과한 것을 활용하는 지혜의 심판이다. 신은 세계를 창조하지 않고 세계를

41) Whitehead, Process and Reality, p. 32.
42) Whitehead, Process and Reality, p. 345.

구제한다. 보다 정확하게 말한다면 신은 진선미에 관한 자신의 비전을 가지고 세계를 이끌어가는 부드러운 인내심을 가진 세계의 시인이다.43)

그러므로 신의 결과적 본성은 현실 세계의 의식적인 실현으로 드러난다. 신의 원초적 본성이 개념적인데 반하여, 신의 결과적 본성은 신의 물리적 느낌들이 신의 원초적 개념들에 접합되는 것을 말한다. 신의 한 본성을 구성하는 신의 개념적 경험은 그것이 전제하는 어떠한 현실태에 의해서도 제한되지 않는 원초적 사실이다. 그러므로 여기에는 어떤 부정적 파악도 들어있지 않다. 이처럼 무한한 신의 본성은 자유롭고, 완전하며, 원초적이고, 영원하며, 현실성을 결여하고 있고, 또 무의식적이다. 그러나 신의 결과적 본성은 시간적 세계에서 파생된 물리적 경험과 더불어 생겨난 후, 곧 이어서 원초적 본성과 통합된다. 신의 결과적 본성은 한정적이고 불완전하며, 결과적, 영속적, 현실적이고, 의식적인 특성을 가진다.44)

그러므로 화이트헤드에서 신과 세계는 내재적 동일성을 가지면서 또한 동시에 대립적인 극을 이룬다. 그리고 이러한 대립자에 의하여 창조성은 대립 속에 다양성을 갖는 이접적인 다수성을 합생적인 통일로 변형시키는 최상의 임무를 수행하는 것이다. 또한 각 현실태에는 실현을 합생하는 두 극, 곧 향유와 욕구, 즉 물리적인 것과 개념적인 것이 존재하고 있다. 다만 신에서는 개념적인 것이 물리적인 것보다 우선하며, 세계에서는 물리적인 극이 개념적인 극보다 우선하는 차이가 있을 뿐이다.45)

43) Whitehead, Process and Reality, p. 346.
44) Whitehead, Process and Reality, p. 345.
45) Whitehead, Process and Reality, p. 348.

신의 자기초월적 본성은 갖가지 시간적인 사례들 속에서 초월적 창조성을 규정하는 신의 특수한 만족이 가지는 실용적 가치의 성격을 말한다. 모든 현실적 존재가 자기초월적 주체를 목표하는 것처럼 신도 역시 자기초월적 주체를 지향하고 있다. 그리고 이것은 세계 속에서 현실적 존재를 합목적적으로 움직이게 하는 원초적 추동력으로 나타난다.

현실적 존재의 '주체적 지향'[46]은 그 주체가 장차 실현하려는 이상으로서, 바로 그 생성하고 있는 주체의 본성을 결정한다. 과정철학에서는 과정이 주체를 전제하는 것이 아니라 주체가 과정으로부터 창출된다.

> 주체가 그 자신의 산출 과정에 내재되어 있다는 이 학설은 주체적 과정의 최초 위상에서 주체적 지향의 개념적 느낌이 있다는 것을 전제로 한다. 물리적 느낌들과 그 밖의 다른 느낌들은 초기 여건들을 처리하는 가운데 이 개념적 지향을 실현하기 위한 여러 중간 단계로서 생겨난다.[47]

이와 같은 주체적 지향은 신에 대한 혼성적인 물리적 느낌의 결과로 각 현실적 존재의 최초 위상에서 생겨난다. 원초적인 것으로서 신은 영원적 객체의 영역을 개념적으로 파악한다. 그리고 결과적인 것으로서 신은 세계의 현실태들을 그 발생과 동시에 물리적으로 파악한다.

> 세계는 자기 창조적이다. 그리고 자기 창조적인 피조물로서 현실적 존재는 초월적 세계의 공동 창조자라는 불멸적인 기능으로

46) subjective aim
47) Whitehead, Process and Reality, p. 224.

바뀐다. 자기 창조 가운데 있는 현실적 존재는 개체적 만족과 초월적 창조자로서 자신의 이상에 의해 인도된다. 이러한 이상을 향유하는 것이 '주체적 지향'이며, 이 때문에 현실적 존재는 하나의 결정적인 과정이 되고 있다. 이 주체적 지향은 원초적으로는 지성적인 것이 아니다. 그것은 느낌에의 유혹이다. 이 느낌에의 유혹은 정신의 싹[48]이다.[49]

이러한 느낌의 통합을 통하여 신은 그의 물리적 느낌과 그의 원초적 통찰을 결부시키는 가운데, 특정 단계에 도달해 있는 세계와 관련이 있는 새로운 가능태들을 부각시킨다. 자기초월체로서 신은 각각의 현실적 존재에다, 그 현실적 존재가 장차 되어갈 수 있는 것에 대한 통찰을 그 주체적 지향으로서 제공한다. 이 주체적 지향은 각 현실적 존재에서 이상을 실현하게 한다. 그리고 이것이 실현될 경우 이 세계에는 질서 지워진 최대의 복잡성이 산출될 것이다. 이것은 자신의 결과적 본성에 의해 물리적으로 파악될 때, 자신에게 최고의 만족을 선사해줄 그런 종류의 세계를 산출하려는 의도를 수반하고 있는 신이, 세계 속에서 사용하고 있는 방식이다. 그리하여 주체적 지향은 세계 속에서 신이 그 목적론적 영향력을 행사하는 수단이 된다.

화이트헤드는『과학과 근대세계』(1926)에서 하느님을 '궁극적 한계'[50], 그의 실존성은 '궁극적 비합리성'[51]으로 규정하면서, 하느님은 구체적이지 않지만, 그러나 하느님은 구체적인 현실성의 근거, 즉 가능성의 영역이라고 말하였다. 신이 과정 중에 있는 존재라고 이해한 것이다. 같은 시기에 저술한『형성 중에

48) germ of mind
49) Whitehead, Process and Reality, p. 85.
50) the ultimate limitation
51) the ultimate Irrationality

있는 종교』(1926)에서는 현실성과 가능성, 그리고 하느님과의 연관성을 아울러서 모든 것을 포괄하는 우주야말로 가장 종합적인 실재라고 주장하였다. 그는 우주가 '시간적인 세계'와 '그 형성적 요소들'로 구성되는 것으로 보는데, 그런 요소들에는 '창조성', '관념적 실체들 혹은 형태들의 영역', 그리고 '하느님'이 속한다고 보았다. 하느님의 지위가 전통적인 기독교에서 믿는 것과는 전혀 달라진 것이다. 그는 하느님은 '현실적이지만 비시간적인 실체'52)라고 규정한다. '비시간적'이라는 것은 '영원한 관념들'의 영역, 즉 세계의 가능성의 근거라는 점에서 그렇다. 셸링도 하느님의 관념은 선하므로 세계 안에 현실화된 어떤 결핍이나 악도 하느님의 행위가 아니라고 보았다. 화이트헤드 역시 하느님 자신의 관념적 가치들의 맥락에서 세계를 지속적으로 파악하면서 사물들을 개선해나가는 것으로 파악하였다.

하느님은 모든 가능성을 지닌 영원무한한 근거를 가진 현실적 존재인 동시에, 세계에 대한 하느님의 현실적 파악과 그에 대한 응답이라는 측면에서 현실적 존재이다. 그는 『과정과 실재』(1929)에서 하느님이 영원하고 세계는 유동적이라고 말하는 것도 참이고, 세계가 영원하며 하느님은 유동적이라고 말하는 것도 참이라고 말한다. 하느님을 일자(一者), 세계는 다자라고 말하거나, 세계가 하나이고 하느님은 여럿이라고 말해도 참이라는 것이다. 그래서 하느님이 세계를 창조하신다고 말하는 것이나 세계가 하느님을 창조한다고 말하는 것도 참이라라는 것이다. 이렇게 하느님과 세계는 대립적으로 존립하고 있다. 각각의 시간 안에 있는 계기들은 하느님을 체현하며, 하느님 안에서 체현한다. 하느님의 본성 안에서 영구성은 원초적이고, 유동성

52) actual but nontemporal entity.

은 세계로부터 파생한다. 하느님도 세계도 정태적인 완성에 도달하지 않는다. 그 둘 다 궁극적인 형이상학적 근거의 힘 안에, 참신함으로서 창조적 전진의 힘 안에 들어 있다.

이처럼 화이트헤드의 하느님은 정신이나 데미우르고스가 아니고, 관념적인 형상들을 그 가능성으로 인식하고 세계가 그 자체를 형상들을 따라서 만들게 하는 '세계영혼'이다.

## 과정신학자들

찰스 하츠혼[53]은 하버드 대학 교수 시절 화이트헤드의 조교를 지냈던 사람이다. 시카고, 에모리, 텍사스대학에서 퍼스, 제임스, 베르크손, 하이데거 등의 '생성'[54]의 문제를 연구했으며, 화이트헤드의 과정적 신, 즉 '영원한 가능성을 가진 원초적 본성과 우주'를 '파악하는 결과적 본성'을 지닌 '단일한 현실적 존재'로 새롭게 해석하였다. 이에 따라 '우주적 현실 존재'는 '살아있는 인격자' 하느님으로 수정하였다. 그는 이렇게 말했다. "세계는 개별자들로 구성된다. 물리적 혹은 공간적 전체로서 개별자들의 총합은 하느님의 몸이며, 그 몸의 영혼은 하느님이다."[55]

우주 전체는 하느님 안에서 객관적으로 불멸하며, 하느님이 세계 가운데서 일어나는 고통과 악을 공감하면서 감내한다. 하츠혼은 양극적 신관을 지지한다. '최상의 상대적 존재자인 하느님'은 절대적인 동시에 상대적이고, 필연적인 동시에 우연적이며, 순일한 동시에 복잡하다. 그래서 그는 궁극적 대립자들이

---

53) Charles Hartshorne (1807~2000)

54) becoming

55) Charles Hartshorne, Reality as Social Process, New York: Hafner, 1971, p. 40.

상호 연관되었다는 '양극성의 법칙'56)을 수용한다. 이것은 상반되는 것이 없으면 아무것도 존재할 수 없다는 이론이다. 『신적 상대성』57)이라는 책에서 '초상대주의'58), '신고전적 유신론'59)으로 규정한다. 안셀무스의 '최대치의 탁월성으로서 위대성'60)을 "능가될 수 없으면서도 계속해서 증가하는 현실적 존재"61) 개념으로 대체한 것이다.

존 캅62)은 『기독교 자연신학』 제4장과 5장에서 '화이트헤드식 신론'을 전개하였다.63) 그는 클레어몬트 신학교 종교철학자 데이비드 레이 그리핀64)과 함께 펴낸 『과정신학』65)과 『초자연주의를 배제한 새로운 마법: 과정종교철학』66)에서 다섯 가지의 전통 신관들, 즉 우주적 도덕주의자로서 하느님, 불변적이고 정감 없는 절대자로서 하느님, 통제권력으로서 하느님, 현상유지를 재가해주시는 하느님, 남성으로서 하느님, 창조적-반응적 사랑으로서 하느님에 대한 반대의견을 피력하였다. 캅과 그리핀

56) the Law of Polarity

57) Charles Hartshorne, The Divine Relativity: A Social Conception of God, (Terry Lectures), New Haven: Yale University Press, 1948, reprint ed. 1983.

58) surrelativism

59) neo-classical theism

60) greatness as maximal excellence.

61) his unsurpassable yet ever-Increasing actual existence.

62) John B. Cobb (1925~). 미국 출신의 신학자, 철학자, 환경론자로서 시카고대학 하트숀의 제자이며, 클레어몬트 신학대학 교수가 되었다.

63) John B. Cobb, A Christian Natural Theology, 1965.

64) David Ray Griffin (1939~)

65) Process Theology: An Introductory Exposition, with David Ray Griffin, 1976.

66) Reenchantment Without Supernaturalism: A Process Philosophy of Religion (Cornell Studies in the Philosophy of Religion), Cornell University Press, 2000.

은 과정신학이야말로 '하느님이 세계 가운데서 창조적으로 행하신다'는 확신을 회복하고, 이 창조적 행위를 '세계에 대한 신적 사랑의 표현'으로 이해하는 길을 제공할 수 있다고 보았다.

피에르 테이야르 드 샤르뎅[67]은 신플라톤주의적, 우주진화론적, 베르크손[68]주의자로 평가할 수 있다. 그의 사상은 제2차바티칸공의회 이후에 일어난 진보세력, 해방신학, 여성신학, 생태신학 등에 영향을 끼쳤다. 구티에레즈, 보프, 로즈마리 류터, 매튜 폭스 등이 그의 영향권에 있었으며, 1984년 유엔은 테이야르 토론회를 후원하기도 했다.

그는 베르크손의 『창조적 진화』[69]에서 우주적 사랑과 신비적 경험을 인간 진화 및 신적 생명력(엘랑 비탈)의 절정적 일치로 보는 견해를 로마 가톨릭의 진보주의로 확대하였다. '우주발생'[70]은 '생명발생'[71], '정신발생'[72], '그리스도 발생'[73]에서 절정에 이르며, '묵시록의 그리스도'[74]는 '진화의 오메가'[75]다.

『인간 현상』[76]에서 그는 인간 진화의 절정을 '오메가 포인

67) Pierre Teilhard de Chardin (1881~1995). 프랑스 출신의 이상주의 철학자, 가톨릭 예수회 신부, 고생물학자, 지질학자로서 북경원인(the Peking Man)을 발굴하고, 우주가 진화해가는 방향이라고 믿었던 복합체와 의식의 극대 수준(a maximum level of complexity and consciousness), 즉 '오메가 포인트'(the Omega Point)라는 생기론적 개념을 창안하였으며, 이러한 그의 사상은 뉴에이지 운동(the New Age movement)에 지대한 영향을 미쳤다.

68) Henri-Louis Bergson (1859~1941). 프랑스 출신의 철학자로서 생명철학의 발전에 기여했으며, 1927년 노벨문학상을 수상하였다.

69) Henri Bergson, L'Évolution créatrice(1907); Creative Evolution(1911) tr. Arthur Mitchell, Henry Holt and Company.

70) Cosmogenesis

71) Biogenesis

72) Noogenesis

73) Christogenesis

74) Christ of Revelation

75) Omega of Evolution

트', 곧 '영적 인격체들의 공동체'가 '하나의 복합적 전일체'를 이루는 시점으로 기술하고 있다.

'오메가'란 '신비의 중심'으로서 이미 현존 속에서 미래 실재가 발현하는 '선재'와 '초월'의 근거이자 지향점이다. 이는 세 개의 동심원이 점진적으로 보다 심오한 중심들을 향하면서 '플레로마'77)라 부르는 '단일한 복합 전일체'의 중심을 형성하는데, '인간적 우주의 자연적 중심', '그리스도적 내재적 초자연적 중심', 그리고 '초월적 삼위일체적 하느님 중심'이 '하나이자 모두'를 이루면서 '우주적 그리스도 안의 하느님'을 드러나게 한다.

다른 한 편, 테이야르 드 샤르댕의 사상은 '범심론'78)으로 규정할 수도 있는데, 그것은 그가 모든 에너지를 본질적으로 '심적인 것'으로 보기 때문이다. 그래서 하나의 물질적인 입자는 '생명의 자연적 입자'인 '세포'가 되고, 그 세포는 다시 살아있는 하나의 생명체인 '누군가'가 되고, 그리고 나서 종국에는 그 '생명의 입자'를 움직이는 '생각의 입자'79)로 진화한다는 것이다. 이 때문에 샤르댕은 생명이 머리에 있으므로, 물리학 전체가 머리에 종속되어 있다고 말한다. 그러니까 진화의 힘은 물질을 몸으로, 몸을 정신으로, 자연을 문화로 변모하게 하는 '엘랑 비탈', 곧 '생명의 약동'80)인 것이다.

---

76) Pierre Teilhard de Chardin, Le Phénomène Humain (1955). 1938-1940년에 작성하였으며, 진화론에 대한 자신의 과학적 설명을 하고 있다. 이 책의 영어판은 1959년에 처음 나왔다. The Phenomenon of Man (1959), Harper Perennial 1976; The Human Phenomenon (1999), Brighton: Sussex Academic, 2003.

77) Pleroma

78) Panpsychism

79) the grain of thought.

80) Élan vital. vital impetus, vital force.

# 23. 하이데거의 현존재 분석

## 하이데거의 삶과 저술[1]

마르틴 하이데거[2]는 '20세기 실존주의의 대표자'(브리태니커 백과사전), '독일 사상계의 무관의 제왕'(한나 아렌트), '독일의 소크라테스'(발터 옌스) 등으로 평가 받고 있는 현대철학의 대가이다. 사르트르, 퐁티, 푸코, 데리다 등의 프랑스 철학자들은 물론이고 가다머, 볼노우, 막스 뮐러, 크뤼거, 마르쿠제, 한나 아렌트 등의 독일철학자들, 그리고 칼 라너, 틸리히, 불트만, 벨

---

1) 22장 "하이데거의 현존재 분석"은 2010년 1학기 형이상학 강의록이다. 이 자료는 필자의 『퓌지스와 존재사유』 제15장 "하이데거", 『하이데거와 불교』(UUP 2004), 『한국사회를 움직이는 현대철학자들』 제4장 "하이데거", 그리고 회페의 『철학의 거장들』 4권, 제8장 "하이데거"를 사용하였다.

2) Martin Heidegger (1889~1976). 바덴-뷔르템베르크(Baden-Würtemberg) 주 메스키르히(Meßkirch) 출생의 독일 철학자이며, 1927년에 출간된 그의 주저 『존재와 시간』(Sein und Zeit)에서 '기초존재론'(Fundamentalontologie)이라는 새로운 철학을 수립하여, 실존주의, 철학적 해석학, 포스트모더니즘 등, 현대철학의 모든 분야에서 주도적 영향을 끼쳤다.

테, 피히트, 파니카와 같은 대표적인 그리스도교 사상가들, 그리고 루트비히 빈스방거와 메다드 보스 같은 실존주의 심리학자들 모두가 하이데거의 직접적인 영향권 아래에 있었다. 그의 철학으로부터 실존철학, 현상학, 해석학, 포스트모더니즘, 실존주의신학, 실존주의심리학 등 다양한 학파가 분화, 발전되었다.

하이데거는 1909년에 오스트리아 티지스 예수회에서 수사교육을 시작했으나, 심장질환으로 몇 주일 만에 포기하였다. 그 후 2년 동안 프라이부르크 대학의 신학부에서 교회장학금으로 사제 교육을 받았으나 천식과 심장 질환으로 인하여 1911년에 전공을 철학으로 변경하였다. 하이데거의 초기사상에서 가톨릭 신학의 자취가 발견되는 배경이다.

이 시기에 하이데거는 프란츠 브렌타노와 카를 브라이크를 통하여 존재론에 관심을 갖게 되었고, 니체, 도스토엡스키, 키에르케고르의 실존철학과 빌헬름 딜타이의 해석학, 그리고 에트문트 후설의 현상학에 심취하였다. 특히 프라이부르크대학의 조직신학 교수 브라이크는 무신론을 지향하는 하이데거의 실존철학과 존재사상에도 불구하고 가톨릭적인 각인을 지울 수 없도록 영향을 끼쳤다.

하이데거는 1913년에 박사논문, 1915년에 교수자격논문을 제출하였고, 1919년부터 에드문트 후설의 조교로 일하였다. 후설 교수의 부인은 하이데거를 기꺼이 남편의 '현상학적 아들'이라고 소개했으며, 후설 스스로도 "현상학, 그것은 하이데거와 나다." 라고 말했을 정도로, 스승과 제자의 관계는 매우 돈독하였다. 하이데거는 후설의 현상학에 매료되었고, 그를 통해 야스퍼스를 친구로 사귀게 되었다.

하이데거는 개신교도인 엘프리데 페트리와 결혼하여 첫아들을 얻은 1919년에 가톨릭신앙을 떠나게 된다. 이로부터 그의 철학은 무신론적 경향성을 띠게 된다.

1922년에 하이데거는 마르부르크대학교로부터 철학 부교수직을 제안 받았으며, 아무런 저서 없이 이 대학에서 행한 강의만으로 독일과 유럽 전역에서 명성을 얻게 되었다. 그는 이곳에서 개신교의 대표적인 신학자 폴 틸리히를 만난다.

1924년 겨울학기에 당시 35세의 하이데거는 18세의 유대인 여학생 한나 아렌트와 부적절한 관계에 빠지게 된다. 아렌트와의 밀애가 하이데거의 강의와 『존재와 시간』 저서 집필에 놀라운 활력을 제공했다는 설도 전해진다. 그러나 두 사람의 관계가 세간에 알려지면서 아렌트는 이듬해 하이델베르크의 야스퍼스에게로 옮겨가서 「아우구스티누스의 사랑 개념」이라는 논문으로 박사학위를 취득하였다.

1926년에 마르부르크대학은 하이데거에게 정교수직을 수여하고자 했으나, 베를린 당국은 저서 부족의 이유로 거부하였다. 후설의 주선으로 1927년에 미완성작 『존재와 시간』을 출판하고 후설에게 헌정했으나, 이 책의 출판으로 후설은 하이데거의 사상이 자신의 것과 매우 다르다는 것을 알게 되면서 두 사람의 관계는 소원하게 되었다. 한편, 막스 셸러는 하이데거의 교수 임용을 베를린 당국에 촉구하였다.

1927년에 출판된 『존재와 시간』은 후설의 현상학적 방법론을 바탕으로, 존재에 대하여 물음을 던지고 있는 인간 그 자체에 대한 분석을 시도한다. 이 책에는 세계-내-존재, 현존재, 본래성, 살핌[3], 죽음에의 존재 등 그의 기본사상이 들어 있다. 하

3) Sorge. 하이데거의 현존재 분석에서 가장 중요한 개념으로 '배려', '관심', '보살핌', '마음씀' 등으로 번역할 수도 한다. 인간 존재인 현존재가 타

이데거는 실존적 인간을 '현존재'[4]라고 규정한다. 여기에서 '현'(da)이란 어떤 것이 구체적으로 드러나는 바로 '거기'를 뜻하는 말이다. 우연적이지만 우리말 '다'의 의미 기능과 너무나 비슷하다. 우리말 '다'는 '모두', '모든 것'을 뜻하는 한편, 동사와 형용사의 서술어미로서 특정한 사태가 실현되고 종결되며 현상되는 모든 존재 사태를 나타내고 있다. 독일어이든지 우리말이든지 모두, '다'는 인간 존재 안에서 존재의 의미가 바로 드러나는 장소와 관련이 있다.

하이데거는 현존재 또는 실존 분석을 통하여 인간은 존재의 의미에 대하여 물음을 제기하는 유일한 존재자라는 사실을 분명하게 밝히고 있다. 이러한 문제제기를 통하여 하이데거는 그 이전의 철학자들이 존재자에만 집착함으로써 존재 자체와 존재의 의미에 대해서는 망각하는 오류를 범했다고 비판한다. 하이데거 이전의 철학사는 '존재망각의 역사'였다는 것이다.

1928년에 프라이부르크대학교는 후설의 후임으로 하이데거를 철학 석좌교수로 초빙한다. 1929년, 그의 교수취임 강연의 주제는 "형이상학이란 무엇인가"였다. 하이데거의 시대가 열린 것이다. 여기서는 『존재와 시간』에서 존재를 가능하게 하는 근거로 제시한 바 있는 '무'의 형이상학적 의미를 다루었다. 범신론 사상가들과 셸링이 선취했던 주제였다. 1930년, 베를린대학교로부터 철학 석좌교수 초빙제안을 받았으나 하이데거는 거절하였다. 그리고 1933년 5월 1일, 나치정권 아래서 하이데거는 프라이부르크대학교의 총장으로 선출된다. 당시 그는 헤겔이 나폴레옹을 세계정신으로 본 것처럼 히틀러의 존재에 완전히 매료되었

---

자 존재에게 대하는 근본적인 태도를 지칭하고 있다.

4) Dasein

다. 학생들과 지식인들에게 국가사회주의 운동에 적극 참여할 것을 권유하였고, 자신의 소신에 따라서 나치정신을 구현하기 위하여 대학개혁을 추구하기도 했다. 그러나 나치정권은 하이데거의 방식을 지지하지 않았으며, 결국 1년도 안 된 1934년 4월에 총장직에서 물러나게 된다. 그 후에 하이데거는 나치당의 제재와 감시를 받았으며, 1944년에는 55세의 나이로 참호공사에 투입되기도 하였다. 전쟁이 끝나자 그는 프라이부르크 정화위원회로부터 교수직을 박탈당하고, 강의 금지 조치를 통보받았다. 그는 메스키르히로 귀향하였다. 하이데거는 1951년 9월, 바덴주 교육당국이 그의 복권을 선언할 때까지 침묵을 지켰다. 대학 강단에 복귀 한 후 1976년 5월 26일 심장마비로 사망(87세)할 때까지 강의와 저술활동에 전념하였다.

『존재와 시간』 이후에 이미 그 단초가 마련되고 있는 하이데거의 후기사상은 노장사상이나 불교의 화엄사상과 유사성이 많아서 한국, 일본, 중국 등 동아시아 지역출신의 철학자들을 매료하게 만들었다.

1987년에 빅토르 파리아스가 『하이데거와 나치즘』이라는 책을 프랑스에서 출판하면서, 하이데거의 과거사 문제는 데리다와 푸코가 주도하는 프랑스 지성계에 충격을 던져주었다. 사르트르, 메를로 퐁티, 레비나스, 데리다 등 프랑스 철학계가 하이데거에게 절대적인 영향을 받고 있었기 때문이었다. 그 후 지금까지 하이데거 연구자들은 그의 나치즘 참여의 성격에 대한 철학적 논쟁을 계속하고 있다.[5)]

하이데거의 후기사상은 현존재 분석에서 존재 자체로의 회귀

5) 우리나라에서는 박찬국이 『하이데거와 나치즘』(2001)을 통해서 이 문제를 주제화하였다.

를 특징으로 한다. 『존재와 시간』에서는 존재의 의미를 포착하기 위하기 위하여 존재 물음을 묻고 있는 인간 현존재의 구조분석에서 답을 얻으려고 하였다. 황금알을 낳는 비결을 알기 위하여 거위를 해부한 것과 같은 이치일 것이다. 그러나 하이데거는 그러한 방식으로 답을 구할 수 없다고 판단하여 반대 방향으로 나아간다. 그것을 사유에서 방향전환, 즉 '전회'6)라고 한다. 전회의 궁극적 목표는 존재 그 자체의 소리에 귀를 기울이는 것이다. 이로써 그의 사상은 기독교의 신비주의로 회귀하며, 하늘의 뜻은 하늘이 우리에게 보여주는 한에서만 알 수 있다는 천명사상에도 통하게 된다. 이러한 관점에서 진리는 감추어져 있는 것이 드러나게 되는 '탈은폐성', 즉 '드러남'과 개시성으로서 '알레테이아'7)이다. 그것은 망각(레테)을 부정함으로써 근원으로 돌아가는 것을 뜻한다. 진리는 존재사건, 즉 '생기'8)를 통하여 그리고 언어 발화를 통하여 그 자태를 드러낸다. 존재는 그때마다의 사건 속에서 발현한다. 이것은 화이트헤드의 과정철학이나 화엄사상과 거의 일치하는 내용이다. 그러나 하이데거의 경우 존재 사건만으로 끝나지 않는다. 그것은 언어의 신비와 관련된다. 언어는 인간이 그 안에 거주하는 존재의 집이다. 언어 속에서 존재의 신비가 드러나며, 인간은 언어의 힘 안에서 존재의 증인이 된다. 그리하여 인간은 존재의 파수꾼이 되는 것이다.

이처럼 후기사상에서도 인간은 우주 속에서 매우 중요한 위치를 차지한다. 인간 속에서 드러나는 존재의 신비를 있는 그대로 포착하는 것이 관건일 뿐이다. 따라서 인간은 대지적인 것

6) Kehre
7) Aletheia
8) Ereignis. 김형효는 이를 '생기'(生起)라고 번역한다.

위에 서서 천상적인 것과 신적인 것을 소통할 수 있게 하는 근본지평이 된다. 이 사상을 종교신학에 다시 가져간 사람은 바로 현대의 가톨릭사상가 라이문도 파니카였다. 그의 우주신인론적 사유[9]는 하이데거의 후기 존재사상의 백미를 신학화한 것이다.

## 기초존재론, 하이데거의 현존재 분석

하이데거는 『존재와 시간』에서 독아론적으로 추상화한 후설의 선험적 자아론에 반대하여 세계 안에 구체적으로 존재하면서 그것과 긴밀한 관계를 맺고 있는 (세계내존재로서) 현존재를 철학적 물음의 대상으로 한다. 존재론을 바르게 정초하기 위해서는 존재 이해를 미리 가지고 있으면서 존재에 관한 물음을 물을 수 있는 유일한 존재자인 인간 존재의 구조를 분석하자는 것이다. 여기에서 하이데거의 실존 분석은 칸트의 이성 비판과 그 방법론적인 맥락을 같이한다. 그러나 하이데거는 시간과 공간 속에 드러난 것은 존재 그 자체가 아니라 단지 그것이 드러난 현상에 지나지 않는다는 사실을 깨닫게 된다. 그러므로 현존재 분석에 의하여 존재 그 자체의 모습은 드러나지 않는다. 그리하여 하이데거는 실존 분석을 그만두고 존재의 소리를 들으려고 전회한다. 존재는 바로 '거기'에서 자기의 모습을 드러내고, '현'존재에게 말을 건네 온다. 인간이 만일 존재의 진리를 생각할 수 있다면, 그것은 바로 우리 자신의 존재를 벗어나서 (탈-존) 초월하게 되면서 그렇게 된다. 여기에서 하이데거는 후설이 선험적 주관성의 획득 과정에서 배제하였던 물자체 또는 존재 그 자체를 인정하면서 형이상학적 철학을 전개한다.

9) kosmotheandrisches Denken

아리스토텔레스와 헤겔에서 현실 이해와 하이데거의 현존재 분석과 세계성에 대한 이해에서 그 유사성을 생각해볼 수 있다. 하이데거의 세계 이해는 곧 '실존 범주'[10]로 환원될 수 있다. 아리스토텔레스가 현실성을 운동 전체성이라는 사실 차원에서 논의한 것과는 달리, 하이데거는 도구전체성[11], 적합전체성[12], 유의미성[13] 등과 같은 의미 차원에서 세계성을 규정한다.

하이데거의 세계 이해는 그때마다 사려된 것[14]으로서 만나게 되는 도구[15]로부터 시작된다.[16] 『존재와 시간』 제1부 1편 3장은 세계의 세계성[17]에 대한 도구적 분석을 시도하고 있다. 도구는 지정[18], 용도[19], 목적[20], 적합성[21], 종국 목적[22]을 지니고 있는데, 이와 같은 특성을 가지고 있는 도구적 존재자는 어떤 것에 적용될 수 있는 적소성[23]을 가지고 있다. "적소성은 어떤 것을 가지고 어떤 것에 적용시키는 것이다."[24] 이처럼 도구는 적소성을 가짐으로써 본래적인 도구가 되며, 이때에 도구는 하나의 분리된 도구로서가 아니라 도구 전체성 속에서 존재하게 된다. 그런데 이 존재자를 적소성의 존재 양식에서 만나게

10) Existenzial
11) Zeugganzheit
12) Bewandtnisganzheit
13) Bedeutsamkeit
14) Besorgtes
15) Zeug
16) Heidegger, M.: *Sein und Zeit*. Tübingen 1972, Abk.: *SZ*, S. 68.
17) Weltlichkeit der Welt
18) Dazu
19) Wozu
20) Umzu
21) Wobei
22) Worumwillen
23) Bewandtnis
24) Heidegger, Sein und Zeit, S. 84.

하는 기반[25]으로서 스스로를 지시하는 근거[26]는 세계의 현상이며,[27] 도구적 존재자의 지시 전체 속에 있는 최종적인 용도성은 바로 인간이 가지고 있는 종국 목적이다. 도구가 적소 전체성의 내부에 존재할 수 있는 것은 현존재가 그것을 적용시키는 데서 근거한다. 그리하여 현존재의 존재는 '그때마다 이미 적용시키는 것'[28]이다.[29] 이제 현존재는 도구적 존재자가 가지고 있는 지시 전체성, 적소 전체성의 원천이 되면서 세계와 밀접한 관계를 맺고 되고, 세계를 유의미성으로 파악하게 된다. 이와 같은 유의미성은 세계를 그 형식적 구조로 파악한 세계의 세계성이며, 결국 세계성은 존재론적으로 현존재 자체의 한 성격으로서 파악된다.[30] 따라서 세계의 세계성은 세계내존재[31]인 현존재의 실존 범주에 지나지 않으며, 세계는 '본질적으로 인간 존재의 근본 구조'이며, '밝혀짐'[32]을 특징으로 한다. 그리하여 세계 설계는 현존재가 가지고 있는 가능성의 설계와 동일하게 되고, 세계의 존재론적 장소는 바로 현존재의 존재 구조가 되는 것이다.

이와 같이 하이데거는 세계성을 현존재의 근본적인 구조 속으로 환원시킴으로써, 아리스토텔레스에서는 현실성으로 파악되는 세계를 실존론적 입장에서 해석하였기 때문에, 운동 전체성 속에서 파악하였던 세계 현상도 역시 도구 전체성, 적합전

25) Woraufhin
26) Worin
27) Heidegger, Sein und Zeit, S. 86.
28) Je-schon-haben-bewenden-lassen.
29) Heidegger, Sein und Zeit, S. 85.
30) Heidegger, Sein und Zeit, S. 64.
31) In-der-Welt-Sein
32) Gelichtetsein

체성, 지시 전체성, 의미 전체성 등과 같은 의미 차원에서 해석할 수밖에 없었다. 따라서 하이데거의 세계성은 세계내존재가 그 환경 세계 속에 적용시켰던 의미의 전체적인 연관에 지나지 않는다. 그러나 하이데거가 도구의 일차적인 용도성을 현존재의 종국 목적에서 찾았다면, 그의 세계성은 지정성, 용도성, 목적성, 적합성과 같이 어떤 특정한 목적들의 총체성이 분명하게 되기 때문에, 하이데거의 세계성은 현존재의 목적 활동 속에서 파악될 수 있을 것이다. 따라서 아리스토텔레스에서 순수 현실성을 지향하는 세계 운동은 이제 하이데거에서는 현존재의 의미지향적인 목적 활동과 상응하고 있음을 알 수 있다.

또한 하이데거는 아리스토텔레스의 현실태-가능태 이론을 새로운 차원으로 전개한 철학자로서 평가할 수 있다. 그는 기초존재론을 수립하여 존재 이해를 미리부터 자기 속에 가지고 있는 현존재를 분석함으로써 새로운 형이상학을 제시하고자 한다. 그런데 여기에서 하이데거가 제시한 현실성과 가능성 개념은 세계 운동에 적용되는 원리가 아니고 현존재에만 적용되는 것이다. 하이데거가 인간에 대하여 현실성과 가능성의 이론을 적용한 것은 아리스토텔레스나 아퀴나스가 그들의 존재형이상학에 적용한 것과 동등한 중요성을 갖는다고 볼 수 있다. 왜냐하면 하이데거에서 현존재는 존재에 대한 물음을 유일하게 던질 수 있는 존재자이며, 그와 같은 현존재의 존재에 대한 물음이 바로 형이상학을 구성하기 때문이다. 여기에서 현실성과 가능성 이론은 실존론적 전회를 하기에 이른다. 아리스토텔레스나 아퀴나스의 형이상학은 현실성을 지향하지만 하이데거의 기초존재론은 가능성을 지향하기 때문이다.

하이데거는 설계[33]와 피투성[34]이라는 실존 범주를 구분하고 있다. 피투성은 이미 실재적인 존재 안에 받아들여진 위임된 현사실성[35] 또는 정상성[36]이고[37], 설계하고 계획하는 것은 이해하고 있는 가능 존재의 실존 범주 구조이다.[38] 그러므로 우리는 하이데거의 피투성 개념을 현실성으로, 설계하는 이해 개념을 가능성으로 파악할 수 있다. 하이데거에 의하면 "이해는 현존재 자체에서 고유한 존재 가능의 실존론적 존재"이다.[39] 여기에서 하이데거는 존재가능[40]을 가능적 존재[41]로 표현하고 있다.[42] 헤르만에 의하면 이때 사용되고 있는 하이데거의 가능성은 "현실성이 중단된 비현실성을 의미하는 것이 아니고 최초로 비현실성과 현실성이 존재론적으로 가능하게 되는 가능성을 의미한다." 물론 하이데거도 자신의 가능성 개념이 양상 범주의 가능성과 같은 공허한 논리적 가능성이 아니라고 주장하였는데,[43] 이것은 칸트의 가능성 개념을 비판한 것으로 생각된다. 그러나 우리는 넓은 의미에서 사용되는 형이상학적 원리로서 현실성과 가능성의 이론이 하이데거의 기초존재론에서 어떻게 적용되고 있으며, 또한 그가 비록 의도하는 바는 아닐지라도 그것이 어떻게 해석될 수 있는가를 살피려고 한다. 단적으로 말해서 하이데거가 말하는 설계하고 계획하는 이해는 현존재의

---

33) Entwurf. 기획, 설계.
34) Geworfenheit. '내던져져 있음'
35) Faktizität
36) Befindlichkeit
37) Heidegger, Sein und Zeit, S. 135.
38) Heidegger, Sein und Zeit, S. 145.
39) Heidegger, Sein und Zeit, S. 144.
40) Seinkönnen
41) Möglichsein
42) Heidegger, Sein und Zeit, S. 143.
43) Heidegger, Sein und Zeit, S. 143-144.

가장 고유한 존재 양식이며 그의 가능성이다.[44] 그러나 하이데거는 인간은 항상 주어진 현실 속에서 설계하고 계획하기 때문에 현존재를 내던져 있는 가능성[45], 또는 '기획된 설계'[46]라고 규정한다.

하이데거는 내존재[47] 분석에서 현존재의 개시성[48]을 등근원적 차원에서 서술하고 있다. 현존재의 개시성은 정상성, 이해[49], 말[50]로써 실존의 본래성[51]을 형성한다. 그리고 일상성에 젖어 있는 타락태[52], 즉 잡담[53], 호기심[54], 애매성[55]은 일상적 인간[56]의 비본래성[57]을 형성한다. 따라서 비본래성은 인간의 현재 모습을 조명한 현실성으로, 본래성은 앞으로 자각적 계기를 통하여 찾아야 하는 가능성으로 이해된다. 일상적 인간이 '본래적인 자기 존재'[58]를 찾기 위해서는 '선구적인 결의성'[59]을 통해야 하는데,[60] 여기에서 본래적인 가능성인 실존을 회복하게 된다.

44) Heidegger, Sein und Zeit, S. 145.
45) geworfene Möglichkeit (Sein und Zeit, S. 144)
46) geworfener Entwurf (Sein und Zeit, S. 223)
47) In-Sein
48) Erschlossenheit
49) Verstehen
50) Rede
51) Eigentlichkeit
52) Verfallen
53) Gerede
54) Neugier
55) Zweideutigkeit
56) das Man. '세인'이라고도 한다.
57) Uneigentlichkeit
58) eigentliches Selbstsein
59) vorlaufende Entschlossenheit
60) Heidegger, Sein und Zeit, S. 302.

## 현존재와 진리

진리는 어떻게 존재하는가? 그리고 진리는 어떻게 나타나는가? 이 같은 물음을 하이데거는 진리의 존재 방식에 관한 물음으로 이해한다. 이 물음은 현존재의 존재인 개시성과 긴밀한 관계를 유지한다. 그리고 이러한 개시성 개념은 조작적 진리 모형의 차원에서만 이해될 수 있다.

> 현존재는 본질적으로 개시성을 통하여 진리 속에 구성되어 있다. 개시성은 현존재의 본질적 존재 방식이다. 현존재가 존재하는 한에서만 그리고 현존재가 존재하는 동안에만 '그것이' 진리를 '준다'. 존재자는 대체로 현존재가 존재하는 경우에만 폭로되고, 현존재가 존재하는 동안에만 개시된다.[61]

하이데거는 여기에서 적어도 진리 현상은 인간인 현존재와 긴밀하게 관계되어 있으며, 현존재가 존재하지 않을 경우에 진리론 그 자체가 무의미하게 된다는 사실을 분명하게 지적하고 있다. 그러나 하이데거의 이 같은 지적이 진리론을 바르게 정립하는 데 어떤 도움을 줄 수 있는 것일까? 지금까지의 전통적인 철학자들은 그가 지적한 사실들을 전혀 의식하지 못하고 진리를 말하였던 것인가? 오히려 그들은 하이데거가 지적한 이 모든 사실들을 미리 알고 있었으며 전제하고 있었던 것은 아닐까? 인간이 존재하지 않는다면 진리뿐만 아니라 철학적 사유활동 그 자체까지 무의미하게 된다는 것은 너무나도 자명한 사실이지 않는가? 그리하여 하이데거는 진술 진리의 가능성 조건이 되는 진리 현상이 어떻게 현존재와 관계하고 있는가를 탐색

61) Heidegger, Sein und Zeit, S. 226.

하고 있다.

하이데거에 의하면 진리는 현존재가 있는 한에서만 드러난다. 현존재가 존재하지 않는다면 진리는 더 이상 논의될 수 없고 무의미한 것이 된다. 뉴턴의 법칙과 모순율을 비롯한 모든 진리는 현존재가 있는 동안에만 참이라는 것이다. 현존재가 존재하기 이전에는 진리가 있지 않았고, 현존재가 더 이상 존재하지 않을 미래의 어떤 시점부터는 진리가 더 이상 있지 않을 것이다. 현존재가 없는 개시성이나 벗김, 그리고 벗겨짐으로서 진리는 불가능하기 때문이다. 여기에서 하이데거는 뉴턴의 법칙을 예로 들고 있다.

하이데거는 뉴턴의 법칙은 그것이 발견되기 이전에는 참도 거짓도 아니라고 주장한다. 이것은 뉴턴의 법칙이 발견되기 전에는 중력이 작용하지 않았다는 것을 뜻하지 않는다. 그리고 지금은 뉴턴의 법칙에 의하여 설명되는 모든 사건과 사실들이 법칙의 발견 이전에는 다른 복잡한 양상으로 발생하였다는 것을 의미하지도 않는다. 다만 중력의 법칙도 그것이 우리에게 발견되고 드러나지 않을 경우에 그것은 우리에게 참도 아니고 거짓도 아니라는 사실을 하이데거가 지적한 것이다. 법칙과 같은 존재 사실도 역시 현존재에 의하여 발견되고 벗겨짐에 의해서만 그 자신의 존재를 드러내게 되는 것이다. 그렇게 발견하고 폭로하는 것이 바로 진리의 존재 방식이다.[62)]

진리는 현존재의 개시성을 단초로 하여 우리에게 드러날 수 있다. 그러므로 하이데거는 '진리 그 자체', '영원한 진리'에 관하여 회의적인 입장을 가지면서 논리실증주의자들이나 비판적 합리주의자들과는 다른 방식으로 논박하려고 한다. 영원한 진

62) Heidegger, Sein und Zeit, S. 227.

리에 대한 주장은 마치 현상적으로 정초된 현존재의 '이념성'을 관념화된 절대적 주관과 혼동하는 것처럼 지금까지 철학적 문제의 영역에서 철저하게 축출하지 못한 기독교 신학의 잔해에 속한다고 함으로써 하이데거는 대단히 부정적인 태도를 보이고 있다.63) 따라서 그는 영원한 진리의 존재 사실 자체에 대한 전통적 관심을 넘어서서 영원한 진리의 가능성 조건에 대한 물음을 묻게 된다. 그리하여 진리가 영원히 존재하는가의 물음은 현존재의 존재 방식과 직접적인 함수 관계에 있으며, 특히 현존재가 영원 전부터 존재하였으며 영원에 이르도록 존재할 것이라는 사실이 증명된 경우에만, 영원한 진리의 존재 여부에 대한 판단이 비로소 가능하게 된다고 하이데거는 생각한다.64) 이 같은 증명이 성취되지 않은 상태에서 말하여지는 모든 영원성은 철학자의 한갓된 환상적 주장이거나 신앙에 지나지 않는다는 것이다. 여기에서 하이데거가 영원한 진리를 가능하게 하는 필연적 조건으로서 현존재의 존재를 요구하는 것은 칸트의 요청적 사유와 긴밀한 관계를 유지한다.

## 하이데거의 후기 형이상학65)

하이데거는 1943년, 「형이상학이란 무엇인가」에 후기(後記)를 남겨두었는데, 여기에서 그는 "형이상학이란 무엇인가?"66)라는

63) Heidegger, Sein und Zeit, S. 229.

64) Heidegger, Sein und Zeit, S. 227.

65) "하이데거의 후기 형이상학"은 2010년 1학기 <형이상학> 제14주차 강의록이며, 하이데거의 『이정표』 1권(한길사 2005)에서 「형이상학이란 무엇인가」 '나중말', 그리고 『강연과 논문』(이학사 2008)에서 「사물」(211-242)을 활용하였다.

66) Was ist Metaphysik?

물음은 '형이상학을 넘어서는 형이상학에 대한 물음'이고, '전통적인 형이상학을 극복해낸 새로운 형이상학적 사유'라고 말한다. 그는 새로운 형이상학의 언어를 통해 형이상학의 본질에 대한 물음을 다시 새롭게 기술하고자 했다.

첫째, 하이데거는 전통 형이상학은 존재자에 대한 물음만에 매달림으로써 '존재 망각의 역사'에 빠졌으며, 이는 근대의 과학 기술에 경도된 탓이라고 보았다. 통속적인 형이상학은 근대의 과학적 탐구의 결과만을 집착하는 존재자의 형이상학이다. 따라서 전통 형이상학은 존재자에 대한 다른 표상방식과 다른 제작방식을 사용함으로써, 모든 존재자를 '의지에의 의지', '힘에의 의지'에 의해 특징지어진 그런 진리의 근본특성으로만 이해한다. 여기에서 존재자의 존재자성의 근본특성으로 이해된 '의지'는, 존재자를 현실적인 것과 동일시하여 현실적인 것의 현실성이 무조건적으로 철저한 대상화를 조작할 수 있도록 그 권한을 부여받는다. 하이데거는 근대 과학은 자신에게 부과된 목적에 기여하지 않으며, 또 '진리 그 자체'를 추구하지도 않는다고 주장한다. 근대과학은 존재자를 계산하는 대상화의 한 방식으로서 의지에의 의지 자체에 의해 정립된 하나의 조건이며, 이 조건을 통해 그 의지는 자신의 본질의 지배를 확보한다. 존재자의 대상화는 존재자에 집착하면서 이 존재자를 이미 존재로서 간주해버리는 것을 말한다. 이 경우의 진리는 '존재자에 대한 진리'에만 머무르게 되고, 따라서 기존의 형이상학은 바로 '존재자의 진리의 역사'가 되어버린다.

형이상학은 '존재자의 존재자성'에서만 존재를 사유하며, 따라서 이러한 자신의 사유방식에서 존재의 진리에 대해서는 사색하지 않는다. 형이상학은 도처에서 존재의 진리의 영역 안에서 움직이고 있지만, 이 존재의 진리는 형이상학에게는 미지의 상태로 남아 있으며 그 근거도 전혀 제시되지 않은 근본바탕으로 남아 있다. 존재자만이 존재에서 유래하는 것이 아니고, 시원적으로는 존재 자체가 자신의 진리 안에 머물고 있어서 존재의 진리가 진리의 존재로서 '본원적으로 있다.'[67] 따라서 하이데거는 '무'를 형이상학의 유일한 대상으로 상정해야 한다고 본다. '무의 철학'은 완성된 '허무주의'이다. 또한 '불안'은 유일한 '근본 기분'이고, '불안의 철학'은 행위에 대한 의지를 마비시킬 수 있다.

둘째, 하이데거는 '무와 존재'의 문제를 '밝힘'[68]과 '생기'[69]의 개념으로 접근하고 있다. 전통의 형이상학적 탐구는 어디에서도 존재를 발견하지 못한다. 항아리 존재자만을 만날 뿐이다. 그러나 존재는 존재자에 속한 어떤 성질이 아니다. 존재는 존재자와 같이 대상적으로 표상되거나 제작될 수 있는 것이 아니다. 모든 존재자와 단적으로 다른 이것은 비존재자(존재자가 아닌 것)이다. 그러나 무는 존재로서 본원적으로 있다. 모든 존재자에게 존재하도록 베풀어주는 그것의 광대함을 무에서 경험해야 한다. 무는 곧 존재 자체다. 존재가 없다면 모든 존재자는 존재 상실 속에 머물게 될 것이다. 그리고 이 존재의 심연에 간직된 채 아직도 채 펼쳐지지 않은 본질이 우리에게 본질적인 불안 속에서 무를 보내고 있다. 그렇지만 존재[70]는 존재자 없이는 결코 본원적으로 있지 않으며, 존재자는 존재 없이는 결코 있을 수 없다는 사실이 존재의 진리에 속해 있다면, 이러한 존재 상

67) wesen. 현재의 상태에서 고유한 본연의 모습을 드러낸다는 뜻이다.
68) Lichtung
69) Ereignis
70) Seyn

실은 또한 존재 이탈로서 다시금 아무것도 아닌 무가 아니다.

모든 존재자와는 다른 것으로서 존재에 대한 경험은 불안을 선사한다. 모든 존재자들 가운데에서 오직 인간만이 유일하게 존재의 소리에 부름을 받아, 모든 경이로움 중의 최고의 경이로움인 '존재자가 존재한다(있다)'는 그런 경이로움을 경험한다. 본질적인 불안과 그 불안 속에서 환히 밝혀지는 인간에 대한 존재의 연관을 경시할수록 그만큼 더 우리는 무를 견딜 수 있는 담대함의 본질을 저해하는 것이다. 그러나 담대함은 소스라침이 일어나는 그런 심연에서 거의 아무도 밟아보지 못한 존재의 공간을 인지한다. 이 존재의 '환한-밝힘'71)으로부터 비로소 각각의 존재자는 그 자신으로 존재하며, 또 그렇게 존재할 수 있는 자기 자신에게로 되돌아간다. 하이데거의 강의는 서양 사유 이래 사유에서 곧 망각되고 말았던 것, 즉 존재만을 사유할 따름이다. 존재는 사유의 산물이 아니다. 그와 반대로 본질적인 사유는 아마도 존재의 생기이다.

셋째, 존재의 본질은 '존재가 말을 걸어오는 것', 즉 '존재의 파수를 위한 희생과 감사와 은총 가운데서 드러난다. 그리스적 사유에서 성취된 존재의 경험에 기인하는 '논리학'은 항아리 사유의 본질에 대한 하나의 해석일 뿐이다. 전통적인 모든 '논리학'에 대한 의구심은 존재자의 대상성을 고찰함으로써가 아니라, 존재의 진리에 대한 경험을 통해서 자신의 원천을 발견하는 그런 본질적인 사유에 대한 앎으로부터 생기는 것이다. 정확한 사유가 가장 엄밀한 사유는 아니다. 정확한 사유란 항아리 존재자를 계산하는 일에만 신경을 쓰고, 단지 존재자에게만 봉사할 뿐이다.

---

71) Lichtung. '밝힘'은 '환히 트인 장'을 드러내 보여준다.

계산적 사유는 모든 존재자를 오직 주문 가능하고 소비 가능한 것의 형태로만 타당한 것으로 받아들인다. 계산적 사유는 계산 가능한 모든 것이, 계산에 의하여 그때마다 계산된 합계와 그 결과 이전에 이미 하나의 전체라는 사실을 예감하지 못한다. 그러나 인간은 자기 자신의 계획을 세움으로써 인간의 본질을 하나의 사유에게 다가가도록, 즉 그것의 진리를 어떤 '논리학'도 파악할 수 없는 그런 하나의 사유에 다가갈 수 있다. 이런 사유의 사상은 계산을 하지 않을 뿐만 아니라 존재자와는 아주 다른 것으로부터 규정되는 것이다. 이런 사유는 존재자를 갖고서 존재자를 계산하는 대신에, 존재의 진리를 위하여 존재 속에서 자기 자신을 아낌없이 다 소모한다. 이런 사유는, 인간이 그의 역사적 본질을 저 유일한 필연성의 단순함에 넘겨줌으로써 존재의 요구(말걸어옴)에 대답한다.

존재 요구의 궁핍과 필요[72]는 인간과 모든 존재자에게 존재의 진리를 보존하라는 것이다. 희생은, 존재자를 위해 존재의 진리를 참답게 보존하려는 일념 속에서 자유의 심연으로부터 솟아오르는 것이기에, 모든 외적인 강요에서 벗어나 인간의 본질을 아낌없이 소모하는 것이다. 희생 속에서 숨겨진 감사가 생기하는데, 이런 감사만이 유일한 존재가 인간으로 하여금 존재와의 연관 속에서 존재를 파수하도록 하기위해 자신의 고유함을 사유 속에서 인간의 본질에게 건네주었던 그 호의의 가치를 알고 있다.

시원적인 사유는 존재의 은총에 대한 메아리다. 이 은총 속에서 '존재자가 존재한다'는 유일무이한 사건이 환히 밝혀지고 현재 속에 드러난다. 이런 메아리가 존재의 '소리 없는 알림'[73]

---

72) Not

이자 '소리 없는 음성'이라는 그 말에 대한 인간의 대답인 것이다. 이런 사유의 대답은 인간이 말하는 그 말의 근원이다.

그것은 모든 사색[74]과 그때마다의 감사 속에 시원적으로 존재의 진리를 사유하는 그 어떤 사유가 있어야만 한다고 가정할 경우에만 그렇다. '존재의 은총'이 그 은총 자체에 대한 열린 연관을 통해 인간에게 '가난의 고귀함'을 보장하지 않는다면, 물론 그런 가난 속에 '희생의 자유'는 자신의 본질의 보물을 감추고 있겠지만, 인류는 그때마다 근원적인 감사를 향해 나갈 수 없었을지도 모른다.

'희생'은 존재의 은총을 참답게 보존하려는 과정에서 존재자와 결별하는 것이다. 희생의 수행은 존재의 열린 터전에 내존해 있다는 현상에서 유래하는 것이며, 이런 현상으로부터 저마다의 역사적인 인간은 행위하면서 존재의 고귀함을 지키기 위해 자기가 이미 획득해놓은 터-있음을 간직해 나가는 것이다. 이렇게 내존해 있음은, 모든 희생의 결별하는 본질을 차분히 준비하면서 이런 은닉된 준비를 흐트러뜨리지 않는 침착함이다. 희생은, 존재가 인간에게 존재의 진리를 위해 힘쓰라고 요구하는 그런 생기의 본질 속에 친밀하게 거주한다. 그렇기 때문에 희생은 어떤 타산도 용납하지 않는다. 그런 타산을 통해서 희생은, 그 목적의 숭고와 천박함에 상관없이, 언제나 매번 그것이 얼마나 유용한 것인가에 따라서만 측정될 뿐이다. 그런 식의 계산은 희생의 본질을 망가뜨린다. 여러 가지 목적들의 추구는 희생의 마음에서 드러나는 어떤 기운을, 즉 불안해하면서도 경외로움에 감싸인 그런 청명함을 휘저어버리는데, 이런 희생의 마음은 도

73) lautlose Stimme.

74) Bedenken

저히 파괴될 수 없는 것과 친밀한 이웃이라도 되는 듯 그렇게 여겨진다.

존재의 사유는 존재자 속에서 어떤 발판도 찾지 않는다. 본질적인 사유는 계산할 수 없는 것의 느린 징후에 유념하면서 이 계산할 수 없는 것 안에서 도저히 외면할 수 없는 어떤 것이 예견치 않게 도래한다는 점을 알고 있다. 이런 사유는 존재의 진리에 주목하면서 진리의 존재로 하여금 역사적인 인류에게서 자신의 자리를 발견하도록 도와준다. 이런 도움은 그것이 작용을 필요로 하지 않기 때문에 어떤 성과에도 영향을 미치지 않는다. 본질적인 사유는 터-있음 안에서 단순히 내존해-있음으로서 도와준다. 내존해 있음은 본질적인 사유를 마음대로 다룰 수도 없고 그런 사유에 대해 알 수 있는 여지조차 없다고 해도 자신에게서 이러한 것이 작열하고 있는 한, 본질적인 사유는 터-있음 안에서 단순히 '내존해-있다'는 사실만으로도 이미 도움을 준다.

사유는 존재의 소리에 순종하면서 이 존재에게서 존재의 진리가 언어에 이르는 그런 말을 찾는다. 역사적 인간의 언어가 이런 말로부터 발원할 경우에만 언어는 비로소 바르게 된다. 언어가 바르게 존립한다면, 은닉된 원천에서 솟아오르는 존재의 말없는 소리의 베품은 언어에게 눈짓한다. 존재의 사유는 말을 보호하고 그런 진중함 속에서 자신의 사명을 다한다. 그런 사유는 곧 언어를 바르게 사용하려는 마음씀이다. 오랫동안 숨죽이며 간직해온 '말없음'으로부터, 그리고 이런 말없음 속에서 '환히-밝혀진 영역'을 세심하게 해명함으로써 사색자의 말이 발원하는 것이다. '시인의 부름'도 마찬가지이다. 그러나 이 동일성 역시 오직 상이한 것으로서 같은 것이므로, 시를 짓는 것과 사유, 즉 생각하는 것은 말의 세심함에서 가장 순수하게 동일한 것이기 때문에, 이 둘은 동시에 그 본질에 있어 가장 멀리 떨어진 것이다. 사유하는 사람은 존재를 말한다. 시인은 성스러운 것을 부른다. 물론 존재의 본질로부터 사유해본다면, 어떻게 시 짓기와 감사함과 생각이 서로를 지시하면서도 동시에 구분되는 것인지는 여기에서 열린 물음으로 남을 것이다. 감사함과 시 짓기는 그 자체만으로는 생각할 수 없기에 시원적인 사유를 필요로 하며, 이 둘은 상이한 방식으로 시원적인 사유에서 솟구쳐 나오는 것이다.

'말없음'이 일어나는 본질적인 자리 중의 그 한 가지는 '소스라친다'(경악한다)는 의미에서 불안이다. 이런 소스라침 가운데 무의 심연이 인간을 사로잡으며 조우한다. 이런 소스라침 가운데 무의 심연이 인간을 사로잡는다. 무는 존재자와는 다른 것으로서 존재의 '감춤'[75]이다. 존재 속에는 존재자의 모든 숙명이 시원적으로 이미 완결되어 있다.

---

75) Schleier

# 24. 블로흐의 아직-아님의 형이상학

## 블로흐의 삶와 저술

희망의 철학자 에른스트 블로흐[1])는 토마스 아퀴나스와 칸트를 제외하고는 철학사에서 거의 다루어지지 않았던 '희망'[2]) 개념을 철학의 근본 원리로 채택하여 10여 년 간의 미국 망명 생활 중에 『희망의 원리』[3])를 저술하였다. 그는 유대인으로 태어났으며, 유대-기독교 사상뿐만 아니라 페르시아 이원론과 마르크스주의 사상에 심취하여, 물질론적 토대 위에서 희망철학을 구성하였다. 위르겐 몰트만[4])은 블로흐의 희망철학을 기반으로 희망의 신학을 구상하였다. 블로흐의 사상은 몰트만 이외에도

1) Ernst Bloch (1885~1977)

2) spes, Hope, Hoffnung

3) Das Prinzip Hoffnung, 3 Bände, 1954~1959.

4) Jürgen Moltmann (1926~). 독일의 개혁주의 신학자로서 대표저서 『희망의 신학』(Theologie der Hoffnung. Untersuchungen zur Begründung und zu den Konsequenzen einer christlichen Eschatologie. Gütersloh: Gütersloher Verlagshaus 2005; Erstausgabe 1964)을 통해 세계적인 신학자로 명성을 날렸다.

칼 라너[5], 요한 밥티스트 메츠[6], 리하르트 셰플러[7] 등에게 결정적인 영향을 끼쳤다.

블로흐는 남부 독일 바이에른 주의 산업도시 루드빅스하펜[8]에서 태어났으며, 강 건너의 고풍스런 만하임[9]의 국립 극장과 도서관을 활용하면서 철학적 상상력을 키워나갔다.

블로흐는 유급을 당할 정도로 학교생활에 적응하지 못했지만, 철학에서는 천부적 탁월성을 가지고 있었다. 열세 살 때 「무신론적 차원에서 본 세계 전체」(1898)라는 철학 논문을 최초로 작성하였으며, 열일곱 살 때는 「힘과 그 본질에 관하여」(1902)에서 '사물자체'[10]를 '객관적 환상'[11]이라고 규정하기도 했다. 그는 이 시기에 에른스트 마흐[12], 테오도르 립스[13], 에두아르트 폰 하르트만[14], 빌헬름 빈델반트[15]와 같은 당대 최고의 철학자

---

5) Karl Rahner, SJ (1904~1984). 독일 출신의 예수회 소속 신부, 신학자로서 앙리 드 뤼박(Henri de Lubac), 한스 우르스 폰 발타사르(Hans Urs von Balthasar), 이브 콩가르(Yves Congar) 등과 함께 20세기의 가장 영향력 있는 로마가톨릭 신학자로 평가받고 있다.

6) Johann Baptist Metz (1928~2019). 독일 출신의 로마가톨릭 사제, 기초신학 전문가이며, 칼 라너의 제자로서 그의 전집 간행의 편집자로 일했다.

7) Richard Schaeffler (1926~2019). 독일 출신으로 종교철학, 역사철학 분야의 수많은 저서를 냈으며, 보쿰대학 철학-신학의 경계문제 정교수, 뮌헨철학대학의 객원교수를 지냈다. 저명한 가톨릭 신자인 그는 칸트철학이 20세기의 역사-종교철학에 수용된 핵심사상들을 정리하였다.

8) Ludwigshafen

9) Mannheim

10) Ding-an-sich

11) objektive Phantasie

12) Ernst Waldfried Josef Wenzel Mach (1838~1916). 오스트리아 출신의 물리학자, 감관생리학자, 철학자, 학문이론 전문가로서 당시에 많은 영향을 끼쳤던 경험비판주의(Empiriokritizismus)의 공동설립자로 활동하였다.

13) Theodor Lipps (1851~1914). 뮌헨 출생의 19세기 독일 철학자, 심리학자로서 독일의 심리학주의(Psychologismus)를 주도하였다.

14) Karl Robert Eduard von Hartmann (1842~1906). 독일 철학자로서 『무의

들과 서신을 교환하기도 했다. 블로흐는 뮌헨대학의 테오도르 립스 교수, 뷔르츠부르크대학의 퀼페[16] 교수에게서 철학을 배웠으며, 스물세 살(1908)에 『리케르트에 관한 비판적 고찰과 현대 인식론의 문제』[17]라는 논문으로 철학박사 학위를 받았다. 여기에서 그는 프로이트의 무의식과는 전혀 반대적인 지향 의식으로서 '아직-의식되지-않은 것'[18]이라는 개념을 발굴함으로써, 존재의 미래 양태를 다루는 '아직-아닌-존재의 존재론'[19]을 수립하였다.

박사학위 이후 블로흐는 베를린에서 짐멜[20] 교수를 만났으며, 짐멜의 세미나에서 헝가리 출신 철학자 게오르크 루카치[21]

식의 철학』(1869)을 발표하였다. (Philosophie des Unbewußten. Berlin 1869; 11. Auflage 1904; 12. Aufl. 1923 Postum) 1874년에는 『무의식의 형이상학을 위한 해명』을 출간하고 1878년의 재판에는 "신칸트주의, 쇼펜하우어주의, 헤겔주의"를 표제로 달았다. (Erläuterungen zur Metaphysik des Unbewußten. Berlin 1874; 2. Aufl. 1878.) 지그문트 프로이트와 칼 구스타프 융과 같은 심층심리학자들에게 심대한 영향을 끼쳤다.

15) Wilhelm Windelband (1848~1915). 하이델베르크(Heidelberg) 출신의 독일 철학자로서 신칸트학파의 서남학파(Südwestdeutschen Schule)를 창설하였다.

16) Oswald Külpe (1862~1915). 독일 출신의 심리학자, 철학자로서 사유심리학(Denkpsychologie), 뷔르츠부르크 학파(Würzburger Schule)의 창시자이기도 하다.

17) Kritische Erörterungen über Heinrich Rickert und das Problem der Erkenntnistheorie, Dissertation 1909.

18) Noch-Nicht-Bewußtes. '아직 의식되지 않은 것' 또는 '아직 아니 의식된 것'으로 번역할 수 있다.

19) Ontologie des Noch-Nicht-Seins.

20) Georg Simmel (1858~1918). 독일 철학자이자 사회학자로서, 삶의 철학과 신칸트주의의 입장에서 문화철학을 연구하였으며, 형식 사회학, 도시 사회학, 갈등 사회학의 창시자이다.

21) Georg Lukács (1885~1971). 부다페스트 태생의 헝가리 철학자, 문학자, 문학비평가이다.

와 만나 친교를 나누기도 했다. 그러나 1912년부터 하이델베르크와 가르미쉬를 거점으로 삼으면서 짐멜과 소원해지기 시작하였고, 1914년에 짐멜이 독일국가주의 전쟁을 찬양하자 완전히 결별하게 되었다.

블로흐는 루카치의 주선으로 하이델베르크에서 막스 베버와 만났으나, '메시아적 자기의식'으로 인해 베버와 갈등하다가 자신의 처녀작 『유토피아의 정신』(1918)에 대한 루카치의 냉담한 반응을 계기로 베버와도 소원해졌다. 이 책에서 블로흐는 표현주의 세대의 예언자적 언어를 매개로 하여 종교, 음악, 미술, 사회, 도덕에 대한 시대비판을 수행하면서, 새로운 형이상학을 예견하고 있었다. 프로이트의 '무의식' 개념과 본질적으로 다른 '아직-아님의 존재론'[22]이 바로 그것이다. 블로흐는 과거적인 잔여로서 무의식이 아니라, 아직 한 번도 의식된 적이 없는 미래적 사건들에 대한 예견을 철학적 주제로 설정하였다.

이 책은 다른 쪽에서 놀라운 반향을 불러일으켰다. 여류작가 마가렛 수스만[23]은 이 책을 독일의 새로운 형이상학이라고 열광하였으며, 발터 벤야민[24] 역시 당대의 시대정신을 가장 잘 표현한 책이라고 호평하였다. 이 책이 출간되기 1년 전인 1917년에 블로흐는 잠시 스위스로 망명하였다. 그는 당시 베른 대학에서 박사과정 중에 있었던 벤야민을 처음 만났으며, 그들의 우정은 평생 지속되었다. 1920년대의 블로흐는 왕성한 필력으로 『토

22) Ontologie des Noch-Nichts.

23) Margarete Susman (1872~1966). 함부르크 출신의 독일 기자, 문필가, 시인으로서 기독교적 환경에서 살아가는 유대인의 위치에서 작품을 썼다.

24) Walter Bendix Schoenflies Benjamin (1892~1940). 독일 철학자, 문회비평가, 번역가로서 활동하면서 많은 저술을 남겼다. 희망의 철학자 에른스트 블로흐와는 잘 지냈으며, 아도르노는 그의 친구였다.

마스 뮌처』, 『유토피아의 정신』(개정판), 『황무지를 건너서』, 『흔적들』을 집필하였다.

1930년대의 블로흐는 주로 망명의 세월을 보낸다. 히틀러 정권이 들어선 후, 그는 스위스와 오스트리아에서 지냈으며, 취리히에서 『이 시대의 유산』(1935)을 간행하고 물질 개념의 역사를 연구하기 시작한다. 나치의 세력이 전 유럽으로 확산되면서 결국 그는 1938년에 미국으로 망명하였다. 거기서 블로흐는 『희망의 원리』, 『자연법과 인간의 존엄성』, 『주관-객관: 헤겔 연구』 등의 저서를 작업하였다. 특히 "보다 나은 삶을 위한 꿈"이라는 제목으로 구상되었던 『희망의 원리』는 폴 틸리히[25]의 주선으로 옥스퍼드대학출판부에서 내려고 하였으나 계약이 성사되지는 못했다.

제2차 세계대전이 끝난 후 1948년에 블로흐는 가다머의 후임으로 라이프치히대학의 철학 정교수로 초빙되어, 「대학, 마르크스주의, 철학」이라는 제목으로 취임 연설을 한다.(64세)

그후 『주관-객관』(1949)[26], 『희망의 원리』 제1권(1954)과 제2권(1955)이 출간되면서 동독의 국가철학자로서 최고의 영예를 누리게 되었으나, 그의 헤겔 저서인 『주관-객관』과 『희망의 원리』에 대한 비판이 시작되면서 동독 공산당의 숙청 대상이 되었으며, 강의와 강연까지 금지당하는 제재를 받았다.

블로흐는 1958년 프랑크푸르트에서 열린 헤겔학회에 참석하여 수어캄프출판사와의 계약을 체결함으로써, 1959년에 『흔적들』[27]과 『희망의 원리』[28]가 출간되었고, 동베를린에서도 『희

25) Paul Johannes Tillich (1886~1965). 독일 출신으로 미국으로 이주한 개신교 신학자, 교의신학자, 종교철학자로서 『교의신학』(Systematische Theologie, 3 Bände, Evangelisches Verlagswerk, Stuttgart 1955/58/66)을 저술하였다.

26) Subjekt Objekt, 1949.

망의 원리』 제3권이 간행되었다. 1960년부터 블로흐는 튀빙겐, 하이델베르크, 슈트트가르트에서 강연을 계속했고, 1961년에는 바이로이트와 뮌헨을 방문하던 중, 동베를린에 장벽이 설치되자 동독으로의 귀국을 포기하고 튀빙겐대학의 객원교수를 수락하였다. 그 이후에 블로흐는 『자연법과 인간의 존엄성』[29], 『튀빙겐 철학개론』[30], 『기독교 안의 무신론』[31], 『철학적 논술』, 『정치적 측정』[32], 『물질론 문제의 역사와 실체』[33], 『세계의 실험』[34] 등의 저서를 잇달아 출간하였다.

블로흐의 희망철학은 아리스토텔레스의 좌파로 알려진 아랍학파의 물질 개념, 포이에르바흐의 인간주의, 마르크스의 유물변증법과 혁명이론, 페르시아의 이신론(二神論), 유대-기독교적 메시아사상과 천년왕국사상을 전제하고 있다. 그의 신학은 근본적으로 인간학이다. 그가 지향하는 유토피아는 추상적, 초월적 유토피아가 아니라 물질의 가능성을 토대로 하는 사실적이고 구체적인 유토피아이다. 따라서 그가 천국 유토피아 역시 기독교에서처럼 하느님의 나라에 그치지 않고 하느님 대신에 인간이 주역이 되는 하느님의 나라, 즉 하느님이 없는 하느님의 나라를 지향하고 있다.

블로흐가 상정하는 하느님은 인간이 극복해야 하는 대상인 동시에 인간이 끝까지 지향해야 하는 목표이기도 하다. 인간이

27) Spuren, 1959.

28) Das Prinzip Hoffnung, 3 Bände, 1954~1959.

29) Naturrecht und menschliche Würde, 1961.

30) Tübinger Einleitung in die Philosophie, 1963.

31) Atheismus im Christentum, 1968.

32) Politische Messungen, Pestzeit, Vormärz, 1970.

33) Das Materialismusproblem, seine Geschichte und Substanz, 1972.

34) Experimentum Mundi. Frage, Kategorien des Herausbringens, Praxis, 1975.

극복하고 지양해야 하는 하느님은 이 세상을 악하게 만든 하느님인 반면에, 인간이 지향하고 존중해야 하는 하느님은 그 악한 하느님으로부터 인간을 구제하기 위하여 오시는 선한 하느님이다. 기독교의 성서는 이 두 개의 하느님 표상이 뒤섞여 있어서 우리를 혼란스럽게 한다. 그러나 블로흐는 이 두 개의 하느님 표상을 분명하게 구분하였다.

블로흐의 '하느님 나라' 사상은 '아직-아님'이라는 미래지향적 존재 계기를 기초로 하여 전개된다. 기존의 존재론은 본질[35]을 문제 삼았는데, 그 본질이란 사실상 과거적 특성[36]과 다르지 않다. 플라톤이나 기독교의 창조설은 이러한 관점에 의존하고 있다. 그러나 블로흐는 아직 존재하지 않은 것, 즉 존재의 미래적 차원을 문제 삼고 있다. '아님'[37]이나 '아직-아님'[38]이라는 범주가 중요하게 부각된다. '아님'은 존재의 부정, 즉 무[39]가 아니라 존재가 현실화되지 않은 실재적 가능성을 뜻한다. 따라서 참된 창세기는 과거의 시초에 있는 것이 아니고 미래의 마지막에 위치하는 것이다.

블로흐의 철학이론은 근본적인 저항과 해방이론을 지향한다. 그의 사상이 혁명의 신학이나 해방신학에서 자주 원용되는 것은 바로 그런 이유에서였다. 그는 개혁주의보다는 혁명이론이 정의를 구현하는데 결정적이라고 보았다. 이와 같은 그의 생각은 1968년에 출간된 『기독교 안의 무신론』에서 극명하게 나타났다. 이 책의 한국어판에서는 『저항과 반역의 기독교』(열린책

---

35) Wesen
36) Gewesenheit.
37) Nicht
38) Noch-Nicht
39) Nichts

들 2009)라고 제목을 바꿈으로써 블로흐의 취지를 근본적으로 왜곡할 수 있는 위험이 있으며, 특히 기독교의 전반적인 흐름이나 특징을 저항과 반역이라고 각인시키는 잘못을 범할 수도 있다. 블로흐는 집필 당시에 이 책의 제목을 "기독교와 무신론"으로 잡아서 기독교와 무신론의 대결적인 구도를 그려내고자 하였다. 그러나 집필 과정에서 자신의 생각을 바꾸었다. 오히려 문제가 되는 것은 기독교 안에 도사리고 있는 반기독교적인 정신, 곧 '무신론'[40]이었던 것이다. 따라서 "기독교 안의 무신론"으로 제목을 수정하였다. 따라서 기독교 전통 안에 도사리고 있는 무신론적 경향성들의 역사적, 신학적, 철학적 의미를 되새기면서, 그가 『희망의 원리』에서 소개한 '교학적 희망'[41]의 성서적 전거들을 찾아보는데 그 저술 의도가 있다고 보아야 할 것이다.

블로흐가 지향하는 무신론은 신이 존재하지 않는다는 취지의 무신론이 아니다. 그는 선신과 악신의 존재를 신앙하는 페르시아 이신론(二神論)을 추종하였다. 기독교의 대성인이었던 아우구스티누스가 개종하기 전에 심취했던 마니교는 가장 대표적인 이신론의 종교였다. 블로흐는 전통 기독교에서 숭배하는 신의 표상이 실제로는 악한 하느님이며, 그 악한 하느님으로부터 탈출하여 선한 하느님의 표상을 쟁취해야 한다는 것이다. 그래서

40) Atheismus

41) docta spes. 이를 블로흐는 '가르치고 배울 수 있는 희망'이라고 소개한다. 그는 희망이 단지 욕망이나 비도덕적 또는 비인간적, 그러니까 자신의 욕망이나 의도를 쟁취하기 위하여 무차별적으로 원하는 생각이나 행위에 집착하는 것이 아니라, 인간적이고 도덕적인 틀 안에서 상대방의 인권과 인격을 배려하는 그런 조건들 안에서 자기를 실현하고, 실현할 수 있으며, 실현해도 좋은 가능성 조건들을 탐색하고, 이를 다시 가르치고 배울 수 있는 것이어야 한다고 말한다.

블로흐는 "참된 기독교는 무신론이어야 하고 무신론자만이 참된 그리스도인일 수 있다."[42] 라는 사실을 강조했던 것이다. 따라서 기독교 안에서 그것을 근본적으로 부정하는 무신론의 정신을 기술하고자 한 블로흐의 의도가 한국어판의 제목에서는 철저하게 무시되고 말았다.

엄밀한 의미에서 『기독교 안의 무신론』은 현존하는 기독교적 가치를 추구하는 것이 아니라 오히려 그것들이 본래의 기독교 정신에서 일탈하였고, 그 때문에 기독교라는 이름으로 쌓아올린 바벨탑들을 무너뜨리려는 의도에서 저술되었다. 기독교는 한 분이신 하느님의 창조와 인간의 타락과 인간을 구원하시려는 하느님의 구속사적 섭리와 자기 자신이자 그의 아들인 예수 그리스도의 십자가 수난과 부활과 재림과 영원한 통치를 위하여 이 세상적 가치에 저항하고 반역을 시도했던 종교이다. 그것을 가장 잘 보여준 사건이 바로 출애굽 사건, 즉 이집트의 압제로부터 이스라엘 백성들이 탈출하여 가나안 복지에 들어간 역사적 사건이었다. 그러나 블로흐는 참된 그리스도인은 '이집트로부터의 탈출'에 그치지 않고 그것을 인도해준 '하느님 그 자신으로부터의 탈출'을 시도해야 한다고 천명하였다. 이것이 바로 블로흐의 핵심적인 주장 내용이다.

블로흐가 추구하였던 최고선은 '하느님이 없는 하느님의 나라', 즉 '자유의 왕국'으로서 무신론의 나라였으며, 결코 '하느님의 나라'를 추구하였던 기독교가 아니었던 것이다. 이와 같은 블로흐의 무신론적 기독교 해석에 대한 비판과 도전은 위르겐 몰트만의 『희망의 신학』에 의하여 전개되었다.

블로흐의 희망철학은 칸트의 요청적 신앙의 맥락에서 이해되

42) Ernst Bloch, Atheismus im Christentum, Frankfurt 1980, S. 15.

어야 한다. 칸트는 도덕적 실천을 가능하게 하는 조건으로서 종교의 자리(역할)를 구상하였으며, 이로써 종교는 도덕적으로 노력한 사람들에게 위안적 희망을 제공할 수 있는 정당성을 부여받게 되었다. 칸트에서 종교는 도덕적 실천과 연계되어 있으며, '유일한 참된 종교'로서만 존재한다. 그와 같은 종교에는 수많은 신앙유형들이 존재한다. 기독교, 조로아스터교, 루터교, 이슬람교 등이 바로 그런 종교 신앙의 유형들이다.

블로흐가 "희망이 있는 곳에 종교 역시 존재한다. 그와 반대로 천국과 권력 당국이 강요한 종교를 고려해볼 때 종교가 있는 곳에 희망 역시 존재한다는 말은 언제나 타당한 것은 아니다."43)라고 말했을 때, 전후 단락에 나오는 '종교'는 서로 다른 의미를 가지고 있다. 블로흐가 "희망이 있는 곳에 종교가 있다."라는 어구에서 '종교'는 칸트가 말한 '유일한 참된 종교'를 뜻한다. 그러나 블로흐가 "종교가 있는 곳에 희망이 있는 것은 아니다."라는 어구에서 '종교'는 칸트가 말한 '신앙의 한 유형으로서 종교'를 의미하며, 때로는 결정적으로 타락하고 변질된 나쁜 종교일 수도 있다. 앞에서 종교는 이성신앙과 도덕신앙이고, 뒤에서 종교는 교회신앙이자 계시신앙 중에서도 나쁜 형태를 말한다. 블로흐는 기독교 교회가 역사적으로 신봉해왔던 계시신앙의 내용을 혁명적으로 부정하면서 칸트가 말한 이성신앙이나 도덕신앙이 수립될 수 있는 (악한) 하느님이 없는 (선한) 하느님의 나라를 희망하였다. 이와 같은 나라는 결국 역사적인 기독교의 철저한 몰락 위에서만 가능한 일이며, 성서를 기독교

43) "Wo Hoffnung ist, ist auch Religion; nicht gilt freilich, in Ansehung der von Himmel und Obrigkeit verhängten Religion, die Umkehrung: Wo Religion ist, ist auch Hoffnung." (Bloch, *Atheismus im Christentum*, 23.)

의 정경으로서가 아니라 무신론의 정경으로 신앙하는 경우에만 도래할 수 있다. 이 점에서 블로흐의 메시아적 유토피아 사상은 포이에르바흐와 마르크스, 그리고 니체와 프로이트의 사상을 계승한 반기독교 사상의 정수라고 할 수 있는 것이다. 이처럼 블로흐는 자신의 희망철학을 무신론과 이신론이라는 세계관적 지평 위에 정립하였다.

## 아직-아닌-존재의 존재론

블로흐에 의하면 아리스토텔레스의 존재론과 형이상학은 과거의 존재 사실, 즉 본질을 전제로 하고 있다. 이 전통은 토마스 아퀴나스에 이르기까지 아리스토텔레스 철학에 대한 정통적인 해석으로 군림했다. 블로흐는 아랍 철학자들의 물질 우위론적 아리스토텔레스 해석을 중시하고, 물질과 가능성 개념 중심의 새로운 존재론을 구상한다. 그것은 이미 존재하고 있는 것들에 대한 과거지향적 본질의 존재론이 아니라 앞으로 존재하게 될 아직-아닌 것들, 즉 미래 사실에 대한 가능성과 희망의 존재론이었다. 그 존재론의 마지막은 유토피아를 지향하고 있으며, 물질은 현재라는 전초에서 유토피아적인 것을 새롭게 창조하는 기체로서 작용하게 된다.

세계 역사 속에서 유토피아적 전체를 향하여 운동하고 있는 질료는 항상 '아직-아님'을 성취하며, '과거적 본성'은 미리 정초되어 있는 객관적 가능성의 '전초'[44]와 '새것'[45]을 경험하게 된다. '아직-아님'은 물질, 전초, 새것이라는 세 범주에 의하여

44) Front
45) Novum

구성되어 있다. 전초는 항상 우리가 살거나 행위하면서 느끼게 되는 시간 단위의 첨단을 의미한다. 이것은 언제나 '지금' 속에 있으며, 이와 같은 '지금'은 항상 또다시 앞으로 돌진해 나가는 '아님'[46]의 '지금'이다. 인간의 '전초'에서 '아님'은 완전하게 파악할 수 없는 직접성으로 인하여 체험되지 않는 '살고 있는 순간' 속에서 발아된다. '아직-아님'의 전초 속에서 '새것'이 터져 나온다.

'새것' 안에서 활동적 희망이 자리할 수 있는 모든 역사 차원이 열려지고 개방된다. 새것이 지향하는 세계는 어떤 것을 향한 성향 또는 경향성이며, 이 세계 근거의 과정적-진행적 해결에의 잠현성이다. 따라서 참된 객관적-실재적 가능성은 지금까지 완성되어 있는 존재자에 있는 것이 아니고, 과정적 물질의 전초에서 새것으로 떠오르는 '아직-아닌-존재자'[47] 속에 있다.

## 살고있는 순간의 어둠

블로흐 철학의 출발점은 '굶주림'[48]과 '어둠'[49]이다. 이 주제는 『희망의 원리』 제20장 「요약: 예견적인 특성과 그 양극성-어두운 순간과 열린 적합성」[50], 그리고 『튀빙겐 철학서설』에 실린 「아직-아닌-존재의 존재론」[51]을 중심으로 살펴볼 것이다.

---

46) Nicht

47) das Noch-Nicht-Seiende

48) Hunger

49) Dunkel

50) Ernst Bloch, Das Prinzip Hoffnung. S. 334-368, 20장, Zusammenfassung Antizipatorische Beschaffenheit und ihre Pole: Dunkler Augenblick-Offene Adäquatheit.

51) Ernst Bloch, Ontologie des Noch-Nicht-Seins, in: Tübinger Einleitung in die Philosophie. Frankfurt 1970. S. 210-300.

블로흐적인 의미에서 희망은 인간 의식의 '유토피아적 기능'과 '이 의식에 대한 객관적인 상관성'이라는 이중적인 특성을 가지고 있다. 인간과 세계 결속적인 질료(물질)는 유토피아를 지향하고 있으며, 이와 같은 유토피아적 희망은 '살고 있는 순간의 어둠'[52]으로부터 시작된다. 이 '어둠'은 '지금' 위에 서 있다. 어둠은 "역사적인 과정의 지금 위에 있는 인간의 현사실적인 모습"[53]일 뿐만 아니라, 객관적인 순간의 어둠에 대한 모사[54], 즉 현존재의 '사실 근거'[55]를 나타내고 있다. 블로흐는 '살고 있는 순간의 어둠'의 두 가지 양극인 인간과 세계 과정의 '시원'[56]으로서 지금의 어둠과 블로흐 자신이 '합류'[57]라고 규정하고 있는 세계 결속적 상관성으로 표현되는 물질성이라는 포괄적인 영역에서 개방성에 관하여 말하고 있다.

> 시원(始源)은 지금의 어둠으로 표현되는데 그곳에서 현실적인 것이 솟아나오고, 합류(合流)는 객체적인 저변 근거의 개방성으로서 그곳을 향하여 희망이 잇대어 있다. 객체적인 저변 근거나 상관성에서 개방성, 또한 결정적으로 실재-가능한 것[58]은 객체적인 것 그 자체의 전초 규정성[59]으로서 유토피아이고, 여기에서 어두운 순간과 저기에서 개방적인 적합성은 마침내 생성의 시원과 합류를 이루고 있으며, 이것은 바로 예견하는 의식의 양극이다.[60]

살고 있는 순간의 어둠과 개방적인 적합성은 세계 과정에서

52) Dunkel des gelebten Augenblicks.
53) das faktische Daß des Menschen am Jetzt geschichtliches Prozesses.
54) das Abbild
55) Daß-Grund
56) Quell
57) Mündung
58) Real-Mögliches
59) Frontbestimmtheit
60) Ernst Bloch, Das Prinzip Hoffnung, S. 336.

시원과 합류로 규정되고 있는데, 이 두 가지 양극은 '소유 의욕에서 갖지 않음'[61]과 '현실화의 실재-객관적 가능성에서 아직-이루어지지-않음'[62]이라는 예견적인 특성을 가지고 있다. 그리하여 이 양극성은 이 세상의 종말에서 인간과 세계의 절대적인 동질성을 지향하고 있다. 이와 같은 유토피아적인 목표 설정은 '인간의 자연화'와 '자연의 인간화'라는 명제로 정식화되고 있다.[63]

### 어둠과 아님의 존재론적 특성

블로흐의 다음 인용문에서 우리는 '어둠'과 '아님'의 존재론적 성격을 파악할 수 있다.

> 그러므로 가장 멀리 있는 것이 아닌, 가장 가까이 있는 것은 아직 완전히 어둠 속에 있다. 그것은 가장 가까이 있는 것, 가장 내재적인 것이기 때문이다. 이 가장 가까운 것 속에 현존의 비밀에 대한 매듭이 숨겨져 있다.[64]

블로흐의 견해에 의하면 현존 비밀의 매듭은 가장 먼 것이 아닌 가장 가까운 것, 즉 여기와 지금의 어둠 속에 용해되어 있다. 이 어둠은 가까운 것 속에서 항상 다시 시작하는 것과 가장 핵심적인 유토피아 범주를 나타내고 있다. 블로흐는 '살고 있는 순간의 어둠'이라는 개념을 '세계 과정에서 시작'이라는 의미로 받아들인다. '지금'과 가장 가까운 것은 항상 세계 사건

61) das Nicht-Haben im Haben-Wollen.
62) Noch-Nicht-Gewordenes in realobjektiver Möglichkeit der Verwirklichung.
63) Ernst Bloch, Das Prinzip Hoffnung, S. 235.
64) Ernst Bloch, Das Prinzip Hoffnung, S. 341.

의 '시작'이며, 또한 세계 과정에서 '시작'은 '모든 순간 속에서 항상 다시' 일어난다. 그러므로 "시작에 대한 출발점과 출발의 한 지점은 근원과 세계 근거를 의미하는 것이며, 아직 떠오르지 못한 지금과 여기 가운데서 나타난다."[65]

> 살고 있는 모든 순간은 그 안에서 항상 반복하여 일어나는 세계 시작의 증인이며, 아직 솟아오르지 못한 것으로서 세계 시작의 0년에[66] 있다.[67]

블로흐에 의하면, 이와 함께 모든 순간은 잠재적으로 '세계 완성의 일시와 그 내용의 일정'[68]을 포함하고 있다. 이와 같은 세계 완성에서 '사실 근거의 무규정적 아님'[69]은 내용적으로는 세계 과정이나 그 형태의 실험적인 규정에 의하여 규정된 '아무것도 없음'[70]이 아니면 규정된 '모든 것'[71] 중의 하나만을 선택해야 하는 결정적인 의미가 함축되어 있다. '살고 있는 순간의 어둠'은 그러므로 '세계 시작의 0년' 또는 '사실 근거의 무규정적인 아님'으로 된다. 바로 이와 같은 사실에서 '지금 여기에 있는 어둠'은 아직-아닌-존재의 존재론의 단초가 되는 '아님'과 관련된다. '어디서'와 '어디로', '알파'와 '오메가', 세계 수수께끼의 모든 비밀은 '아님'이라는 개념을 분석함으로써 풀어지게 된다. 블로흐는 '아님'[72]이란 개념을 다음과 같이 정의한다.

---

65) Ernst Bloch, Das Prinzip Hoffnung, S. 358.
66) im Jahr Null des Weltanfangs.
67) Ernst Bloch, Das Prinzip Hoffnung, S. 359.
68) das Datum der Weltvollendung und die Data ihres Inhaltes.
69) das unbestimmte Nicht des Daßgrunds.
70) Nichts, 무(無).
71) Alles, Totum.
72) Nicht

> 그 자체에서 그리고 직접적인 지금으로서 비어 있는 것만이 무규정적인 것이고, 발효하고 (부풀고) 있는 아님이다. 아님은 어떤 것에 대한 결핍이다. 아님은 비어 있는 것, 아직 결정되지 않은 것, 그리하여 시작에 대한 출발점으로서 근원 가운데 있으며, 아님은 살고 있는 순간의 어둠과 관계되어 있다.[73]

아님은 지금 '거기에 있지 않음'[74]이다. 이 '않음' 또는 '아님'은 '없음'(無)이 아니고, 존재의 근원(사실적-실재적인 것)이다. '아님'은 물론 어떤 것에 대한 결핍 또는 비어 있음이다. 또한 그것은 동시에 결핍된 것에 대한 충동, 곧 이 결핍 상태로부터의 도피와 극복을 의미한다. "그러므로 충동하는 것은 아님과 함께 생물 속에서 충동, 욕구, 갈망, 그리고 가장 일차적인 굶주림으로 이루어져 있다."[75] 특정한 아님으로서 굶주림은 '아니-가짐' 또는 '갖지 않음'[76]이라는 형태 가운데 있다. '어떤 것을 향한 모든 운동에서 시작'인 '아님'은 동물에서는 '아니-가짐', 즉 '아직 갖고 있지 않음'을 뜻하고, 존재론적으로 '아직-아님'을 나타내고 있다.

'아니-가짐'(아직 갖고 있지 않음)과 '아직-아님'은 '없음'과는 전혀 다르다. 없음은 규정된 것으로서 부정적인 놀라움이며, 그 작용은 충동하는 것이 아니라 절멸시키는 것이다. 그러나 아직-아님은 부정의 부정을 통하여 세계 현실성 속에서 열려 있는 결핍의 과정적 성격을 띠고 있다.

'아직-아님'으로서 '아님'은 생성된 존재를 넘어서 간다. 굶주

73) Ernst Bloch, Das Prinzip Hoffnung, S. 356-357.
74) das Nicht-Da
75) Ernst Bloch, Das Prinzip Hoffnung, S. 356.
76) das Nicht-Haben.

림은 아직 완성되지 않은 세계에서 항상 다시 터져 나오는 전초, 전방의 생산력이 된다. 과정적인 '아직-아님'으로서 '아님'은 미완성의 실재 상태, 모든 객체적인 것 안에 있는 최초의 단편적인 본질의 실재 상태에 대한 유토피아를 형성한다.77) 이 순간의 어둠 속에 깃들어 있는 '아님'은, 블로흐의 표현에 의하면, '세계 과정에서 시작'이다. '세계 과정'에 대한 이해를 통하여 '절대적인 희망'과 '경험 가능한 세계 실재성' 사이의 '이론적인 매개'를 규정하고 있는 것이다. 블로흐가 이해하고 있는 이 세계 과정은 몰트만이 말하고 있는 바와 같이, '무로부터의 창조적인 힘', 그리하여 '무로부터의 창조'가 아니고 아직-아님의 아님으로부터 시작되는 과정이며, 이 아님을 존재적 원리로 갖고 있는 물질의 운동은 이 세상의 종극에 있는 유토피아적 실재 상태에 이르기까지 계속된다.

## 구체적인 유토피아론

블로흐의 '구체적인 유토피아'78)는 '어둠'과 '열린 적합성'이라는 개념과 긴밀한 관계를 갖고 있다. 그것은 어둠과 개방된 적합성, 즉 근접 목표인 어둠과 원격 목표인 유토피아적 종극 상태의 관계, 다시 말하면 '구체적인 유토피아'의 문제이기 때문이다.

블로흐에 의하면 '열린 적합성'은 '산출의 합류점'이다. 열린 적합성은 희망이 지향하고 있는 종극 상태의 계기이며, 예견하였던 고요한 조화로움에 대한 독특한 경험이다. 희망의 목표를

---

77) Ernst Bloch, Das Prinzip Hoffnung, S. 359-360.

78) konkrete Utopie

문학적으로 표현한다면, 괴테의 『파우스트』에 나오는 "멈추어라, 너 아름다운 순간이여"라는 문장으로 나타낼 수 있다. 이와 같은 블로흐의 사상은 그의 구체적인 유토피아론에서 그 절정에 이르게 된다.

구체적 유토피아는 '살고 있는 순간의 어둠'과 '유토피아적인 종극 상태' 사이에서 주제화되고 있다. 이 관계를 설명하려면 먼저 블로흐가 세계 과정을 어떻게 이해하고 있는지를 살펴야 한다. 블로흐는 '시작'의 신비로움은 살고 있는 순간의 어둠 속에서 유토피아의 근접 목표를 형성하고 있다고 보았다. 세계의 본질은 과거 사실 속에 있는 것이 아니라 맨 앞의 전초에, 즉 유토피아를 향하여 운동하고 있는 열린 물질의 전초적인 존재 단면이기 때문이다.[79]

블로흐에서 세계 진행 과정의 전초에 놓여 있어서 변화되는 것은 바로 '새로움'[80], 즉 '새것의 범주'[81]이다. 그는 이 새로운 것도, 새것 자체 속에 기계적인 반복이나 종교사적으로 (편찬사적으로가 아니라) 전통적인 전승 내용에 대한 경험 같은 것이 섞여 있으므로 항상 새롭지는 않다고 보았다.[82] 그러므로 블로흐는 세계 과정의 종극 상태를 '최후적인 것'[83]이라고 규정하였는데, 이 최후적인 것 가운데서는 물론 기계적인 반복이나 전통적인 종교 전승이 그쳐버리게 되고, 이를 통하여 전체적인 내용의 변증법적 흐름이 규정된다.

새것의 한계 개념으로서 최후적인 것은 전체적인 유토피아적

---

79) Ernst Bloch, Tübinger Einleitung in die Philosophie, S. 275.

80) Neuheit

81) Kategorie Novum

82) Ernst Bloch, Das Prinzip Hoffnung, S. 232-233.

83) Ultimum

반복 상태로 보이는데, 이와 같은 전체적인 유토피아적 반복 상태 속에서는 지금까지의 모든 예견이 그 최종적인 상승을 경험하게 되며, 그 때문에 최종적인 것은 최종적인 존재 질료와 더불어 근원과 일치하게 된다. 블로흐에 의하면 이와 같은 물질의 최종적인 존재 방식은 그 원핵과의 동일성이라는 존재 방식이며, 논리적인 연관 속에서는 실재적이지만 사유 가능할 뿐이며 마지막 유토피아적인 이 동일성의 한계 개념, 즉 요청적인 원리로서 그 안에서 근원이 세계의 과정적인 현상들뿐만 아니라 그것을 새롭게 기초하는 '고향'[84]을 설정하고 있다.[85]

이 최종의 유토피아적 '고향' 개념과 '마지막에서 실제적인 창조'라는 개념은 유토피아적 희망의 원격 목표이다. 근접 목표와 원격 목표와의 매개는 블로흐의 희망철학에서 구체적인 유토피아론으로 현실화되고 있다. 이와 같은 맥락에서 블로흐는 '유토피아'와 '지금'의 관계를 서술하고 있다. 목표, 즉 유토피아적인 의식의 한 극으로서 열린 적합성은 유토피아적 의식의 다른 한 극을 구체화시키는 현재 또는 어두운 순간 속에서 보다 잘 드러나게 된다. 그래서 블로흐는 그의 '유토피아' 개념을 지속적인 상태가 아닌, 순간적인 상태, 즉 "이 순간을 즐겨라!"[86]로 이해하였으며, 그것은 바로 지금이라는 순간에 향유하는 것, 또는 세계의 역사 속에 있는 '유토피아적 현재'[87]이며, "흐름 속에 있는 사건적인 실례들에 대한 실험이나 경향성을 띠고 있지만 아직 완전히 객체화되지 않은 실체의 잠현적 형태의 합산"이다.[88] 그의 유토피아 개념은 상당히 현실적인, 그리고 역사 속

84) Heimat
85) Ernst Bloch, Tübinger Einleitung in die Philosophie, S. 277.
86) Carpe diem.
87) das utopische Präsens.

에서 우리가 살고 있는 지금 여기라는 실제적인 차원에서 이상적 상태를 설계하는 구체성을 가지고 있다. 이러한 근거에서 블로흐는 토머스 모어의 '아무 데도 없는 곳'[89]과 같은 추상적인 유토피아가 아니라, 근접 목표와 원격 목표가 유토피아적인 현재 속에서 구체적으로 일치하는 유토피아를 말하였다. 예를 들면 인간에게 낙원을 이상으로 말하면서 그것을 수행하는 방식으로서 지금 폭력과 압제를 행사하는 것은 구체적 유토피아론에 상치된다는 것이다. 히틀러의 유대인 학살은 반유토피아적인 것이다.

우리는 이상과 같은 블로흐의 논의를 바탕으로 도대체 그가 과거적 사실, 즉 '이 세상의 잘못된 시작'과 오늘날의 현실을, 유토피아적 종극목표의 설정과 구체적인 유토피아론으로 어느 정도까지 통일하려고 했으며, 또한 할 수 있었는가를 묻지 않을 수 없다. 왜냐하면 블로흐적인 의미에서 유토피아적 희망은 실제로 전통적인 전승에 대한 기억을 허용하고 있기 때문이다. 이 물음을 통해 우리는 블로흐의 희망철학이 지니고 있는 성격을 결정적으로 규정할 수 있을 것이다. 그것은 이 물음이 바로 그의 무신론, 다시 말하면 그가 제시한 '하계적 성서 해석'과 '메타종교 이론'과 함께 그의 세계관이나 유토피아론과 직접적으로 관련되어 있기 때문이다. 이와 같은 문제 설정과 함께 리하르트 셰플러는 블로흐의 철학에서 유토피아적 희망과 경험 가능한 세계-실재성과의 관계를 세 가지의 매개 방식으로 분명하게 설명할 수 있었다.[90]

---

88) Ernst Bloch, Tübinger Einleitung in die Philosophie, S. 277.

89) Nirgend-Wo

90) Richard Schaeffler, Was dürfen wir hoffen?: die katholische Theologie der Hoffnung zwischen Blochs utopischem Denken und der reformatorischen

구체적인 유토피아는 역사 과정적 질료가 역사 지표와 함께 매개된다. 이를 셰플러는 '이론적 존재론적 매개'라고 부른다. 세계과정 범주들 '전방-새것-최후적인 것'[91]의 구체적인 실체는 물질이다. 이 물질로 인해 구체적인 유토피아는 세계의 실재적 유토피아 그 자체이다. 블로흐는 아리스토텔레스의 질료 개념에 대한 그의 설명 가운데서, 질료를 '순수한 잠재성의 원리'로 규정하고 있다. 물질의 잠재성은 세계 과정의 동인으로서 그 마지막 목표를 향한 실행 능력을 갖는다. 블로흐는 물질과 유토피아의 관계에 대하여 '유토피아와 물질 사이의 붙임줄'[92]이라는 표현을 사용하면서 '물질 안에 있는 유토피아'[93]와 '유토피아 안에 있는 물질'[94]을 연결하고 있다.[95] 셰플러는 블로흐의 '물질 안에 있는 유토피아' 개념을 "아직 아닌 존재자에로 돌진하는 잠재성의 힘"으로, '유토피아 안에 있는 물질'을 "현존하는 세계를 변화시키고 새로운 세계를 창조할 수 있는 꿈의 실재력"으로 설명하고 있다.[96] 셰플러는 구체적인 유토피아의 문제, 즉 '물질 안에 있는 유토피아'와 '유토피아 안에 있는 물질' 사이의 이론적으로 논증 불가능한 일치를 도덕적 행위의 가능성에 대한 조건으로 '요구'할 수 있다고 보았다.

도덕적인 행위의 가능성을 위한 조건들을 해소하기 위하여 칸트는 '요청 이론'[97]을 정립하였으며, 그 요청 내용으로는 의

---

Rechtfertigungslehre. Darmstadt: Wissenschaftliche Buchgesellschaft, 1979, S. 102-109: Die dreifache Vermittlung von utopischer Hoffnung und erfahrener Welt-Realität.

91) Front-Novum-Ultimum

92) Bogen zwischen Utopie und Materie.

93) Utopie in Materie.

94) Materie in Utopie.

95) Ernst Bloch, Tübinger Einleitung in die Philosophie, S. 232-233.

96) Richard Schaeffler, Was dürfen wir hoffen? 1979, S. 287-288; 103-105.

지의 자유, 영혼의 불멸성 및 하느님의 존재를 들고 있다. 그러나 블로흐는 그의 '새로운 요청적 형이상학'을 '선험적인 주체의 입법'이라는 의미에서가 아니라 "마르크스적인 이데올로기 비판을 수단으로 하는 실재적 인간의 사회적 욕구들"이라는 의미에서 수립하고 있다. 이런 사실을 바탕으로 하여 셰플러는 블로흐의 요청적인 무신론은, 비록 블로흐가 칸트의 요청적인 하느님에 대한 신앙을 부정하고 '하느님 없는 하느님의 나라'를 설정하였다 할지라도, 그러한 유토피아의 실질적인 내용을 설정하는 사실에서 칸트의 요청 이론을 기초로 하여 전개하고 있으며, 그런 사실에서 칸트의 영향사 아래 있다고 보았다.

유토피아와 물질은 동일한 지평 속에 있으며 하나의 붙임줄을 형성하고 있다. 블로흐는 절대적인 목표 내용의 유토피아적 현재와 존재의 주체를 그의 살고 있는 순간의 어둠과 함께, "스스로 전개되어 나가는 물질의 원핵이라는 동력인의 비신화적인 규정과 더불어" 동일한 근거 안에서 설정하고 있다.[98] 아직 완성되지 않은 현실 활동으로서 물질은 인류 역사와 우주적인 자연 세계 안에서 그 자체는 차폐되어 있지 않은 상태이며, 그러므로 물질은 '앞을 향하며'[99], 열려 있는 세계의 실체이다. 원천과 합류점의 실체인 물질은 구체적인 유토피아의 내용이고, 세계 과정의 마지막에 이르러 절대적인 무[100]와 절대적인 모든 것[101] 사이의 개방된 양자택일 가운데서 결정적인 것으로 된다.

---

97) Postulatenlehre

98) Ernst Bloch, Das Prinzip Hoffnung, S. 347.

99) nach vorwärts

100) das absolute Nichts.

101) Alles

## 동일성의 고향 : 모든 것 또는 무

블로흐는 우리가 '동일성의 고향', 즉 이 세계의 마지막에 이르게 될 '결정적 상태'102)는 모든 것 또는 무 사이에서 취해야만 할 결정적인 '양자택일'103)로 다가온다고 보았다. 그는 이 세계가 결국 완전한 화해와 평화를 이루어낸 유토피아적 상태, 즉 인간과 자연이 소외되지 않고 잘 어우러진 이상적인 상태로서 '모든 것'에 도달하거나, 그렇지 않으면 모두가 함께 무참하게 멸절되어버리고 아무것도 남지 않는 '완전한 폐허', '존재와 철저한 단절 상태'인 '무', 즉 '아무것도 아닌 것'으로 절멸하게 될 것이라고 보았던 것이다. 역사의 종극 상태에서는 '모든 또는 아무것도 아닌 것', 그 둘 중의 하나만이 들어서게 된다. 이는 희망의 신학자 위르겐 몰트만이 기독교적인 종말론에서 신성과 신의 지배라고 이해하고 있는 것처럼, 어떤 제3의 것에 의하여 매개될 수조차 없는 상태를 가리키고 있다. 이러한 양자택일은 그야말로 종말적인 것, 또는 실재적-가능적인 물질의 한계내용에서만 극단적인 것이다.

세계 과정은 블로흐의 아직-아닌-존재의 존재론에서는 '아님'이나 '아직-아님'의 구조 계기를 가진다. 아님과 아직-아님의 모든 것과의 연결은 적극적인 유토피아 내용으로서 고향을 의미한다. 종말적인 것으로서 모든 것은 '인간이 근본적으로 원하는 것 일반'을 뜻한다.104) 모든 것으로부터 끝나는 종극 상태에서는 변증법적 발전 진행에서 보이는 상호 대립적, 적대적인 모순들이 더 이상 존재하지 않는다. 그러므로 모든 것 가운데는 본

102) das Definitivum
103) Entweder-Oder
104) Ernst Bloch, Das Prinzip Hoffnung, S. 368.

질과 형상의 동일성만이 있다. 인간과 그리고 그들 자신을 위해 성취한 세계와의 동일성은 유토피아의 한계 개념으로서 현실적인 어둠 속에 있는 모든 인간적인 몸과 소망과 유토피아들 속에서 주제화되었다. 이런 사실을 근거로 하여 블로흐는 '유토피아'를 "그 구체적인 형태 속에서 모든 것의 존재에 이르려고 하는 실험 의지"라고 규정한다.[105]

그러나 만일 이와 같은 모든 것이나 최후적인 것이 역사의 완성에서 그 목표를 잘못 정할 경우에 블로흐에서는 오직 '완전한 헛됨'[106] 또는 무라는 택일 가능성 밖에 없다. 블로흐의 견해에 의하면 무는 역시 하나의 유토피아적인 범주이지만, 극단적인 반유토피아적인 범주이다. 그렇기 때문에 '아닌 것'이다. '아직-아님'과 '무'와의 결합은 목표가 설정된 결합이 아니다. 이러한 무는 두 가지 형식으로 출현하는데, 그 하나는 방향이 없는, 그래서 결코 '끝'이 없는 '무한한 개방성' 자체를 의미하고, 다른 하나는 '사물화된 고립화', 즉 그것으로부터 어떤 열매도 맺을 수 없는 '짓밟혀버린 씨앗'[107]을 뜻한다.[108] 무의 현상들은 역사 속에서 계속 진행되는 내재적인 부정의 현상들이며, 부정의 부정일 경우에는 생산적이며 변증법적이다.[109] 그와 반대로 무로부터 귀결된 마력의 '미리-드러남'[110]은 전적으로 파괴적인 힘일 뿐이며, 결코 변증법적인 특성이나 전진적인 부정의 부정을 찾아볼 수 없다. 그것은 펠로폰네소스 전쟁, 30년 전쟁, 네로나 히틀러의 대량 학살과 같은 절멸 현상이다. 블로흐

105) Ernst Bloch, Das Prinzip Hoffnung, S. 364.
106) Umsonst
107) zertretenes Saatkorn.
108) Ernst Bloch, Tübinger Einleitung in die Philosophie, S. 245-246.
109) Ernst Bloch, Das Prinzip Hoffnung, S. 362.
110) Vor-Schein

는 무의 결정적 상태를 역사 과정의 헛됨이라고 하였으며, 그것은 그러나 아직 일어나지 않았으며 긍정적인 의미에서 결정적 상태인 모든 것을 성취하는 '모든 것'[111]보다 일어날 가능성이 더 희박한 것으로 보았다.[112]

결국 세계 과정의 종극 상태에서는 절대적인 무[113]와 절대적인 모든 것[114] 사이의 열린 적합성만이 있다. 절대적인 무는 '유토피아의 확증된 좌절'이고, 종말에서 무의 승리는 신학적으로는 지옥의 상태를 의미한다. 절대적인 모든 것, 즉 자유의 나라의 전 현상 속에 있는 모든 것은 '유토피아의 확증된 성취' 또는 '유토피아와 같은 존재'[115]이고, 종말에서 모든 것의 승리는 천국으로 생각될 수 있다. 모든 것 자체는 진리 안에 이르게 된 인간과 인간을 위하여 성취할 수 있었던 성공한 세계와의 동일성을 의미한다.

블로흐는 여기에서 비록 그가 가치중립적인 입장에서 '모든 것과 무＝원핵'[116] 사이에 열려 있는 대안을 언급하고 있을지라도 무보다는 '모든 것'을 훨씬 더 긍정적으로 보고 있다. 왜냐하면 '실존-그것'[117]과 '본질-무엇'[118]의 동일성을 일의적으로 모든 것이라고 여기고 있기 때문이다. 그리고 동일성이라는 말을 항상 긍정적, 적극적인 측면에서 '자연의 인간화, 인간의 자연화', 또는 '모든 것', '모두', '고향'으로 언급하고 있기 때문

111) Alles
112) Ernst Bloch, Das Prinzip Hoffnung, S. 364.
113) das absolute Nichts.
114) das absolute Alles.
115) das Sein wie Utopie
116) Alles und Nichts＝Kern.
117) Existenz-Daß
118) Essenz-Was

이다. '모든 것'이라는 개념으로써 블로흐는 동일성의 마지막 한계 개념인 유토피아적 '고향'을 다음과 같이 확정하고 있다.

> 사실[119]의 그 본질[120]로의 이행, 최종적 본질의 그 첫 번째 사실로의 이입, 최후적인 것과 희망되어진 것으로서 새것, 질료의 최종적인 현존 방식은 그 원핵과 동일성의 존재 방식으로서, 이 동일성의 마지막 유토피아적인 한계 개념 속에서 고향을 설정한다.[121]

이와 같은 고향 개념 속에서 최종 목표는 인간과 자연의 일차적인 매개와 통일된 합일 상태이다. 이러한 근거에서 블로흐는 "현실적인 세계 창조는 시작에 있지 않고 종말에 있다."[122]라고 말한다. 그러나 만일 이와 같은 현실적인 세계 창조가 종말에서 모든 것 가운데 일어나지 않는다면, 무나 전적인 헛됨이라는 단 하나만의 대안만이 남아 있게 된다. 블로흐는 이와 같이 '우리 앞에 열려 있는 장소'를 무규정적인 상태로 비어 있는 공간[123], 또는 천국이나 지옥, 왕국과 음부, 모두와 없음처럼 모든 가능한 것들이 완전하게 들어차 있는 '열린 활동 공간'[124]이라고 규정하였다.[125] 만일 감추어진 '숨은 인간'[126]이 절멸되지 않는다면, 이와 같은 종교적인 무규정적 공간은 결국 '하느님이 없는 유토피아의 나라'[127]가 될 것이다. 이와 같은 자유의 왕국 안에서 이전의 악한 하느님은 아무런 역할도 할

---

119) Daß
120) Was
121) Ernst Bloch, Tübinger Einleitung in die Philosophie, S. 277.
122) Ernst Bloch, Das Prinzip Hoffnung, S. 1628.
123) Hohlraum
124) offene Wirkungssphäre.
125) Ernst Bloch, Das Prinzip Hoffnung, S. 1350-1351.
126) Homo absconditus
127) ein utopisches Reich ohne Gott.

수 없고, 다만 하느님으로 된 인간들의 '즐거운 순간'만이 지속된다.

## 희망의 철학과 상속의 종교

블로흐의 철학에서 유토피아적 희망과 경험 가능한 세계 실재의 매개 가능성에 대한 물음은 그의 '메타종교 이론' 또는 '상속의 종교'에서 그 실마리를 찾을 수 있다. 왜냐하면 그가 이 주제 속에서 블로흐가 전통적인 종교 전승과 유토피아적 희망의 결합에 대한 단초를 제시하려고 하기 때문이다.

메타종교 이론에서는 특히 블로흐의 요청적 무신론, 극단적인 이원론과 함께 제기되는 혁명적 실천의 문제나 기독교적 메시아론에 대한 해석상의 문제가 핵심적으로 주제화되고 있다. 또한 상술한 무규정적 공간을 채울 수 있는 '무'와 '모든 것' 사이의 양자택일이 어떤 근거에서 산출되었으며, 또한 왜 가능한 것을 위하여 열려 있는 미래적 공간이 하느님과 같은 제3자를 선포하지 않고, 다만 '무'와 '모든 것' 사이의 양자택일 가능성에 대해서 언표하는가라고 블로흐에게 질문하였던 몰트만의 문제는 이제 메타 종교적인 맥락 속에서 그 적절한 답을 얻을 수 있을 것이다.

블로흐의 종교 이해는 한편으로 그가 무신론과 대비시키고 있는 유신론과 동일한 의미를 가지고 있다. 그러나 블로흐는 '신의 존재, 그야말로 신 그 자체를 고유한 본질'로 삼고 있는 유신론은 미신에 지나지 않는다고 말한다. "신앙은 그 유일한 의미에서 하느님이 없는 하느님의 메시아적인 왕국에 대한 신앙이다."[128] 따라서 무신론은 '신 자신을 제거하는 것'[129]을 의미한다. 다른 한편으로 종교는 그가 하느님이 없는 특수한 종말론 또는 메타종교와 대비시키고 있는, 역사 시작의 창조신에 대한 재결합으로 규정되고 있다. 블로흐의 메타종교는 과거의 하느님을 전면 부정함으로써 무신론적 성향을 띠게 된다. 하느님에 대한 생각은 항상 세계 역사를 기술하기 시작한 데 대한 생각이다.

그와 반대로 유토피아적인 희망은 '불완전한 세상의 시작에서 창조 열정'으로부터 '하느님 없는 왕국의 유토피아'에로 전향하게 된다. 하느님은 이제 하느님의 왕국으로 되었고, 하느님의 왕국은 어떤 신도 포함하고 있지 않기 때문에, 그것은 하느님 없는 하느님의 나라가 된다. 그리하여 왕국의 유토피아는 창조신의 허구를 부정해버린다.[130] 그리고 이러한 이유에서 블로흐에서 유대적 신앙의 중심적인 선포 내용은 '야훼 하느님 그 자신으로부터의 탈출'[131]만이 가능하게 된다. 그는 "보라, 나 이제 새 하늘과 새 땅을 창조하리라. 예전의 것들은 이제 기억되지도 않고 마음에 떠오르지도 않으리라."[132]는 이사야 선지자의 인용과 "나는 또 새 하늘과 새 땅을 보았습니다. 첫 번째 하늘과 첫 번째 땅은 사라지고 바다도 더 이상 없었습니다."[133]라는 인용과 함께 '이 세상'과 '도래하는 세상' 사이에서 매개되지 못하고 있는 이원론을 '하계적인 성서'[134]에 관한 '해석학적 원리'[135]로

128) Ernst Bloch, Das Prinzip Hoffnung, S. 1413.
129) "Eliminierung des Gottes selber", PH, 1412.
130) Ernst Bloch, Das Prinzip Hoffnung, S. 1413.
131) Exodus aus Jahwe selbst, PH, 1496
132) 「이사야서」 65, 17.
133) 「요한묵시록」 21, 1.
134) unterirdische Bibel.
135) hermeneutisches Prinzip.

설명하고 있다.[136] 이와 같은 근거에서 블로흐의 무신론은 '종교와 단절'[137]인 동시에 '종교의 죽음에 관한 철학'[138]이다.[139] 그러나 블로흐의 무신론에서 왕국 개념은 종교적인 핵심 개념으로 남아 있다. 왕국 개념을 전승함으로써 블로흐의 메타 종교로서 무신론은 전통적인 의미에서 종교가 아니지만, 그렇다고 종교를 단순하게 부정하는 것도 아니다.

블로흐는 그의 메타종교 이론에서 기독교의 최종적인 역사는 종교철학적으로 포이에르바흐에서 시작된다고 보았다.[140] 포이에르바흐는 기독교를 하느님 중심에서 그 인간적인 원핵으로 환원시켰다. 종교는 이제 다만 인간의 소망 내용에 지나지 않는다. 블로흐는 이와 같은 포이에르바흐의 '종교소망론'[141]을 종교의 인간론화[142] 또는 '인간의 하늘적 이중성'의 지향[143]이라고 규정한다. 블로흐는 포이에르바흐의 근본 사상을 헤겔의 종교철학과 연관시키면서 절대정신인 신과 인간의 자기의식 사이에 내포되어 있는 이중적인 동일성을 주시한다. 헤겔의 신 개념은 인간적인 주체와 대립적인 것이 아니고, 오히려 인간의 의식 속에서 풀려져 나오는 것이다. 포이에르바흐가 헤겔의 종교철학에 첨가시켰던 것은 '정신의 제거' 또는 '신의 제거'였으며, 또한 그 결과로서 '종교의 급진적인 인간론화'를 주장한 것뿐이다.[144] 그러나 블로흐는 포이에르바흐가 기독교에 설정한 인간

---

136) Richard Schaeffler, Was dürfen wir hoffen? S. 110~118.

137) Bruch mit der Religion.

138) Philosophie nach dem Tode der Religion.

139) Peter Zudeick, Die Welt als Möglichkeit. Die Rechtfertigungsproblematik der Utopie in der Philosophie Ernst Blochs. Bonn 1980, S. 136.

140) Ernst Bloch, Das Prinzip Hoffnung, S. 1518.

141) Wunschtheorie der Religion.

142) Anthropologisierung der Religion.

143) Ernst Bloch, Das Prinzip Hoffnung, S. 1517.

개념은 너무 빈약하고 경화되었으며 또한 추상적이라고 비판하였다.[145] 포이에르바흐의 '유적 본질'[146]이라는 인간 개념 역시 추상적이고 경직된 사물성이 주도적일 뿐만 아니라 그때마다의 '유형'적 인간으로서 '역사적-사회적 전체성', 특히 인간의 '비차폐성'[147]이 결여되어 있다고 블로흐는 지적한다.[148]

인간의 역사성과 사회성은 칼 마르크스의 중요한 테제 중의 하나였다. 포이에르바흐의 정적이고 감성적인 인간 개념은 이제 마르크스를 통하면서 역사적 변증법적 인간 개념으로 발전된다. 마르크스에서 종교는 상부구조나 의식의 형태에 속하며, 그것은 항상 하부구조에 의존하고 있다. 그에게서 의식이란 법과 정치의 매개체였으며, 경제적인 구조나 생산 관계에 의하여 규정되는 것이다. 물질적 삶의 생산 양식은 사회 정치 및 정신적인 삶의 과정 일체를 제약한다. "인간의 의식이 그 존재를 규정하는 것이 아니고, 그 반대로 그 사회적 존재가 인간의 의식을 규정한다."[149] 지배 수단인 종교에 대한 비판은 하부구조의 변화를 위해서는 필연적인 것이라고 한다. 그러므로 프롤레타리아트의 혁명은 모든 형태의 종교를 철저하게 단절시키려고 한다. 이와 같은 혁명적인 실천이 블로흐에게 타당한 것은 바로 이 악한 세상을 지양하려는 사실에 있다. 그러나 블로흐에서 이 혁명의 목표는 프롤레타리아트 계급을 위한 세계 유토피아를 건설하는 데 있는 것이 아니고, 인간의 자연화와 자연의 인간

144) Ernst Bloch, Das Prinzip Hoffnung, S. 1521.

145) Ernst Bloch, Das Prinzip Hoffnung, S. 1518.

146) Gattungswesen

147) Unabgeschlossenheit

148) Ernst Bloch, Das Prinzip Hoffnung, S. 1517.

149) Marx, Karl: *Vorwort zur Kritik der politischen Oekonomie*. Berlin 1951, S. 13.

화, 즉 '하느님 없는 자유의 왕국'을 이룩하는 데 있다. 그렇기 때문에 혁명적 실천은 낡은 세상을 변증법적으로 새로운 세상 안에서 지양하는 것이 아니고, 새로운 세계를 산출하기 위해서 철저히 그것을 파괴하는 데 있다는 것이다.

블로흐에 의하면 하느님이 없는 하느님의 왕국으로서 '새로운 세계'에 대한 희망은 종교 안에 메시아론이 있는 곳에서만 가능하다고 본다. 그러므로 블로흐의 메타종교 이론은 한편으로는 포이에르바흐의 인간학적 종교 해석에 의하여, 다른 한편으로는 유토피아를 위한 마르크스 혁명 이론으로부터 영향을 받고 있는 셈이다. 따라서 블로흐는 이와 같은 맥락에서 "왕국의 유토피아는 창조신의 날조와 하늘신의 실체를 부정하며", "유일한 형태의 신앙은 하느님이 없는 하느님의 메시아적인 왕국에 대한 것이다."150)라고 규정한다. 여기에서 우리는 블로흐가 한편으로는 하느님을 부정하면서도 (이는 '악한 세상을 만든 악한 하느님'이고, 한국의 신학적 개념으로는 '선천개벽적인 하느님'을 지칭한다), 다른 한편 '하느님의 메시아 왕국'이라는 형태로 '새로운 하느님'을 상정하는 것을 알 수 있다. 후자는 '후천개벽적인 인간과 한울님의 통일적 형태로서 하느님 개념'에 해당한다. 이런 맥락에서 볼 때, 블로흐는 여전히 유대교 및 기독교적 메시아 전통에 머무르고 있다. 그러므로 혁명적인 희망 가능성을 포함하고 있는 블로흐의 유토피아적 희망은 전통적인 종교적 전승 내용에 대한 기억을 허용할 수 있지만, 그것은 다만 '전복적인'151) 기억이라는 의미에서만 허용된다. 그러므로 블로흐는 그의 메시아적인 무신론을 '상속의 종교'152), '메타종

150) Ernst Bloch, Das Prinzip Hoffnung, S. 1413.

151) subversive

152) Religion im Erbe.

교'[153] 이론이라고 부르며, 그 대표적인 주장은 "무신론이 없는 메시아론은 있을 수 없다"는 것이다.[154] 이와 같은 무신론적 메시아론이 그의 저서 『기독교 안의 무신론』에서는 '아버지의 보좌를 찬탈한 예수'나 '인간이 하느님이 되는 것'이라는 내용으로 주제화되고 있다. 종교적 전승과 유토피아적 희망 사이의 역사적인 매개는 무신론적인 의미에서 항상 자신은 '위에' 군림하고 인간을 '아래에' 예속하고 있는 하느님에 대한 인간의 거부 행위를 통하여 가능하게 된다.[155] 이와 같은 맥락에서 블로흐의 희망은 '이 세상'을 창조한 악한 하느님으로 향하는 것이 아니고, 이 세상과 이 세상을 만든 하느님까지를 동시에 극복하려는 요청과 함께 유토피아적 성격을 가지게 된다.[156]

이와 같은 무신론적 유토피아주의적 성격 때문에 우리는 블로흐의 메타종교 이론 또는 요청적 무신론이, 몰트만이 말하는 것처럼 '하느님을 위한 무신론'[157]이라고 볼 수는 없을 것이다. 왜냐하면 블로흐는 예수가 아버지의 직위를 찬탈하고 높임을 받았던 이야기 속에서 종교사의 '혁명적 위치'를 발굴하고 있기 때문이다.[158] 그리고 블로흐가 설정하고 있는 이전의 하느님과 새로운 왕국에서 인간이 하느님 자신으로 되는 것(예수 전승 속에서 전형적인 예를 찾고 있음)은 그 논리적 포함 관계가 전혀 다르기 때문이다. 블로흐는 하계적인 입장에서 성서를 해석하면서 인간은

153) Meta-Religion.

154) Ernst Bloch, Das Prinzip Hoffnung, S. 1413.

155) Ernst Bloch, Atheismus im Christentum. Zur Religion des Exodus und des Reiches. Frankfurt 1969, S. 119.

156) Richard Schaeffler, Was dürfen wir hoffen?, S. 111.

157) Atheismus um Gottes Willen.

158) Ernst Bloch, Atheismus im Christentum, S. 231. Schaeffler, wdwd, S. 110.

'이집트 탈출'을 시도할 뿐만 아니라 '하느님 자신으로부터 탈출'[159]을 시도해야 한다고 하였으며, 하느님의 나라가 가까이 오고 있다는 예수의 메시지를 성스러운 미래에서 인간적-사회적인 삶의 형태로 이해하였다.[160] 이와 같은 내용으로 볼 때, 블로흐의 무신론은 몰트만이 말하는 대로 '하느님을 위한 무신론'이 아니라 '인간을 위한 무신론'이다.

따라서 블로흐의 '상속의 종교'(메타종교)는 "전적으로 최종적인 유토피아적 기능의 양심이다. 또한 동시에 이것은 인간적인 자기 초탈이고,[161] 인간에 의하여 형성된 역사를 변증법적으로 초월하려는 경향과 밀착되어 있는 초월적인 것[162]이며, 실체화된 대자적 존재를 선취하는 것으로 이해될 수 있는 모든 천상적인 초월성이 배제된 초월함이다."[163]

블로흐는 형이상학의 영역을 미래 지평까지 확장하였다. 그것은 우리 인간에게 희망이라는 고귀한 가치 인식이 있기에 가능한 일일 것이다. 그러나 희망의 철학은 우리의 종말론적 지평을 다시금 원시적인 태초의 갈등 상황으로 되돌린다. 우리는 이러한 현상을 시시포스의 역설로만 볼 것이 아니라, 우리 인간들 모두가 그야말로 가장 인간다운 가치를 지향하는 삶을 추구하고자 하는 우주 속의 특별한 존재들이기에, 지금까지 인류가 풀지 못했던 희망철학의 숙제, 곧 인류의 고향 유토피아를 실현할 수 있는 공존과 평화의 가능성 조건을 새롭게 물어야 할 것이다. 이것이야말로 우리가 형이상학을 숙고하는 가장 근본적이

---

159) Exodus aus Jahwe selbst.
160) Schaeffler, Was dürfen wir hoffen? S. 114.
161) Schaeffler, Was dürfen wir hoffen? S. 114.
162) das Transzendieren
163) Ernst Bloch, Das Prinzip Hoffnung, S. 1512.

고도 긴급한, 그리고 우리에게 마지막으로 주어진 가장 본질적인 물음이다.

# 나가는 말

형이상학은 철학적 신학인가, 아니면 일종의 매트릭스인가? 세상을 들여다보는 현미경인가, 아니면 망원경인가? 형이상학은 이성적 사유의 논의 대상인가, 그렇지 않은가? 형이상학은 물질에서 생명으로, 생명에서 정신으로, 그리고 이 모든 것들이 비트로 변환되어 언제든지 필요한 곳에서 다시 원하는 바대로 구현되는 마술의 현장인가?

형이상학적 관심은 고대 그리스의 철학자들로부터 존재 사태에 대한 지적 호기심과 근원에 대한 물음으로부터 시작되었다. 고대인들은 물활론, 빈터, 형상, 현실활동, 가능적 힘, 완전태, 목적 그 자체로서 신과 같은 다양한 형태의 존재 물음에 천착하였다.

먼저 플라톤의 이데아론(관념론)과 아리스토텔레스의 형상-질료이론(실재론)이 철학적 세계관으로서 대립하는 것처럼 보인다. 그러나 플라톤의 세계형성론, 제작자 창조설(데미우르고스론)은 이미 아리스토텔레스의 비판을 수용한 결과이자 하나의 대안으로서 제시된 것이다. 플로티노스의 신플라톤주의는 플라톤주의에다가 스토아학파와 그노티시즘이 더해진 산물이다. 철학적 사유는 새로운 세계 이해가 소개될 때마다 엄청난 소요에 휩쓸리다가 어느새 자신도 모르게 다시 잦아들게 된다.

중세는 하느님과 세계의 매개 방식을 두고서 '창조'인가 '유출'인가에 사로잡혀 있었고, 더 나아가서 신의 존재방식, 원죄와 자유의지를 둘러싼 아우구스티누스의 주장들과 교리논쟁, 그리고 이어지는 안셀무스와 토마스 아퀴나스의 신 존재 논증이 천 년의 세월을 붙잡았다. 유출과 창조의 문제는 중세 그리스도교에서 범재신론의 문제, 즉 세계, 신, 인간의 관계설정을 어떻게 할 것인가에 대한 논의로 이어졌다. 이는 현대의 종교다원주의와 종교대화의 논의 영역에서 라이문도 파니카가 제기한 우주신인론 사상을 선취했다는 사실을 보여준다.

데카르트, 라이프니츠, 스피노자와 같은 서양근대철학자들은 실체 형이상학의 세계관을 구축하였지만, 칸트는 전통신학을 비판한 후에 실천이성의 요청으로서만 신의 존재를 의미 있게 받아들일 수 있다는 입장을 취한다. 칸트는 도덕형이상학의 문제의식 속에서만 신의 존재를 인정했던 것이다. 이와 같은 실천적 이성사용의 한계 안에서만 요구했던 신 존재 요청은 칸트의 철학적 종교론에서 요청명제의 '새로운 변형'으로 기술되고 있다. 그것은 곧 '하느님의 은총판단 요청'과 '지상에서 하느님 나라의 무한 확장 요청'이다.

그러나 칸트의 물자체 개념과 이성의 규제적 사용이라는 조건 안에서만 신의 존재사유를 허용했던 답답함에 대한 반격이 독일관념론 철학과 쇼펜하우어의 의지철학을 통해서 현실화되었다. 피히테와 셸링은 스피노자의 범신론적 영향 속에서 신적 의지의 자리를 무근거적 근거에서 찾으려고 하였고, 이를 통해 심리학과 철학의 소통이 독일철학에 새로운 활력을 불어넣는 계기가 되었다. 지젝은 이러한 문제의식 속에서 독일관념론과 정신분석의 관련성을 다루고 있다. 더 나아가서 쇼펜하우어는 플라톤과 칸트의 영향 속에서 충족이유율과 의지형이상학을 정초함으로써 우파니샤드와 베다의 철학, 그리고 나중에는 유럽에 처음 유입되기 시작한 불교사상을 접하면서, 자기 자신이 오랫동안 천착해왔던 '고유 사상'과 일치한 사실을 깨닫고 놀라움을 금치 못하였다. 다른 한편 에두아르트 폰 하르트만은 '무의식의 철학'을 수립하고 여러 주제 분야들에 확장적으로 적용해 나갔다. 쇼펜하우어와 폰 하르트만의 심리학적 성취는 니체를 거쳐서 프로이트에게까지 결정적인 영향을 미치게 된다.

화이트헤드의 과정철학과 과정형이상학은 근대 자연관의 토대를 뒤흔드는, 그야말로 지축을 흔드는 대사건이었다. 화이트헤드는 실체, 분자, 사물들의 존재 차원을 넘어서서 '사건'이라는 새로운 지평에서 세계를 해석하였다. 사건은 '일어난 것', 발생과 발발, 그래서 어떤 것이 시간의 경과와 더불어 체질이 풀리면서 부풀어 오르는 해체적 발효와 발효적 해체의 순간들이다. 같은 시대를 살았던 하이데거와 비트겐슈타인과 같은 천재 사상가들이 모두 '실체' 대신에 '사건'에 주목하였다. 그래서 그들은 이 세계는 사건들로 가득 차 있다고 말했던 것이다. 이 대목에 들어서면 서구의 형이상학은 불교의 화엄사상과 견줄만하게 되었다. 화이트헤드는 세상과 신 존재의 우선성을 분별하지 않았다. 중세에서 근대에 이르기까지 거의 모든 철학자들과 신학자들은 신의 세계창조를 일반화하였다. 그러나 화이트헤드는 세계가 신을 창조한다고 해도 좋고, 신이 세계를 창조한다고 해도 좋다는 생각에 도달하게 되었다. 상입상즉과 원융무애 경지에 이른 것이다. 이러한 화이트헤드의 신 존재에 대한 태도는 자연스럽게 일단의 신학자들을 자극하여 과정신학이라는 새로운 신학사조를 낳게 하였다. 찰스 하츠혼, 테이야르 드 샤르댕, 존 캅, 데이드 레이 그리핀이 새로 출현한 과정신학의 기수들이었다.

에른스트 블로흐는 자연, 세계, 신 존재의 여정을 우리가 서 있는 이 살고있는 순간의 어둠 속에서 다가오게 될 아직 아닌 존재와 조우하게 될 가능성 조건을 물었다. 우리가 미래와 조우할 수 있는 실존적 존재론적 기제는 바로 희망이다. 사람들은 누구든지 현재의 삶보다 더 나은 환경을 희망한다. 아직도 많은 사람들은 자신들의 미래적 삶의 조건을 개선하기 위해 다른 사람들이 평생을 걸쳐서 이룩한 성과들을 노략질하기도 한다. 그래서 블로흐는 인류에게 장차 도래하게 될 미래 존재가 구체성을 띤 유토피아가 될 수 있기를 바라는 마음에서, 희망의 변증론을 존재론적 차원, 보다 구체적으로 기술하자면, 자연과 인간의 존재론적 조건들이 화합과 일치를 이룰 수 있게 하는 물질적이고 유토피아적인 가능적인 토대 근거들을 기획하는, 구체적 유토피아론의 지평에서, 새롭게 기술하고자 했다. 그 일차적인 작업은 바로 희망을 단순한 욕망의 변증론이 아니라, 구체적 유토피아를 실현할 수 있게 하는 희망이성적 변증론의 '독타 스페스', 즉 '가르치고 배울 수 있는 희망'의 변증론을 새롭게 확립하는데 있다. 그것은 오늘날 모든 사회계층에서 전방위적으로 퍼지고 있는 권력 독점적이고 이기적이며, 반인간적인 퇴행적 욕망을 현실적으로 퇴치할 수 있는 정치력과 '존재론적 용기'(폴 틸리히)를 불러오는 것으로부터 시작할 수 있다.

블로흐가 던진 화두는 이제 아직-아닌-존재의 존재론이라는 미래 형이상학의 차원을 넘어서서, 제4차 산업혁명 시대의 도래와 함께 우리 곁에 성큼 다가와 있는 인공지능과 로봇의 지배적인 현실권력에 대한 비판적 성찰을 시도해야 할 것이다. 인공지능, 로봇, 4차산업혁명의 기술적 조합은 단순한 과거와 미래의 결합을 넘어서서 존재와 자연의 물리학적, 생물학적, 심리학적, 정신학적 차원들과, 그리고 우리가 지금 새로 진입하려는 디지털 차원이 그야말로 아무런 걸림도 없이 원융무애의 경지, 그러니까 사사무애와 이사무애의 차원을 뛰어 넘어서 모든 것이 모든 것과 한데 어우러지고 평화롭게 공존할 수 있는 희망의 공간 지평을 확보할 수 있는 가능성 조건의 탐색과 실행을 요구하고 있는 것이다.

그러므로 형이상학은 이 자연세계를 방문하고 있는 '나'라는 존재, '우리'라는 존재들이 나와 우리들에게 마주 서 있는 그런 자연과 세계를 '무엇'으로 인지하고, 그것에 대하여 어떻게 대해야 할 것인지에 대한 태도표명으로부터 출발한다. 그러나 각자의 철학적 세계관과 가치 지향은 그 한계를 드러낼 수밖에 없으며, 그 어떤 정치적 지향과 도덕적 이념도 자체모순에 직면하지 않을 수 없는 것이 우리의 현실이다. 하느님의 나라와 부처님의 나라, 그리고 보다 살기 좋은 구체적인 유토피아를 이룩하려는 우리들의 모든 의미 있는 실천적 행위들은 우리 자신의 의도와 관계없이 우리 자신과 자연세계를 파행과 절멸에 이르게 하는 경우가 많다. 그래서 형이상학은 자연스럽게 윤리학, 정치철학, 종교신학을 거쳐서 희망의 변증학으로 회귀하게 된다. 따라서 존재와 희망의 관계를 새롭게 정립하는 것은 미래 인류가 풀어야 할 철학적 과제일 것이다. 이를 위해 우리가 항상 다시 물어야 하는 것, 그것은 바로 "형이상학이란 무엇인가?"라는 그 물음이다.

# 참고문헌


Altwicker, Norbert (Hrsg.), Texte der Geschichte der Spinozismus. WBG: Darmstadt 1971.

Aquinas, Thomas, Summa Theologica, I, Q2, Art. 3. Joseph Bernhart (Hrsg.): Summe der Theologie. Bd. 1: Gott und Schöpfung. Stuttgart 1985. (아퀴나스,성 토마스, 『신학대전 1, 제1부, 제1-12문제』, 서울: 성바오로출판사, 1985.)

Archer, D., The "Matrix": What Does the Bible Say About..., Scripture Union, 2001.

Aristoteles, De anima / Über die Seele, Reclam Philipp Jun, 2011. (아리스토텔레스, 『영혼에 관하여』, 유원기 역, 서울: 궁리, 2001.)

Aristoteles, Metaphysik. 2. Bde. Hamburg: Felix Meiner, 1989, 2009; Hamburg: Rowohlt, 1994. (아리스토텔레스, 『형이상학』, 조대호 역, 서울: 길, 2017; 이종훈 역, 동서문화사 월드북 3, 동서문화동판(동서문화사), 2019)

Aristoteles, Metaphysik. Hofenberg, 2017. Vollständige Neuausgabe mit einer Biographie des Autors. Herausgegeben von Karl-Maria Guth. Berlin 2016. Textgrundlage ist die Ausgabe: Aristoteles: Metaphysik. Ins Deutsche übertragen von Adolf Lasson, Jena: Eugen Diederichs, 1907.

Armstrong, Karen, Die Achsenzeit: Vom Ursprung der Weltreligionen. München, Siedler, 2006. (암스트롱, 카렌, 『축의 시대: 종교의 탄생과 철학의 시작』, 정영목 역, 서울: 교양인, 2010.)

Assmann, Jan, Achsenzeit. München: C.H. Beck, 2020.

Augustine, Confessiones, 397~398. (아우구스티누스, 『고백록』, 성염 역, 파주: 경세원, 2016.); De civitate Dei, 413~426. (아우구스티누스, 『신국론』, 성염 역, 왜관: 분도출판사, 2004.); De trinitate, 400~416. (아우구스티누스, 『삼위일체론』, 성염 역, 칠곡 : 분도출판사, 2015.); De libero arbitrio (아우구스티누스, 『자유의지론』, 성염 역, 왜관: 분도출판사 1998.)

Baumgarten, Alexander Gottlieb, Aesthetica, 1750. (바움가르텐, 알렉산더 고틀리프, 『미학』, 김동훈 역, 서울: 마티, 2019.)

Bergson, Henri, L'Évolution créatrice(1907); Creative Evolution(1911) tr. Arthur Mitchell, Henry Holt and Company; University Press of America 1983. (베르크손, 앙리, 『창조적 진화』, 황수영 역, 서울: 아카넷, 2005.)

Bloch, Ernst, Atheismus im Christentum. Zur Religion des Exodus und des Reiches. Frankfurt 1968. (블로흐, 에른스트, 『저항과 반역의 기독교』, 박설호 역, 파주: 열린책들, 2009.)

Bloch, Ernst, Das Materialismusproblem, seine Geschichte und Substanz, Frankfurt, Suhrkamp, 1972.

Bloch, Ernst, Das Prinzip Hoffnung, 3 Bände, Frankfurt, Suhrkamp, 1954~1959. (블로흐, 에른스트, 『희망의 원리』, 전 5권, 박설호 역, 서울: 열린책들, 2004.)

Bloch, Ernst, Experimentum Mundi. Frage, Kategorien des Herausbringens, Praxis, Frankfurt: Suhrkamp, 1975.

Bloch, Ernst, Naturrecht und menschliche Würde, Frankfurt: Suhrkamp, 1961. (블로흐, 에른스트, 『자연법과 인간의 존엄성』, 박설호 역, 파주: 열린책들, 2011.)

Bloch, Ernst, Politische Messungen, Pestzeit, Vormärz, Frankfurt : Suhrkamp, 1970.

Bloch, Ernst, Tübinger Einleitung in die Philosophie, Frankfurt : Suhrkamp, 1970. (블로흐, 에른스트, 『철학입문』(일부 번역), 서울: 청하, 1990.)

Boethius, Consolatio philosophiae (ca. 524); Boethius, Trost der Philosophie. transl. by Karl Büchner, Stuttgart : Reclam, 1986. (보에티우스, A. M., 『철학의 위안』, 정의채 역, 서울: 성바오로출판사, 1993.)

Böhme, Jakob, The way to Christ, 1622; transl. by John Joseph Stoudt, New York : Harper, 1947. (뵈메, 야코프, 『그리스도에 이르는 길』, 정남수 역, 남양주: 누멘, 2018.)

Bordt, Michael, Platons Theologie. Freiburg/München 2006.

Bröcker, Walter, Aristoteles, Frankfurt am Main : Klostermann, 1957. (브뢰커, W., 아리스토텔레스의 철학사상, 김진 역, 서울: 범우사, 1987.)

Bruno, Giordano, De la causa, principio, et uno (Venedig[London] 1584); Giordano Bruno: Von der Ursache, dem Prinzip und dem Einen. Aus dem Italienischen übersetzt und mit erläuternden Anmerkungen versehen von Adolf Lasson (1872). / Bruno, De l'infinito universo et mondi ; On the Infinite Universe and Worlds, (브루노, 조르다노, 『무한자와 우주와 세계; 원인과 원리와 일자』, 강영계 역, 서울: 한길사, 2000.)

Capelle, W., Die Vorsokratiker. Alfred Kroner, 1935.

Cassirer, Ernst Alfred, Philosophie der symbolischen Formen, 1923-1929. (카시러, 에른스트, 『상징형식의 철학』, 박찬국 역, 서울: 아카넷, 2011-2019.)

Challiyil, Pradheep, Journey to the Source: Decoding Matrix Trilogy, Sakthi Books 2004.

Chalmers. David J., "The Matrix as Metaphysics." Department of Philosophy, University of Arizona. Tucson, AZ 85721. chalmers@arizona.edu http://consc.net/papers/matrix.html 2012.03.03.14.12.

Chardin, Pierre Teilhard de, Le Phénomène Humain , 1938-1940, 1955; The Phenomenon of Man (1959), Harper Perennial 1976; The Human Phenomenon 1999, Brighton: Sussex Academic, 2003. (샤르댕, 테야르드, 『인간현상』, 양명수 역, 서울: 한길사, 1997.)

Cobb, John B., A Christian Natural Theology, 1965. (캅, 존 B., 『화이트헤드 철학과 기독교 자연신학』, 서울: 동과서, 2015.)

Cobb, John, Process Theology: An Introductory Exposition, with David Ray Griffin, 1976. (그리핀, 데이비드 레이 & 존 캅, 『과정신학: 입문적 해설』, 이경호 역, 대구: 이문출판사, 2012.)

Cooper, John W., Panentheism. The other God of the Philosophers. From Plato to the Present. UK, Inter-Varsity Press 2007; Baker Academy 2013; 존 쿠퍼, 『철학자들의 신과 성서의 하나님: 신과 세계의 관계, 그 치열한 논쟁사』, 김재영 역, 새물결플러스 2011.

Copleston, F. S.J., The History of Philosophy 4, Descartes to Leibniz, New York, London 1957 (1994). (코플스턴, F., 『합리론 : 데카르트에서 라이프니츠까지, 김성호 역, 서울: 서광사, 1998.)

Deleuze, Gilles, Spinoza et le problème de l'expression (1968). Trans. "Expressionism in Philosophy: Spinoza" Martin Joughin, New York: Zone Books, 1990. (들뢰즈, 질, 『스피노자와 표현 문제』, 현영종 외 역, 서울: 그린비, 2019.)

Descartes, Rene, Discours de la méthode (Discourse on the Method), 1637. (데카르트, 르네, 『방법서설, 성찰, 세계론』, 권오석 역, 서울: 홍신문화사, 2010.)

Descartes, Rene, Meditationes de prima philosophia (Meditations on First Philosophy, 1641. (데카르트, 르네, 『제일철학에 대한 성찰』, 고광식 역, 파주: 다락원, 2009.)

Descartes, Rene, Principia philosophiae (Principles of Philosophy), 1644. (데카르트, 르네, 『철학의 원리』, 원석영 역, 서울: 아카넷, 2012.)

Diels, Hermann u.a., Die Fragmente der Vorsokratiker, Bonn 1882-1895.

(탈레스 외 저, 헤르만 딜스 외 편, 『소크라테스 이전 철학자들의 단편 선집』, 김인곤 외 역, 서울: 아카넷, 2005.)

Diels, Hermann, Die Fragmente der Vorsokratiker. Griechisch und Deutsch, Zweite Auflage, Erster Band. Berlin: Weidmannsche Buchhandlung, 1906. Vierte Auflage, Zweiter Band 1922, Vierte Auflage, Dritter Band 1922. (탈레스 외 저, 헤르만 딜스 외 편, 『소크라테스 이전 철학자들의 단편 선집』, 김인곤 외 역, 서울: 아카넷, 2005.)

Düring, I., Aristoteles. Darstellung und Interpretation seines Denkens. Heidelberg 1966.

Eckhart, Meister, Commentary on Genesis, in Meister Eckhart, The Essential Sermons, Commentaries, Treatises and Defense, trans. and ed. by Bernard McGinn and Edmund Colledge, New York: Paulist Press and London: SPCK, 1981; New York, 2005.

Eisenstadt, Shmuel N.(Hrsg.), Kulturen der Achsenzeit II. Ihre institutioelle und kulturelle Dynamik. Frankfurt: Suhrkamp, 1992.

Faller, Stephen, Beyond the Matrix: Revolutions and Revelations, Chalice Press, 2004.

Fichte, Johann Gottlieb, Aphorismen über Religion und Deismus, 1790.

Fichte, Johann Gottlieb, Darstellung der Wissenschaftslehre, 1801.

Fichte, Johann Gottlieb, Die Anweisung zum seligen Leben oder auch die Religionslehre, 1806.

Fichte, Johann Gottlieb, Die Wissenschaftslehre, 1804, 1812, 1813.

Fichte, Johann Gottlieb, Entwickelung des Begriffs der Religion. In: Philosoph. Journal 8. Bd., 1. H., 1798.

Fichte, Johann Gottlieb, Grundlage der gesammten Wissenschaftslehre, 1794-1795. (피히테, J.G., 『전체 지식론의 기초』, 한자경 역, 서울: 서광사, 1996.)

Fichte, Johann Gottlieb, Reden an die Deutsche Nation, 1807-1808. (피히테, 『독일 국민에게 고함』, 황문수 역, 파주: 범우, 2019.)

Fichte, Johann Gottlieb, Über den Begriff der Wissenschaftslehre oder der sogenannten Philosophie, 1794.

Fichte, Johann Gottlieb, Über den Grund unseres Glaubens an eine göttliche Weltregierung, in: Philosophisches Journal einer Gesellschaft Teutscher Gelehrte, hrsg. v. Gottlieb Fichte und Friedrich Immanuel Niethammer, Bd.8, Erstes Heft, Jena und Leipzig 1798.

Fichte, Johann Gottlieb, Versuch einer Kritik aller Offenbarung, 1792.

Fichte, Johann Gottlieb, Versuch einer neuen Darstellung der Wissenschaftslehre,

1797-1798.

Fichte, Johann Gottlieb, Wissenschaftslehre nova methodo, 1796-1799.

Fischer, Kuno, System der Logik und Metaphysik, 1852; Geschichte der neueren Philosophie, 10 vol. 1852–1893.

Frede, M., Aristotle's Metaphysics. Lamda. Symposium Aristotelicum. Oxford 2000.

Friedmann, Georges, Leibniz et Spinoza. Paris: Gallimard 1962, 1946.

Garrett, Seay, The Gospel Reloaded, Pinon Press, 2003.

Gaunilo, In Behalf of the Fool, in Saint Anselm, Basic writings: Proslogium; Monologuim; Gaunilon's On behalf of the fool; Cur deus homo, translated by S. N. Deane; with an introduction by Charles Hartshorne. La Salle, III.: Open Court Publishing Company, 1962.

Gillis, Stacy, The "Matrix" Trilogy: Cyberpunk Reloaded, Wallflower Press, 2005.

Goclenius, Rudolph, Lexicon philosophicum Graecum, Marburg 1615. reprint: Hildesheim: Georg Olms, 1980.

Goclenius, Rudolph, Lexicon philosophicum quo tanquam clave philosophiae fores aperiuntur, 1613. reprint: Hildesheim: Georg Olms, 1980.

Grau, Christopher (ed.), Philosophers Explore the Matrix, Oxford University Press, 2005.

Griffin, David Ray, Reenchantment Without Supernaturalism: A Process Philosophy of Religion (Cornell Studies in the Philosophy of Religion), Cornell University Press, 2000. (그리핀, 데이빗, 『화이트헤드 철학과 자연주의적 종교론: 초자연주의를 넘어서는 종교를 지향하여』, 장왕식 외 역, 고양 : 동과서, 2004.)

Haber, Karen, Exploring the Matrix: Visions of the Cyber Present, St. Martin's Press, 2003.

Hartshorne, Charles and William L. Reese, Philosophers Speak of God, University of Chicago Press, 1953.

Hartshorne, Charles, Reality as Social Process, New York: Hafner, 1971.

Hartshorne, Charles, The Divine Relativity: A Social Conception of God, (Terry Lectures), New Haven : Yale University Press, 1948, reprint ed. 1983.

Hedley, Douglas and Sarah Hutton (Eds.), Platonism at the Origins of Modernity. Studies on Platonism and Early Modern Philosophy. Springer, 2008.

Hegel, Gerog Wilhelm Friedrich, Glauben und Wissen, 1802-1803. (헤겔,

『믿음과 지식』, 황설중 역, 서울: 아카넷, 2003.)
Heidegger, Martin, Beiträge zur Philosophie (Vom Ereignis). 3. Auflage. Klostermann, Frankfurt am Main 2003. (하이데거, 마르틴, 『철학에의 기여』, 이선일 역, 서울: 새물결, 2015.)
Heidegger, Martin, Einführung in die Metaphysik, hrsg. von Petra Jaeger, Frankfurt am Main: Klostermann, 1983. (하이데거, 마르틴, 『형이상학 입문: 1935년 프라이부르크 대학에서의 강의』, 박휘근, 서울: 문예, 1994.)
Heidegger, Martin, Holzwege (1935-1946), Klostermann, Frankfurt am Main, 2., unveränderte Auflage 2003. (하이데거, 마르틴, 『숲길』, 신상희 역, 서울: 나남프출판, 2020.)
Heidegger, Martin, Kant und das Problem der Metaphysik. 6. Auflage. Klostermann, Frankfurt am Main, 1998. (하이데거, 마르틴, 『칸트와 형이상학의 문제』, 이선일 역, 서울: 한길사, 2003.)
Heidegger, Martin, Sein und Zeit. Tübingen 1972. (하이데거, 마르틴, 『존재와 시간』, 이기상 역, 서울: 까치, 1998; 소광희 역, 서울: 경문사, 1998; 전양범 역, 서울: 동서문화사, 2016)
Heidegger, Martin, Vorträge und Aufsätze. 10. Auflage. Klett-Cotta, Stuttgart 2004. (하이데거, 마르틴, 『강연과 논문』, 이기상 외 역, 서울: 이학사 2008.)
Heidegger, Martin, Wegmarken (1919-1961), Klostermann, Frankfurt am Main 2004. (하이데거, 마르틴, 『이정표 1, 2』, 신상희, 이정일 역, 파주: 한길사 2005.)
Herder, Johann Gottfried, God Some Conversations, 1787, translation by Frederick H. Burkhardt, published by Bobbs-Merrill, 1940.
Irwin, William (ed.), The "Matrix" and Philosophy: Welcome to the Desert of the Real, Open Court, 2002. (어윈, 윌리엄 편, 지젝, 슬라보예 외, 『매트릭스로 철학하기』, 이운경 역, 서울: 한문화멀티미디어, 2003.)
Irwin, William, More Matrix and Philosophy, Open Court, 2005.
Joas, Hans, Was ist die Achsenzeit?: Eine wissenschaftliche Debatte als Diskurs über Transzendenz. Basel: Schwabe Verlag, 2014.
Jones, Sir William, comparative linguistics and Indo-European studies, in: Discourses delivered before the Asiatic Society: and miscellaneous papers, on the religion, poetry, literature, etc., of the nations of India. Printed for C. S. Arnold. 1824.
Kant, Immanuel, Allgemeine Naturgeschichte und Theorie des Himmels, 1755.

Kant, Immanuel, Anthropologie in pragmatischer Hinsicht, 1798. (칸트, 임마누엘, 『실용적 관점에서 본 인간학』, 이남원 역, 울산: UUP, 1998, 2014; 『실용적 관점에서의 인간학』, 백종현 역, 서울: 아카넷, 2014, 2017.)

Kant, Immanuel, Beantwortung der Frage: Was ist Aufklärung?, 1783. (칸트, 임마누엘, 『칸트의 역사 철학』, 이한구 역, 서울: 서광사, 2009; 칸트전집 10, 『비판기 저작 1. 1784~1794』, 김미영 외 역, 한길사, 2019.)

Kant, Immanuel, De mundi sensibilis atque intelligibilis forma et principiis, 1770. [Inaugural-Dissertation, dt.: Über die Form und die Prinzipien der sinnlichen und der Verstandeswelt] (칸트, 임마누엘, 『감성계와 지성계의 형식과 원리들』, 최소인 역, 서울: 이제이북스, 2007.)

Kant, Immanuel, Der einzig mögliche Beweisgrund zu einer Demonstration des Daseins Gottes, 1763. (칸트전집 2, 『비판기 이전 저작 2 (1755-1763)』, 김상봉 외 역, 파주: 한길사, 2018.)

Kant, Immanuel, Der Streit der Fakultäten, 1798. (칸트, 임마누엘, 『학부들의 논쟁』, 오진석 역,  서울: b, 2012.)

Kant, Immanuel, Die Religion innerhalb der Grenzen der bloßen Vernunft, 1793. (칸트, 임마누엘, 『이성의 한계 안에서의 종교』, 신옥희 역, 서울 : 이화여자대학교출판부, 1990, 2001; 백종현 역, 서울: 아카넷, 2011, 2015.)

Kant, Immanuel, Fortgesetzte Betrachtung der seit einiger Zeit wahrgenommenen Erderschütterungen, 1756. (칸트전집 2, 『비판기 이전 저작 2 (1755-1763)』, 김상봉 외 역, 파주: 한길사, 2018.)

Kant, Immanuel, Gedanken von der wahren Schätzung der lebendigen Krafte, 1747.

Kant, Immanuel, Geschichte und Naturbeschreibung der merkwürdigsten Vorfälle des Erdbebens, welches an dem Ende des 1755sten Jahres einen großen Theil der Erde erschüttert hat, 1756. (칸트전집 2, 『비판기 이전 저작 2 (1755-1763)』, 김상봉 외 역, 파주: 한길사, 2018.)

Kant, Immanuel, Grundlegung zur Metaphysik der Sitten, 1785. (칸트, 임마누엘, 『도덕 형이상학을 위한 기초 놓기』, 이원봉 역, 서울 : 책세상, 2002; 칸트, 임마누엘, 『도덕형이상학 정초 · 실천이성비판』 [칸트전집 6], 김석수, 김종국 역, 파주: 한길사, 2019.)

Kant, Immanuel, Idee zu einer allgemeinen Geschichte in weltbürgerlicher Absicht, 1784. (칸트전집 10, 『비판기 저작 1 (1784~1794)』, 김미영 외 역,  파주: 한길사, 2019; 칸트, 임마누엘, 『칸트의 역사 철학』, 이한구 역, 파주: 서광사, 2017, c2009.)

Kant, Immanuel, Kritik der praktischen Vernunft, 1788. (칸트, 임마누엘, 『도덕형이상학 정초 · 실천이성비판』 [칸트전집 6], 김석수, 김종국 역, 파주: 한길사, 2019.)

Kant, Immanuel, Kritik der reinen Vernunft, 1781; Kritik der reinen Vernunft, 2. erweiterte und überarbeitete Aufl., 1787. (칸트, 임마누엘, 『순수이성비판』, 전원배 역, 서울: 삼성출판사, 1990; 최재희 역, 서울: 박영사, 1994; 백종현 역, 서울: 아카넷, 2017.)

Kant, Immanuel, Kritik der Urteilskeraft, 1790, 칸트, 임마누엘, 『판단력비판』, 이석윤 역, 서울: 박영사, 2017; 백종현 역, 파주: 아카넷, 2009.)

Kant, Immanuel, Meditationum quarundam de igne succincta delineatio, 1755. oft kurz als *De igne* bezeichnet, Dissertation. (칸트전집 2, 『비판기 이전 저작 2 (1755-1763)』, 김상봉 외 역, 파주: 한길사, 2018.)

Kant, Immanuel, Meschenkunde oder philosophische Anthropologie, 1831.

Kant, Immanuel, Metaphysik der Sitten, 1797. (칸트, 임마누엘, 『도덕형이상학』 [칸트전집 7], 이충진, 김수배 역, 파주: 한길사, 2018.)

Kant, Immanuel, Metaphysische Anfangsgründe der Naturwissenschaft, 1786.

Kant, Immanuel, Physische Geographie [ediert und herausgegeben von Friedrich Theodor Rink nach Kants Vorlesungsmaterialien], 1802.

Kant, Immanuel, Principiorum primorum cognitionis metaphysicae nova dilucidatio, 1755. dt.: Neue Erhellung der ersten Grundsätze metaphysischer Erkenntnisse, oft kurz als *Nova dilucidatio.* (칸트전집 2, 『비판기 이전 저작 2 (1755-1763)』, 김상봉 외 역, 파주: 한길사, 2018.)

Kant, Immanuel, Prolegomena zu einer jeden künftigen Metaphysik, die als Wissenschaft wird auftreten können, 1783. (칸트, 임마누엘, 『학문으로 등장할 수 있는 미래의 모든 형이상학을 위한 서설』, 김재호 역, 파주 : 한길사, 2018; 백종현 역, 파주: 아카넷, 2012.)

Kant, Immanuel, Träume eines Geistersehers erläutert durch Träume der Metaphysik, 1766.

Kant, Immanuel, Über die Pädagogik [ediert und herausgegeben von Friedrich Theodor Rink nach Kants Vorlesungsmaterialien], 1803. (칸트, 임마누엘, 『교육학』, 백종현 역, 파주: 아카넷, 2018.)

Kant, Immanuel, Über die philosophische Religionslehre, 1817.

Kant, Immanuel, Untersuchung über die Deutlichkeit der Grundsätze der natürlichen Theologie und der Moral, 1764.

Kant, Immanuel, Von den Ursachen der Erderschütterungen bei Gelegenheit des Unglücks, welches die westliche Länder von Europa gegen das

Ende des vorigen Jahres betroffen hat, 1756. (칸트전집 2,『비판기 이전 저작 2 (1755-1763)』, 김상봉 외 역, 파주: 한길사, 2018.)

Kant, Immanuel, Zum ewigen Frieden. Ein philosophischer Entwurf, 1795. (칸트, 임마누엘,『영구 평화론: 하나의 철학적 기획』, 이한구 역, 파주 : 서광사, 2008.)

Kim, Jin, Kants postulatenlehre, ihre rezeption durch ernst bloch und ihre mögliche anwendung zur interpretation des Buddhismus: zur unterscheidung zwischen postulatorischer struktur und postulats-inhalten bei der Auflösung der dialektik des praktischen vernunftgebrauchs. Frankfurt am Main; New York: Peter Lang, 1988.

Kirk, G. S. & J. E. Raven, The Presocratic Philosophers. Cambridge University Press, 1983.

Knutzen, Martin, Philosophischer Beweis von der Wahrheit der christlichen Religion, 1740; 1747, Eingeleitet, kommentiert und herausgegeben von Ulrich L. Lehner. In: Religionsgeschichte der frühen Neuzeit. Band 1, Nordhausen 2005.

Knutzen, Martin, Philosophischer Beweiß von der Wahrheit der Christlichen Religion, Darinnen die Nothwendigkeit der Christlichen Insbesondere aus Ungezweifelten Gründen der Vernunft nach Mathematischer Lehrart dargethan und behauptet wird, Königsberg: Härtung, 1747.

Knutzen, Martin, Vertheidigte Wahrheit der Christlichen Religion gegen den Einwurf: Daß die Christliche Offenbahrung nich allgemein sey: Wobey besonders die Scheingründe des bekannten Englischen Deisten Mattüi Tindal, Welche in deßen Beweise, Daß das Christentum so alt wie die Welt sey, enthalten, erwogen und winderlegt werden. Königsberg: Härtung, 1747. reprint: Verlag Traugott Bautz GmbH, 2005.

Küng, Hans, Der Anfang aller Dinge. Naturwissenschaft und Religion, 2. Auflage, 2005. (『한스 큉, 과학을 말하다』, 분도출판사 2011.)

Kunzmann, Peter, u.a., dtv-Atlas Philosophie, Deutscher Taschenbuch Verlag 1999. (쿤츠만, 페터 외,『그림으로 읽는 철학사』, 홍기수 외 역, 서울: 예경, 2000.)

Laertios, Diogenes, Leben und Lehre der Philosophen. Ditzingen: Reclam Philipp Jun, 1998. (라에르티오스, 디오게네스,『그리스철학자열전』, 전양범 역, 동서문화사 2008.

Langford, Cooper Harold, Symbolic Logic, 1932.

Lawrence, Matt, Like a Splinter in Your Mind: The Philosophy Behind the "Matrix" Trilogy, Blackwell, 2004.

Leibniz, G.W., Godefridus Guilielmus Leibnitius, Confessio philosophi. Fragmentum Dialogi de Humana libertate et justitia Dei, 1673; Leibniz GW, Confessio philosophi. Ein Dialog (kritische Ausgabe mit Einleitung, Uebersetzung, Kommentar von Otto Saame), Vittorio Klostermann, Frankfurt am Main, 1967. (라이프니츠, 『철학자의 고백』, 배선복 역, UUP 2002.)

Leibniz, G.W., Philosophical Papers and Letters, ed. By Leroy E. Loemker, 2.vols, Chicago University Press 1956.

Lucretius Carus, Titus, De rerum natura, Cambridge, United Kingdom : Cambridge University Press, 2014. (루크레티우스, 『사물의 본성에 관하여』, 시릴 베일리 편, 강대진 역, 서울 : 아카넷, 2012.)

Mansfeld, Jaap, Die Vorsokratiker. Auswahl der Fragmente. Ditzingen: Reclam, 1986.

Mansion, A., Erste Philosophie, zweite Philosophie und Metaphysik bei Aristoteles, in: Hager, F.-P. (ed.), Metaphysik und Theologie des Aristoteles. Darmstadt: Wissenschaftliche Buchgesellschaft, 1979.

Maréchal, Joseph, Le point de départ de la métaphysique: leçons sur le développement historique et théorique du problème de la connaissance, 5 vols, (Bruges-Louvain, 1922-1947).

Marx, Karl, Differenz der demokritischen und epikureischen Naturphilosophie. Geschrieben 1840 bis März 1841, in: MEW Eg. Bd. 1. (마르크스, 칼, 『데모크리토스와 에피쿠로스 자연철학의 차이』, 고병권 역, 서울: 그린비 2001.)

Marx, Karl: Vorwort zur Kritik der politischen Oekonomie. Berlin 1951.

Mendelssohn, Moses, Morgenstunden oder Vorlesungen über das Dasein Gottes. Christian Friedrich Voß: Berlin 1785.

Merlan, P.: Metaphysik: Name und Gegenstand, in: F.-P. Hager (Hrsg.), Metaphysik und Theologie des Aristoteles. Darmstadt 1969.

Moltmann, Jürgen, Theologie der Hoffnung. Untersuchungen zur Begründung und zu den Konsequenzen einer christlichen Eschatologie. Gütersloh: Gütersloher Verlagshaus 2005, Erstausgabe 1964. (몰트만, 위르겐, 『희망의 신학 : 그리스도교적 종말론의 근거와 의미에 대한 연구』, 서울: 대한기독교서회, 2002.)

Moser, Simon. Metaphysik einst und jetzt. Kritische Untersuchungen zu Begriff und Ansatz der Ontologie. Berlin 1958.

Natorp, Paul, Platons Ideenlehre. Eine Einführung in den Idealismus. Darmstadt 1961.

Newton, Philosophiae Naturalis Principia Mathematica, Londoni 1686. (뉴턴, 아이작, 『프린키피아: 자연철학의 수학적 원리』, 이호섭 역주, 창원: 사림, 2018.)

Patzig, G., Theologie und Ontologie in der Metaphysik des Aristoteles, in: Kant-Studien, Bd.52, 1960/1.

Plato, Complete Works. Ed. John M. Cooper. Cambridge 1997.

Platon, Sämtliche Werke (übers. von F. Schleiermacher), 6 Bde., Reinbeck 1957.

Platon, Werke. Griechisch-Deutsch, Darmstadt 1970.

Platonis opera (ed. I. Burnet), 5 vols. Oxford 1900~1907.

Plotinus, Enneades in seven volumes, Harvard University Press, 1989 (1966). (플로티노스, 『엔네아데스』, 조규홍, 서울 : 지식을만드는지식, 2015.)

Rapp, Christof, Vorsokratiker. München 1997.

Rawls, John, A Theory of Justice, 1971. (롤즈, 존, 『정의론』, 황경식 역, 서울 : 이학사, 2003)

Reinhardt, Karl, Parmenides und die Geschichte der griechischen Philosophie. Bonn 1916.

Reinhold, Carl Leonhard, Briefe über die Kantische Philosophie. Erster Band 1790, Zweiter Band 1792.

Rickert , Heinrich John, Kulturwissenschaft und Naturwissenschaft, 1899. (리케르트, 하인리히, 『문화과학과 자연과학』, 윤명노 역, 서울 : 삼성미술문화재단출판부, 1984.)

Russell, Bertrand, A History of Western Philosophy, 1945. (러셀, 버트런드, 『서양철학사』, 서상복 역, 을유문화 2009.

Russell, Bertrand, The Problems of Philosophy. Oxford, New York: Oxford University Press, 2001 (1967).

Sandkaulen-Bock, B., Ausgang vom Unbedingten. Über den Anfang in der Philosophie Schellings, Göttingen 1990.

Schaeffler, Richard, Was dürfen wir hoffen?: die katholische Theologie der Hoffnung zwischen Blochs utopischem Denken und der reformatorischen Rechtfertigungslehre. Darmstadt: Wissenschaftliche Buchgesellschaft, 1979.

Schelling, F.W.J. von, Bruno oder über das göttliche und natürliche Prinzip der Dinge (1802). 영어판 : Bruno, or on the Natural and the Divine Principle of Things, trans. with an introduction by M. Vater, Albany: State University of New York Press (1984).

Schelling, F.W.J. von, Darstellung meines Systems der Philosophie, 1801. (셸링, 프리드리히 빌헬름 폰, 『나의 철학 체계의 서술』, 권기환 역, 서

울 : 누멘, 2010.)

Schelling, F.W.J. von, Ideen zu einer Philosophie der Natur, 1797. (셸링, 프리드리히 빌헬름, 『자연철학의 이념』, 한자경 역, 서울: 서광사, 1999.)

Schelling, F.W.J. von, Philosophie der Mythologie. Vorlesung; 1842. (셸링, 프리드리히 빌헬름 요셉 폰, 『신화철학』, 김윤상 외, 파주: 나남출판, 2009.)

Schelling, F.W.J. von, Philosophie der Offenbarung (Vorlesung 1841-1842).

Schelling, F.W.J. von, Philosophie und Religion, 1804. (셸링, 『인간적 자유의 본질, 철학과 종교』, 최신한 역, 서울 : 한길사, 2000.)

Schelling, F.W.J. von, Philosophische Briefe über Dogmatismus und Kritizismus (1795).

Schelling, F.W.J. von, System der gesamten Philosophie und der Naturphilosophie insbesondere (Nachlass, 1804). Translated as System of Philosophy in General and of the Philosophy of Nature in Particular in Thomas Pfau, Idealism and the Endgame of Theory, Albany: SUNY Press (1994).

Schelling, F.W.J. von, System des transzendentalen Idealismus, 1800. (셸링, 『선험적 관념론의 체계』, 김혜숙 역, 서울: 지만지: 커뮤니케이션북스, 2010.)

Schelling, F.W.J. von, Über die Möglichkeit einer Form der Philosophie überhaupt, 1794. (셸링, 프리드리히 빌헬름 요셉 폰, 『철학 일반 형식의 가능성』, 권기환 역, 서울 : 누멘, 2011.)

Schelling, F.W.J. von, Vom Ich als Princip der Philosophie oder über das Unbedingte im menschlichen Wissen, 1795. (셸링, F.W.J., 『철학의 원리로서의 자아』, 한자경 역, 서울 : 서광사, 1999.)

Schiller, Friedrich, Über die ästhetische Erziehung des Menschen, 1795. (실러, 프리드리히, 『프리드리히 실러의 미적 교육론』, 윤선구 외 역, 서울 : 대화문화아카데미, 2015.)

Schmid, C. Chr. E., Kritik der reinen Vernunft im Grundrisse zu Vorlesungen nebst einem Wörterbuch zum leichtern Gebrauch der kantischen Schriften. Jena 1786.

Schopenhauer, Arthur, Die beiden Grundprobleme der Ethik: Ueber die Freiheit des menschlichen Willens, Ueber das Fundament der Moral. 1841. Zweite, verbesserte und vermehrte Auflage. 1860.

Schopenhauer, Arthur, Die Welt als Wille und Vorstellung (1818/1819), vol 2, 1844. (쇼펜하우어, 『의지와 표상으로서의 세계』, 홍성광 역, 서울: 을유문화사, 2015.)

Schopenhauer, Arthur, Über das Sehn und die Farben (1816).

Schopenhauer, Arthur, Über den Willen in der Natur, 1836. (쇼펜하우어, 아를투어, 『자연에서 의지에 관하여: 저자의 철학이 그 출현 이후 경험과학을 통해 획득한 증명에 대한 논의』, 김미영 역, 서울 : 아카넷, 2012.)

Schopenhauer, Arthur, Über die Freiheit des menschlichen Willens (1839).

Schopenhauer, Arthur, Über die Grundlage der Moral, 1840. (쇼펜하우어, 아르투르, 『도덕의 기초에 관하여』, 김미영 역, 서울: 책세상, 2004.)

Schopenhauer, Arthur, Über die vierfache Wurzel des Satzes vom zureichenden Grunde. Jena 1813. (쇼펜하우어, 『충족이유율의 네 겹의 뿌리에 관하여: 쇼펜하우어의 철학논문』, 김미영 역, 파주: 나남, 2010.)

Schultz, Johann, Erläuterungen über des herrn professor Kant Critik der reinen vernunft. Königsberg, C. G. Dengel, 1784.

Spinoza, Baruch de, Ethica, ordine geometrico demonstrata (Ethik, nach geometrischer Methode dargestellt), 1677.(스피노자, B., 『에티카』, 강영계 역, 파주: 서광사, 2016.)

Spinoza, Baruch de, Tractatus Theologico-Politicus, 1670; A Theologico-Political Treatise. English translation by A. H. Gosset, Introduction by Robert Harvey Monro Elwes, 1883. (스피노자, 베네딕트 데, 『신학정치론 정치학논고』, 최형익 역, 서울: 비르투: Virtú, 2011.)

Stewart, Matthew, The Courtier and the Heretic. 2006. (매튜 스튜어트, 『스피노자는 왜 라이프니츠를 만났나』, 석기용 역, 교양인 2011)

Strauss, Leo, Die Religionskritik Spinozas und zugehoerige Schriften. Stuttgart: Metzler, 1996/2008.

Strawson, Sir Peter Frederick, Individuals: An Essay in Descriptive Metaphysics. London: Methuen, 1959; Stuttgart: Reclam, 1972.

Strawson, Sir Peter Frederick, The Bounds of Sense: An Essay on Kant's Critique of Pure Reason. London: Methuen, 1966.

The Matrix Series. 1. The Matrix(1999), 2. Matrix Reroaded (2003.5.), 3. Matrix Revolution (2003.11.), 4. Matrix (2021).

Tillich, Paul, Systematische Theologie, 3 Bände, Evangelisches Verlagswerk, Stuttgart 1955/58/66. (틸리히, 폴, 『조직신학』, 유장환 역, 서울: 한들출판사, 2001-2010.)

Timm, Hermann, Gott und die Freiheit. Studien zur Religionsphilosophie der Goethezeit. Bd.1. Die Spinozarenaissance. Frankfurt: Vittorio Klostermann, 1974.

Vaihinger, Hans, Die Philosophie des Als Ob, 1911.

Vamvacas, Constantine J. (2009), “Anaximenes of Miletus (ca. 585~525

B.C.)", The Founders of Western Thought. The Presocratics, Springer Netherlands.

Weischedel, Wilhelm, Der Gott der Philosophen. Darmstadt 1983. (바이셰델, 빌헬름, 『철학자들의 신』, 최상욱 역, 서울: 동문선, 2003.)

Werner Jaeger: Die Theologie der frühen griechischen Denker. Stuttgart 1953.

Whitehead, A Treatise on Universal Algebra, Cambridge: Cambridge University Press, 1898.

Whitehead, Adventures of Ideas, New York: New American, 1933. (화이트헤드, 알프레드 노스, 『관념의 모험』, 오영환 역, 서울: 한길사, 1996.)

Whitehead, Modes of Thought, New York: Macmillan, 1938. (화이트헤드, 알프레드 노스, 『사고의 양태』, 오영환 외 역, 서울: 치우, 2012.

Whitehead, Nature and Life. Chicago: University of Chicago Press, 1934.

Whitehead, Process and Reality, New York: Macmillan, 1929. (화이트헤드, A.N., 『과정과 실재: 유기체적 세계관의 구성』, 오영환 역, 서울: 민음사 2003.)

Whitehead, Religion in the Making, New York: Macmillan, 1926. (화이트헤드, 알프레드 N., 『진화하는 종교: 화이트헤드의 종교론』, 김희헌, 서울: 대한기독교서회, 2012.)

Whitehead, Science and the Modern World, Cambridge: Cambridge University Press, 1926. (화이트헤드, 알프레드 노스, 『과학과 근대세계』, 오영환 역, 서울: 서광사, 1990.)

Whitehead, Symbolism. Its Meaning and Effect, New York: Macmillan, 1927. (화이트헤드, A.N., 『상징활동: 그 의미와 효과』, 고양: 동과서, 2003.)

Whitehead, The Aims of Education and Other Essays. New York: Macmillan Company, 1929.

Whitehead, The Concept of Nature. Cambridge: Cambridge University Press, 1964, 1993. (화이트헤드, A.N., 『자연의 개념』, 안형관 외 역, 서울: 이문출판사, 1998.)

Whitehead, The Function of Reason, Princeton: Princeton University Press. 1929. (화이트헤드, A.N., 『이성의 기능』, 서울: 이문출판사 1998.)

Wieland, W., Die Anfänge der Philosophie Schellings und die Frage nach der Natur, in: M. Frank, G. Kurz (Hrsg.): Materialien zu Schellings philosophischen Anfängen, Frankfurt a. M. 1975.

Yeffeth, Glenn, Taking the Red Pill: Science, Philosophy and Religion in "The Matrix", Summersdale, 2003. (예페스, 글렌, 우리는 매트릭스 안

에 살고 있나: 매트릭스의 철학 매트릭스의 과학, 이수영 외 역, 서울: 굿모닝미디어, 2003.)
Zudeick, Peter, Die Welt als Möglichkeit. Die Rechtfertigungsproblematik der Utopie in der Philosophie Ernst Blochs. Bonn 1980.
고목, 『화이트헤드의 유기체 철학과 불교』, 서울: 시간과 공간사, 1999.
김경재, 김상일, 『과정철학과 과정신학』, 서울: 전망사, 1988.
김상일, 『화이트헤드와 동양철학』, 서울: 서광사, 1993.
김성호 외, 『서양근대종교철학』, 파주: 창비, 2015.
김윤구, 『칼 레온하르트 라인홀트: 역사 속으로 사라진 라인홀트』, 파주: 한국학술정보, 2009.
김종엽, 『하이데거의 「형이상학이란 무엇인가」 읽기, 서울 : 세창미디어, 2014.
김진, 『선험철학과 요청주의』, 울산: UUP, 1999.
김진, 『쇼펜하우어의 「의지와 표상으로서의 세계」 읽기』, 서울 : 세창미디어, 2013.
김진, 『칼 마르크스와 희랍철학』, 한국신학연구소 1990, 울산: UUP, 1998.
김진, 『퓌지스와 존재사유: 자연철학과 존재론의 문제들』, 서울: 문예, 2003.
김진, 『화이트헤드와 화엄형이상학』, 울산: UUP, 2004.
김현태, 『철학과 신의 존재』, 서울: 철학과현실사, 2003.
김희헌, 『민중신학과 범재신론: 민중신학과 과정신학의 대화』, 서울: 너의오월, 2014.
남회근, 『주역계사강의』, 신원봉 역, 서울: 부키 2011.
달마이어, 프레드, 『다른 하이데거: 정치철학의 시선으로 조명한 새로운 하이데거론』, 신충식 역, 서울 : 문학과지성사, 2011.
라에르티오스, 디오게네스, 『그리스철학자열전』, 전양범 역, 서울: 동서문화사, 2016.
라이프니츠, 고트프리트 빌헬름 폰, 『자유와 운명에 관한 대화 외』, 이상명 역, 서울: 책세상, 2011.
라이프니츠, 고트프리트 빌헬름, 『모나드론 외(이성에 근거한 자연과 은총의 원리)』, 서울 : 책세상, 2007.
라이프니츠, 고트프리트 빌헬름, 『변신론』, 이근세 역, 서울: 아카넷, 2014
라이프니츠, 빌헬름, 『형이상학 논고』, 윤선구 역, 서울: 아카넷, 2010.
러셀, 버트런드, 『서양철학사』, 서상복, 서울: 을유문화사, 2009.
레셔, 니컬러스, 『과정형이상학과 화이트헤드』, 장왕식 역, 대구: 이문,

2010.
레싱, 고트홀트 에프라임, 『라오콘: 예술과 문학의 경계에 대하여』, 윤도중 역, 파주: 나남, 2008.
레싱, 고트홀트 에프라임, 『현자 나탄』, 윤도중 역, 서울: 지만지드라마, 2019.
로버트, 메슬 C., 『과정신학과 자연주의: "자연주의냐 유신론이냐?" - 존 캅이 논하다』, 이경호 역, 서울: 이문, 2003.
리켄, 프리도, 『고대 그리스 철학』, 김성진 역, 서울: 서광사 2000.
마돌, 바르텔르미(Barthélemy-Madaule), 『처음 읽는 베르그송: 새로운 형이상학을 향한 모험』, 류종렬 역, 파주: 동녘, 2016.
멜러트(Mellert, Robert B.), 『화이트헤드의 철학과 신학 : 과정신학이란 무엇인가』, 김상일 역, 서울: 지식산업, 1989.
뮐러, 막스, 『실존철학과 형이상학의 위기』, 박찬국 역, 서울: 서광사, 1988.
바움가르트너, 한스 미카엘, 『셸링: 절대자와 자유를 향한 철학』, 이용주 역, 서울: 동연, 2013.
바이스마르, 벨라, 『존재론: 일반적 존재론으로서의 형이상학』, 허재윤 역, 서울 : 서광사, 1990.
바이저, 프레더릭, 『이성의 운명: 칸트에서 피히테까지의 독일 철학』, 이신철 역, 서울: b, 2018.
박찬국, 『하이데거와 나치즘』, 서울 : 문예출판사, 2001.
블로흐, 에른스트, 『서양 중세·르네상스 철학 강의』, 파주: 열린책들, 2008.
셔번, 도널드 W., 『화이트헤드의 「과정과 실재」 입문』, 오영환, 박상태 역, 파주: 서광사, 2010.
셸링, 프리드리히 빌헬름 폰, 『인간적 자유의 본질: 철학과 종교』, 최신한 역, 파주 : 한길사, 2000.
셸링, 프리드리히 빌헬름 폰, 『자연철학의 이념』, 한자경 역, 서울 : 서광사, 1999.
셸링, 『인간 자유의 본질』, 한자경 역, 서울: 서광사, 1998.
쇼펜하우어, 아르투어, 『의지와 표상으로서의 세계』, 홍성광 역, 서울 : 을유문화사, 2015.
쇼펜하우어, 아르투어, 『충족이유율의 네 겹의 뿌리에 관하여: 쇼펜하우어의 철학논문』, 김미영 역, 파주: 나남, 2010.
슐라이어마허, F.D.E., 『종교론: 종교를 멸시하는 교양인을 위한 강연』, 최신한 역, 서울: 대학기독교서회, 2002.
슐츠, 발터, 『근대 형이상학에 있어서의 신: 철학과 신학』, 이정복 역, 서

울 : 종로서적, 1983.
스피노자, B., 『신과 인간과 인간의 행복에 대한 짧은 논문』, 강영계 역, 파주 : 서광사, 2016.
스피노자, 베네딕투스 데, 『데카르트 철학의 원리』, 양진호 역, 서울 : 책세상, 2020.
신상희, 『하이데거와 신』, 서울 : 철학과현실사, 2007.
안셀무스, 『모놀로기온 & 프로슬로기온』, 박승찬 역, 서울 : 아카넷 2002.
앙리 베르크손, 『물질과 기억: 정신과 신체의 관계에 관한 시론』, 최화 역, 서울 : 자유문고, 2017.
야스퍼스, 칼, 철학입문, 윤성범 역, 서울 : 을유문화사, 1975.
야스퍼스, 칼, 『이성과 실존』, 황문수 역, 서울 : 서문당, 1999.
야스퍼스, 칼, 『철학 3 : 형이상학』, 정영도 역, 파주 : 아카넷, 2016.
야스퍼스, 칼, 『철학적 신앙』, 신옥희 역, 서울 : 이화여자대학교 출판부, 1979.
에머리히, 코레트, 『전통 형이상학의 현대적 이해 : 형이상학 개요』, 김진태 역, 서울 : 가톨릭대학교 출판부, 2003.
오딘, 스티브, 『과정 형이상학과 화엄불교 : 누적적 진입 대 상입의 비판적 연구』, 안형관 역, 서울 : 이문, 1999.
왓슨, 피터, 『무신론자의 시대 : 신의 죽음 이후 우리는 어떤 삶을 추구해 왔는가』, 정지인 역, 서울 : 책과함께, 2016.
이명옥, 『팜므파탈 - 치명적 여인들의 거부할 수 없는 유혹』, 시공아트 2008.
이정우 외, 『철학으로 매트릭스 읽기』, 서울 : 이룸, 2003.
이정우, 라이프니츠의 「모나드론」, 『주름, 갈래, 울림 : 라이프니츠와 철학』, 서울 : 거름 2001.
조대호, 『아리스토텔레스의 형이상학 : 주요 본문에 대한 해설·번역·주석』, 서울 : 문예, 2004.
최동환, 『한철학』, 서울 : 지혜의 나무 2004.
최신한, 『헤겔 철학과 종교적 이념』, 서울 : 한들, 1997.
최신한, 『헤겔철학과 형이상학의 미래』, 파주 : 서광사, 2015.
카푸토 J. D., 『마르틴 하이데거와 토마스 아퀴나스 : 형이상학의 극복에 관한 시론』, 정은해 역, 서울 : 시간과 공간사, 1993.
캅, 존 B. Jr., 『과정신학과 목회신학』, 이기춘 역, 서울 : 대한기독교출판사, 1983.
코플스턴, F. S. J., 『18·19세기 독일철학 : 피히테에서 니체까지』, 표재명 역, 파주 : 서광사, 2008.
코플스턴, F., 『칸트(철학사 6권 칸트 편), 임재진 역, 서울 : 중원문화,

2013.
쿠자누스, 니콜라우스, 『박학한 무지』, 조규홍 역, 지만지: 커뮤니케이션북스, 2011.
쿠자누스, 니콜라우스, 『신의 바라봄: 신을 통한 인간의 바라봄과 인간을 통한 신의 바라봄에 대한 쿠자누스의 신비주의』, 김형수 역, 서울 : 가톨릭출판사, 2014.
큉, 한스, 『신은 존재하는가 1』, 성염 역, 칠곡: 분도출판사, 1994.
틸리, 프랭크, 『서양철학사: 소크라테스와 플라톤부터 니체와 러셀까지』, 김기찬 역, 파주: 현대지성, 1998.
포퍼, 『열린 사회와 그 적들 I, II』, 이한구, 이명현 역, 서울: 민음사, 1982, 1998.
플라톤전집 1. 『소크라테스의 변론, 크리톤, 파이돈, 향연』, 천병희 역, 파주: 숲, 2017.
플라톤전집 2, 『파이드로스, 메논, 뤼시스, 라케스, 카르미데스, 에우튀프론, 에우튀데모스, 메넥세노스』, 천병희 역, 파주: 숲, 2019.
플라톤전집 3. 『고르기아스, 프로타고라스, 이온, 크라튈로스, 소피스트, 정치가』, 천병희 역, 파주: 숲, 2019.
플라톤전집 4. 『국가』, 천병희 역, 고양: 숲, 2017,
플라톤전집 5. 『테아이테토스, 필레보스, 티마이오스, 크리티아스, 파르메니데스』, 천병희 역,  파주: 숲, 2016.
플라톤전집 6. 『법률 또는 입법에 관하여』, 천병희 역, 파주: 숲, 2016.
플라톤전집 7. 『알 키비아데스I·II, 힙피아스I·II, 미노스, 에피노미스, 테아게스, 클레이토폰, 힙파르코스, 연인들, 서한집, 용어해설, 위작들』, 천병희 역, 파주: 숲, 2019.
피히테, J.G., 『인간의 사명』, 한자경 역, 서울: 서광사, 1997.
피히테, 요한 고트리프, 『전체 지식론의 기초』, 한자경 역, 서울: 서광사, 1996.
하르트만, 니콜라이, 『독일관념론철학』, 이강조 역, 파주: 서광사, 2008.
하지슨, 피터 C., 『헤겔의 종교철학』, 정진우 역, 남양주: 누멘, 2017.
한자경, 『헤겔 「정신현상학」의 이해』, 파주: 서광사, 2009.
햄린, D.W., 『형이상학』, 장영란, 서울: 서광사, 2000.
헤겔, 게오르크 빌헬름 프리드리히, 『피히테와 셸링 철학체계의 차이』, 임석진 역, 서울: 지식산업사, 1989.
헤겔, 『종교철학』, 최신한 역, 서울: 지식산업사, 1999.
호킹, 스티븐, 레너드 믈로디노프, 『위대한 설계』, 전대호 역, 까치 2010.
호킹, 스티븐, 『시간의 역사』, 현정준 역, 서울 : 청림출판, 1995.
화이트헤드, 알프레드 노스, 『교육의 목적』, 오영환 역, 서울: 궁리,

2006.)
회페, 오트프리트 편, 『철학의 거장들』, 이강서 외 역, 전 4권, 서울 : 한길사, 2001.
힉, 존, 『(신과 인간 그리고 악의) 종교철학적 이해 : 아우구스티누스에서 플란팅가까지 신정론의 역사』, 김장생 역, 파주 : 열린책들, 2007.

# 색인

## 이름 찾기

## 개념 찾기

(ㅇ)